C000096694

Anthologie
de la
poésie française
du XIXe siècle

*

DE CHATEAUBRIAND
À BAUDELAIRE

Édition
de Bernard Leuilliot

GALLIMARD

PRÉFACE

Dès 1824, dans la préface des Odes, *Hugo déclare ignorer « ce qu'est le genre classique et le genre romantique ». En 1834, il ne peut que constater, dans* Littérature et philosophie mêlées *: « Ces appellations de classique et de romantique, que l'auteur de ces lignes s'est toujours refusé à prononcer sérieusement, ont disparu de toute conversation sensée aussi complètement que les ubiquitaires ou les antipaedobaptistes » (« But de cette publication »). En 1865 encore il hésite à nommer le romantisme : « Voir s'il ne vaudrait pas mieux retrancher le mot romantisme », et préfère parler du « mouvement littéraire qui s'est produit après le premier quart du siècle et qui a donné l'impulsion et déterminé le courant de la littérature du XIXe siècle » (*William Shakespeare*). Ce qui revient à refuser l'étiquette sans pour autant méconnaître la spécificité d'un « mouvement » dont son œuvre constitue l'une des formules les plus évidentes.*

Qu'est-ce donc que : romantisme ? L'histoire du mot, dont on peut suivre les emplois dans le temps et sur l'ensemble du territoire européen, n'aboutit qu'à mettre en lumière la diversité contradictoire de ses emplois, et c'est aussi en vain qu'on chercherait en France le manifeste d'une « école » romantique. Racine et Shakespeare *(1823, 1825), de Stendhal, ne saurait en tenir lieu. « Je suis un romantique furieux », écrivait son auteur dès 1818. Mais il détestera toujours Chateaubriand et trouvait Hugo « somnifère ». La préface de* Cromwell, *en 1827, se retranche, pour parler du romantisme, derrière des italiques soupçonneuses : « l'époque dite romantique », écrit Hugo. Quant au programme avancé par Émile Deschamps en tête de ses* Études françaises et étrangères *(1828), il se limite à proposer la régénération des « parties faibles* de notre ancienne poétique ». Rien là qui puisse constituer un corps de doctrine, rien de comparable à la cohérence doctrinale dont peut à juste titre se prévaloir le romantisme allemand, profondément méconnu en France à cette date en dépit des efforts de vulgarisation plus ou moins bien fondés de Mme de Staël. C'est, dira-t-on, que les Français n'ont guère la tête théoricienne. Sans doute aussi avaient-ils mieux lu Horace que la Poétique d'Aristote, formés comme ils l'étaient par les jésuites ou leurs disciples, et de culture essentiellement latine, tandis que leurs voisins avaient des textes grecs une connaissance qui n'était pas de seconde main.

Faut-il en venir, pour dégager les composantes du « mouvement », à l'identification des thèmes susceptibles, à défaut de tout programme commun, de rapprocher des œuvres et des tempéraments essentiellement divers ? Le Mercure du XIXe siècle, organe, sous la Restauration, du libéral-classicisme, s'en prend ainsi, en 1823, aux écrivains chez lesquels il n'y a « pas un vers, pas une ligne de prose où l'on ne trouve des tombeaux, des revenants ou pour le moins des larmes, des gémissements éternels ». Suffit-il donc, pour être romantique, d'évoquer sylphes et spectres, et de préférer, comme le voudrait Hugo dans la préface des Odes en 1826, les forêts du Nouveau Monde aux jardins de Versailles ? Musset, en 1836, fera, lui aussi, de la thématique, mais aux dépens, cette fois, des amateurs de définitions : « Le romantisme, mon cher Monsieur ! Non, à coup sûr, ce n'est ni le mépris des unités, ni l'alliance du comique et du tragique, ni rien au monde que vous puissiez dire ; [...] c'est l'infini et l'étoilé, le chaud, le rompu, le désenivré, et pourtant en même temps le plein et le rond, le diamétral, le pyramidal, l'oriental, le nu à vif, l'étreint, l'embrassé, le tourbillonnant... » (Lettres de Dupuis et Cotonet). On songe au Traité du style, à la façon dont Aragon s'efforçait naguère, par les ressources d'un style passablement débridé, de définir du même coup, pour le meilleur et pour le pire, celui des années vingt de ce siècle. Reste que cette fausse monnaie continue d'avoir cours, et que c'est au nom des mêmes clichés que s'effectuent encore, de nos jours, tant de « retours » plus ou moins louches au romantisme éternel.

Adolphe Thiers, lui, ne mâchait pas ses mots : « Le romantisme, s'écria-t-il un beau jour de 1871, c'est la Commune... », comme si le « mouvement » s'était ainsi trouvé déporté loin de ses origines, jusqu'à rejoindre une position inverse. Car les premiers romantiques avaient d'abord été, à la lettre, profondément réactionnaires et *plus royalistes que le roi, c'est-à-dire* ultras, *occupés surtout à la défense des* saines doctrines, *au point que « romantique », à l'épo-que, n'avait déjà valeur que d'invective politique. Dès 1824, cependant, environ donc le « premier quart du siècle », l'intervention des autorités se trouva faciliter les reclassements. À la séance publique annuelle de l'Institut, l'académicien Auger porta condamnation du romantisme, jugé par lui irrationnel, et donc malsain. Condamnation réitérée quelques mois plus tard, à l'occasion de la distribution des prix du Concours général, par monseigneur Frayssinous, ministre des Cultes et Grand-Maître de l'Université. Entre-temps, le 6 juin, Chateaubriand avait été démissionné, victime de la toute-puissante Congrégation. « Romantique » s'entendait pour lors du regroupement, autour d'Émile Deschamps et d'Alexandre Soumet, des collaborateurs de* La Muse française : *Alexandre Guiraud et Jules de Rességuier, compatriotes de Soumet, Baour-Lormian, Chênedollé et Brifaut, poètes officiels, Alfred de Vigny, ami d'enfance d'Émile Deschamps, et Victor Hugo. Les diatribes d'Auger et de Frayssinous, ainsi que la chute de Chateaubriand, que sa disgrâce allait jeter dans l'opposition sans plus d'espoir de revenir au pouvoir, eurent pour effet de mettre* La Muse française *en position de devoir choisir : Soumet et Deschamps s'entendirent pour la « tuer », malgré les efforts de Vigny et de Hugo, finalement victimes de leur indéfectible allégeance à Chateaubriand, et au romantisme. La question était désormais de savoir si, comme on a pu dire[1], le romantisme était un* parti, *dont les intérêts exigeaient que des compromis fussent consentis, ou un* mouvement, *qui ne devait obéir qu'à sa dynamique propre : c'est sur ce point que s'affrontèrent alors les « aventuriers » (Hugo, Vigny) et les « habiles », comme Deschamps et Soumet, élu sans coup férir à l'Académie le 29 juillet 1824 en reconnaissance des services rendus.*

On comprend que l'identité romantique échappe à toute définition programmatique. Sa mouvance ne se justifie que de ce contre quoi elle s'inscrit et dont elle s'émancipe, de Frayssinous en Thiers. Être romantique, en ce sens, ce n'est jamais que consentir à être de son temps, absolument « moderne », à se savoir, comme dit Hugo, logé quelque part dans le « pli de l'histoire » : « Il y a aujourd'hui

---

1. Jean Massin, « La fin de *La Muse française...* » (Victor Hugo, *Œuvres complètes*, « édition chronologique », t. II, p. 1447).

*l'Ancien Régime littéraire comme l'Ancien Régime politique. [...]
La queue du XVIIIe siècle traîne encore dans le XIXe siècle : ce
n'est pas nous, jeunes hommes qui avons vu Bonaparte, qui la lui
porterons »* (1827).

*Reste que l'ancien et le nouveau sont d'abord inextricablement
mêlés, et que l'on ne s'affranchit de la « vieille forme poétique »
qu'au prix d'un long travail sur soi et sur les formes héritées. C'est
du moins ce que suggère Émile Deschamps, en 1828, dans la pré-
face des* Études françaises et étrangères *:*

Le Lyrique, l'Élégiaque et l'Épique étaient les parties faibles
de notre ancienne poésie. C'est donc de ce côté que devait
se porter la vie de la poésie actuelle. Ainsi M. Victor Hugo s'est-il
révélé dans l'*Ode*, M. de Lamartine dans l'*Élégie* et M. Alfred de
Vigny dans le *Poème*.

Ode, *comme on sait, se disait à l'origine de tout poème destiné à
être chanté, accompagné de la lyre. C'est la forme par excellence de
la poésie lyrique. À l'époque à laquelle, en effet, Hugo s'est « ré-
vélé », lyrique n'est jamais qu'épithète ; le lyrisme, tel qu'on nous
a appris par la suite à le définir (essentiellement par des critères de
contenu), littéralement n'existe pas : c'est un artefact de manuel.
Est donc pour lors considérée comme* lyrique *toute pièce de vers
divisée en strophes semblables entre elles par le nombre et la
mesure des vers. On se contente de distinguer entre l'ode héroïque,
à sujet historique ou mythologique, et l'ode anacréontique, de
contenu plus « capricieux ». Pindare et Horace servent évidem-
ment de référence et de modèle. La distinction n'est pas sans rappe-
ler celle qu'on faisait en peinture entre les sujets nobles (historique,
mythologique ou religieux), et la peinture de genre ou de paysage.
Boileau, au XVIIe siècle, avait fait la théorie de l'« ode fran-
çaise » : c'est un genre « inspiré » par l'« enthousiasme »
puisqu'on y entretient un « commerce » avec les dieux ou la
Muse ; « impétueux », son style « souvent marche au hasard », au
point que, chez elle, « un beau désordre est un effet de l'art » ;
l'ordre didactique, enfin, ou celui du récit, sont contraires à ses
« fureurs » : elle ne raconte pas, et Hugo se verra reprocher
d'avoir, dans une de ses premières odes, commencé un vers par
l'adverbe* puis, *qui implique soumission à la temporalité du récit.*

L'« *ode française* » est encore au XVIIIe siècle l'exercice favori des poètes de haut langage. Il valut à l'un d'entre eux d'être surnommé le « *Pindare français* », Lebrun-Pindare. Hugo a pratiqué ses œuvres, rassemblées en 1811, et reste en gros fidèle aux canons de l'« *ode française* », sauf à en varier les mètres plus que de rigueur. Il n'en fit pas moins appel, dès la seconde édition des Odes, et pour justifier son entreprise, à l'exemple des « *premiers poètes des premiers temps* ». Cette manière de jouer du ressourcement archaïsant contre la tradition classique annonce, à cette date, les futurs efforts de la nouvelle école pour retrouver « *les dernières molécules de la vase natale du XVIe siècle* », malheureusement distillée depuis dans « *l'alambic de Racine et de Voltaire* », jusqu'à n'être plus que cette « *langue du XVIIIe siècle, parfaitement neutre, incolore et insipide* » (1834). La condamnation par Hugo, en 1822, de l'abus des procédés rhétoriques (apostrophes, exclamations, prosopopées...) allait évidemment dans le même sens. Il opposait la nécessité, pour le poème, de s'autoriser d'une « *idée fondamentale, dont le développement s'appuyât dans toutes ses parties sur le développement de l'événement* ». La nouveauté de ce « *système de composition lyrique* » tient à ce que le mouvement qui l'anime se trouve ainsi pris dans les idées, c'est-à-dire dans le tout du discours, et non plus dans les mots ou les figures, considérés chacun pour ce qu'ils sont ou ce qu'ils disent, séparément. Système dont Hugo conçevra bientôt l'élargissement aux dimensions de tout un livre. La préface aux Odes et Ballades (1826) conclut d'abord à la nécessité d'organiser le recueil en marquant la division entre les genres (quitte à mettre aussitôt en question la division des genres en faveur de leur mélange). Mais c'est en 1828 que le recueil s'organise en livre, où se succèdent « *odes historiques* » (« *trois manières de l'auteur à trois époques différentes* »), « *pièces d'un sujet capricieux (classées dans l'ordre de leur composition)* » et « *ballades* », précédées de la série des cinq préfaces qui rendent compte des efforts accomplis par l'auteur pour « *corriger un ouvrage dans un autre ouvrage* ». Par là se trouvent conciliés les principes d'ordre et de liberté qu'« *en littérature comme en politique* » Victor Hugo considère comme de nature à pouvoir un jour « *résumer* » le XIXe siècle. Principes, en effet, non contradictoires, en ce que l'ordre dont il s'agit ici s'oppose en tout cas à la régularité (aux « *règles* »), comme l'ordre de la nature aux chefs-d'œuvre du jardinage :

Où est l'ordre ? Où est le désordre ? Là, des eaux captives ou détournées de leur cours, ne jaillissant que pour croupir ; des dieux pétrifiés ; des arbres transplantés de leur sol natal, arrachés de leur climat, privés même de leur forme, de leurs fruits, et forcés de subir les grotesques caprices de la serpe et du cordeau ; partout enfin l'ordre naturel contrarié, interverti, bouleversé, détruit. Ici, au contraire, tout obéit à une loi invariable ; un Dieu semble vivre en tout. Les gouttes d'eau suivent leur pente et font des fleuves, qui feront des mers ; les semences choisissent leur terrain et produisent une forêt. Chaque plante, chaque arbuste, chaque arbre naît dans sa saison, croît en son lieu, produit son fruit, meurt en son temps. La ronce même y est belle. Nous le demandons encore : où est l'ordre ? (Préface de 1826.)

*Ce parallèle fameux s'inscrit, bien sûr, en faux contre les limites qu'imposent les règles et le « goût » classiques à l'ordre naturel, dont il appartient finalement au poète d'inventer un équivalent littéraire, qui soit, pour ainsi dire, comme une figure de la nature. Tel est le naturalisme hugolien. Il contredit les principes de l'« imitation » classique, fondée sur l'*adaequatio* de l'image et de son modèle, en exigeant au contraire du poète qu'il retrouve le mouvement même dont la nature est animée : « Poème. Végétation où Pan respire[1]. » On objectera peut-être que la théorie est ici en avance sur la pratique. Celle-ci n'en comportait pas moins déjà sa logique, qui permit à Hugo de formuler les principes d'une poétique échappant au formalisme. Quelques-uns des grands poèmes des recueils des années trente et des* Contemplations *ne sont après tout que des odes qui n'avouent pas leur nom.*

Les sujets passionnés ne conviennent pas moins à l'élégie qu'à l'ode héroïque. On n'y était, par contre, asservi à aucune mesure déterminée. C'était, dit Millevoye, le genre « qui, dans sa noble et majestueuse simplicité, se rapprochait le plus de la poésie épique ». Elle se plut d'abord « aux déserts », avant de prendre un ton plus vigoureux pour « gémir sur les calamités trop réelles de l'huma-

---

1. Fragment sans date, cité par Jean Gaudon (*Le Temps de la contemplation*, p. 380).

nité » et de se charger, pour finir, d'« exprimer les tourments de l'amour ». C'est dans les recueils des années vingt qu'il faut aller chercher les vestiges des élégies composées par Lamartine de 1810 à 1816[1]. La rencontre d'Antoniella et l'aventure napolitaine (1811-1812) ne les inspirent pas : comme Hugo, Lamartine écrivit sa vie avant de la vivre. Ce sont les thèmes hérités de la tradition élégiaque qui précèdent et accompagnent l'expérience vécue. Inversement c'est après avoir appris la mort d'Antoniella qu'il envisagera, en 1816, de publier « quatre petits livres d'élégies ». On voit, sur cet exemple, comment le jeu des formes en vient à conjuguer les vertus de l'écriture et les leçons de l'expérience. On pourrait faire les mêmes remarques à propos de l'épisode aixois et de ses effets sur l'élaboration du mythe de Graziella. C'est aussi à la tradition élégiaque que Lamartine emprunte jusqu'au nom d'Elvire.

Les titres des recueils montrent toutefois que, tout en travaillant sur les formes héritées, Lamartine est avant tout préoccupé d'en effacer les limites et de confondre leurs accents dans le « genre » passablement aléatoire de la « méditation », de l'« harmonie » ou du « psaume ». On y trouve aussi bien des « odes » lyriques, reconnaissables à leur forme strophique, que des discours rimés qu'on nous invite à considérer comme autant d'« improvisations en vers ». L'usage des points suspensifs et des blancs typographiques, qui visent à « blanchir » la page, en fait de véritables rhapsodies : les élans de la « raison chantée » viennent se briser à ces fractures du discours. Pour la première fois la diction poétique prend en compte les silences de la voix, comme si celle-ci ne trouvait plus à s'émouvoir qu'entre deux absences. Le découpage strophique de l'ode est exploité dans le même sens, dont on s'autorisera pour voir dans la « méditation » une sorte d'« élégie en vers libres » (Charles Asselineau, dans l'Anthologie Crépet). On ne peut que songer à l'évolution parallèle des formes musicales, chez Liszt, par exemple, dont on connaît les transpositions qu'il fit pour le piano des Harmonies poétiques et religieuses.

La logique de ces improvisations fragmentées devait conduire tout naturellement Lamartine à concevoir ce qu'il appelle « le grand ouvrage de [sa] vie » : « En sortant de Naples, le samedi 20 janvier, un rayon d'en haut m'a illuminé. J'ai conçu. Je me sens

1. Paul Bénichou, « Sur les premières élégies de Lamartine », *Revue d'Histoire littéraire de la France*, 1965, p. 27-46.

un grand poète » (à Virieu, 25 janvier 1821). *Ce sera « il gran
poema épico, lyrico, métaphysico, etc. » des* Visions, *dont chaque
épisode, de la Création à la Révolution française et au Jugement
dernier, devait être consacré à l'une des réincarnations successives
du protagoniste de l'action. Épopée, mais c'est encore trop dire (ou
dire trop peu) puisqu'il s'agissait de tenir ensemble tous les genres.
Il ne reste des* Visions *conçues en 1821 que quelques épisodes ;
repris en 1830, le « poème de l'âme » ne fut jamais mené à terme.
C'est peut-être qu'il n'est pas de la nature d'un tel projet de jamais
aboutir : il constitue plutôt l'horizon face auquel, sans distinction
de genre, les œuvres réputées achevées trouvent à s'organiser. La*
Mort de Socrate, Jocelyn *et* La Chute d'un ange, *comme, en
prose,* Graziella *ou* Raphaël *et l'*Histoire des Girondins, *mais
aussi « Le Désert » et « La Vigne et la Maison », ces « psalmodies
de l'âme » sont autant d'épisodes d'une œuvre rhapsodique qui ne
doit d'avoir une unité qu'au projet dans lequel, malgré tout, elle
s'inscrit.*

*Il en résulte une manière d'ambivalence et comme un « boite-
ment » dans la facture même du poème, qui se remarquent dans la
contradiction entre son allure apparemment négligée et ce qu'on
pressent d'un art savant et caché de la mise en vers et du chant.
L'explication en est peut-être dans l'impossibilité où se serait
trouvé Lamartine d'accorder « les vues de l'intelligence et les
intuitions du désir ». Ce désaccord serait à l'origine de la « faille
sublime » que révèle, par exemple, l'analyse du « Lac » conduite
par Octave Nadal[1] :*

Qu'on relise en effet la cinquième strophe :

> *Tout à coup des accents inconnus à la terre
> Du rivage charmé frappèrent les échos :
> Le flot fut attentif...*

Ces vers ne paraissent pas accordés à la démarche panthéiste
du poème. [...] Ils affirment un ailleurs de l'esprit, un séjour
originel des âmes. [...] Lamartine s'inscrit dans ce passage
contre la tentation — ou la sensation — d'un divin coupé du
ciel et ressaisi dans la mortalité de l'instant. Ce qui, à la rigueur,
peut faire comprendre l'impossibilité où il s'est trouvé de sentir

---

1. *À mesure haute*, p. 116-117.

la correspondance qui eût fait du « Lac », avant *Les Chimères* ou « La Chevelure », le symbole et non le décor d'un événement de l'âme. Tel est le manque d'aplomb du poème, l'ambiguïté de son assise. Le miracle c'est qu'il tienne, tel quel.

Ainsi s'explique que le paysage y soit encore, comme aurait dit Montaigne, un peu trop « artialisé ». Les contemporains de Lamartine n'en portèrent pas moins à son crédit l'invention de cette correspondance : « Partout vous trouverez chez M. de Lamartine cette même confusion de la nature et du monde invisible se servant l'un à l'autre d'explication ou d'emblème » (Henri Patin, Revue encyclopédique, juillet 1830). On observera seulement que l'idée s'en retrouve chez l'abbé Delille :

Plus on observe le monde physique et moral, plus on observe la correspondance éternelle que la nature a établie entre eux. [...] Tout entre dans l'esprit par la porte des sens. Et sous ce rapport on peut dire que la poésie est matérialiste. Ces rapprochements peuvent se faire ou par la peinture immédiate des objets moraux ou physiques, ou par la voie indirecte des comparaisons qui transportent la pensée de l'un à l'autre (*L'Imagination*, 1806).

Il est clair, cependant, que Delille ne comprend pas la portée de son principe, emprunté à la philosophie sensualiste qui s'élabore dans la seconde moitié du XVIIIe siècle[1], puisqu'il le réduit à ne trouver que des analogies formelles entre les idées et les objets. Plus conséquent, Chénier s'était contenté de dénoncer « les beaux esprits [...] incapables de saisir les nombreux rapports des choses entre elles qui frappent une imagination sensible et lui impriment ce langage ardent et métaphysique qui donne la vie à tout et par qui les objets s'éclairent les uns les autres[2] ». Programme finalement réalisé par Hugo dans Les Orientales, où « le désir de donner à voir s'insère presque parfaitement dans une structure imaginaire » (Jean Gaudon).

C'est sous le titre de Poèmes, *et sans nom d'auteur, que Vigny*

1. Robert Mauzi, *Delille est-il mort ?*, p. 193.
2. Cité par Jean Fabre : *Delille est-il mort ?*, p. 93.

*publia, en 1822, son premier recueil. Si l'on y trouve encore repré-
sentées l'« idylle » (« La Dryade ») et l'« élégie » (« Symétha »),
les « poèmes », en effet, y sont les plus nombreux. Le mot désigne,
à cette époque, le poème narratif. Émile Deschamps le considère
comme une forme moderne de l'épopée, débarrassée de « tout l'atti-
rail du merveilleux », et réduite à des « compositions de moyenne
étendue », « toutes inventées » : divisés en « chants », les poèmes
d'« Héléna » et d'« Éloa » se présentent comme de petites épopées.
Le merveilleux se définit lui-même par l'intervention, dans le
poème, d'êtres surnaturels, et le déroulement d'une action partagée
entre le ciel et la terre : « poème » si l'on veut, le récit des Martyrs
est « merveilleux » en ce sens qu'il est, dit Chateaubriand, « mo-
tivé dans le Ciel », « comme la plupart des récits épiques ». Hugo
lui-même motivera ainsi — « hors de la terre » — l'action de La
Fin de Satan.*

   *Rien de tel chez Vigny : l'action d'« Éloa » se situe toute au
ciel ; « Moïse » et « Le Déluge » sont des récits terrestres. C'en est
fini du passage entre ciel et terre ménagé par le merveilleux. La
narration y perd ce qui la motivait et l'anecdote s'en trouve d'au-
tant confortée, dans ce qu'elle peut avoir de plus arbitraire. C'est le
risque pressenti par Vigny, qui, paradoxalement, se montre très
vite préoccupé d'échapper au traitement purement narratif du
poème, et de motiver autrement l'anecdote : c'est ainsi que
l'« idée » en vient chez lui à tenir lieu de merveilleux, et de motif
au poème. La démarche est en définitive la même que celle de
Hugo souhaitant qu'un nouveau « système de composition » puisse
tirer chaque fois d'une « idée fondamentale » le principe d'un
développement qui « s'appuie dans toutes ses parties sur le déve-
loppement de l'événement ». Conscient de la nouveauté de ses com-
positions, « dans lesquelles presque toujours une pensée philosophi-
que est mise en scène » (1829), Vigny s'efforça un temps de leur
trouver un nom, comme « mystère » (emprunté peut-être à By-
ron : Caïn, a mystery, 1821), ou : « élévation », réservé, para-
doxalement, à la mise en scène des situations les plus triviales.
Mais il n'appellera plus « La Colère de Samson » ou « Le Mont
des Oliviers » que « poèmes philosophiques », et : « Lettre à Éva »
« La Maison du Berger ». C'est que les mises en scène dont il s'agit
ici se sont à la longue affranchies des contraintes de la narration
épique : le motif du poème y procède moins désormais d'un dessin
logique que d'une exigence affective et organique.*

Philosophique, si l'on veut, la logique de l'« idée » n'y est plus
celle des idées, mais d'une vérité avant tout métaphorique, et qui
s'articule moins au récit du poème qu'à ses symboles :

Vigny a toujours éprouvé le besoin d'une certaine *volupté*
« qui couvrît la pensée et la rendît lumineuse ». [...] De façon
plus particulière, il avouait que « pour retenir les idées positives,
sa tête était forcée de les jeter dans le domaine de l'« imagina-
tion ». De fait « La Maison du Berger » s'ouvre par une incanta-
tion métaphorique continue, sorte de récitatif qui prélude au
chant. [...] C'est elle qui, du premier au dernier vers, structure
le poème[1].

Les étapes de l'argumentation, que souligne la division du poème
en trois parties, se laissent aisément décrire. La Rêverie est appelée
d'abord à contredire la Science et la loi d'airain du progrès, que
désigne l'allégorie de la locomotive, du « taureau de fer qui fume,
souffle et beugle ». Puis l'on passe à une deuxième opposition, de la
Poésie pure, « perle de la pensée », à l'impure, qui s'est prostituée
« aux carrefours » et aux « vents de la tribune ». Dans le dernier
volet, Vigny oppose l'acte de poésie aux formes de servitude inscri-
tes dans le social, le politique et la nature. Ce sont là autant de
thèmes, romantiques si l'on veut, subordonnés à une logique d'ap-
parence conceptuelle, mais à laquelle contredisent les intuitions de
la sensibilité. C'est ainsi que le « thème » de l'impassibilité de la
nature se trouve pour ainsi dire submergé par le motif, emprunté à
saint Augustin[2], du Totum simul, de l'« Aujourd'hui perpé-
tuel » : présent éternellement identique à lui-même et comparable
à la contemplation simultanée de tous les points de la durée. Il ne
s'agit, en somme, que de rendre au hasard, à la distance et au
temps, autrement « vaincus » par la science, leur vibration élé-
mentaire, celle des commencements de l'homme et du monde, à
chaque instant absolument vierges :

> Le jour n'est pas levé. — Nous en sommes encore
> Au premier rayon blanc qui précède l'aurore
> Et dessine la terre aux bords de l'horizon.

---

1. Octave Nadal, *À mesure haute*, p. 134, 140.
2. *Le Journal d'un poète*, cité par Georges Poulet, *Études sur le temps humain*,
t. I, p. 301.

L'amplitude de l'espace — l'espacement des « grands pays muets » — fournit à cette intuition de l'éternel présent une correspondance émouvante, qui ne doit plus rien au pittoresque descriptif et ne se justifie plus que d'une vision désirante :

Je verrai, si tu veux, les pays de la neige,
Ceux où l'astre amoureux dévore et resplendit,
Ceux que heurtent les vents, ceux que la mer assiège,
Ceux où le pôle obscur sous sa glace est maudit.
Nous suivrons du hasard la course vagabonde.
Que m'importe le jour ? que m'importe le monde ?
Je dirai qu'ils sont beaux quand tes yeux l'auront dit.

Ainsi nous est donné à voir « ce que jamais on ne verra deux fois », à l'heure où « tout est sombre », et où il n'est plus de chemin qu'« effacé » par la neige, la mer ou les vents.

Le paysage lamartinien n'est pas non plus d'un peintre paysagiste. Il s'accorde plutôt à la résonance purement langagière d'un nom, évocateur, par exemple, de la « terre natale » :

Pourquoi le prononcer ce nom de la patrie ?
Dans son brillant exil mon cœur en a frémi ;
Il résonne de loin dans mon âme attendrie,
Comme les pas connus ou la voix d'un ami.

Le principe en est dans l'opération de reconnaissance qui permet de le retrouver — et de se retrouver — dans le spectacle des « choses périssables » : « Ce coin de terre nous semble immense tant il contient pour nous de choses et de mémoires dans un si étroit espace » (Confidences). *La force de l'anamnèse tient ainsi à l'étroitesse de l'espace circonscrit par les rives d'un lac ou les flancs du vallon. Mais c'est surtout au contact avec un sol qualifié de « natal » que découle la possibilité de ce retour à soi que décrivent des poèmes comme « Milly » ou « La Vigne et la Maison », mais aussi le mouvement final de « Novissima verba » :*

Ou bien de ces hauteurs rappelant ma pensée,
Ma mémoire ranime une trace effacée,
Et de mon cœur trompé rapprochant le lointain,
À mes soirs pâlissants rend l'éclat du matin,

Et de ceux que j'aimais l'image évanouie
Se lève dans mon âme ; et je revis ma vie !

Admirable confusion du vivre *et du* voir, *qui fait du paysage un
fragment de durée, et comme un concentré d'avenir et de passé :
« L'homme est Dieu par la pensée. Il voit, il sent, il vit à tous les
points de son existence à la fois »* (Méditations, *préface de 1849*).
*Il est permis, avec Georges Poulet[1], de reconnaître ici la fameuse
définition de l'éternité comme possession simultanée par Dieu de sa
vie entière :* tota simul vitae possessio. *Elle se trouve, en effet,
reprise un peu partout par Lamartine, et en particulier dans le
mouvement final de « La Vigne et la Maison » :*

Toi qui fis la mémoire, est-ce pour qu'on oublie ?...
Non, c'est pour rendre au temps à la fin tous ses jours,
Pour faire confluer, là-bas, en un seul cours,
Le passé, l'avenir, ces deux moitiés de vie
Dont l'une dit jamais et l'autre dit toujours.

*L'idée semble être que l'individu se trouvera un jour, « à la
fin », capable de vivre, pour ainsi dire, « en Dieu » la totalité de
son existence temporelle ; elle n'en est pas moins reconduite à la
dimension d'une expérience purement humaine, par l'acte même
de poésie, et l'inscription qu'elle suppose du paysage dans sa durée.
« Poésie ou paysage... » : c'est le titre, précisément, d'un poème
recueilli dans les* Harmonies *poétiques et religieuses.*

Victor Hugo devait répondre à l'envoi des Harmonies *par une
épître en forme d'ode publiée l'année suivante dans* Les Feuilles
d'automne : *occasion, pour les deux poètes, d'échanger leurs « si-
gnaux fidèles », et, pour Hugo, de se comparer. S'il fait gloire, en
effet, au vaisseau lamartinien de pouvoir jeter l'ancre après avoir
trouvé son monde, son « Amérique », c'est pour mieux accuser
l'incertitude où il se trouve lui-même de toucher jamais terre :
« Mon invisible monde / Toujours à l'horizon me fuit. » Humi-
lité toute relative, cependant, et qui consiste en fait à retourner
comme un gant le compliment : la magnificence dont on pouvait
créditer Lamartine ne se payait-elle pas chez lui d'une excessive
complaisance au visible, et aux apparences ? Les* Harmonies
avaient paru le 10 juin 1830, date, à quelques jours près, de

1. Georges Poulet, *Études sur le temps humain*, t. IV, p. 223.

*l'achèvement par Hugo de « La Pente de la rêverie ». Le poème
paraîtra, lui aussi, dans* Les Feuilles d'automne, *précédé d'une
épigraphe attribuée à « Gervasius Tilberiensis » : « Obscuritate
rerum verba saepe obscurantur. » On peut traduire : « L'obscurité
des choses souvent rend les mots obscurs. » La formule peut bien
ressembler à une excuse : c'est plutôt la revendication, par Hugo,
du droit à l'obscurité, et de la part qu'il convient de faire à l'ima-
ginaire, ou comme on dit à la « vision » :*

> Tout, comme un paysage en une chambre noire
> Se réfléchit avec ses rivières de moire,
> Ses passants, ses brouillards flottant comme un duvet,
> Tout dans mon esprit sombre allait, marchait, vivait !

*« La Pente de la rêverie » marque l'aboutissement d'un travail
sur soi : Hugo tourne le dos à la peinture paysagiste et à ces « mer-
veilleux tableaux que la vue découvre à la pensée ». Ils inspiraient
encore l'éclatante série des « Soleils couchants » (*Les Feuilles
d'automne, *XXXV), composée en 1828-1829 et placée sous cette
épigraphe empruntée à Charles Nodier. Mais le dernier évoquait
déjà le retournement à venir :*

> Mais moi, sous chaque jour courbant plus bas ma tête,
> Je passe, et, refroidi sous ce soleil joyeux,
> Je m'en irai bientôt, au milieu de la fête,
> Sans que rien manque au monde, immense et radieux !

*C'en est désormais fini de l'ode pittoresque ou descriptive, et du
débat dans lequel s'enfermaient les disciples de Chénier ou de
l'abbé Delille :*

> Une pente insensible
> Va du monde réel à la sphère invisible

et le voir *commence où cesse le* regarder :

> Bientôt autour de moi les ténèbres s'accrurent,
> L'horizon se perdit, les formes disparurent,
> Et l'homme avec la chose et l'être avec l'esprit
> Flottèrent à mon souffle, et le frisson me prit.
> J'étais seul. Tout fuyait. L'étendue était sombre.
> Je voyais seulement au loin, à travers l'ombre,
> Comme d'un océan les flots noirs et pressés,
> Dans l'espace et le temps les nombres entassés !

Évoquant ses débuts et la situation de la poésie française aux premières années de la Restauration, Vigny écrivait au Prince royal de Bavière, le 17 septembre 1839 : « Il fallait bien que chaque poète commençât par se faire une lyre, et qu'il se trouvât quelques hommes jeunes, hardis, pour s'acquitter de cette tâche difficile. Ils ne se connaissaient pas, et chacun d'eux, dans sa solitude, sentit cette nécessité. L'élégie, l'ode, le poème naquirent ensemble sous de nouvelles formes, et leurs voix séparées, bien distinctes, n'eurent point de sons pareils, presque aucune ressemblance. Ce fut là ce qu'on prit pour une école, et ce qu'on nomma romantique, à tout hasard. » *Abandonnant l'ode à Hugo, l'élégie à Lamartine, Vigny choisit, «* pour commencer *», de se réserver le poème. Mais il ne s'agissait encore, pour les uns et les autres, que de «* se faire une lyre *», avant de découvrir qu'aucune forme ne se suffit jamais quand la littérature, au nom, par exemple, de la «* poésie *», en vient à excéder ses propres limites. Il y aura suffi, apparemment, des quelques années qui séparent la préface des* Études françaises et étrangères *de la réédition, en 1834, des* Méditations poétiques *:* « La poésie, peut alors écrire Lamartine, s'est dépouillée de plus en plus de sa forme artificielle : elle n'a presque plus de forme qu'elle-même. » *Et Victor Hugo d'expliquer, à sa manière toujours abrupte : «* Je n'aime pas les vers. J'aime la poésie. *»*

Cette promotion de la « poésie *» relevait, bien sûr, d'un effort pour fonder sur l'art une croyance, voire une religion nouvelles, et devait s'accompagner d'une sacralisation de l'écrivain et de la littérature*[1]. *On y perçoit aussi comme le lointain écho des théories du romantisme allemand et de leur volonté d'accréditer l'idée d'un «* absolu littéraire*[2] ». L'enjeu n'en concerne pas moins l'histoire des formes et les stratégies d'écriture, telles qu'elles se donnent à lire «* aux profondeurs du langage insondable *». Mais lorsque Victor Hugo se vante*[3], *au nom de la «* Liberté *» et de la «* Révolution *» d'avoir «* mis un bonnet rouge au vieux dictionnaire *» ou «* dislo-

---

1. Voir : Paul Bénichou, *Le Sacre de l'écrivain*.
2. Philippe Lacoue-Labarthe et Jean-Luc Nancy, *L'Absolu littéraire. Théorie de la littérature du romantisme allemand*, Le Seuil, 1978. La confusion des genres est le prix de cet absolutisme : « Le nom de poète s'applique à tout artiste dont les œuvres sont poétiques » (Alfred de Vigny).
3. *Les Contemplations*, I, 7, 8, 26.

*qué ce grand niais d'alexandrin », refusant ainsi de « porter la
queue » de l'Ancien Régime politique et littéraire, il n'est pas sûr
qu'il ne contribue pas ainsi à fourvoyer son lecteur. C'est que la
réforme dont il s'agit ne concerne pas tant la métrique ou le lexique
que ce qu'il appelle lui-même la « vibration » des mots, appelés à
vivre*

> Comme en un âtre noir errent des étincelles.

*Le « verbe », pour se déployer, a besoin d'un espace qui ne soit plus
celui du mot, ni du vers mesuré, mais bien du poème, et du livre.
La « poésie » est cet espace où le mot*

> De l'océan pensée devient le noir polype,

*jusqu'à ce que la langue « ajustée à la métrique, y recouvrant ses
coupes vitales, s'évade, selon une libre disjonction aux mille élé-
ments simples, et [...] pas sans similitude avec la multiplicité des
cris d'une orchestration, qui reste verbale[1] ».*

Les formes héritées n'en continuèrent pas moins à fournir une
manière de contrepoint à ce mouvement d'émancipation, ou
d'« évasion ». Il en est ainsi du poème didactique, tenu en grand
honneur au siècle précédent, et dont le genre s'est perpétué jusqu'à
nos jours. Casimir Delavigne et Alexandre Soumet s'évertuent, en
1815, à célébrer La Découverte de la vaccine. En 1847, l'Acadé-
mie mettra le sujet au goût du jour et les candidats à son concours
annuel de poésie en position d'avoir à disserter sur La Découverte
de la vapeur. En avril 1854, ce sont, dans la Revue de Paris, Les
Fossiles de Louis Bouilhet, qui ne sont antérieurs que d'un siècle à
la Cosmogonie et au Styrène de Raymond Queneau. Le contre-
point est dans la filiation, par exemple, qui du Génie de l'homme,
de Chênedollé, aux grands poèmes cosmiques de Victor Hugo per-
met de mesurer à la fois la dette contractée et la nouveauté du
travail accompli : on comparera à cet effet les extraits réunis plus
loin du Génie et de « Magnitudo parvi ».

Au conservatoire de la poésie, chansonniers et satiristes jouent
cependant les premiers rôles. Ainsi voit-on Barthélemy et Méry

---

1. Mallarmé (à propos de Hugo...), « Crise de vers », *Divagations*, « Poésie/Galli-
mard », p. 240.

perpétuer le genre de l'« épître-satire » et Auguste Barbier se réfé-
rer aux Ïambes *de Chénier pour dénoncer la « curée ». Ce sont*
avant tout des « métriques », experts à redonner au vers l'assise et
la carrure qu'il avait perdues depuis Boileau. Le cas de la « chan-
son », dont le genre se renouvelle de « caveaux » en « goguettes »,
n'est pas moins significatif. Celles de Béranger sont à bon droit
considérées par Benjamin Constant comme autant d'« odes subli-
mes ». Elles constituent donc pour l'époque le genre « lyrique » par
par excellence, avec des nuances qui tiennent à la variété des
publics : celui, plus traditionaliste, des « caveaux » (il s'accom-
mode même, avec Désaugiers et son « Cadet Buteux », de l'héri-
tage de Vadé et du style poissard[1]*), et celui, plus populaire, des*
« goguettes », où les tentatives patoisantes d'Émile Debraux ne
sont pas non plus sans rappeler les leçons du style poissard. *L'em-*
ploi du « timbre », air repris à une chanson préexistante et auquel
un auteur ne faisait qu'adapter un texte nouveau, contribue, du
reste, à faire de la chanson un genre à forme fixe, sinon figée. Or,
la plupart des chansons étaient encore, au XIXe siècle, composées
sur timbre, d'après un répertoire de mélodies datant du siècle pré-
*cédent (*La Clef des chansonniers, *1717). Là encore, le « change*
des formes » ne doit pas dissimuler la filiation qui conduit de
l'« épître-satire » et des chansons de Béranger aux « vengeresses »
et aux poèmes à chanter des Châtiments.

Il est pourtant un domaine qui devait échapper à ce conserva-
tisme : celui de la romance, héritée de l'air de cour, et cultivée avec
prédilection dans les salons sous la Révolution et l'Empire. Le
caractère de la romance est assez bien résumé par Marmontel :
« Tout y doit être en sentiment. » L'ode élégiaque devait donc lui
fournir, sous la Restauration, une matière toute trouvée, donnant
lieu, pour le meilleur et pour le pire, à d'innombrables « traduc-
tions en notes ». C'est ainsi qu'au témoignage de Lamartine lui-
même « on a essayé mille fois d'ajouter la mélodie plaintive de la
musique » aux strophes du « Lac ». Seule réussite à ses yeux, la
traduction qu'en fit Niedermeyer passe, en effet, pour avoir fait
répandre bien des larmes. Lamartine n'en pensait pas moins que
« la musique et la poésie se nuisaient en s'associant » : « Elles sont
l'une et l'autre des arts complets : la musique porte en elle son

---

1. Voir : Michel Chaillou, « Vadé et le style poissard », *Po&sie*, n° 25, 2e trimestre 1983.

sentiment, de beaux vers portent en eux leur mélodie. » On aurait
tort cependant de ne voir dans la mode de la romance que l'effet
d'une passion réservée aux habitués des salons, et destinée seule-
ment à servir d'exutoire aux impatiences et à l'ennui de Modeste
Mignon ou d'Emma Bovary. Marceline Desbordes-Valmore lui
dut, après avoir renoncé au chant, de retrouver — ou de trouver
— sa voix en publiant son premier poème : une « romance[1] ». La
manière valmorienne sera toute dans la façon dont le chant s'af-
franchira chez elle de son accompagnement jusqu'alors obligé au
profit d'une autonomie gagnée par les mots sur la musique, et
d'une orchestration dont Mallarmé dirait qu'elle reste « ver-
bale ».

    C'est en 1830, avec les Neuf mélodies irlandaises d'Hector Ber-
lioz, que le terme de « mélodie » fait son apparition en français. Le
renouvellement procède cette fois d'une réévaluation du rapport
entre la musique et les mots. Oscillant encore entre la romance,
dont l'époque est, en effet, saturée, et l'influence du théâtre lyrique,
les Mélodies irlandaises apportent néanmoins quelque chose de
nouveau, qui ne se confond pas avec la mignardise de salon, et ne
doit rien non plus à la forme du lied schubertien. Mais c'est en
1841, avec la publication du cycle des Nuits d'été, composé en
1834 et somptueusement orchestré en 1856, qu'est née vraiment la
mélodie française, sur des poèmes de Théophile Gautier. Chacune
des six mélodies vaut par son charme : Villanelle, L'Île inconnue,
cette dernière reprise par Gounod, ou la qualité de son émotion : Le
Spectre de la rose, Sur les lagunes (le « Lamento » de Gautier,
repris par Fauré), Absence, Au cimetière, reprise également par
Fauré. L'enjeu n'est plus celui d'une « traduction en notes » ; on
s'y efforce plutôt, dans la conduite simultanée des deux parties,
d'en préserver la spécificité.

    La mode de la romance ne devait pas survivre à l'arrivée aux
affaires, en 1830, de la génération qui avait tant poussé, par ses
luttes de quinze années, à la Révolution. Celle-ci n'aboutit, comme
on sait, qu'à l'avènement d'un « roi-citoyen » et au règne des ban-
quiers. Trois ans plus tard, et après l'émeute dont l'échec, en 1832,

---

    1. « Quand je t'écris » (« Le Billet »), *Chansonnier des Grâces*, 1813 (repris *huit
fois* entre 1813 et 1830).

*avait marqué la fin des illusions qui s'attachaient encore au souve-
nir de l'« éclair de Juillet », « quand le soleil, dit Sainte-Beuve,
qu'on avait devant soi eut cessé de remplir les regards, qu'aperçut-
on enfin ? Une espèce de plaine, une plaine qui recommençait, plus
longue qu'avant la dernière colline, et déjà fangeuse[1] ». Ce paysage
correspond assez bien à l'idée qu'on peut se faire d'un « état
d'âme » : celui, par exemple, du personnage imaginé en 1829 par
Sainte-Beuve sous le nom de Joseph Delorme, dont un poème s'in-
titulait précisément : « La Plaine ». On songe aussi à ce person-
nage, le père Chancenet, dont Aloysius Bertrand a raconté l'his-
toire dans une chronique du* Patriote de la Côte-d'Or[2]. *Vigneron
de son état et convaincu que les patriotes n'avaient cessé depuis
1789 d'être les dupes des intrigants et des traîtres, il ne pouvait que
« sourire tristement », après 1830, à voir la façon dont « la pro-
vince se mettait en armes » tandis que partout « ceux que M. de
Chateaubriand nomme des écornifleurs de gloire, de courage et
de génie, avaient bien un autre souci » : « Ils déchiraient le pro-
gramme de l'Hôtel-de-Ville, bâclaient une charte entre la poire et
le fromage, et ramassaient pour s'en parer les dépouilles des vain-
cus dédaignées par les vainqueurs. Alors Paillasse et Brid'oison
n'étaient encore que les sauveurs de la France ; ils sont devenus
depuis nos seigneurs et maîtres. » Rien d'étonnant à ce que le
Livre dans lequel le père Chancenet avait transcrit ses observa-
tions et les leçons qu'il venait d'en tirer ne comportât que des pages
blanches...*

*C'est environ l'époque à laquelle on commença à voir fréquenter
chez Hugo des personnages un peu louches qui ne laissaient pas
d'inquiéter ses commensaux habituels, choqués de la distraction
qu'ils croyaient trouver chez lui à leur égard, et de l'attention avec
laquelle on considérait au contraire ces nouveaux venus, « poètes
barbus », « artistes à tous crins[3] ». Leur jacobinisme leur valut
d'être confondus avec les « bousingots ». Ils acceptaient qu'on les
appelât les Jeune-France, mais se voulaient surtout unis, plus sim-
plement, par les liens informels d'une « camaraderie », reprenant
ainsi, un peu par dérision, le terme appliqué péjorativement par*

1. *Revue des Deux Mondes*, 1er décembre 1833 (*Portraits littéraires*, « Bibliothè-
que de la Pléiade », t. I, p. 917-918).
2. 3 novembre 1831.
3. *Nouveaux Lundis*, t. VI, p. 452-453.

Henri de Latouche au « Cénacle » de Hugo. Gautier et Nerval ont évoqué ce « petit Cénacle », fréquenté en outre par Petrus Borel, Philothée O'Neddy, le peintre et dessinateur Célestin Nanteuil et le sculpteur Jehan Du Seigneur, chez qui l'on se réunissait. Petrus Borel passe pour en avoir été, selon Gautier, l'« individualité pivotante ». Travaillé par la « lycanthropie », il se voulait républicain, « comme l'entendrait un loup-cervier », à la hauteur, autrement dit, d'une époque « où l'on a pour gouvernants de stupides escompteurs, marchands de fusils, et pour Monarque un homme ayant pour légende et exergue : Dieu soit loué, et mes boutiques aussi *». O'Neddy, son cadet de deux ans, en appelait, lui, aux « ouvriers musculeux et forts », qu'il espérait voir « mettre bas le fanatisme républicain », et se joindre à la « croisade métaphysique de la jeune littérature contre la société », réduite à l'état de « pétrification » par les « fortes têtes des salons de finance ». Pétrification insoutenable : misère et folie ont été effectivement le lot de cette génération d'hommes jeunes, nés entre 1806 et 1811. Que penser, en outre, de la situation faite à Hugo, à qui le cens ni son âge ne permettaient d'être électeur ou éligible, et qui ne dut qu'à son élection à l'Académie et à une faveur du roi-citoyen d'inaugurer, à la Chambre des Pairs, sa carrière politique ?*

Il n'y avait rien là, cependant, qui relevât le moins du monde d'un quelconque engagement partisan, aboutissant, par exemple, à mettre l'art au service du progrès, dont il n'est pas jusqu'à l'idée qui ne se soit elle aussi trouvée comme « pétrifiée » par les vainqueurs de Juillet. Restait, bien sûr, une autre forme d'engagement, au service de l'art : l'« idolâtrie exclusive de la forme », qu'on ne se fit pas faute de reprocher aux poésies « véritablement spleeniques » d'O'Neddy, accusé par la Revue encyclopédique *de sacrifier à l'« immoralité » d'un « art sans but ». Le divorce ainsi consommé de* l'art pour l'art *et de* l'art pour le progrès *n'est en somme que le symptôme de la crise ouverte par ce qu'on a pu appeler « le grand schisme de 1830 », et la ruine des illusions libérales.*

Nous sommes ici aux sources de la poétique baudelairienne, et de la dédicace des Fleurs du mal *au « parfait magicien », au « très cher et très vénéré maître » : Théophile Gautier. Considéré en son temps comme « monstrueux », l'article que lui consacra Baude-*

laire en 1859 ne fait que convertir en éloges les critiques adressées
naguère à O'Neddy. Gautier y est crédité d'avoir « *continué* d'un
côté la grande école — "spleenique" — de la mélancolie », et
d'avoir, « d'un autre côté », introduit dans la poésie ce que Bau-
delaire appelle « *la consolation par les arts* », autant dire
l'« *idéal* ».

C'est à rendre, en effet, solidaires le spleen et l'idéal que s'effor-
cent, par la rencontre paradoxale du prosaïsme le plus trivial avec
le culte de l'art, le « vers prosé » de Joseph Delorme et de
Baudelaire ou le poème en prose. Cette tension, née de la solidarité
des contraires, telle qu'elle trouve à se signifier dans le titre même
des Fleurs du mal, fait Baudelaire et peut-être tout le romantisme.
C'est pourquoi Valéry n'a pu féliciter Baudelaire d'avoir réagi
contre ce qu'il appelle « la tendance au prosaïsme » qu'à condition
de trier et de décompter, à sa guise, les « vers très relâchés qui se
rencontrent dans son livre ». Étrange opération, qu'on dirait
renouvelée du procès de 1857, d'un procureur passé au service de
la poésie pure. Appliquée à Baudelaire, l'esthétique du « beau
vers » ne peut conduire qu'à se méprendre du tout au tout sur les
fondements de sa poétique, puisque celle-ci repose précisément sur
la tension qu'on a dite entre l'inspiration « spleenique » et la
consolation par les arts.

Il revient à Aloysius Bertrand d'avoir en France donné sa pre-
mière forme au poème en prose. On s'épuiserait vainement à tenter
d'en définir le « genre ». Aucune règle, jamais, ne permettra de
« générer » un poème en prose, ni de reconnaître un morceau de
prose isolé d'un poème en prose imaginé tel. Ce n'est pas non plus
de la « prose poétique ». Aragon[1] y a reconnu « cet inimitable ton
de la traduction », caractéristique, en un temps où l'on traduisait
en France la poésie étrangère comme naguère le roman américain,
des « vers traduits en prose ». Il cite en exemple un fragment de
Byron, traduit par Paulin Paris. On s'assurera aussi bien de la
justesse de l'intuition en comparant la traduction par Claude Fau-
riel de quelques Chants populaires de la Grèce moderne avec
l'une ou l'autre pièce de Gaspard de la Nuit. La typographie, en
tout cas, y est dans les deux cas conforme aux « instructions »
destinées par Bertrand à « M. le Metteur en pages » : « Règle
générale. — Blanchir comme si le texte était de la poésie. [...] M. le

---

1. *Chroniques du Bel Canto*, « Octobre 1946 », Skira, 1947, p. 164.

Metteur en pages remarquera que chaque pièce *est divisée en alinéas ou couplets. Il jettera de* larges blancs *entre ces couplets
comme si c'étaient des strophes en vers.* » Cette poétique du
« comme si », du blanchissement et des silences intercalés interdit
de considérer Bertrand comme un « fignoleur de tableautins ». *Les
sources plastiques ne constituent jamais, dans* Gaspard de la Nuit,
*que le matériau d'une élaboration secondaire et toute verbale, qui
s'attache plutôt à « désensibiliser » le monde visible au profit
d'une articulation inédite du langage, d'une « modulation du parler qui ouvre l'ère de la* musique savante[1] ». *Elles ont aussi valeur
emblématique, par la « personnification » qu'elles autorisent des
« deux faces de l'art » :* « L'art a toujours deux faces antithétiques,
médaille dont, par exemple, un côté accuserait la ressemblance de
Paul Rembrandt, et le revers, celle de Jacques Callot » (préface).
D'un côté, *la consolation par les arts, ou la méditation philosophique ;* d'un autre côté, *la prose du monde, le dimanche de la vie.*

Après 1860, Baudelaire renonce presque entièrement à la forme
versifiée. Son instrument d'exploration de la réalité poétique est
désormais le poème en prose. Le modèle formel (« caricature »,
« croquis » ou « fantaisie ») s'en trouve cette fois dans la petite
presse des années trente, et l'exploitation de l'anecdote et du fait
divers à laquelle Balzac s'était essayé. On aboutit ainsi à une forme
qu'Aragon définit comme « déterminée par le contenu », et dont le
contenu serait « le monde moderne[2] ». C'est bien ainsi que Baudelaire interprète lui-même sa démarche, comme liée à un processus de symbolisation *prenant prétexte du « spectacle, si ordinaire
qu'il soit, qu'on a sous les yeux »,* pour en induire une image qui
soit elle-même « la profondeur de la vie » (1862). On reconnaît ici
le programme dévolu au « peintre de la vie moderne » : « dégager
de la mode ce qu'elle peut contenir de poétique dans l'historique »
(1863). Ce programme fait du conflit de l'histoire et de la poésie,
du « spectacle » de surface et de la « vie en profondeur », un enjeu
avec lequel la prose paraît seule de nature à pouvoir compter.
Celle-ci apparaît aussi comme le lieu où puissent trouver à se
défier mutuellement, comme les deux faces antithétiques de l'art, la
vérité et la beauté, elle-même caractérisée par Baudelaire comme
rythme : « Le rythme est nécessaire au développement de l'idée de

1. *Ibid.*, p. 167.
2. *Ibid.*, p. 181.

beauté, qui est le but le plus grand et le plus noble du poème. Or, les artifices du rythme sont un obstacle insurmontable à ce dévelop- pement minutieux de pensées et d'expressions qui a pour objet la vérité » (1857, à propos d'Edgar Poe et de la nouvelle). *La prose en vient ainsi à se définir négativement, comme manifestation nos- talgique du rythme absent : la vérité ne peut que s'y souvenir de la beauté. Telle est bien la situation qu'Adorno jugeait « aporétique » de l'art moderne (ou : romantique) : celui-ci est une tentative de conciliation entre deux tendances ; son contenu de vérité dépend de son irréductibilité à l'une ou à l'autre. Les deux « côtés » — du spleen et de l'idéal, de la mélancolie et de l'art consolateur, de la vérité et de la beauté — n'en finissent pas de s'appeler l'un l'autre, et de se contredire : l'ironie romantique n'eut jamais d'autre source.*

Cette duplicité ironique s'accompagne d'une profonde altération du moi. Le romantisme est aussi le temps des hommes doubles, de l'individu partagé. On peut dater l'apparition de ce trait spécifique. Il est explicitement présent dans l'une des dernières œuvres de Rous- seau, dans ces Dialogues *où il s'est fait, comme on sait, juge de Jean-Jacques, se dédoublant en deux personnages dont l'un est appelé à témoigner pour ou contre l'autre. Dédoublement que justifie l'auteur en expliquant que sa vie est effectivement coupée en deux parties qui semblent appartenir à deux individus différents : ce qui les sépare marque la mort de l'un et la naissance de l'autre. C'est en ce sens qu'il faut comprendre la recommandation par Hugo d'avoir à lire* Les Contemplations *« comme on lirait le livre d'un mort », partagé qu'il est entre un* autrefois *et un* aujourd'hui, avant *et* après *la mort de Léopoldine, avant* et *après* l'exil.

*Cet effacement de l'individu au profit d'un nouveau moi — « Ego Hugo » — fait le sujet du poème « Veni, vidi, vixi » (*Les Contemplations, *IV, 13), parodie sinistre du mot de César (« Veni, vidi, vici » : je suis venu, j'ai vu, j'ai vaincu), et qu'il faut traduire : « Je suis venu, j'ai vu, je suis mort. » La biogra- phie, ainsi, se dégage du hasard, pour prendre un visage de destin et la signification d'un mythe poétique, qui absorbe les données individuelles — psychologiques, biographiques ou historiques — au profit du moi-Hugo, de cette ombre que le poème jette sur le monde : la figure de l'auteur. Il n'en va pas autrement du poème* de Nerval, « El Desdichado » : « *Sous la discontinuité apparente des images évoquées par le Héros de la Mauvaise Chance, on reconnaît l'identique motif qui les unifie : le sentiment d'un malheur, d'un veuvage, d'un manque d'être, mais aussi d'une plénitude, d'une richesse, d'un rayonnement spirituels perdus[1].* »

On peut y voir l'effet de la désespérance *propre aux « enfants du siècle ». Elle tenait, selon Musset, à la vacuité d'une histoire devenue proprement insensée : « Toute la maladie du siècle présent vient de deux causes ; le peuple qui a passé par 93 et par 1814 porte au cœur deux blessures. Tout ce qui était n'est plus ; tout ce qui sera n'est pas encore[2]. » Le vide ainsi créé devait rendre intenable toute position se réclamant d'une philosophie du progrès, plus ou moins héritée du mouvement des Lumières : ce qui était possible à la rigueur avant 1830 cessa de l'être après 1848, et à plus forte raison après le « coup » du 2 Décembre. Aussi bien certains pensent aujourd'hui que le tableau destiné par Delacroix à célébrer l'« éclair de Juillet » n'est jamais que l'aboutissement inattendu des études inspirées au peintre par ses inclinations philhelléniques[3]. D'apparence héroïque, le visage de la Liberté « guidant le peuple » paraît emprunter à une toile de 1826 les traits de la Grèce « pleurant sur les ruines de Missolonghi ». Il leur devrait cette nuance pathétique, presque désespérée, et pour le moins inattendue dans cette œuvre vouée à la glorification d'un combat qui passa un temps pour victorieux. Exposé au Salon de 1831, le tableau de Delacroix y fut acquis par le ministère de l'Intérieur. Quelques mois auparavant, son auteur faisait part à un ami du « découragement » général : « Nous vivons, mon bel ami, dans un temps de découragement. Il faut de la vertu pour y faire son Dieu du beau uniquement. Eh bien, plus on le déteste, plus je l'adore, je finirai par croire qu'il n'y a au monde de vrai que les illusions[4]... »*

Ce désenchantement était de nature à rendre caduques les ambitions monumentales de la peinture d'histoire. Il explique aussi l'échec du projet qui n'en finit pas de hanter le XIXe siècle : celui,

1. Octave Nadal, *À mesure haute*, p. 127.
2. *La Confession d'un enfant du siècle* (1836), I, 2.
3. Voir le « dossier » rassemblé par Hélène Toussaint (Éditions de la Réunion des Musées nationaux, Paris, 1982).
4. À Félix Guillemardet, 15 février 1831.

*cautionné par la lecture de Vico et de Herder, et plus ou moins
inspiré par l'invention des poèmes « primitifs » ou « populaires »,
d'une épopée historique de l'humanité. Du « Livre mystique » au
« Livre moderne »,* les Poèmes antiques et modernes *devaient
scander « la marche de l'humanité dans la région des pensées »
(préface de 1829). On se souvient aussi du plan envisagé par
Lamartine pour les* Visions *: par métempsycoses successives, l'âme
de Cédar devait traverser les civilisations qui aboutissent au pré-
sent depuis le temps de* La Chute d'un ange *jusqu'au siècle de*
Jocelyn. *« Historien de fond en comble », le XIXᵉ siècle semble
ainsi avoir été doué d'une sorte de « sixième sens », en proie, dira
Nietzsche, à cette « maladie particulière qu'on appelle le sens his-
torique » : Michelet ne se disait-il pas lui-même « malade d'his-
toire » ? Victor Hugo ne devait pas échapper à sa contagion,
jusqu'à se proposer, avec* La Légende des Siècles, *d'« écrire l'Hu-
manité, fresque à fresque, fragment à fragment, époque à époque ».
La « première série » parut le 26 septembre 1859. Datée du même
mois, la préface y fait encore écho aux croyances illuministes qui
inspirent toutes les grandes œuvres de l'époque dite « romantique »
et reprend à quelque chose près la thèse de Condorcet sur les pro-
grès continus de l'esprit humain. Elle occupe en fait la place qui
revenait logiquement au grand poème introductif : « La Vision
d'où est sorti ce livre », achevé le 26 avril 1859 et finalement
ajourné jusqu'à la publication, en 1877, de la « nouvelle série ».
La « pente de la rêverie » y conduit cette fois à une vision babé-
lienne de l'histoire, en accusant le caractère irrémédiablement
lacunaire du « mur des siècles »,*

Laissant voir de l'abîme entre ses pans confus.

*Cet abîme était, bien sûr, de nature à rendre impossible l'achève-
ment de cette épopée de l'Homme. Il marquait aussi — in absentia
— la place qui revenait de droit à l'évocation des « temps présents »
et du rôle messianique de la Révolution française, appelée à mettre
un terme à la violence historique, comme à coïncider avec la « fin »
ou le rachat de Satan. Force est de constater qu'en effet ce thème
reste pour lors « mystérieusement interdit » au poète, et qu'il ne
pouvait lui inspirer que des œuvres inachevées et probablement ina-
chevables.* La Légende des Siècles *finit par n'être plus qu'un titre,
un principe de classement permettant la publication d'inédits dont
l'importance n'est pas en cause : simplement ils manquaient entre*

eux de ce lien qui contribue à faire d'un recueil de poèmes autre chose qu'une anthologie. En 1883, l'édition définitive regroupera les trois « séries » selon un ordre chronologique assez scolaire, plus « complet », si l'on veut, mais tout aussi lacunaire.

C'est que pour Victor Hugo, comme généralement pour les « hommes de 1830 », on ne saurait désormais concevoir la fin de l'histoire. Ce dont témoigne une correction « capitalissime » du manuscrit de William Shakespeare, d'histoire « définitive » en histoire « réelle ». Et les leçons qu'il ne manquera pas de tirer des péripéties consécutives à son retour en France ne pourront que conforter Hugo dans cette idée que « jamais les Moïses ne virent les Chanaans ». On est toujours, en un sens, au « point zéro » de l'histoire : « Nous ne sommes pas au but. Un reste de spectres plane. » Reste, dans ce « désert où Dieu contre l'homme proteste[1] », face à ce que René Char appelle « l'effondrement des preuves », la parole vengeresse, ou prophétique, seule capable de venir à bout de l'impossible, à la façon dont l'espace, à l'aube, se pénètre de lumière et dont l'astre du matin fait s'évanouir « les mondes lugubres de la nuit ».

Poésie en acte, et qu'on pourrait dire impure, en ce qu'elle s'efforce de construire un espace — probablement utopique — où le sujet, la langue et l'histoire n'en finiraient pas de s'appeler mutuellement et de se contredire, à perte de vue, à perte d'haleine. Cette impureté fait aussi sa grandeur, qui risque aujourd'hui de passer inaperçue. C'est que, dans ses avatars les plus récents, la poésie vise davantage à l'expression anonyme et intemporelle de ce que Gaston Bachelard appelait naguère une « métaphysique instantanée » : « Elle se désintéresse de ce qui brise et de ce qui dissout, d'une durée qui disperse les échos. Elle cherche l'instant. Elle crée l'instant[2]. » Il n'est pas de meilleure définition — a contrario — de la poésie du premier XIXe siècle.

Bernard Leuilliot

---

1. *Châtiments*, VII, 14.
2. « Instant poétique et instant métaphysique », dans : *L'Intuition de l'instant*, Denoël-Gonthier, coll. « Médiations », p. 111.

Germaine de Staël

DE L'ALLEMAGNE

. . .

La vision dont il s'agit ressemble un peu au délire de la fiè-
vre, et doit être jugée comme telle. Sous tout autre rapport que
celui de l'imagination elle serait singulièrement attaquable.

« Le but de cette fiction, dit Jean Paul, en excusera la har-
diesse. Si mon cœur était jamais assez malheureux, assez dessé-
ché pour que tous les sentiments qui affirment l'existence d'un
Dieu y fussent anéantis, je relirais ces pages ; j'en serais ébranlé
profondément, et j'y retrouverais mon salut et ma foi. Quelques
hommes nient l'existence de Dieu avec autant d'indifférence
que d'autres l'admettent ; et tel y a cru pendant vingt années,
qui n'a rencontré que dans la vingt-unième la minute solen-
nelle où il a découvert avec ravissement le riche apanage de
cette croyance, la chaleur vivifiante de cette fontaine de
naphte.

Un Songe.

« Lorsque, dans l'enfance, on nous raconte que, vers minuit,
à l'heure où le sommeil atteint notre âme de si près, les songes
deviennent plus sinistres, les morts se relèvent, et, dans les égli-
ses solitaires, contrefont des pieuses pratiques des vivants, la
mort nous effraie à cause des morts. Quand l'obscurité s'appro-
che, nous détournons nos regards de l'église et de ses noirs
vitraux ; les terreurs de l'enfance, plus encore que ses plaisirs,
reprennent des ailes pour voltiger autour de nous pendant la
nuit légère de l'âme assoupie. Ah ! n'éteignez pas ces étincel-

les ; laissez-nous nos songes, même les plus sombres. Ils sont encore plus doux que notre existence actuelle ; ils nous ramènent à cet âge où le fleuve de la vie réfléchit encore le ciel.

« Un soir d'été j'étais couché sur le sommet d'une colline, je m'y endormis, et je rêvai que je me réveillais au milieu de la nuit dans un cimetière. L'horloge sonnait onze heures. Toutes les tombes étaient entrouvertes, les portes de fer de l'église, agitées par une main invisible, s'ouvraient et se refermaient à grand bruit. Je voyais sur les murs s'enfuir des ombres, qui n'y étaient projetées par aucun corps : d'autres ombres livides s'élevaient dans les airs, et les enfants seuls reposaient encore dans les cercueils. Il y avait dans le ciel comme un nuage grisâtre, lourd, étouffant, qu'un fantôme gigantesque serrait et pressait à longs plis. Au-dessus de moi j'entendais la chute lointaine des avalanches, et sous mes pas la première commotion d'un vaste tremblement de terre. Toute l'église vacillait, et l'air était ébranlé par des sons déchirants qui cherchaient vainement à s'accorder. Quelques pâles éclairs jetaient une lueur sombre. Je me sentis poussé par la terreur même à chercher un abri dans le temple : deux basilics étincelants étaient placés devant ses portes redoutables.

« J'avançai parmi la foule des ombres inconnues, sur qui le sceau des vieux siècles était imprimé ; toutes ces ombres se pressaient autour de l'autel dépouillé, et leur poitrine seule respirait et s'agitait avec violence ; un mort seulement, qui depuis peu était enterré dans l'église, reposait sur son linceul ; il n'y avait point encore de battement dans son sein, et un songe heureux faisait sourire son visage ; mais à l'approche d'un vivant il s'éveilla, cessa de sourire, ouvrit avec un pénible effort ses paupières engourdies ; la place de l'œil était vide, et à celle du cœur il n'y avait qu'une profonde blessure ; il souleva ses mains, les joignit pour prier ; mais ses bras s'allongèrent, se détachèrent du corps, et les mains jointes tombèrent à terre.

« Au haut de la voûte de l'église était le cadran de l'éternité ; on n'y voyait ni chiffres ni aiguilles, mais une main noire en faisait le tour avec lenteur, et les morts s'efforçaient d'y lire le temps.

« Alors descendit des hauts lieux sur l'autel une figure rayonnante, noble, élevée, et qui portait l'empreinte d'une impérissable douleur ; les morts s'écrièrent : — Ô Christ ! n'est-il point de Dieu ? Il répondit : — Il n'en est point. Toutes les ombres se prirent à trembler avec violence, et le Christ continua ainsi : — J'ai parcouru les mondes, je me suis élevé au-dessus des soleils, et là aussi il n'est point de Dieu ; je suis descendu jusqu'aux dernières limites de l'univers, j'ai regardé dans l'abîme et je me suis écrié : — Père, où es-tu ? mais je n'ai entendu que la pluie qui tombait goutte à goutte dans l'abîme, et l'éternelle tempête, que nul ordre ne régit, m'a seule répondu. Relevant ensuite mes regards vers la voûte des cieux, je n'y ai trouvé qu'une orbite vide, noire et sans fond. L'éternité reposait sur le chaos et le rongeait et se dévorait lentement elle-même : redoublez vos plaintes amères et déchirantes ; que des cris aigus dispersent les ombres, car c'en est fait.

« Les ombres désolées s'évanouirent comme la vapeur blanchâtre que le froid a condensée ; l'église fut bientôt déserte ; mais tout à coup, spectacle affreux, les enfants morts, qui s'étaient réveillés à leur tour dans le cimetière, accoururent et se prosternèrent devant la figure majestueuse qui était sur l'autel, et dirent : — Jésus, n'avons-nous pas de père ? et il répondit, avec un torrent de larmes : — Nous sommes tous orphelins, moi et vous nous n'avons point de père. À ces mots, le temple et les enfants s'abîmèrent, et tout l'édifice du monde s'écroula devant moi dans son immensité. »

. . .

François-René de Chateaubriand

ATALA

. . .

Atala et moi nous joignions notre silence au silence de cette scène. Tout à coup la fille de l'exil fit éclater dans les airs une voix pleine d'émotion et de mélancolie ; elle chantait la patrie absente :

« Heureux ceux qui n'ont point vu la fumée des fêtes de l'étranger, et qui ne se sont assis qu'aux festins de leurs pères !

« Si le geai bleu du Meschacebé disait à la nonpareille des Florides : « Pourquoi vous plaignez-vous si tristement ? N'avez-vous pas ici de belles eaux et de beaux ombrages, et toutes sortes de pâtures comme dans vos forêts ? » « Oui, répondrait la nonpareille fugitive ; mais mon nid est dans le jasmin, qui me l'apportera ? Et le soleil de ma savane, l'avez-vous ? »

« Heureux ceux qui n'ont point vu la fumée des fêtes de l'étranger, et qui ne se sont assis qu'aux festins de leurs pères !

« Après les heures d'une marche pénible, le voyageur s'assied tristement. Il contemple autour de lui les toits des hommes ; le voyageur n'a pas un lieu où reposer sa tête. Le voyageur frappe à la cabane, il met son arc derrière la porte, il demande l'hospitalité ; le maître fait un geste de la main ; le voyageur reprend son arc, et retourne au désert !

« Heureux ceux qui n'ont point vu la fumée des fêtes de l'étranger, et qui ne se sont assis qu'aux festins de leurs pères !

« Merveilleuses histoires racontées autour du foyer, tendres épanchements du cœur, longues habitudes d'aimer si nécessaires à la vie, vous avez rempli les journées de ceux qui n'ont point quitté leur pays natal ! Leurs tombeaux sont dans leur patrie, avec le soleil couchant, les pleurs de leurs amis et les charmes de la religion.

« Heureux ceux qui n'ont point vu la fumée des fêtes de l'étranger, et qui ne se sont assis qu'aux festins de leurs pères ! »

Ainsi chantait Atala.

. . .

Chênedollé

LE GÉNIE DE L'HOMME

. . .

Oui, quand je m'armerais des ailes de l'Aurore,
Pour compter les Soleils dont le Ciel se décore ;
Quand, de l'immensité sondant les profondeurs,
Ma pensée unirait les nombres aux grandeurs ;
Dans ces gouffres sacrés égarant mon audace,
Quand j'userais le temps à mesurer l'espace,
Je verrais s'écouler les siècles réunis,
Et pressé, sans espoir, entre deux infinis,
Je me serais toujours écarté de moi-même,
Sans jamais m'approcher de ce vaste problème.
Et pourtant, à la fois tremblant et glorieux,
Le fils de la poussière ose monter aux Cieux !
J'y monte ; je parcours cette échelle enflammée,
De mondes, de soleils, de comètes semée ;
Je ne vois plus la terre, et l'astre de la nuit
Bien loin de mes regards lui-même échappe et fuit.
De Saturne déjà j'ai passé la frontière.
Je touche au grand rideau d'azur et de lumière ;
Je l'ai franchi : j'arrive à ces lieux reculés,
Empires lumineux, domaines étoilés,
Où, plongeant ses regards dans l'immense étendue,
Et d'un hardi cristal armant sa frêle vue,
Sur le front des Soleils l'astronome orgueilleux
Promène avec fierté son tube merveilleux.
J'erre de Ciel en Ciel, de planète en planète,
Je m'élève, je suis le vol de la Comète,
Et j'arrive avec elle à ces globes ardents,

Astres illimités, Soleils indépendants,
Fleuves de feu, par qui tout vit et tout respire,
Âmes des univers, qui forment leur empire.
Dans ces cieux plus lointains, où des mondes plongés
N'achèvent qu'en mille ans leurs orbes prolongés,
Quel est ce pavillon, ce dôme magnifique ?
De ton palais, grand Dieu, serait-ce le portique ?
Qu'ai-je dit ? Ah ! combien je rampe loin de toi !
Plus j'avance vers lui... plus il fuit loin de moi.
    Ô Terre ! où je suis né, Terre, où sont tes rivages !
Soleil ! qu'il est étroit le cercle où tu voyages !
Sur des Cieux infinis, des Cieux multipliés,
Comme des points brillants s'amassent sous mes pieds.
Et toutefois des Cieux le Monarque invisible,
Reculé dans lui-même, heureux, inaccessible,
Près de nous, loin de nous, nœud des mondes divers,
Tourment de notre esprit, raison de l'univers,
S'étend, et règne encor par-delà cet espace,
Où finissent les Cieux, et que lui seul embrasse.
. . .

(Chant I, *Les Cieux*.)

ÉTUDES POÉTIQUES

LE PÊCHEUR

Subdola ridebat placidi pellacia ponti.
LUCRET.

Sur les bords d'un fleuve limpide,
Un pauvre pêcheur arrêté,
Après une course rapide,
S'était assis un soir d'été.

En jetant sa ligne mobile
Sur ces rivages inconnus,
Il contemplait l'onde tranquille
Qui venait baigner ses pieds nus.

Une illusion insensible
Charmant le pêcheur attiré,
Comme un rêve aimable et paisible
S'empare de lui par degré.

Soudain, de sa grotte azurée,
Belle, nue, et sans ornements,
Une nymphe sort entourée
De ses plus doux enchantements.

Riante, elle semblait lui dire :
« Viens, viens, infortuné pêcheur,
« Ô viens, dans mon liquide empire,
« De mes flots goûter la fraîcheur !

« Au sein de ma grotte profonde
« Tu trouveras la volupté
« Qu'offrent les délices de l'onde
« Durant les chaleurs de l'été.

« La vierge modeste et timide,
« Du Lion évitant l'ardeur,
« Se plonge en mon cristal humide,
« Sous la garde de la pudeur.

« L'astre à la flamme étincelante,
« Lassé d'éclairer l'univers,
« Au bout de sa course brûlante,
« Aime à se baigner dans les mers.

« Et quand des souffles invisibles
« Enchantent l'ombre de la nuit,
« De Phébé les rayons paisibles
« Au sein des flots dorment sans bruit. »

Elle dit : du vague prestige
Il a senti les traits puissants :
Un mol et magique vertige
Égare et trouble tous ses sens.

À son erreur il s'abandonne ;
Et vaincu par ce fol amour,
Aux bras de la nymphe il se donne,
Glisse, et disparaît sans retour.

LA JEUNE FEMME
parmi les ruines de Rome

Hic spirat amor.

J'errais aux campagnes de Rome,
Et, promenant au loin mes pas silencieux,
Je lisais le néant de l'homme
Écrit de toutes parts sur ce sol glorieux.

Du Capitole au front superbe
J'aimais à contempler les environs déserts,
Et je voyais ramper sur l'herbe
L'orgueil de cent palais que la ronce a couverts.

Au pied d'un portique en ruine
Qu'ébranlait de sa faux Saturne triomphant,
Je vis une jeune Sabine
Qui, calme, fraîche et belle, allaitait son enfant.

Je m'approche de cette femme
Qui de ces lieux, pour moi, doublait l'enchantement,
Et de sa bouche je réclame
Quelques légers détails sur ce grand monument.

« Étranger, me répondit-elle,
« J'ai regret de tromper ta curiosité ;
     « Mais, pour ces débris... tout mon zèle
« Ne peut t'apprendre rien sur leur antiquité.

     « D'autres t'en rediront la gloire,
« Par d'autres ces débris te seront expliqués ;
     « Pour moi, j'en ignore l'histoire :
« À peine mon regard les avait remarqués. »

     Ainsi, pleine de sa tendresse,
Goûtant d'un seul bonheur le long charme innocent,
     Cette femme, en sa douce ivresse,
Aimait !... toute sa vie était dans le présent.

LA VIOLETTE

Nec sum adeo informis !

À M. A. d. B.....

     « Pourquoi faut-il qu'à tous les yeux
« Le destin m'ait cachée au sein touffu de l'herbe,
« Et qu'il m'ait refusé, de ma gloire envieux,
     « La majesté du lis superbe ?

     « Ou que n'ai-je l'éclat vermeil
« Que donne le printemps à la rose naissante,
« Quand, dans un frais matin, les rayons du soleil
     « Ouvrent sa robe éblouissante ?

     « Peut-être pourrais-je en ces lieux
« Captiver les regards de la jeune bergère
« Qui traverse ces bois, et, d'un pied gracieux,
     « Foule la mousse bocagère.

« Avant qu'on m'eût vu me flétrir,
« Je me serais offerte à ses beaux doigts d'albâtre ;
« Elle m'eût respirée, et j'eusse été mourir
    « Près de ce sein que j'idolâtre.

    « Vain espoir ! on ne te voit pas ;
« On te dédaigne, obscure et pâle violette !
« Ton parfum même est vil ; et ta fleur sans appas
    « Mourra dans ton humble retraite. »

    Ainsi, dans son amour constant,
Soupirait cette fleur, amante désolée ;
Quand la bergère accourt, vole, et passe en chantant ;
    La fleur sous ses pas est foulée.

    Son disque, à sa tige arraché,
Se brise et se flétrit sous le pied qui l'outrage ;
Il perd ses doux parfums, et languit desséché
    Sur la pelouse du bocage.

    Mais il ne fut pas sans attrait
Ce trépas apporté par la jeune bergère,
Et l'on dit que la fleur s'applaudit en secret
    D'une mort si douce et si chère.

NOTE

J'ai quelques mots à dire sur les trois odes du premier livre, intitulées *Le Pêcheur*, *La Jeune Femme parmi les ruines de Rome*, et *La Violette*. Je ne leur ai point donné le nom d'*Imitations*, bien que Goethe ait fait trois petites pièces de vers qui portent le même titre, et roulent sur le même fond d'idées. Mais je ne les connais ni en original, ni en traduction. Je n'ai fait que les entrevoir vaguement à travers les légères et rapides indications qu'en a données Mme de Staël dans son livre sur l'Allemagne. Je n'ai donc point prétendu imiter, mais refaire à ma manière ces trois pièces qui passent pour des chefs-d'œuvre de sentiment et de grâce en allemand. L'idée de cette lutte contre un des plus grands poètes de l'Allemagne a souri à mon imagination. Heureux si je ne suis pas resté à une trop grande distance de la rare perfection que doit y avoir mise Goethe, si l'on s'en rapporte au jugement, peut-être un peu enthousiaste, de Mme de Staël !

Baour-Lormian

POÉSIES D'OSSIAN

HYMNE AU SOLEIL

Roi du monde et du jour, guerrier aux cheveux d'or,
Quelle main, te couvrant d'une armure enflammée,
Abandonna l'espace à ton rapide essor,
Et traça dans l'azur ta route accoutumée ?
Nul astre à tes côtés ne lève un front rival ;
Les filles de la nuit à ton éclat pâlissent ;
La lune devant toi fuit d'un pas inégal,
Et ses rayons douteux dans les flots s'engloutissent.
Sous les coups réunis de l'âge et des autans
Tombe du haut sapin la tête échevelée ;
Le mont même, le mont, assailli par le temps,
Du poids de ses débris écrase la vallée ;
Mais les siècles jaloux épargnent ta beauté :
Un printemps éternel embellit ta jeunesse,
Tu t'empares des cieux en monarque indompté,
Et les vœux de l'amour t'accompagnent sans cesse.
Quand la tempête éclate et rugit dans les airs,
Quand les vents font rouler, au milieu des éclairs,
Le char retentissant qui porte le tonnerre,
Tu parais, tu souris, et consoles la terre.
Hélas ! depuis longtemps tes rayons glorieux
Ne viennent plus frapper ma débile paupière !
Je ne te verrai plus, soit que, dans ta carrière,
Tu verses sur la plaine un océan de feux,
Soit que, vers l'occident, le cortège des ombres

Accompagne tes pas, ou que les vagues sombres
T'enferment dans le sein d'une humide prison !
Mais, peut-être, ô soleil, tu n'as qu'une saison ;
Peut-être, succombant sous le fardeau des âges,
Un jour tu subiras notre commun destin ;
Tu seras insensible à la voix du matin,
Et tu t'endormiras au milieu des nuages.

INVOCATION À LA LUNE

   Ainsi qu'une jeune beauté
   Silencieuse et solitaire,
   Des flancs du nuage argenté
   La lune sort avec mystère.
Fille aimable du ciel, à pas lents et sans bruit,
Tu glisses dans les airs où brille ta couronne,
   Et ton passage s'environne
Du cortège pompeux des soleils de la nuit.
Que fais-tu loin de nous, quand l'aube blanchissante
   Efface à nos yeux attristés
Ton sourire charmant et tes molles clartés ?
Vas-tu, comme Ossian, plaintive, gémissante,
   Dans l'asile de la douleur
  Ensevelir ta beauté languissante ?
Fille aimable du ciel, connais-tu le malheur ?
Maintenant revêtu de toute sa lumière,
Ton char voluptueux roule au-dessus des monts :
Prolonge, s'il se peut, le cours de ta carrière,
Et verse sur les mers tes paisibles rayons.

Népomucène Lemercier

LA PANHYPOCRISIADE

RABELAIS

Oh ! oh ! que te voilà plaisamment habillée,
Ma vieille amie ! Oh ! oh ! qui t'a donc dépouillée
De la toge à longs plis, des lourds manteaux flottants
Qui te paraient aux yeux des sages du vieux temps ?

LA RAISON

Moi-même : lasse enfin que mon grave étalage
Ne m'attirât partout qu'affronts et persiflage,
Voyant que la Folie, un bandeau sur les yeux,
À guider les humains réussissait bien mieux,
Au moment qu'elle entrait chez Érasme, que j'aime,
Et qui raille les fous par son éloge même,
Pour animer ici tes joyeux entretiens,
J'empruntai ses dehors en lui prêtant les miens,
Et lui laissant ma robe et mon ton pédantesque,
Me voici, Rabelais, sous son habit grotesque.

RABELAIS

Ma naïve compagne ! égayons-nous céans ;
Arrive qui pourra de nos petits géants !
Foin des papes, des rois, et de qui les conseille !
Faisons mousser la verve !... Haut le cul, la bouteille !
Trousse ta jupe immense, incommode attirail !
Trémousse cette queue ouverte en éventail !
Redresse ta couronne en crête enorgueillie !
Sonnez, grelots, clinquant, huppes de la Folie !

Sautez, sceptres ! craquez, rubans et parchemins !
Raison, amusons-nous à ces drelin din dins !
Ah ! ah ! ah ! quoi ! l'orgueil s'enflamme, s'évertue
Pour ces colifichets dont tu t'es revêtue !
Oh ! oh ! oh ! j'en ris tant que je me sens péter
La cervelle... Oui, voilà de quoi me dérater.

LA RAISON

De grâce, en tes propos un peu plus de réserve...

RABELAIS

Ouais ! ferais-tu la prude ? allons, gai, ma Minerve !
Le peuple est attristé des refrains du Missel,
Mais savoure à plaisir les bons mots à gros sel :
Et mes joyeux rébus, que tout bas on répète,
Poussent même à la cour le bons sens en cachette.

LA RAISON

Certes, le plus grand mal est, par tout l'univers,
De voir les faits honteux de décence couverts ;
Et des fausses grandeurs on détruirait les causes,
Si tout franc par leurs noms on appelait les choses.
Çà, dis-moi, qu'as-tu fait dans tes libres instants ?

RABELAIS

De magiques miroirs aux princes de nos temps :
Là se verra mon siècle ; et gaiement, après boire,
Pour les rieurs futurs j'en écrirai l'histoire.
Vois-tu ces ogres-là s'ébattre et festoyer ?

LA RAISON

Oui.

RABELAIS

    C'est Gargantua, sorti de Grand-Gousier ;
Race en gloutonnerie opérant des merveilles.
Leurs larges avaloirs, leurs dents jusqu'aux oreilles,
Mangeant hommes vivants, bœufs, et porcs, et moutons,
Dépeuplant l'air d'oiseaux et la mer de poissons ;
Leur généalogie, aux yeux d'un docte juge,

Où remonte si haut, au mépris du déluge,
Un aïeul, enjambé sur l'arche de Noé,
Beau titre, qu'un Cyrus n'eût pas désavoué ;
Les arpents de velours, de soie, et d'aiguillettes,
Étoffant, galonnant leur chausse et leurs braguettes ;
Leurs flancs entripaillés, leurs chefs dodelinants,
Et leurs vents intestins toujours barytonnants,
Doivent, en ces miroirs, te faire reconnaître
D'insatiables rois que l'on ne peut repaître.

LA RAISON

Quelle haute jument monte Gargantua ?

RABELAIS

C'est la dame d'Heilly : vois quel amble elle va ;
Et que sur son chemin elle a, de lieue en lieue,
Jeté bois et maisons sous les coups de sa queue.

LA RAISON

C'est bien frayer sa route en maîtresse de rois,
Que d'abattre en passant les forêts et les toits.
Mais tourne ce miroir par-devant la justice.

RABELAIS

Grippeminaud s'y peint, monstre nourri d'épice ;
Et ses gros chats, fourrés de diverse toison,
Miaulant près de lui, flairent la venaison :
Leurs griffes et leur gueule, instruments de leurs crimes,
Sur leur table de marbre écorchent leurs victimes.

LA RAISON

Je reconnais sans peine, à ces vils animaux,
Juges, clercs, et greffiers, pères de tous les maux.

RABELAIS

Vois-tu ces Chicanoux ? vois-tu ce vieux Bride-Oie,
Magistrat ingénu, qui vit en paix, en joie,
Et qui, ses dés en mains, au bout des longs procès,
Tire pour jugement le sort de ses cornets ?

LA RAISON

Quel est ce long corps sec qui se géantifie ?

RABELAIS

C'est Carême-Prenant, que l'orgueil mortifie :
Son peuple, ichtyophage, efflanqué, vaporeux,
A l'oreille qui tinte et l'esprit rêve-creux.
Envisage non loin ces zélés Papimanes,
Qui, sur l'amour divin, sont plus forts que des ânes,
Et qui, béats fervents, engraissés de tous biens,
Rôtissent mainte andouille et maints luthériens.
Ris de la nation des moines gastrolâtres :
Aperçois-tu le dieu dont ils sont idolâtres ?
Ce colosse arrondi, grondant, sourd, et sans yeux,
Premier auteur des arts cultivés sous les cieux,
Seul roi des volontés, tyran des consciences,
Et maître ingénieux de toutes les sciences,
C'est le ventre ! le ventre ! Oui, messire Gaster
Des hommes de tout temps fut le grand magister,
Et toujours se vautra la canaille insensée
Pour ce dieu, dont le trône est la selle percée.
J'en pleure et ris ensemble ; et tour à tour je crois
Retrouver Héraclite et Démocrite en moi.
Hu ! hu ! dis-je en pleurant, quoi ! ce dieu qui digère,
Quoi ! tant d'effets si beaux, le ventre les opère !
Hu ! hu ! lamentons-nous ! hu ! quels honteux destins,
De nous tant agiter pour nos seuls intestins !
Hu ! hu ! hu ! de l'esprit quel pitoyable centre !
L'homme en tous ses travaux a donc pour but le ventre !
Mais tel que Grand-Gousier pleurant sur Badebec,
Se tournant vers son fils sent ses larmes à sec ;
Hi ! hi ! dis-je en riant, hi ! hi ! hi ! quel prodige,
Qu'ainsi depuis Adam le ventre nous oblige
À labourer, semer, moissonner, vendanger,
Bâtir, chasser, pêcher, combattre, naviguer,
Peindre, chanter, danser, forger, filer et coudre,
Alambiquer, peser les riens, l'air et la poudre,
Être prédicateurs, poètes, avocats,
Titrer, mitrer, bénir, couronner des Midas,

Nous lier à leur cour comme à l'unique centre,
Hi ! hi ! tout cela, tout, hi ! hi ! hi ! pour le ventre !

LA RAISON

Il est d'autres objets où tend l'humanité.

RABELAIS

Qui peut nous en instruire, hélas !

LA RAISON

La vérité.

RABELAIS

Mon Panurge, qui court en lui tendant l'oreille,
La cherche sous la terre au fond d'une bouteille ;
La bouteille divine, oracle du caveau,
Épanouit les sens, dilate le cerveau,
Purge le cœur de fiel, désopile la rate,
Aiguillonne les flancs, émeut, chatouille, gratte,
Redresse... quoi ? l'esprit. C'est assez : buvons frais,
Et, s'il se peut, allons, en riant, *ad patres !*

Marc-Antoine Désaugiers

CHANSONS ET POÉSIES DIVERSES

PREMIÈRE SOIRÉE
DE CADET BUTEUX,
Passeux d' la Râpée,
aux expériences du sieur Olivier

Air : *Voulez-vous savoir l'histoire.*

Je n' vois, en fait de pestacles
    Foi d' Cadet Buteux,
Rien qui vaille les miracles
    D' nos escarmoteux ;
J'en savons un passé maître,
    Que j'avons vu l'aut' soir ;
Gn'y a qu'un moyen de l' connaître,
    Et c'est d'aller l' voir.

J' crois que c' luron-là s'appelle
    Monsieur Olivier ;
Et c'est dans la ru' d' Guernelle[1]
    Qu' travaille l' sorcier ;
I' sait vous r'tourner, vous prendre,
    Qu'on n'y connaît rien,
Et j' dis qu' s'il ne s' fait point pendre,
    C'est qu'il le veut bien.

---

1. Ancien domicile de M. Olivier.

J' pensons un' carte, l' m' la nomme,
    C'était l' roi d' carreau :
V'là qu' d'un' main il prend z'un' pomme,
    Et d' l'autre un couteau ;
Il la partage, il la montre,
    Et, voyez l' malin !
V'là mon roi qui s'y rencontre
    En guise d' pépin.

C' qu'est pus fort, c'est qu'il prépare
    Un grand verre d' vin,
Et vous l' flanque, sans dir' gare,
    Au nez d' mon voisin :
L' diable d' vin s' mitamorphose
    En rose, en œillet ;
V'là, m' dis-je en restant tout chose,
    Un vin qu'a l' bouquet !

J' li prêtons, à sa prière,
    Mon castor à glands,
Parc' qu'il avait z'envi' d' faire...
    Une om'lette d'dans ;
Gn'y a point z'à dire, il l'a faite,
    Et ça sous not' né,
Et, jarni, moi, d' voir c't' om'lette,
    Ça m'a tout r'tourné.

Il me d'mande que j' li garde
    Six écus tournois ;
J' les prenons, mais quand j'y r'garde,
    V'là qu'i' m'en manqu' trois ;
On les trouv' dans une aut' poche :
    À Paris, quoiqu' ça,
N' faut point z'un lunett' d'approche
    Pour voir ces coups-là.

Il perce un mouchoir d' percale
    D' la grosseur d'un œuf ;
Il souffle d'sus, il l'étale,
    Crac, le v'là tout neuf.

Pour nos fill's, ah ! queu trouvaille,
    Dans c' siècle d' vartus,
Si, pour boucher z'une entaille,
    N' fallait qu' souffler d'sus !

V'là qu' tout à coup la nuit tombe...
    Et, pour divartir,
J' vois comm' qui dirait d'un' tombe
    D's esquelett's sortir ;
À leux airs secs et minables,
    On s'disait comm' ça :
C'est-i' d's artist's véritables
    Qui jou'nt ces rôl's-là ?

Mais avant qu'un chacun sorte,
    (Et c'est là l' chiendent !)
V'là Fanfan qui nous apporte
    Deux torches d' rev'nant.
Morgué ! que l' bon Dieu t' bénisse,
    Suppôt d' Lucifer !
J' croyions qu' j'avions la jaunisse
    Tant j'avions l' teint vert.

Bref, c't Olivier z'est capable,
    Dans l' méquier qu'i fait,
D'escamoter jusqu'au diable,
    Si l' diable l' tentait ;
Par ainsi, sans épigrammes,
    Crainte d'accident,
Faut toujours, messieurs et dames,
    S' tâter en sortant.

LES PLAISIRS DU DIMANCHE

Air : *Nous n'avons qu'un temps à vivre.*

Vive, vive le dimanche !
Vieil enfant du Carnaval
De la gaieté la plus franche
Ce beau jour donne le signal.

Jeunes et vieux de leur demeure
S'empressent de déloger,
Et le même instant sonne l'heure
De la messe et du berger.

Vive, vive le dimanche !
Vieil enfant du Carnaval,
De la gaieté la plus franche
Ce beau jour donne le signal.

Réunis en grande famille,
Ce jour-là, nos bons lurons
Vont chanceler à la Courtille
Et tomber aux Porcherons.

Vive, vive le dimanche !
Vieil enfant du Carnaval,
De la gaieté la plus franche
Ce beau jour donne le signal.

Javotte, désertant la halle,
Court étaler à Clichy
Son déshabillé de percale
Que la veille elle a blanchi.

Vive, vive le dimanche !
Vieil enfant du Carnaval,
De la gaieté la plus franche
Ce beau jour donne le signal.

L'ouvrier promène sa femme
 Du Bon-Coin au Soleil-d'Or,
Du Soleil-d'Or au mélodrame,
 Où le couple heureux s'endort.

 Vive, vive le dimanche !
 Vieil enfant du Carnaval,
 De la gaieté la plus franche
Ce beau jour donne le signal.

Le laquais, dédaignant sa veste,
 Se déguise en habit neuf ;
Et l'homme de bien, plus modeste,
 Brosse son habit d'Elbeuf.

 Vive, vive le dimanche !
 Vieil enfant du Carnaval,
 De la gaieté la plus franche
Ce beau jour donne le signal.

 Le marchand, muni d'une assiette
 Et d'un petit vin nouveau,
Pour déjeuner à la Muette,
 Porte une langue de veau.

 Vive, vive le dimanche !
 Vieil enfant du Carnaval,
 De la gaieté la plus franche
Ce beau jour donne le signal.

À l'église on voit la grisette
 Prier Dieu dévotement,
Pour que le beau temps lui permette
 D'aller trouver son amant.

 Vive, vive le dimanche !
 Vieil enfant du Carnaval,
 De la gaieté la plus franche
Ce beau jour donne le signal.

Le commis au tendron qu'il aime
  Dépêche un billet galant ;
Et l'écolier fait de son thème
  L'oreille d'un cerf-volant.

  Vive, vive le dimanche !
  Vieil enfant du Carnaval,
  De la gaieté la plus franche
Ce beau jour donne le signal.

À chaque porte de la ville
  Le chagrin est consigné,
Et le débiteur, plus tranquille,
  Ne craint pas d'être assigné.

  Vive, vive le dimanche !
  Vieil enfant du Carnaval,
  De la gaieté la plus franche
Ce beau jour donne le signal.

Si quelquefois l'ennui conspire
  Contre un désordre aussi beau,
Un refrain combat son empire,
  Et le vin est son tombeau.

  Vive, vive le dimanche !
  Vieil enfant du Carnaval,
  De la gaieté la plus franche
Ce beau jour donne le signal.

L'ATELIER DU PEINTRE,

ou

Le portrait manqué

Air de la Catacoua.

Jaloux de donner à ma belle
Un duplicata de mes traits,
Je demande quel est l'Apelle
Le plus connu par ses portraits.
C'est, me répond l'ami Dorlange,
Un artiste nommé Mathieu.
    Il prend fort peu...
    Mais, ventrebleu !
Quel coloris, quelle grâce, quel feu !
Il vous attrape comme un ange ;
Et loge près de l'Hôtel-Dieu,

Vite, je cours chez mon Apelle ;
J'arrive et ne sais où j'en suis ;
Son escalier est une échelle,
Et sa rampe une corde à puits.
Un chantre est au premier étage,
Au second loge un chaudronnier,
    Puis un gainier,
    Un rubanier,
Puis au cinquième un garçon cordonnier...
Je reprends haleine et courage,
Et j'arrive enfin au grenier.

J'entre, et d'abord sous une chaise
Je vois le buste de Platon ;
Sur un Hercule de Farnèse
S'élève un bonnet de coton ;
Un briquet est dans une mule,
Dans un verre un peigne édenté ;
    Un bas crotté
    Sur un pâté,

Un pot à l'eau sous une Volupté,
    L'Amour près d'un tison qui brûle,
    Et la Frileuse à son côté.

    Le portrait d'un acteur tragique
    Est vis-à-vis d'un mannequin ;
    Je vois sur la Vénus pudique
    Une culotte de nankin ;
    Une tête de Diogène
    A pour pendant un potiron ;
        Près d'Apollon
        Est un poêlon ;
Psyché sourit à l'ombre d'un chaudron,
    Et les restes d'une *romaine*
    Sont sous l'œil du cruel Néron.

    Devant une vitre brisée
    S'agite un morceau de miroir,
    Et sous la barbe de Thésée
    Est une lame de rasoir ;
    Sous un Plutus une Lucrèce ;
    Sur un tableau récemment peint
        Je vois un pain,
        Un escarpin,
Une Vénus sur un lit de sapin,
    Et la Diane chasseresse
    Derrière une peau de lapin.

    Seul, j'admirais ce beau désordre,
    Quand un homme, armé d'un bâton,
    Entre, et m'annonce que par ordre
    Il va me conduire en prison.
    Je résiste... il me parle en maître ;
    Je lui lance un Caracalla,
        Un Attila,
        Un Scévola,
Un Alexandre, un Socrate, un Sylla,
    Et j'écrase le nez du traître
    Sous le poids d'un Caligula.

À ses cris, au fracas des bosses,
Je vois, vers moi, de l'escalier
S'élancer vingt bêtes féroces,
Vrais visages de créancier.
Sur ma tête, assiettes, bouteilles,
Pleuvent au gré de leur fureur ;
            Et le traiteur,
            Le blanchisseur,
Le perruquier, le bottier, le tailleur,
    Font payer à mes deux oreilles
    Le nez de leur ambassadeur.

Au lieu d'emporter mon image,
Comme je l'avais espéré,
Je sors n'emportant qu'un visage
Pâle, meurtri, défiguré.
Ô vous ! sensibles créatures,
Aux traits bien fins, bien réguliers,
            Des noirs huissiers,
            Des noirs greniers
Évitez bien les périls meurtriers,
    Et que Dieu garde vos figures
    Des peintres et des créanciers !

Claude Fauriel

CHANTS POPULAIRES
DE LA GRÈCE MODERNE

BOUKOVALLAS

Quel est le bruit qui se fait ? (quel est) ce grand fracas ? —
Égorge-t-on des bœufs ? des bêtes féroces se battent-elles ? —
On n'égorge pas de bœufs ; des bêtes féroces ne se battent pas :
— (mais) Boukovallas combat ; (il combat) contre quinze cents
(Turks), — entre Kénouria et le Kerassovon. — Les coups de
fusil tombent comme pluie, les balles comme grêle. — (Mais
tout-à-coup) une fille blonde crie de la fenêtre : — « Fais cesser
le combat, ô Boukovallas ; fais cesser la fusillade : — la poussiè-
re tombera, le brouillard s'élèvera, — et nous compterons ton
armée, pour voir combien (d'hommes) manquent. » — Les
Turks se sont comptés trois fois ; il (en) manque cinq cents. —
Les enfants des Klephtes se comptent ; il leur manque trois bra-
ves. — L'un est allé chercher de l'eau, l'autre du pain ; —
(mais) le troisième, le plus brave, est étendu (mort) sur son
fusil.

JEANNETTE ET LANGOURET

Toutes les jeunes filles se marient et prennent d'alertes jou-
venceaux ; — et moi, Jeannette, la jolie, (pour époux) j'ai pris
Langouret ; — et mon pauvre cœur languit à côté de Langou-
ret. — Je me tiens toujours près de lui ; je lui parle, il ne me

parle pas ; — je lui donne à manger, il ne mange pas ; — (je lui donne) du vin, il ne boit pas. — Je lui fais un lit avec cinq matelas, avec cinq oreillers : — « Viens, Langouret, couche-toi ; viens, Langouret, mets-toi au lit. — Étends tes mains dessé- chées sur mon corps blanc (comme) l'argent, — pour y recueil- lir les fleurs d'avril, et la rosée de mai ; — pour y prendre deux tétins semblables à deux citrons. »

LES ADIEUX

Ô mon œillet rouge, ô ma jacinthe bleue, — baisse-toi ; que je te dise adieu ; que je te baise tendrement : — je vais partir ; (je m'en vais) ; mon père ne me permet pas (de rester).

Ô mon œillet rouge, ô ma jacinthe bleue, — baisse-toi, que je te dise adieu ; que je te baise tendrement : — je vais partir ; (je m'en vais), ma mère ne me permet pas (de rester).

Le temps est venu, l'heure (est venue) où nous allons être séparés, — et ne nous rejoindrons plus ; et le cœur me saigne — de ce que nous allons être séparés, et ne nous rejoindrons plus. — Mes yeux versent des larmes, et tournent comme des roues, — d'être séparés, de ne plus nous rejoindre.

LE FILS ÉLOIGNÉ DE SA MÈRE

« Ouvre-toi, cœur oppressé, et (vous) lèvres amères, — ou- vrez-vous, dites-moi quelque chose, et consolez-moi. » — « Il est des consolations à la mort ; Charon a (parfois) de la pitié : — mais il n'y a point de consolation à la séparation des vivants ; — (quand) la mère se sépare de l'enfant, l'enfant de la mère ; — (quand) les époux qui s'aiment se séparent. »

De l'autre côté de la montagne, de cette montagne grande et haute, — qui a du brouillard au sommet, et de la brume aux pieds, — sont enterrés deux frères ; — et sur leurs tombeaux a poussé une vigne, — (qui) produit des grappes rouges (dont) le vin est un poison. — Toute mère qui boit de ce vin cesse d'avoir des enfants. — Oh ! que ma mère n'en buvait-elle, pour ne pas me mettre au monde !

LE REFUS DE CHARON

Pourquoi sont noires les montagnes ? pourquoi sont-elles tristes ? — Serait-ce que le vent les tourmente ? Serait-ce que la pluie les bat ? — Ce n'est point que le vent les tourmente ; ce n'est point que la pluie les batte. — C'est que Charon (les) passe avec les morts. — Il fait aller les jeunes gens devant, les vieillards derrière, — et les tendres petits enfants rangés de file sur sa selle. — Les vieillards (le) prient, et les jeunes gens (le) supplient : — « Ô Charon, fais halte près de quelque village : au bord de quelque fraîche fontaine : — les vieillards boiront ; les jeunes gens joueront au disque ; — et les tout petits enfants cueilleront des fleurs. » — « Je ne fais halte près d'aucun village ; au bord d'aucune fraîche fontaine : — les mères (qui) viendraient chercher de l'eau reconnaîtraient leurs enfants ; — les maris et les femmes se reconnaîtraient, et il ne serait plus possible de les séparer. »

LA VOIX DU TOMBEAU

Nous avions bu tout le samedi, le dimanche tout le jour, — et le lundi matin tout notre vin était fini. — Le capitaine m'envoya pour en chercher. — Étranger et sans information, je ne savais pas le chemin : — je prends (la première) route, des routes détournées, des sentiers écartés ; — et ces sentiers me mènent à une haute colline, — couverte de tombeaux, tous tombeaux de braves. — Il y en avait un qui était seul, à part des autres. — Je ne le voyais pas ; je marche dessus, (je lui marche) sur la tête. — Et j'entends une voix, comme un tonnerre du monde où sont les morts. — « Qu'as-tu donc, ô tombeau, que tu mugis, que tu gémis si fort ? — La terre t'oppresse-t-elle, ou la noire pierre plate ? » — « La terre ne m'oppresse point, ni la noire pierre plate. — Ce qui est pour moi un chagrin et un affront, (ce qui est pour moi) une grande peine, — c'est que tu m'as traité avec mépris, que tu m'as marché sur la tête. — N'ai-je donc pas été aussi un jeune homme, un brave ? — N'ai-je donc pas aussi moi cheminé de nuit, au clair de la lune ? »

CHANSONS

LE ROI D'YVETOT
Mai 1813

Air : Quand un tendron vient en ces lieux.

Il était un roi d'Yvetot
    Peu connu dans l'histoire ;
Se levant tard, se couchant tôt,
    Dormant fort bien sans gloire,
Et couronné par Jeanneton
D'un simple bonnet de coton,
    Dit-on.
Oh ! oh ! oh ! oh ! ah ! ah ! ah ! ah !
Quel bon petit roi c'était là !
    La, la.

Il faisait ses quatre repas
    Dans son palais de chaume,
Et sur un âne, pas à pas,
    Parcourait son royaume.
Joyeux, simple et croyant le bien,
Pour toute garde il n'avait rien
    Qu'un chien.
Oh ! oh ! oh ! oh ! ah ! ah ! ah ! ah
Quel bon petit roi c'était là !
    La, la.

Il n'avait de goût onéreux
    Qu'une soif un peu vive ;
Mais en rendant son peuple heureux,
    Il faut bien qu'un roi vive.
Lui-même, à table et sans suppôt,
Sur chaque muid levait un pot
      D'impôt.
Oh ! oh ! oh ! oh ! ah ! ah ! ah ! ah !
Quel bon petit roi c'était là !
      La, la.

Aux filles de bonnes maisons
    Comme il avait su plaire,
Ses sujets avaient cent raisons
    De le nommer leur père :
D'ailleurs il ne levait de ban
Que pour tirer quatre fois l'an
      Au blanc.
Oh ! oh ! oh ! oh ! ah ! ah ! ah ! ah !
Quel bon petit roi c'était là !
      La, la.

Il n'agrandit point ses états,
    Fut un voisin commode,
Et, modèle des potentats,
    Prit le plaisir pour code.
Ce n'est que lorsqu'il expira
Que le peuple qui l'enterra
      Pleura.
Oh ! oh ! oh ! oh ! ah ! ah ! ah ! ah !
Quel bon petit roi c'était là !
      La, la.

On conserve encor le portrait
    De ce digne et bon prince ;
C'est l'enseigne d'un cabaret
    Fameux dans la province.
Les jours de fête, bien souvent,
La foule s'écrie en buvant
      Devant :

Oh ! oh ! oh ! oh ! ah ! ah ! ah ! ah !
Quel bon petit roi c'était là !
La, la.

LE ROI D'YVETOT.

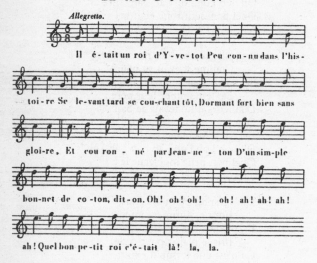

Il é-tait un roi d'Y-ve-tot Peu con-nu dans l'his-toi-re Se le-vant tard se cou-chant tôt, Dormant fort bien sans gloi-re, Et cou ron - né par Jean-ne - ton D'un sim-ple bon-net de co-ton, dit-on. Oh! oh! oh! oh! ah! ah! ah! ah! Quel bon pe-tit roi c'é-tait là! la, la.

LE PETIT HOMME GRIS

Air : *Toto, Carabo.*

Il est un petit homme
Tout habillé de gris,
        Dans Paris,
Joufflu comme une pomme,
Qui, sans un sou comptant,
        Vit content,

Et dit : Moi, je m'en...
Et dit : Moi, je m'en...
Ma foi, moi, je m'en ris !
Oh ! qu'il est gai *(bis)* le petit homme gris !

À courir les fillettes,
À boire sans compter,
        À chanter,
Il s'est couvert de dettes ;
Mais, quant aux créanciers,
        Aux huissiers,
    Il dit : Moi, je m'en...
    Il dit : Moi, je m'en...
Ma foi, moi, je m'en ris !
Oh ! qu'il est gai *(bis)* le petit homme gris !

Qu'il pleuve dans sa chambre,
Qu'il s'y couche le soir
        Sans y voir ;
Qu'il lui faille en décembre
Souffler, faute de bois,
        Dans ses doigts,
    Il dit : Moi, je m'en...
    Il dit : Moi, je m'en...
Ma foi, moi, je m'en ris !
Oh ! qu'il est gai *(bis)* le petit homme gris !

Sa femme, assez gentille,
Fait payer ses atours
        Aux amours ;
Aussi, plus elle brille,
Plus on le montre au doigt.
        Il le voit,
    Et dit : Moi, je m'en...
    Et dit : Moi, je m'en...
Ma foi, moi, je m'en ris !
Oh ! qu'il est gai *(bis)* le petit homme gris !

Quand la goutte l'accable
Sur un lit délabré,

Le curé,
De la mort et du diable,
Parle à ce moribond,
Qui répond :
Ma foi, moi, je m'en...
Ma foi, moi, je m'en...
Ma foi, moi, je m'en ris !
Oh ! qu'il est gai *(bis)* le petit homme gris !

LE VENTRU,
ou
Compte rendu de la session de 1818
aux électeurs du département de...
par M. ★★★

Air : *J'ons un curé patriote.*

Électeurs de ma province,
Il faut que vous sachiez tous
Ce que j'ai fait pour le prince,
Pour la patrie et pour vous.
L'état n'a point dépéri :
Je reviens gras et fleuri.
Quels dîners.
Quels dîners   ⎫
Les ministres m'ont donnés !   ⎬ *bis.*
Oh ! que j'ai fait de bons dîners ! ⎭

Au ventre toujours fidèle,
J'ai pris, suivant ma leçon,
Place à dix pas de Villèle[1],
À quinze de d'Argenson ;
Car dans ce ventre étoffé

---

1. À cette époque, M. de Villèle était le chef de l'opposition de droite, vers laquelle penchait toujours le pouvoir. Il est inutile de rappeler que M. d'Argenson était un des membres les plus avancés de l'opposition de gauche.

Je suis entré tout truffé.
    Quels dîners,
    Quels dîners
Les ministres m'ont donnés !
Oh ! que j'ai fait de bons dîners !

Comme il faut au ministère
Des gens qui parlent toujours
Et hurlent pour faire taire
Ceux qui font de bons discours,
J'ai parlé, parlé, parlé ;
J'ai hurlé, hurlé, hurlé.
    Quels dîners,
    Quels dîners
Les ministres m'ont donnés !
Oh ! que j'ai fait de bons dîners !

Si la presse a des entraves,
C'est que je l'avais promis ;
Si j'ai bien parlé des braves,
C'est qu'on me l'avait permis.
J'aurais voté dans un jour
Dix fois contre et dix fois pour.
    Quels dîners,
    Quels dîners
Les ministres m'ont donnés !
Oh ! que j'ai fait de bons dîners !

J'ai repoussé les enquêtes,
Afin de plaire à la cour ;
J'ai, sur toutes les requêtes,
Demandé l'*ordre du jour*.
Au nom du roi, par mes cris,
J'ai rebanni les proscrits[1].
    Quels dîners,

1. Dans la session de 1818, un grand nombre d'adresses, présentées à la Chambre en faveur du rappel des proscrits, amena une discussion extrêmement vive, que termina l'ordre du jour.

Quels dîners
Les ministres m'ont donnés !
Oh ! que j'ai fait de bons dîners !

Des dépenses de police
J'ai prouvé l'utilité ;
Et non moins Français qu'un Suisse,
Pour les Suisses j'ai voté.
Gardons bien, et pour raison,
Ces amis de la maison.
    Quels dîners,
    Quels dîners
Les ministres m'ont donnés !
Oh ! que j'ai fait de bons dîners !

Malgré des calculs sinistres,
Vous paierez, sans y songer,
L'étranger et les ministres,
Les ventrus et l'étranger.
Il faut que, dans nos besoins,
Le peuple dîne un peu moins
    Quels dîners,
    Quels dîners
Les ministres m'ont donnés !
Oh ! que j'ai fait de bon dîners !

Enfin j'ai fait mes affaires :
Je suis procureur du roi ;
J'ai placé deux de mes frères,
Mes trois fils ont de l'emploi.
Pour les autres sessions
J'ai cent invitations.
    Quels dîners,
    Quels dîners   } *bis.*
Les ministres m'ont donnés !
Oh ! que j'ai fait de bons dîners !

LE VENTRU.

É-lec-teurs de ma pro-vin-ce, Il faut que vous sachiez tous Ce que j'ai fait pour le prin-ce, Pour la pa-tri-e et pour vous. L'é-tat n'a point dé-pé-ri : Je re-viens gras et fleu-ri. Quels di-ners, Quels di-ners Les mi-ni-stres m'ont don-nés ! Oh ! que j'ai fait de bons di-ners !

LE GRENIER

Air du Carnaval de Meissonnier.

Je viens revoir l'asile où ma jeunesse
De la misère a subi les leçons.
J'avais vingt-ans, une folle maîtresse,
De francs amis et l'amour des chansons.
Bravant le monde et les sots et les sages,
Sans avenir, riche de mon printemps,
Leste et joyeux je montais six étages.
Dans un grenier qu'on est bien-à vingt ans !

C'est un grenier, point ne veux qu'on l'ignore.
Là fut mon lit bien chétif et bien dur ;

Là fut ma table ; et je retrouve encore
Trois pieds d'un vers charbonnés sur le mur.
Apparaissez, plaisirs de mon bel âge,
Que d'un coup d'aile a fustigés le Temps.
Vingt fois pour vous j'ai mis ma montre en gage.
Dans un grenier qu'on est bien à vingt ans !

Lisette ici doit surtout apparaître,
Vive, jolie, avec un frais chapeau :
Déjà sa main à l'étroite fenêtre
Suspend son schall en guise de rideau.
Sa robe aussi va parer ma couchette ;
Respecte, Amour, ses plis longs et flottants.
J'ai su depuis qui payait sa toilette.
Dans un grenier qu'on est bien à vingt ans !

À table un jour, jour de grande richesse,
De mes amis les voix brillaient en chœur,
Quand jusqu'ici monte un cri d'allégresse.
À Marengo Bonaparte est vainqueur !
Le canon gronde ; un autre chant commence ;
Nous célébrons tant de faits éclatants.
Les rois jamais n'envahiront la France.
Dans un grenier qu'on est bien à vingt ans !

Quittons ce toit où ma raison s'enivre.
Oh ! qu'ils sont loin ces jours si regrettés !
J'échangerais ce qu'il me reste à vivre
Contre un des mois qu'ici Dieu m'a comptés.
Pour rêver gloire, amour, plaisir, folie,
Pour dépenser sa vie en peu d'instants,
D'un long espoir pour la voir embellie,
Dans un grenier qu'on est bien à vingt ans !

LES SOUVENIRS DU PEUPLE

Air : *Passez votre chemin, beau sire.*

On parlera de sa gloire
Sous le chaume bien longtemps.
L'humble toit, dans cinquante ans,
Ne connaîtra plus d'autre histoire.
Là viendront les villageois
Dire alors à quelque vieille :
Par des récits d'autrefois,
Mère, abrégez notre veille.
Bien, dit-on, qu'il nous ait nui,
Le peuple encor le révère,
    Oui, le révère.
Parlez-nous de lui, grand-mère ;
    Parlez-nous de lui. *(bis.)*

Mes enfants, dans ce village,
Suivi de rois, il passa.
Voilà bien longtemps de ça ;
Je venais d'entrer en ménage.
À pied grimpant le coteau
Où pour voir je m'étais mise,
Il avait petit chapeau
Avec redingote grise.
Près de lui je me troublai,
Il me dit : Bonjour, ma chère,
    Bonjour, ma chère.
— Il vous a parlé, grand-mère !
    Il vous a parlé !

L'an d'après, moi, pauvre femme,
À Paris étant un jour,
Je le vis avec sa cour :
Il se rendait à Notre-Dame.
Tous les cœurs étaient contents ;
On admirait son cortège.

Chacun disait : Quel beau temps !
Le ciel toujours le protège.
Son sourire était bien doux ;
D'un fils Dieu le rendait père,
    Le rendait père.
— Quel beau jour pour vous, grand-mère !
    Quel beau jour pour vous !

Mais, quand la pauvre Champagne
Fut en proie aux étrangers,
Lui, bravant tous les dangers,
Semblait seul tenir la campagne.
Un soir, tout comme aujourd'hui,
J'entends frapper à la porte ;
J'ouvre, bon Dieu ! c'était lui
Suivi d'une faible escorte.
Il s'asseoit où me voilà,
S'écriant : Oh ! quelle guerre !
    Oh ! quelle guerre !
— Il s'est assis là, grand-mère !
    Il s'est assis là !

J'ai faim, dit-il ; et bien vite
Je sers piquette et pain bis :
Puis il sèche ses habits,
Même à dormir le feu l'invite.
Au réveil, voyant mes pleurs,
Il me dit : Bonne espérance !
Je cours de tous ses malheurs
Sous Paris venger la France.
Il part ; et comme un trésor
J'ai depuis gardé son verre,
    Gardé son verre.
— Vous l'avez encor, grand-mère !
    Vous l'avez encor !

Le voici. Mais à sa perte
Le héros fut entraîné.
Lui, qu'un pape a couronné,
Est mort dans une île déserte.

Longtemps aucun ne l'a cru ;
On disait : Il va paraître.
Par mer il est accouru ;
L'étranger va voir son maître.
Quand d'erreur on nous tira,
Ma douleur fut bien amère !
   Fut bien amère !
— Dieu vous bénira, grand-mère ;
  Dieu vous bénira. *(bis.)*

Lamennais

AMSCHASPANDS ET DARVANDS[1]

> ... Ces feuilles recueillies au hasard d'une
> vaste cité, je les vis emportées par le vent à tra-
> vers les barreaux d'un étroit soupirail, percé
> dans les murs d'une prison silencieuse et som-
> bre.

Quelques rayons de soleil, glissant à travers les vases de fleurs
posés en dehors de l'étroite fenêtre, pénétraient dans la petite
mansarde, et, reflétés par le papier d'une teinte jaune qui recou-
vrait les murs, veloutaient d'un rouge d'or les objets noyés dans
une moelleuse lumière.

Une jeune fille, simple en ses vêtements, parée de ses seuls che-
veux ondoyants comme les plantes suspendues aux parois des
rochers, qui se soulèvent et retombent au souffle de la brise, sui-
vait avec l'aiguille les contours d'un dessin tracé sur une toile légè-
re. Son visage était pâle, il y avait, non de la tristesse, mais une
sorte de rêverie mélancolique et vague dans ses yeux que voilaient
de longs cils noirs, et sur son front d'une pureté céleste.

Quelquefois elle cessait un moment son travail, sa tête virgi-
nale se relevait comme un lis sur sa tige flexible, et ses regards,
étrangers aux choses du dehors, se repliaient en elle-même et
contemplaient là tout un monde visible à elle seule.

Égarés au loin sur des perspectives indéfinissables, ils s'al-
laient perdre en des horizons perdus eux-mêmes dans l'indécise

1. - D'Ormuzd émanent les Amschaspands [les « immortels saints »] et les Dar-
vands [les « tueurs »]. »

lueur de l'espace sans bornes. Une nature dont la nôtre n'est que l'ombre étalait et ses riches couleurs et ses formes ravissantes, et de son sein fécond s'exhalait, pure, suave, une haleine de vie qu'aspirait avec volupté l'innombrable multitude des êtres.

Et l'air, animé par la voix de ces êtres, palpitait : des mers, des lacs, des fleuves, des savanes, des rochers, des bois, sortaient toutes ensemble les mille et mille voix dont se formait cette voix universelle, et s'unissant et se pénétrant, leur divine harmonie, propagée en tous sens dans les plaines éthérées, y déroulait ses ondes immenses.

Et retirée en elle-même plus avant encore, la jeune fille entendait au-dedans de son âme, dans ses secrètes profondeurs, des sons mystérieux et des paroles qui ne sont point de la langue des hommes. Alors, tout le reste se voilait : sa pensée saisissait ce qui n'a point de forme apparente, son amour embrassait une beauté invisible près de laquelle toutes les autres s'effacent, et mourait et renaissait par un flux et reflux du feu qui consume la vie et qui la renouvelle, qui est la vie même dans son impérissable essence.

Et le temps s'évanouissait avec les réalités fugitives dont il mesure la rapide durée, et plongée en celui de qui tout sort, vers qui tout revient, l'âme s'abreuvait de lui dans le calme enivrant d'une ineffable extase.

☆

Il avait allumé près du talus, au coin du bois, un feu de bruyères, et assis sur la mousse, le pauvre enfant, il réchauffait ses mains à la flamme pétillante.

La fumée, jaunie par de fauves rayons qui glissaient entre les nuages, montait dans l'air pesant. Il la regardait onduler comme un serpent qui gonfle et déroule ses anneaux, puis s'épandre en nappes brunes, puis s'évanouir dans l'épaisse atmosphère.

Plus de chants dans le buisson, plus d'insectes ailés étincelants d'or, d'émeraude, d'azur, promenant de fleur en fleur leurs amours aériens : partout le silence, un morne repos, partout une teinte uniforme et triste.

Les longues herbes flétries blanchissaient penchées sur leur tige : on eût dit le linceul de la Nature ensevelie.

Quelquefois un petit souffle, naissant et mourant presque au même moment, roulait sur la terre les feuilles sèches. Immobile et pensif, il prêtait l'oreille à cette voix de l'hiver. Recueillie dans son âme, elle s'y perdait comme se perdent le soir les soupirs de la solitude au fond des forêts.

Quelquefois aussi, bien haut dans les airs, une nuée d'oiseaux d'un autre climat passait au-dessus de sa tête, poussant des cris semblables aux aboiements d'une meute. Son œil les suivait à travers l'espace, et, dans ses vagues rêveries, il se sentait entraîné comme eux en des régions lointaines, mystérieuses, par un secret instinct et une force inconnue.

Enfant, déjà tu aspires au terme : prends patience, Dieu t'y conduira.

☆

L'automne n'a point de plus belles journées. La mer scintillait au soleil, chaque goutte d'eau reflétait, comme une pointe de diamant, une lumière blanche et pure, que l'œil supportait à peine. Du village déserté, hommes, femmes, enfants, arrivaient en foule sur les dunes, où, mêlé au thym, l'œillet sauvage, aux fleurs violettes, exhalait son parfum de girofle.

Munis de paniers, de légers filets, de pelles et de longs bâtons armés d'un crochet de fer, ils attendaient que la marée laissât à découvert la vaste grève et ses rochers, pour recueillir le riche butin préparé par la Providence, le lançon argenté qui glisse dans le sable humide, les crabes voraces, et les homards aux larges pinces, et la crevette, et la moule nacrée, et les coquillages de toute sorte.

Vers le soir, à l'heure où le flux accourt comme un fleuve gonflé par les pluies, la troupe joyeuse regagnait le village. Mais tous n'y revinrent pas.

Plongée dans les songes de son cœur, une jeune fille s'était oubliée sur un rocher lointain. Lorsqu'elle sortit de sa rêverie, le flot déjà serrait le rocher de ses nœuds mobiles, et montait, et montait toujours. Personne sur la grève, point de secours possible.

Que se passa-t-il alors dans l'âme de la vierge ? Nul ne le sait, c'est resté un secret entre elle et Dieu.

Le lendemain on retrouva son corps. Elle avait noué aux algues pendantes ses longs cheveux noirs, sans doute pour n'être pas emportée par la houle, pour reposer dans la terre bénite près des siens.

Une croix de bois marque dans le cimetière le lieu où elle dort. Souvent l'une de celles qui furent ses compagnes, agenouillée sur le gazon, prie pour elle, et, le cœur ému de souvenirs tristes, s'en va, le front baissé, en essuyant ses pleurs.

Millevoye

ÉLÉGIES

LA CHUTE DES FEUILLES

De la dépouille de nos bois
L'automne avait jonché la terre ;
Le bocage était sans mystère,
Le rossignol était sans voix.
Triste, et mourant à son aurore,
Un jeune malade, à pas lents,
Parcourait une fois encore
Le bois cher à ses premiers ans.
  « Bois que j'aime, adieu ; je succombe.
Votre deuil a prédit mon sort,
Et dans chaque feuille qui tombe
Je lis un présage de mort.
Fatal oracle d'Épidaure,
Tu m'as dit : Les feuilles des bois
À tes yeux jauniront encore,
Et c'est pour la dernière fois.
La nuit du trépas t'environne ;
Plus pâle que la pâle automne,
Tu t'inclines vers le tombeau.
Ta jeunesse sera flétrie
Avant l'herbe de la prairie,
Avant le pampre du coteau.
Et je meurs ! De sa froide haleine
Un vent funeste m'a touché,
Et mon hiver s'est approché

Quand mon printemps s'écoule à peine.
Arbuste en un seul jour détruit,
Quelques fleurs faisaient ma parure,
Mais ma languissante verdure
Ne laisse après elle aucun fruit.
Tombe, tombe, feuille éphémère !
Voile aux yeux ce triste chemin,
Cache au désespoir de ma mère
La place où je serai demain.
Mais vers la solitaire allée
Si mon amante désolée
Venait pleurer quand le jour fuit,
Éveille par un léger bruit
Mon ombre un instant consolée. »
  Il dit, s'éloigne... et sans retour !
La dernière feuille qui tombe
A signalé son dernier jour.
Sous le chêne on creusa sa tombe.
Mais ce qu'il aimait ne vint pas
Visiter la pierre isolée :
Et le pâtre de la vallée
Troubla seul du bruit de ses pas
Le silence du mausolée.

LE POÈTE MOURANT

Le poète chantait : de sa lampe fidèle
S'éteignaient par degrés les rayons pâlissants ;
  ` Et lui, prêt à mourir comme elle,
  Exhalait ces tristes accents :

  « La fleur de ma vie est fanée ;
  Il fut rapide, mon destin !
  De mon orageuse journée
  Le soir toucha presque au matin.

« Il est sur un lointain rivage
Un arbre où le Plaisir habite avec la Mort.
Sous ses rameaux trompeurs malheureux qui s'endort !
Volupté des amours ! cet arbre est ton image.
Et moi, j'ai reposé sous le mortel ombrage ;
Voyageur imprudent, j'ai mérité mon sort.

    « Brise-toi, lyre tant aimée !
Tu ne survivras point à mon dernier sommeil ;
    Et tes hymnes sans renommée
Sous la tombe avec moi dormiront sans réveil.
Je ne paraîtrai pas devant le trône austère
Où la postérité, d'une inflexible voix,
    Juge les gloires de la terre,
Comme l'Égypte, aux bords de son lac solitaire,
    Jugeait les ombres de ses rois.

« Compagnons dispersés de mon triste voyage,
Ô mes amis ! ô vous qui me fûtes si chers !
De mes chants imparfaits recueillez l'héritage,
Et sauvez de l'oubli quelques-uns de mes vers.
Et vous par qui je meurs, vous à qui je pardonne,
Femmes ! vos traits encore à mon œil incertain
        S'offrent comme un rayon d'automne,
        Ou comme un songe du matin.
Doux fantômes ! venez, mon ombre vous demande
Un dernier souvenir de douleur et d'amour :
Au pied de mon cyprès effeuillez pour offrande
        Les roses qui vivent un jour. »

Le poëte chantait : quand la lyre fidèle
S'échappa tout à coup de sa débile main ;
        Sa lampe mourut, et comme elle
        Il s'éteignit le lendemain.

LES J'AI VU
de la promenade de Longchamp

J'ai vu cette brillante fête,
Fête des grâces, des amours,
Que trois mois d'avance on apprête,
Et dont on s'occupe trois jours.
J'ai vu la beauté sous les armes,
Rassemblant tous ses traits vainqueurs,
Doubler le pouvoir de ses charmes
Pour venir assiéger les cœurs.
J'ai vu la toilette nouvelle,
Et, d'honneur, j'en suis enchanté :
Ces dames mettant tant de zèle
À retracer l'antiquité,
Qu'on les verra, si cela dure,
Quittant l'habit grec ou romain,
Reprendre la simple parure
De la mère du genre humain.
J'ai vu tour à tour d'autres belles,
Se livrant à des goûts nouveaux,
Oser, amazones nouvelles,
Caracoler sur des chevaux...
Comme tomber n'est pas descendre,
Belles, prenez garde aux faux pas :
Vous risquez... Vous devez m'entendre,
Et Boufflers a su vous apprendre
Ce qu'il arrive en pareil cas.
J'ai vu la tournure grossière
Des parvenus en chars brillants :
Ces messieurs se tiennent dedans
De l'air dont on se tient derrière.
J'ai vu l'intrigant Dorival,
Qui faisait aujourd'hui figure,
Et demain vendra le cheval
Afin de payer la voiture.
J'ai vu *campos ubi Troja*...
J'ai vu les ruines célèbres

Du temple où jadis ce jour-là
Les nonnettes chantaient ténèbres
Avec les filles d'Opéra.
J'ai vu la foule confondue
Revenir, au déclin du jour,
Par la longue et sombre avenue
De ce bois planté par l'amour,
Où, dit-on, à l'hymen son frère
Le fripon joua plus d'un tour ;
Bois charmant où le doux mystère
Établit avec lui sa cour.
J'ai vu l'amant et son amie,
Dans leurs yeux portant le bonheur ;
Je les ai vus d'un œil d'envie,
Et me suis dit au fond du cœur :
Ah ! dans ce bois, aimable Laure,
Que ne puis-je avec toi rêver !
Je ne voudrais m'y retrouver
Qu'afin de m'y reperdre encore.

LE FESTIN DE LA CHÂTELAINE

« Pâtre, dis-moi qui réside en l'enceinte
De ce manoir dont si haute est la tour ? »
Parlait ainsi, venant de Terre-Sainte
Le bel Yvain, chevalier troubadour.
« Est-ce manoir à sire de Ravenne ?
— Bien vous échoit, dit le pâtre en riant.
Car au châtel n'est que la châtelaine,
Le châtelain voyage en Orient. »
Yvain répond : « N'ai qu'Hermose en idée.
Foi fut promise, et foi sera gardée :
Belle à miracle aurait de moi souci,
Que, refusant, lui dirais : Grand merci ! »

Cor va sonnant ; haut pont-levis s'abaisse ;
Yvain d'abord, introduit par le nain,

Présenté fut à la belle maîtresse.
« — Hermose ! ô ciel ! — Yvain ! mon cher Yvain !
De ton trépas nouvelle trop certaine
Conclut hymen qui fut pour moi tourment ;
Mais, doux ami, du sire de Ravenne
Femme ne suis que de nom seulement,
À ton penser fidèle suis restée :
Vierge candide étais quand m'as quittée,
Ciel m'est témoin que suis encore ainsi. »
Pour lors Yvain s'écria : Grand merci !

Heure s'écoule, et festin se dispose ;
Pompeux était comme festin royal.
Sur siège d'or, établi près d'Hermose,
D'amour brûlait désireux commensal.
« Temps n'est venu, dit tendrement la dame :
Dès que beffroi va tinter *Angelus*,
À toi serai, chère âme de mon âme,
À toi serai ; ne m'en défendrai plus.
Veux boire avant coupe dont le breuvage
Prévient remords, et tristesse soulage... »
Yvain répond : « J'entends... Vais boire aussi,
Vais boire à toi ; me diras : Grand merci ! »

Et, de ses mains prenant coupe odorante,
Comme elle Yvain but vermeille liqueur ;
Puis noir brouillard couvrit sa vue errante,
Puis tout à coup froid passa dans son cœur.
De son Hermose ainsi défaillait l'âme ;
Elle sourit, et dit non sans effort :
« T'avisais bien, Yvain, que tel dictame
Calmait douleur, et prévenait remord.
À mon époux, à toi mourrai fidèle. »
Chaste baiser lors est donné par elle ;
Fut le premier, fut le dernier aussi.
Mort leur advint, et dirent : Grand merci !

Marceline Desbordes-Valmore

POÉSIES

ÉLÉGIE

Peut-être un jour sa voix tendre et voilée
M'appellera sous de jeunes cyprès :
Cachée alors au fond de la vallée,
Plus heureuse que lui, j'entendrai ses regrets.
Lentement, des coteaux je le verrai descendre ;
Quand il croira ses pas et ses vœux superflus,
Il pleurera ! ses pleurs rafraîchiront ma cendre ;
Enchaînée à ses pieds, je ne le fuirai plus.
Je ne le fuirai plus ! je l'entendrai ; mon âme,
Brûlante autour de lui, voudra sécher ses pleurs ;
Et ce timide accent, qui trahissait ma flamme,
Il le reconnaîtra dans le doux bruit des fleurs.
Oh ! qu'il trouve un rosier mourant et solitaire !
Qu'il y cherche mon souffle et l'attire en son sein !
Qu'il dise : « C'est pour moi qu'il a quitté la terre ;
« Ses parfums sont à moi, ce n'est plus un larcin. »
Qu'il dise : « Un jour à peine il a bordé la rive ;
« Son vert tendre égayait le limpide miroir ;
« Et ses feuilles déjà, dans l'onde fugitive,
« Tombent. Faible rosier, tu n'as pas vu le soir ! »
Alors, peut-être, alors l'hirondelle endormie,
À la voix d'un amant qui pleure son amie,
S'échappera du sein des parfums précieux,
Emportant sa prière et ses larmes aux cieux.
Alors, rêvant aux biens que ce monde nous donne,

Il laissera tomber sur le froid monument
Les rameaux affligés dont la gloire environne
                Son front triste et charmant.

Alors je resterai seule, mais consolée,
Les vents respecteront l'empreinte de ses pas.
Déjà je voudrais être au fond de la vallée ;
Déjà je l'attendrais... Dieu ! s'il n'y venait pas !

L'IMPATIENCE

Ne viens pas ; non ! Punis ton injuste maîtresse :
Elle a maudit l'amour ; j'en suis tremblante encor ;
Elle a maudit ses pleurs, ses tourments, son ivresse,
                Et sa révolte a pris l'essor.
Elle a dit : « J'ai perdu mes songes infidèles.
Le temps ne marche plus ; la douleur n'a point d'ailes ;
L'amour seul est rapide, ingrat, sans souvenir ;
Il devance, il dévore, il détruit l'avenir ;
Je déteste l'amour. Je veux aimer la gloire :
Elle promet des biens ; je tâcherai d'y croire.
Qu'elle endorme mes maux, si je n'en peux guérir :
Quand on ne meurt pas toute, on craint moins de mourir. »
Puis, elle a dit : « La gloire est un cercle dans l'onde.
C'est l'écho de la vie ; il expire à son tour :
Eh ! que m'importera, dans une nuit profonde,
                Ce vain écho d'un jour ?
Eh bien ! je hais la gloire et l'attente perdue,
Et l'amour, et l'image à mon cœur suspendue,
Je hais tout ! » Mais bientôt elle n'eut plus de voix
Que pour former ton nom, pour t'appeler cent fois ;
Elle cherchait en vain sa colère exhalée.
Oh ! la piquante abeille est moins vite envolée :
En vain l'écho trompé disait : « Je veux haïr. »
Triste, elle a murmuré : « Ciel, qu'il tarde à venir ! »

Ne viens pas ! Que la nuit, sans presser sa paupière,
Laisse battre son cœur dans la crainte et l'espoir ;
Qu'une journée encor l'accable tout entière,
Sans la rendre à la vie, au bonheur de te voir !
Une journée... un siècle... auras-tu ce courage ?
Oui, l'homme est courageux. Tu dis qu'il est aimant :
Prouve-le ! Tu le sais, l'amour est un orage ;
Écris ; d'un pur espoir rends-lui l'enchantement.
Écrire !... et le temps vole ; il emporte la vie,
Il s'enfuit escorté des heures et des jours :
Imite sa vitesse ; ô mon idole, accours ;
Qu'il m'emporte avec toi, c'est tout ce que j'envie !
Ô Dieu ! si tu venais... ! Viens ; je veux te parler ;
J'ai des secrets encor, j'en ai mille à t'apprendre :
Et les tiens, tous les tiens, viens me les révéler,
          Viens m'en flatter, viens me les rendre !
Je dirai : Te voilà ! Je dirai... Mon bonheur
Inventera des mots que ma tristesse ignore :
Ne crains pas que j'en trouve un seul pour la douleur ;
Mais ceux qui te plaisaient, je les sais tous encore.

Que de voix... que d'espoir ! Qui sont ceux que j'entends ?
Les voici... Devant eux je demeure glacée ;
Je ne les entends plus, je sens fuir ma pensée,
Et je n'ai pas vu ceux qui m'ont parlé longtemps.

Toi, tu ne viens jamais ! Qu'importe que je meure ?
Les minutes en vain volent autour de l'heure ;
Et l'heure, en les comptant, fait tomber sans retour
Les mois, les ans, la vie ! et sans toi, sans amour !

LES PLEURS

L'ATTENTE

Quand je ne te vois pas, le temps m'accable, et l'heure
A je ne sais quel poids impossible à porter :
Je sens languir mon cœur, qui cherche à me quitter ;
Et ma tête se penche, et je souffre et je pleure.

Quand ta voix saisissante atteint mon souvenir,
Je tressaille, j'écoute... et j'espère immobile ;
Et l'on dirait que Dieu touche un roseau débile ;
Et moi, tout moi répond : Dieu ! faites-le venir !

Quand sur tes traits charmants j'arrête ma pensée,
Tous mes traits sont empreints de crainte et de bonheur ;
J'ai froid dans mes cheveux ; ma vie est oppressée,
Et ton nom, tout à coup, s'échappe de mon cœur.

Quand c'est toi-même, enfin ! quand j'ai cessé d'attendre,
Tremblante, je me sauve en te tendant les bras ;
Je n'ose te parler, et j'ai peur de t'entendre ;
Mais tu cherches mon âme, et toi seul l'obtiendras !

Suis-je une sœur tardive à tes vœux accordée ?
Es-tu l'ombre promise à mes timides pas ?
Mais je me sens frémir. Moi, ta sœur ! quelle idée !
Toi, mon frère !... ô terreur ! Dis que tu ne l'es pas !

DORS-TU ?

Et toi ! dors-tu quand la nuit est si belle,
Quand l'eau me cherche et me fuit comme toi ;
Quand je te donne un cœur longtemps rebelle ?
Dors-tu, ma vie ! ou rêves-tu de moi ?

Démêles-tu, dans ton âme confuse,
Les doux secrets qui brûlent entre nous ?
Ces longs secrets dont l'amour nous accuse,
Viens-tu les rompre en songe à mes genoux ?

As-tu livré ta voix tendre et hardie
Aux fraîches voix qui font trembler les fleurs ?
Non ! c'est du soir la vague mélodie ;
Ton souffle encor n'a pas séché mes pleurs !

Garde toujours ce douloureux empire
Sur notre amour qui cherche à nous trahir :
Mais garde aussi son mal dont je soupire ;
Son mal est doux, bien qu'il fasse mourir !

PAUVRES FLEURS

À MONSIEUR A. L.

Vous demandez pourquoi je suis triste : à quels yeux
Voyez-vous aujourd'hui le sourire fidèle ?
Quand la foudre a croisé le vol de l'hirondelle,
Elle a peur et s'enferme avec ses tendres œufs.

Jugez s'ils sont éclos ! jugez si son haleine
Passe dans le duvet dont se recouvre à peine,
Leur petite âme nue et leur gosier chanteur,
Pressé d'aller aux cieux saluer leur auteur !

Et quand le plomb mortel fait trembler chaque feuille,
Et les nids et l'orchestre et les hymnes d'un bois ;
Jugez comme l'oiseau dont l'instinct se recueille,
Retient avec effort ses ailes et sa voix !

Enfin, si dans son arbre on voit bouger sa tête,
Si pour ne pas mourir il chante encor son cœur,
Poète ! étonnez-vous que l'humaine tempête,
Ait trempé tout ce chant d'une étrange douleur !

Sous quelques rameaux verts, jardin de ma fenêtre,
Ma seule terre à moi qui m'ait donné des fleurs,
Rêveuse aux doux parfums qu'avril laissait renaître,
J'ai vu d'un noir tableau se broyer les couleurs :

Quand le sang inondait cette ville éperdue,
Quand la tombe et le plomb balayant chaque rue,
Excitaient les sanglots des tocsins effrayés,
Quand le rouge incendie aux longs bras déployés,
Étreignait dans ses nœuds les enfants et les pères,
Refoulés sous leurs toits par les feux militaires,
J'étais là ! quand brisant les caveaux ébranlés,
Pressant d'un pied cruel les combles écroulés,
La mort disciplinée et savante au carnage,
Étouffait lâchement le vieillard, le jeune âge,
Et la mère en douleurs près d'un vierge berceau,
Dont les flancs refermés se changeaient en tombeau,
J'étais là : j'écoutais mourir la ville en flammes ;
J'assistais vive et morte au départ de ces âmes,
Que le plomb déchirait et séparait des corps,
Fête affreuse où tintaient de funèbres accords :
Les clochers haletants, les tambours et les balles ;
Les derniers cris du sang répandu sur les dalles ;
C'était hideux à voir : et toutefois mes yeux
Se collaient à la vitre et cherchaient par les cieux,

Si quelque âme visible en quittant sa demeure,
Planait sanglante encor sur ce monde qui pleure ;
J'écoutais si mon nom, vibrant dans quelque adieu,
N'excitait point ma vie à se sauver vers Dieu :
Mais le nid qui pleurait ! mais le soldat farouche,
Ilote, outrepassant son horrible devoir,
Tuant jusqu'à l'enfant qui regardait sans voir,
Et rougissant le lait encor chaud dans sa bouche...
Oh ! devinez pourquoi dans ces jours étouffants,
J'ai retenu mon vol aux cris de mes enfants :
Devinez ! devinez dans cette horreur suprême,
Pourquoi, libre de fuir sous le brûlant baptême,
Mon âme qui pliait dans mon corps à genoux,
Brava toutes ces morts qu'on inventait pour nous !

Savez-vous que c'est grand tout un peuple qui crie !
Savez-vous que c'est triste une ville meurtrie,
Appelant de ses sœurs la lointaine pitié,
Et cousant au linceul sa livide moitié,
Écrasée au galop de la guerre civile !
Savez-vous que c'est froid le linceul d'une ville !
Et qu'en nous revoyant debout sur quelques seuils
Nous n'avions plus d'accents pour lamenter nos deuils !

Écoutez, toutefois, le gracieux prodige,
Qui me parla de Dieu dans l'inhumain vertige ;
Écoutez ce qui reste en moi d'un chant perdu,
Succédant d'heure en heure au canon suspendu :
Lorsque après de longs bruits un lugubre silence,
Offrant de Pompéï la morne ressemblance,
Immobilisait l'âme aux bonds irrésolus ;
Quand Lyon semblait morte et ne respirait plus ;

Je ne sais à quel arbre, à quel mur solitaire,
Un rossignol caché, libre entre ciel et terre,
Prenant cette stupeur pour le calme d'un bois,
Exhalait sur la mort son innocente voix !

Je l'entendis sept jours au fond de ma prière ;
Seul *requiem* chanté sur le grand cimetière :

Puis, la bombe troua le mur mélodieux,
Et l'hymne épouvantée alla finir aux cieux !

Depuis, j'ai renfermé comme en leur chrysalide,
Mes ailes, qu'au départ il faut étendre encor,
Et l'oreille inclinée à votre hymne limpide,
Je laisse aller mon âme en ce plaintif accord.

Lyon, 1834.

SOL NATAL

À Monsieur Henry B...

Il sera fait ainsi qu'Henry me le demande,
Dans sa tristesse écrite à sa sœur la Flamande.

Il lui sera donné cette part de mon cœur,
Où la pensée intime est toute retirée,
Toute grave, et contente, et de bruit délivrée,
Pour s'y réfugier comme en un coin rêveur ;
Afin que s'il n'a pas auprès de lui sa mère,
Pour l'aider à porter quelque surprise amère,
Étonné de ce monde et déjà moins content,
Il ne dise jamais : « Personne ne m'entend ! »

N'est-il pas de ces jours où l'on ne sait que croire ;
Où tout se lève amer au fond de la mémoire ;
Où tout fait remonter les limons amassés,
Sous la surface unie où nos ans sont passés ?

Mémoire ! étang profond couvert de fleurs légères
Lac aux poissons dormeurs tapis dans les fougères,
Quand la pitié du temps, quand son pied calme et sûr,
Enfoncent le passé dans ton flot teint d'azur,
Mémoire ! au moindre éclair, au moindre goût d'orage,
Tu montres tes secrets, tes débris, tes naufrages,

Et sur ton voile ouvert les souffles les plus frais,
Ne font longtemps trembler que larmes et cyprès !
Lui ! s'il a de ces jours qui font pencher la vie,
Dont la mienne est partout devancée ou suivie,
S'il achète si cher le secret des couleurs,
Qui le proclament peintre et font jaillir les pleurs ;
Si tu caches déjà ses lambeaux d'espérance,
L'illusion trahie et morte de souffrance,
Qu'il ne soulève plus que la pâleur au front,
Dans ton flot le plus sombre engloutis cet affront ;
Qu'il vienne alors frapper à mon cœur solitaire,
Où l'écho du pays n'a jamais pu se taire ;
Qu'il y laisse tomber un mot du sol natal,
Pareil à l'eau du ciel sur une herbe flétrie,
Qui dans l'œil presque mort ranime la patrie,
Et mon cœur bondira comme un vivant métal !
Sur ma veille déjà son âme s'est penchée,
Et de cette âme en fleur les ailes m'ont touchée,
Et dans son jeune livre où l'on entend son cœur,
J'ai vu qu'il me disait : « Je vous parle, ma sœur ! »

Là, comme on voit dans l'eau, d'ombre et de ciel couverte,
Frissonner les vallons et les arbres mouvants,
Qui dansent avec elle au rire frais des vents,
J'ai regardé passer de notre Flandre verte,
Les doux tableaux d'église aux montantes odeurs,
Et de nos hauts remparts les calmes profondeurs ;
Car le livre est limpide et j'y suis descendue,
Comme dans une fête où j'étais attendue ;
Où toutes les clartés du maternel séjour,
Ont inondé mes yeux, tant la page est à jour !
Puis, sur nos toits en fleurs j'ai revu nos colombes,
Transfuges envolés d'un paradis perdu,
Redemandant leur ciel dans un pleur assidu ;
Puis, les petits enfants qui sautent sur les tombes,
Aux lugubres arpents bordés d'humbles maisons,
D'où l'on entend bruire et germer les moissons ;
Ils vont, les beaux enfants ! dans ces clos sans concierge,
Ainsi que d'arbre en arbre un doux fil de la vierge,
Va, dans les jours d'été s'allongeant au soleil,

Ils vont, comme attachant la vie à ce sommeil,
Que le bruit ne rompt pas, frère ! où l'oreille éteinte,
N'entend plus ni l'enfant ni la cloche qui tinte ;
Où j'allais, comme vont ces âmes sans remords,
Respirer en jouant les parfums de la mort ;
Sans penser que jamais père, mère, famille,
La blonde sœur d'école, ange ! ou fluide fille,
Feraient un jour hausser la terre tout en croix,
Et deviendraient ces monts immobiles et froids !
Ah ! j'ai peur de crier, quand je m'entends moi-même,
Parler ainsi des morts qui me manquent ! que j'aime !
Que je veux ! que j'atteins avec mon souvenir,
Pour regarder en eux ce qu'il faut devenir !

Quand ma mémoire monte où j'ai peine à la suivre,
On dirait que je vis en attendant de vivre ;
Je crois toujours tomber hors des bras paternels
Et ne sais où nouer mes liens éternels !

Jugez si ce fut doux pour ma vie isolée,
Au chaume de ma mère en tout temps rappelée,
Par cet instinct fervent qui demande toujours,
Frère ! un peu d'air natal ! frère ! un peu de ces jours,
De ces accents lointains qui désaltèrent l'âme,
Dont votre livre en pleurs vient d'humecter la flamme ;
Jugez si ce fut doux d'y respirer enfin,
Ces natives senteurs dont l'âme a toujours faim !
D'y trouver une voix qui chante avec des larmes,
Comme toutes les voix dont j'ai perdu les charmes !
Vous ! loin de nos ruisseaux, si frais au moissonneur,
Avez-vous jamais bu votre soif de bonheur ?
Moi, jamais. Moi, toujours j'ai langui dans ma joie :
Oui ! toujours quand la fête avait saisi ma main,
La musique en pleurant jouait : « Demain ! demain ! »
Et mon pied ralenti se perdait dans sa voie.

  Comme un rêve passager,
  Partout où terre m'emporte,
  Je ne trouve pas porte
  Et frappe au seuil étranger :

Pour la faible voyageuse,
Oh ! qu'il fait triste ici-bas !
Oh ! que d'argile fangeuse,
Y fait chanceler ses pas !
Mais son âme est plus sensible,
Plus prompte, plus accessible
Au gémissement humain ;
Et pauvre sur cette route,
Où personne ne l'écoute,
Au pauvre elle étend sa main !
Et les feuilles qui gémissent,
En se détachant des bois,
Et des sources qui frémissent,
Elle comprend mieux les voix :
Ce mystérieux bréviaire,
Lui raconte une prière,
Qui monte de toutes parts ;
Plainte que la terre pousse,
Depuis la rampante mousse,
Jusqu'aux chênes des remparts !

C'est alors qu'elle donne une voix à ses larmes,
Puisant dans ses regrets d'inépuisables charmes ;
C'est alors qu'elle écoute et qu'elle entend son nom,
Sortir d'un cœur qui s'ouvre et qui ne dit plus : Non !
Elle chante : un grillon dans l'immense harmonie,
Jette un cri dont s'émeut la sagesse infinie ;
Puis, montant à genoux la cime de son sort,
Elle s'en va chanter, souffrir, aimer encor !

Ainsi, venez ! et comme en un pèlerinage,
On pressent le calvaire aux croix du voisinage,
Venez où je reprends haleine quelquefois,
Où Dieu, par tant de pleurs daigne épurer ma voix.
Apportez-y la vôtre afin que j'y réponde ;
La mienne est sans écho pour la redire au monde :
Je ne suis pas du monde et mes enfants joyeux,
N'ont encor bien compris que les mots de leurs jeux.
Le temps leur apprendra ceux où vibrent les larmes ;
Moi, de leurs fronts sans plis j'écarte les alarmes,

Comme on chasse l'insecte aux belles fleurs d'été,
Qui menace de loin leur tendre velouté.
Oh ! qu'il me fût donné de prolonger leur âge,
Alors qu'avec amour ils ouvrent mes cheveux,
Pour contempler longtemps jusqu'au fond de mes yeux,
Non mes troubles celés, mais leur limpide image ;
Toujours ravis que Dieu leur ait fait un miroir,
Dans ce sombre cristal qui voit et laisse voir !
Mais, je n'éclaire pas leurs limbes que j'adore,
Je me nourris à part de maternels tourments ;
Leurs dents, leurs jeunes dents sont trop faibles encore,
N'est-ce pas, pour broyer ces amers aliments !
Ils vous adopteront si vous cherchez leur père,
Ce maître sans rigueur de mon humble maison,
Dont les jeunes chagrins ont mûri la raison ;
Et moi, lierre qui tremble à son toit solitaire !

Dans cette ville étrange où j'arrive toujours ;
Dans ce bazar sanglant où s'entrouvrent leurs jours,
Où la maison bourdonne et vit sans nous connaître,
Ils ont fait un jardin sous la haute fenêtre ;
Et nous avons par jour un rayon de soleil,
Qui fait l'enfant robuste et le jardin vermeil !

Lyon, 1836.

BOUQUETS ET PRIÈRES

UNE HALTE SUR LE SIMPLON

À Pauline Duchambge

C'était l'heure où des monts les géantes structures,
Forment aux yeux errants de bizarres sculptures ;
Des couvents sans vitraux et des clochers sans voix ;

Des saints agenouillés aux lisières des bois ;
Des anges fatigués et reposant leurs ailes,
Sur les créneaux troués de célestes tourelles :
L'heure où flotte le rêve et par monts et par vaux,
Également bercé dans le pas des chevaux.
C'était triste, mais grand ! désert, mais plein de charmes !
L'eau, filtrante au rocher, faisait un bruit de larmes ;
L'étoile, dans le lac se creusant un miroir,
Rayonnait, on l'eût dit, de l'orgueil de se voir.
De ces palais ouverts, sans gardiens, sans serrures,
La lune illuminait les pompeuses parures ;
Et sa lampe éternelle, aux reflets purs et blancs,
Montrait les profondeurs aux pèlerins tremblants.

Ce soir-là tout aimait, tout s'empressait de vivre ;
Tout faisait les honneurs des chemins doux à suivre :
L'océan de la nuit se balançait dans l'air ;
Pas un souffle inclément, enfin ! pas un éclair
N'agitait des aiglons les aires toutes pleines,
Et les fleurs se parlaient : le bruit de leurs haleines,
Dans l'herbe, ressemblait à des baisers d'enfants
Qui s'embrassent entre eux, rieurs et triomphants.
Là, j'avais dit aux miens, j'avais dit à moi-même :
« Dieu qui nous a voués aux départs, Dieu nous aime ;
Il enlace nos jours et les mains dans les mains,
Nous refait de l'espoir aux douteux lendemains. »

Descendue en courant de l'ardente Italie,
Cette porte du ciel qui jamais ne s'oublie,
De chants et de parfums tout inondée encor,
Et les cils emmêlés de ses longs rayons d'or,
Prise aux jours qui s'en vont, que l'âme seule écoute,
Dont les échos perçants entrecoupaient ma route ;
Des lointains rapprochés les indicibles voix,
Me criaient : « Où vas-tu transir comme autrefois ?
Quel soleil sèchera ton vol trempé d'orage,
Âme à peine échappée à ton dernier naufrage ;
Pauvre âme ! où t'en vas-tu, qui ne te souviens pas
De ton aile blessée et traînante ici-bas.
Viens t'asseoir, viens chanter, viens dormir dans nos brises,

Viens prier dans nos bras pleins d'encens, pleins d'églises.
Viens ranimer ton souffle au bruit calmant de l'eau,
Au cri d'une cigale à travers le bouleau.
Viens voir la vigne antique à l'air seul attachée,
Le sein toujours gonflé d'une grappe cachée,
Étendant follement ses longs bras vers ses sœurs,
Bacchantes sans repos appelant les danseurs,
Viens où les joncs et l'onde où le roseau se mire,
Poussent, en se heurtant, de frais éclats de rire :
Viens : tu les sentiras, par leurs frissons charmants,
De l'attente qui brûle amollir les tourments.

Viens, viens ! Naples t'invite à ses nuits de guitares ;
Chaque arbre plein d'oiseaux t'appelle à ses fanfares.
Viens, viens ! nos cieux sont beaux, même à travers des pleurs ;
Viens ! toi qui tends aux cieux par tes cris de douleurs ;
Apprends à les chanter pour voler plus haut qu'elles :
À force de monter tu referas tes ailes !
On monte, on monte ici toujours. Nos monuments
Emportent la pensée au front des éléments.
Le feu se mêle à l'air et rend les voix brûlantes ;
L'air à son tour s'infiltre aux chaleurs accablantes ;
Ici Paganini fit ses concerts à Dieu ;
Son nom, cygne flottant, frôle encor chaque lieu :
Posant aux nids nouveaux ses mains harmonieuses,
Tu l'entendras jouer dans nos nuits lumineuses.
Où son âme fut jeune, il aime à l'envoyer,
Et c'est en haut de tout qu'elle vient s'appuyer. »

Ce nom me fit pleurer comme un chant sous un voile,
Où brille et disparaît le regard d'une étoile :
Alors tout le passé ressaisissant ma main,
Des jets du souvenir inonda mon chemin.

Paganini ! doux nom qui bats sur ma mémoire,
Et comme une aile d'ange as réveillé mon cœur,
       Doux nom qui pleures, qui dis gloire,
       Échappé du céleste chœur ;
Tous les baisers du ciel sont dans ton harmonie,
Doux nom ! belle auréole éclairant le génie ;

Tu bondis de musique attaché sur ses jours ;
Tu baptisas son âme : oh ! tu vivras toujours !

Et l'écho reprenait : « Nos tièdes solitudes
Endorment votre Adolphe à ses inquiétudes[1],
Et dans ce cœur malade à force de brûler,
Nous versons l'hymne sainte et prompte à consoler.
Noble artiste au front d'ange, à la beauté divine,
Qui devina des cieux tout ce qu'on en devine,
Sous ses mains, comme toi, s'il a caché des pleurs,
C'est de nous qu'il attend et qu'il obtient des fleurs ! »

Te voilà donc heureux, jeune homme aux lèvres pures ;
Incliné dès l'enfance à de saintes cultures ;
Qui n'as chanté l'amour qu'en l'adressant au ciel,
Et n'y pus supporter une goutte de fiel !
Te voilà donc heureux ! Je bénis l'Italie :
Elle a penché l'oreille à ta mélancolie ;
Elle a dans l'un de nous payé pour ses enfants,
Que Paris fit toujours riches et triomphants !

Quand tu redescendras vers ta blonde famille,
Par ces carrefours verts où la Madone brille,
Où la lune répand d'éclairantes fraîcheurs
Sur les fronts altérés des pauvres voyageurs ;
Où le gaz argenté de cette humide lampe,
Des tournantes hauteurs frappe la vaste rampe,
Si la cascade, ainsi que de profonds sanglots,
Sur tes pieds ramenés laisse rouler ses flots ;
Si l'esprit qui bruit, au fond de la chapelle,
Comme un pur filet d'eau te salue et t'appelle ;
Oh ! viens-y respirer, d'une profonde foi,
Les bouquets qu'en passant nous y laissons pour toi.

Rien n'est bon que d'aimer, rien n'est doux que de croire,
Que d'entendre la nuit, solitaire en sa gloire,
Accorder sur les monts ses sublimes concerts,
Pour les épandre aux cieux, qui ne sont pas déserts !

1. Adolphe Nourrit

Nous venions de franchir l'effroi de deux abîmes,
Où des cheveux divins vous suspendent aux cimes ;
Où le tronc d'un vieux arbre est le seul pont jeté
Entre l'âme qui passe et son éternité ;
Où l'on ferme les yeux sur la pente rapide,
Pour n'y pas voir rouler quelque enfant intrépide,
Qui vous échappe et court, et vous offre une fleur,
Quand vous l'atteignez, vous, sans voix et sans couleur.

Et nous goûtions du soir la suave magie,
Tempérant de l'été la brûlante énergie ;
Oubliant (nous voulions l'oublier) les serpents
Que nous venions de fuir si bas et si rampants.
Pas un n'avait atteint le cœur. Anges fidèles,
Mes deux filles si haut m'enlevaient dans leurs ailes !
Ces deux étoiles d'or brillaient au front des vents,
Et j'avais du courage : il est dans nos enfants.

Adolphe, quand des tiens la riante cohorte,
Comme six séraphins assailleront ta porte,
Oh ! ne les quitte plus ; oh ! rends-leur à toujours
Leur mère, couronnée avec ses sept amours !

Mais ce cri, qui deux fois a traversé l'espace,
Est-ce quelque âme à nous qui nous nomme et qui passe ;
Que ne peuvent toucher ni nos mains ni nos yeux,
Et qui veut nous étreindre en s'envolant aux cieux ?
Ondine ! éveille-toi... Mais non, dormez encore :
Ce n'est pas de Nourrit la voix pleine et sonore ;
Nous avons rendez-vous en France : ainsi, dormez,
Dormez, enfants ; rêvez à ceux que vous aimez !

Sous mon fardeau de mère et mes liens de femme,
Plus près du ciel ainsi je vivais dans mon âme,
Quand le sort qui tournait poussa cette clameur
          Votre Adolphe se meurt...
Il est mort : Pour saisir l'illusion perdue,
Son âme s'est jetée à travers l'étendue ;
Son âme qui souffrait, oubliant sa hauteur,
D'une tache de sang a terni sa blancheur !

Elle voulait dormir à son foyer tranquille,
Et caresser sa mère, et saluer la ville,
Où ses hymnes d'adieu retentissent encor ;
Dont le nom l'appelait d'un suppliant accord.
À des berceaux lointains elle voulait s'abattre,
Et chanter au milieu d'enfants, troupe folâtre,
Qui l'attirait tout bas et lui soufflait des fleurs,
Et des baisers, si frais aux brûlantes douleurs !
Le malade songeait qu'il lui venait des ailes ;
Un rêve couronné d'ardentes étincelles,
L'a surpris sur l'abîme et l'a poussé vers Dieu :
Il n'a pas eu le temps de vous crier adieu !

Italie ! Italie ! égarante sirène !
De ton grand peuple esclave insoucieuse reine !
Ce n'est pas dans ton sein qu'une âme peut guérir ;
Tes parfums rendent fou, tes dédains font mourir !
Toi qui ne dois qu'à Dieu ton ardent diadème,
Les pieds aux fers, tu dors dans l'orgueil de toi-même ;
Sous tes yeux à demi fermés d'un lourd sommeil,
Nous formons (tu l'as dit) une ombre à ton soleil.
Tu n'extrais que pour toi le doux miel de tes phrases,
Tu ne nous aimes pas, tu railles nos extases ;
Cruelle ! à tes amants, tu donnes sans remords,
Après l'enchantement, la démence ou la mort.

POÉSIES INÉDITES

LES ROSES DE SAADI

J'ai voulu ce matin te rapporter des roses ;
Mais j'en avais tant pris dans mes ceintures closes
Que les nœuds trop serrés n'ont pu les contenir.

Les nœuds ont éclaté. Les roses envolées
Dans le vent, à la mer s'en sont toutes allées.
Elles ont suivi l'eau pour ne plus revenir.

La vague en a paru rouge et comme enflammée.
Ce soir, ma robe encore en est toute embaumée...
Respires-en sur moi l'odorant souvenir.

RÊVE INTERMITTENT D'UNE NUIT TRISTE

Ô champs paternels hérissés de charmilles
Où glissent le soir des flots de jeunes filles !

Ô frais pâturage où de limpides eaux
Font bondir la chèvre et chanter les roseaux !

Ô terre natale ! à votre nom que j'aime,
Mon âme s'en va toute hors d'elle-même ;

Mon âme se prend à chanter sans effort ;
À pleurer aussi, tant mon amour est fort !

J'ai vécu d'aimer, j'ai donc vécu de larmes ;
Et voilà pourquoi mes pleurs eurent leurs charmes ;

Voilà, mon pays, n'en ayant pu mourir,
Pourquoi j'aime encore au risque de souffrir ;

Voilà, mon berceau, ma colline enchantée
Dont j'ai tant foulé la robe veloutée,

Pourquoi je m'envole à vos bleus horizons,
Rasant les flots d'or des pliantes moissons.

La vache mugit sur votre pente douce,
Tant elle a d'herbage et d'odorante mousse,

Et comme au repos appelant le passant,
Le suit d'un regard humide et caressant.

Jamais les bergers pour leurs brebis errantes
N'ont trouvé tant d'eau qu'à vos sources courantes.

J'y rampai débile en mes plus jeunes mois,
Et je devins rose au souffle de vos bois.

Les bruns laboureurs m'asseyaient dans la plaine
Où les blés nouveaux nourrissaient mon haleine.

Albertine aussi, sœur des blancs papillons,
Poursuivait les fleurs dans les mêmes sillons ;

Car la liberté toute riante et mûre
Est là, comme aux cieux, sans glaive, sans armure,

Sans peur, sans audace et sans austérité,
Disant : « Aimez-moi, je suis la liberté !

« Je suis le pardon qui dissout la colère,
Et je donne à l'homme une voix juste et claire.

« Je suis le grand souffle exhalé sur la croix
Où j'ai dit : Mon père ! on m'immole, et je crois !

« Le bourreau m'étreint : je l'aime ! et l'aime encore,
Car il est mon frère, ô père que j'adore !

« Mon frère aveuglé qui s'est jeté sur moi,
Et que mon amour ramènera vers toi ! »

Ô patrie absente ! ô fécondes campagnes,
Où vinrent s'asseoir les ferventes Espagnes !

Antiques noyers, vrais maîtres de ces lieux,
Qui versez tant d'ombre où dorment nos aïeux !

Échos tout vibrants de la voix de mon père
Qui chantait pour tous : « Espère ! espère ! espère ! »

Ce chant apporté par des soldats pieux
Ardents à planter tant de croix sous nos cieux,

Tant de hauts clochers remplis d'airain sonore
Dont les carillons les rappellent encore :

Je vous enverrai ma vive et blonde enfant
Qui rit quand elle a ses longs cheveux au vent.

Parmi les enfants nés à votre mamelle,
Vous n'en avez pas qui soit si charmant qu'elle !

Un vieillard a dit en regardant ses yeux :
« Il faut que sa mère ait vu ce rêve aux cieux ! »

En la soulevant par ses blanches aisselles
J'ai cru bien souvent que j'y sentais des ailes !

Ce fruit de mon âme, à cultiver si doux,
S'il faut le céder, ce ne sera qu'à vous !

Du lait qui vous vient d'une source divine
Gonflez le cœur pur de cette frêle ondine.

Le lait jaillissant d'un sol vierge et fleuri
Lui paiera le mien qui fut triste et tari.

Pour voiler son front qu'une flamme environne
Ouvrez vos bluets en signe de couronne :

Des pieds si petits n'écrasent pas les fleurs,
Et son innocence a toutes leurs couleurs.

Un soir, près de l'eau, des femmes l'ont bénie,
Et mon cœur profond soupira d'harmonie.

Dans ce cœur penché vers son jeune avenir
Votre nom tinta, prophète souvenir,

Et j'ai répondu de ma voix toute pleine
Au souffle embaumé de votre errante haleine.

Vers vos nids chanteurs laissez-la donc aller ;
L'enfant sait déjà qu'ils naissent pour voler.

Déjà son esprit, prenant goût au silence,
Monte où sans appui l'alouette s'élance,

Et s'isole et nage au fond du lac d'azur
Et puis redescend le gosier plein d'air pur.

Que de l'oiseau gris l'hymne haute et pieuse
Rende à tout jamais son âme harmonieuse !...

Que vos ruisseaux clairs, dont les bruits m'ont parlé,
Humectent sa voix d'un long rythme perlé !

Avant de gagner sa couche de fougère,
Laissez-la courir, curieuse et légère,

Au bois où la lune épanche ses lueurs
Dans l'arbre qui tremble inondé de ses pleurs,

Afin qu'en dormant sous vos images vertes
Ses grâces d'enfant en soient toutes couvertes.

Des rideaux mouvants la chaste profondeur
Maintiendra l'air pur alentour de son cœur.

Et, s'il n'est plus là, pour jouer avec elle,
De jeune Albertine à sa trace fidèle,

Vis-à-vis les fleurs qu'un rien fait tressaillir
Elle ira danser, sans jamais les cueillir,

Croyant que les fleurs ont aussi leurs familles
Et savent pleurer comme les jeunes filles.

Sans piquer son front, vos abeilles là-bas
L'instruiront, rêveuse, à mesurer ses pas ;

Car l'insecte armé d'une sourde cymbale
Donne à la pensée une césure égale.

Ainsi s'en ira, calme et libre et content,
Ce filet d'eau vive au bonheur qui l'attend ;

Et d'un chêne creux la Madone oubliée
La regardera dans l'herbe agenouillée.

Quand je la berçais, doux poids de mes genoux,
Mon chant, mes baisers, tout lui parlait de vous,

Ô champs paternels, hérissés de charmilles
Où glissent le soir des flots de jeunes filles.

Que ma fille monte à vos flancs ronds et verts,
Et soyez béni, doux point de l'Univers !

———————

LA LUNE DES FLEURS
Nocturne

Douce lune des fleurs, j'ai perdu ma couronne !
Je ne sais quel orage a passé sur ces bords.
Des chants de l'espérance il éteint les accords,
        Et dans la nuit qui m'environne,
Douce lune des fleurs, j'ai perdu ma couronne.

Jette-moi tes présents, lune mystérieuse,
De mon front qui pâlit ranime les couleurs ;
J'ai perdu ma couronne et j'ai trouvé des pleurs ;
        Loin de la foule curieuse,
Jette-moi tes présents, lune mystérieuse.

Entrouvre d'un rayon les noires violettes,
Douces comme les yeux du séduisant amour.
Tes humides baisers hâteront leur retour.
        Pour cacher mes larmes muettes,
Entrouvre d'un rayon les noires violettes !

(*Europe*, juillet 1948.)

Alphonse Rabbe

ALBUM D'UN PESSIMISTE

SISYPHE

I

Le doux sommeil, depuis si longtemps étranger à mes paupières, cette nuit avait enfin, par une courte trêve, suspendu mes maux. La fièvre brûlante qui consume mes jours et ma jeunesse s'était endormie, désarmée de sa férocité.

II

Tout à coup, je me suis senti saisi d'une main puissante et, sous les ailes d'un guide mystérieux, inconnu, j'ai franchi l'espace des airs. Après un temps, il s'est abattu vers la terre comme un aigle rapide qui vient de marquer sa proie, et je me suis trouvé dans une vaste plaine, parmi des ossements, des cadavres, des ruines et des tombeaux.

III

Il n'y avait plus rien de vivant autour de moi : les plantes et l'herbe rare étaient brûlées comme par l'effet d'une longue sécheresse ; et les arbres épars ne gardaient plus que peu de feuilles noircies, à travers lesquelles résonnait le sifflement aigu du vent, de l'orage.

IV

Comme mes regards se promenaient, avec la stupeur de l'effroi, sur cette scène de désolation et de deuil, mon guide, debout et immobile à côté de moi, m'a montré, dans le lointain, une immense pyramide, au sommet de laquelle resplendissait une incompréhensible lueur, pareille au phare qui apparaît au milieu des horreurs de la tempête.

V

Je levais mes yeux sur mon guide, pour lui demander ce que signifiaient ce monument et cette flamme, lorsque, lisant dans ma pensée, il a soudain agité de nouveau ses ailes sonores et, me soulevant par le bras, il m'a porté avec la rapidité d'une flèche jusqu'au pied de la pyramide que j'avais aperçue aux limites de l'horizon.

VI

Ce monument, plus vaste, plus antique que les pyramides de Memphis et de Gyzé, et qui ne doit pas son élévation à des mains mortelles, n'était pas construit non plus avec les matériaux dont les hommes ont coutume de se servir pour bâtir. Il était formé des débris de tout ce qui eut vie. C'était un ossuaire immense que le temps, au lieu de le détruire, agrandissait et conservait toujours.

VII

Deux vastes portiques occupaient les faces de l'édifice correspondantes au lever et au coucher de la comète sinistre qui régnait sur ce monde de destruction. Ces deux passages, qui conduisaient dans l'intérieur de l'édifice, étaient sous la garde de deux génies qui s'appelaient la forme et le changement.

VIII

Mais ce qui m'a le plus frappé dans l'extérieur de ce monument incompréhensible, c'est de voir les histoires du monde des vivants et les événements remarquables, les fastes des empires, sculptés avec un art si merveilleux, que les personnages produits par le ciseau semblaient encore animés de toutes les passions de la vie.

IX

Les crimes des rois et les malheurs des peuples, les diverses religions dont plusieurs étaient hideuses de sang ; les batailles sanglantes, les pestes, les famines, les incendies mémorables, tous les malheurs dont les agitations du cœur de l'homme et les erreurs de sa raison ont été la source, tous les maux produits par la fureur des éléments, étaient retracés avec une fidélité que la langue ne peut pas figurer.

X

Le règne des fameux conquérants y tenait une place immense : Alexandre, Sésostris, Gengis, Attila, Napoléon et, par-dessus tous, le peuple-roi, personnifié sous la stature d'un géant immense, semblaient imprimer encore autour d'eux, dans ces muettes représentations, le mouvement qu'ils donnèrent au monde.

XI

On y voyait les différentes migrations des peuples, la submersion des continents oubliés, la naissance des îles lancées à la surface des ondes par des volcans sous-marins, la découverte du nouveau monde, la destruction des Indiens et l'anéantissement de tant d'autres races dévorées par les révolutions physiques du globe, dont la suite était nombreuse.

LE CENTAURE

Rapide comme le vent de l'ouest, amoureux et superbe, un jeune centaure vient d'enlever à son vieil époux la belle Cymothoë. Les cris impuissants du vieillard s'entendent au loin... Orgueilleux de sa proie, impatient de désir, le ravisseur s'arrête sous l'épais ombrage qui borde la rive du fleuve. La vélocité de sa course fait encore battre ses doubles flancs ; sa respiration est forte et précipitée... Il s'arrête : ses jarrets vigoureux plient ; il étend une jambe, et de l'autre s'agenouille avec flexibilité.

Sa belle proie qu'il tenait tremblante et couchée sur ses reins puissants, il la soulève avec amour. Il la prend, il la serre contre sa poitrine d'homme, exhale mille soupirs et couvre de baisers ses paupières mouillées de larmes.

« Ne crains rien, lui dit-il, ô Cymothoë ! ne t'épouvante pas d'un amant qui soumet à tes charmes les forces de l'homme réunies aux forces du coursier. Va ! mon cœur vaut mieux que celui d'un vil mortel habitant de vos villes. Dompte ma sauvage indépendance. Je te porterai aux rives les plus fraîches, sous les ombrages les plus beaux ; je te porterai sur les vertes prairies que baigne le Pénée ou le paternel Achéloüs.

« Assise sur mon large dos, entrelaçant tes bras dans les anneaux de ma noire chevelure, tu pourras confier tes charmes aux jeux de l'onde, sans craindre qu'un dieu jaloux ose te saisir pour t'emmener au fond de sa grotte de cristal. Je t'aime, ô jeune Cymothoë ! bannis tes alarmes ; tu peux essayer ton pouvoir : tu règnes sur moi. »

« Beau monstre, répond en pleurant Cymothoë, je demeure étonnée ; tes accents sont pleins de douceur, et tu as des paroles d'amour ! Quoi ! tu parles comme un homme ! Tes redoutables caresses ne me feront pas mourir ? Mais entends-tu les cris de Dryas ? centaure ; crains pour ta vie : ses baisers sont de glace ; mais sa vengeance est cruelle : ses dogues volent sur tes traces, ses esclaves les suivent, hâte-toi de fuir et laisse-moi. »

« Moi, te laisser, répond le centaure ! » Et il étouffe sur la bouche de sa captive un plaintif murmure. « Moi, te laisser ! où est le Pyrithoüs, l'Alcide qui oserait venir me disputer ma conquête ? N'ai-je pas mes javelots ? Mon bras ne sait-il plus manier cette pesante massue ? N'ai-je pas la vitesse ? Neptune n'a-t-il pas donné au centaure la force impétueuse de l'orage ? » Et soudain, il part bondissant de courage, de confiance et de bonheur.

Ainsi balancée, comme si elle était suspendue en un mobile réseau, sous ces voûtes de verdure, ou comme si Zéphirus l'emportait dans un char de nuages, Cymothoë, désormais affranchie de vaines terreurs, s'abandonne aux transports de cet amant singulier.

Il s'arrête de nouveau, et elle admire comment la nature a pris plaisir à marier en lui aux plus belles formes du coursier, la grâce majestueuse des traits de l'homme... Une pensée intelligente anime ces yeux dont le regard est si fier et si doux. À l'abri de cette large poitrine réside un cœur touché de ses charmes : quel superbe esclave de Cymothoë et de l'amour !

Bientôt elle cessa de voir : une brûlante rougeur couvrit ses joues, et ses paupières s'abaissèrent. Puis comme son amant redoublait ses caresses et dénouait sa ceinture : « Arrête, lui dit-elle, arrête, beau centaure ; n'entends-tu pas les meutes ardentes ? Les flèches sifflent à ton oreille... Je ne te hais point ; mais laisse-moi, laisse-moi. »

Cependant, ni Dryas, ni ses dogues, ni ses esclaves n'avançaient plus de ce côté ; et ce n'était point là le motif des terreurs de Cymothoë. Lui, souriant : « Calme ton effroi ; viens, traversons le fleuve, et ne redoute pas le sacrifice que nous allons, sur l'autre bord, offrir à ma puissante Vénus !... Bientôt, hélas ! les forêts ne verront plus de pareils hymens. Nos pères ont succombé, trahis aux noces de Thétis et de Pélée. Nous restons peu nombreux, solitaires, fuyant, non devant l'homme plus faible et moins généreux que nous, mais les lois d'une nature mystérieuse l'ont ainsi voulu : le règne de notre espèce va finir.

« Ce globe, déshérité de l'amour des Dieux qui le formèrent, doit vieillir, et les faibles remplaceront les forts. Les mortels avilis n'auront plus que de vains souvenirs des premières joies de la terre. Tu es peut-être la dernière fille des hommes destinée à s'allier à notre race ; mais, du moins, tu auras été la plus belle, et moi le plus heureux. Viens ! »

Ainsi parle l'homme-cheval et, replaçant sur son dos et sur son poil qui brille comme un manteau d'ébène, son charmant fardeau, il court au fleuve, s'élance au milieu des ondes qui jaillissent autour de lui en gerbes de diamant, et brillent des derniers feux d'un soleil d'été. Les yeux fixés sur ceux de la beauté qui l'enivre, il nage, traverse et court se perdre dans les vertes profondeurs qui s'étendent de l'autre côté, jusqu'au pied des hautes montagnes.

Alexandre Soumet

LA DIVINE ÉPOPÉE

Un grand aigle planant sur un ciel nuageux,
Veut savoir s'il est roi de l'empire orageux,
Son vol s'y plonge... il vient, l'aile sur sa conquête,
Se placer, comme une âme, aux flancs de la tempête ;
Et surveiller, de près, tous les feux dont a lui
Ce volcan voyageur qui s'élance avec lui.
Mais brisé dans sa force, il hésite, il tournoie ;
L'horizon de la foudre autour de lui flamboie,
Et, sous le vent de feu courbant son vol altier,
Ce roi de la tempête en est le prisonnier.
Emblème tourmenté de l'existence humaine,
Un tourbillon l'emporte, un autre le ramène ;
Son cri royal s'éteint au bruit tonnant des airs ;
Un éclair vient brûler son œil rempli d'éclairs.
Alors, tout effaré, comme un oiseau de l'ombre,
Ou pareil, dans la nue, au navire qui sombre,
On voit, aux profondeurs de cet autre océan,
Flotter, demi-noyé, l'aigle aveugle et béant.
La grêle bat son flanc qui retentit... L'orage,
Comme un premier trophée, emporte son plumage.
Il cherche son soleil ; mais, d'ombres tout chargé,
Sur un écueil des cieux le soleil naufragé
A perdu, comme lui, son lumineux empire :
Son disque défaillant dans le nuage expire ;
Et l'ouragan, vainqueur de son triste flambeau,
Engloutit l'aigle et l'astre en un même tombeau.

Et moi, moi, je vis choir de la nue enflammée,
Par les feux du tonnerre à moitié consumée,
Une plume de l'aigle, et comme l'inspiré
De Pathmos, je voulus que ce débris sacré
Me servît à tracer, puissant et prophétique,
Les récits étoilés de mon drame mystique.
Viens aux mains du poète, devant son autel,
Changer ton vol d'un jour contre un vol immortel !
Notre pâle soleil te dorait de sa flamme,
Nous allons traverser tous les soleils de l'âme ;
Et tenter un orage en nos vivants chemins,
Plus profond que celui qui te jette en mes mains ;
Et peut-être, avec moi, qu'à son souffle ployée,
Une seconde fois tu seras foudroyée.
Viens ! viens ! Dante suivait, d'un sceau brûlant marqué,
Le laurier radieux du poète évoqué ;
Nous, soyons attentifs à la voie infinie
Qui fait du cœur de l'homme un temple d'harmonie.

LE CIEL

. . .

Avez-vous contemplé l'hymen plein de mystère
Des astres amoureux des fleurs de notre terre,
Dans une de ces nuits où le sylphe Ariel
Semble avoir répandu son haleine de miel ?
Les constellations, radieuses abeilles,
Aspirent le printemps par toutes ses corbeilles.
Un rayon des Gémeaux, en voilant son ardeur,
Sur les lis frémissants vient baiser la pudeur.
La pléiade se penche heureuse, et donne une âme
À l'ixia dardant ses six langues de flamme.
Les étoiles du char endorment leur clarté.
Sur cette grande fleur, panache velouté,
Portant, sans voir fléchir l'or de sa tige blonde,
Le nom impérail DE LA GLOIRE DU MONDE.
D'un vol plus languissant, le beau cygne éthéré,

Sur les fleurs de l'aster brille et plane enivré,
Et se plaît à mêler, dans la nuit printanière,
Aux baisers de parfums les baisers de lumière.
Baisers mystiques ! nœuds invisibles et doux ! ! !
De leurs enchantements le rossignol jaloux,
Sur le rameau qu'il aime en conquérant se pose :
Aux regards d'une étoile il a caché la rose.
Et l'adonis s'entrouvre à l'astre éblouissant,
Qui s'abreuve d'amour dans sa coupe de sang ;
Et l'obscur nictantès tressaille, et s'évapore
En caresses d'encens qu'il refuse à l'aurore.
Et l'osmonde rougit dans le vallon dormant,
Sous les rayons émus de son céleste amant ;
Et la terre complice abandonne sans voiles
son firmament de fleurs au firmament d'étoiles ;
Excepté les faveurs du tournesol vermeil,
Dont l'amour dédaigneux ne répond qu'au soleil.
. . .

(Chant I.)

L'ENFER

. . .
Dans un vague terrible et souffrant, chaque forme,
Comme sous le brouillard les bras nus d'un vieil orme,
Se dresse et s'agrandit sur ces champs de douleur,
Où l'être et le fantôme ont la même couleur.
L'œil fermé par l'effroi, dans l'ombre expiatoire,
Retrouve en se rouvrant la vision plus noire.
Telle qu'un mont d'airain, tantôt l'éternité
Donne aux êtres maudits son immobilité ;
Et tantôt, roue ardente, instrument de colère,
Imprime à leurs tourments son horreur circulaire.
Sous le rayon blafard qui les laisse entrevoir,
Dans l'orbe du vertige ils semblent se mouvoir :
Pareils à ces oiseaux de nuit, race douteuse,

Dont le vol inégal fuit dans l'ombre honteuse,
Et dont l'aile sans plume, à chacun de ses nœuds,
Pour déchirer les airs dresse un angle épineux.
Leur foule aux mille aspects vient, fuit, décroît, repasse ;
Chaque démon poursuit un damné dans l'espace.
Et parfois, sous la nuit, ils échangent entre eux
Les bizarres contours de leurs corps sulfureux.
Ô formidable nuit ! ô plages orageuses !
Herschell a moins compté d'étoiles nuageuses
Qu'il ne vient apparaître, en ces lieux désolés,
Des mondes de douleur, lointains, confus, voilés !
On les voit, on les perd comme une flotte sombre,
Qui, dans un ouragan, parmi les écueils sombre,
Passant, tourbillonnant sous la dent qui les mord,
Ainsi qu'un sable noir dispersé par la mort.
Mondes tout ruinés et que nul ne restaure !
Labyrinthes ayant le mal pour minotaure !
Globes lançant au loin les feux de leurs Etna,
Portant les noms maudits que Satan leur donna,
Élevant dans leur ombre, et sans changer d'annales,
L'unanime concert des plaintes infernales !
Sépulcres voyageurs qui, dans l'immensité,
Diffèrent de vieillesse en leur éternité !
Groupes de châtiments, cercles pleins de blasphèmes,
Systèmes de forfaits tournoyant sur eux-mêmes,
Et d'un vol aveuglé dont tout ordre est banni,
Sur l'axe de l'enfer roulant dans l'infini !
. . .

(Chant III.)

NOUVEAU GETHSEMANI

. . .
Ô reine des cieux ! Vierge aux sept douleurs mortelles !
La prière a ployé ses ailes fraternelles
Sur ton cœur, et tu sens pour la première fois

De son vol retombé quel peut être le poids.
Miracle unique ! ! ! Dieu rejeta tes alarmes :
Il permit seulement que l'une de tes larmes,
Pleine de cet amour qu'elle prit dans ton sein,
Pût tomber aux enfers du fond du lieu très saint.

Cette larme où Marie avait mis sa tendresse,
Où d'un cœur désolé s'épanchait la détresse,
Emportant dans son vol les mystiques odeurs,
Traversa les soleils où chantaient les ardeurs.
Et la voyant passer, les trônes, les louanges,
Et les petits enfants, frères ailés des anges,
Répétèrent en chœur : — Garde ton doux trésor,
Comme nous l'encens pur, au fond des vases d'or. —
Et la voyant passer, les princes séraphiques
Lui chantèrent, voilés, des hymnes magnifiques ;
Et les vierges de Dieu lui dirent à genoux :
— Avec toi, chaste pleur, pour son désert prends-nous.
Mais l'ineffable pleur passa plus triste encor,
Et d'étoile en étoile, et d'aurore en aurore,
Et d'élus en élus, jusques à Sémida,
Qui la baisa tremblante, et dans son cœur l'aida
Pour achever sa route, en disant : « Sois bénie ! ! !
« Larme à qui Dieu donna cette grâce infinie,
« D'aller porter au Fils, à son œuvre attaché,
« Tout l'amour de Marie en tes parfums caché.
« Diamant virginal, perle mystérieuse,
« Plus que de tes blancheurs de ton deuil glorieuse !
« Va, pour nous et pour lui, combattre Idaméel.
« Va sur le front de Christ trouver ton autre ciel.
« Allume tes rayons dans ses froides ténèbres,
« Brille, soleil vivant, aux horizons funèbres.
« Va porter, chaste pleur, au sein des feux maudits,
« Le dictame d'amour venu du Paradis.
« Si tu n'aperçois plus, de nuage voilée,
« Les lointaines splendeurs de la sphère étoilée,
« Près du dernier pécheur c'est qu'alors tu seras ;
« Et s'il veut t'arrêter, larme, tu passeras ;
« Et si pour te brûler s'ouvrent ses yeux de flamme,
« Tu lui diras mon nom, mon nom d'ange et de femme.

« Tu diras qu'à présent, qu'on soit prophète ou roi,
« Le ciel est un degré pour monter jusqu'à moi,
« Et que j'ai pris mon vol, rêvant sa délivrance,
« Pour tendre de plus haut ma main à l'espérance. »
Et le pleur rayonnant tomba, tomba vainqueur,
Et ne ralentit pas son vol jusques au cœur
Du Fils, qui reconnut à sa douceur divine
Le baume maternel de la sainte colline.

. . .

(Chant X.)

Alphonse de Lamartine

MÉDITATIONS POÉTIQUES

LE LAC

Ainsi, toujours poussés vers de nouveaux rivages,
Dans la nuit éternelle emportés sans retour,
Ne pourrons-nous jamais sur l'océan des âges
      Jeter l'ancre un seul jour ?

Ô lac ! l'année à peine a fini sa carrière,
Et près des flots chéris qu'elle devait revoir,
Regarde ! je viens seul m'asseoir sur cette pierre
      Où tu la vis s'asseoir !

Tu mugissais ainsi sous ces roches profondes,
Ainsi tu te brisais sur leurs flancs déchirés,
Ainsi le vent jetait l'écume de tes ondes
      Sur ses pieds adorés.

Un soir, t'en souvient-il ? nous voguions en silence ;
On n'entendait au loin, sur l'onde et sous les cieux,
Que le bruit des rameurs qui frappaient en cadence
      Tes flots harmonieux.

Tout à coup des accents inconnus à la terre
Du rivage charmé frappèrent les échos :
Le flot fut attentif, et la voix qui m'est chère
      Laissa tomber ces mots :

« Ô temps ! suspends ton vol, et vous, heures propices !
        Suspendez votre cours :
Laissez-nous savourer les rapides délices
        Des plus beaux de nos jours !

« Assez de malheureux ici-bas vous implorent,
        Coulez, coulez pour eux ;
Prenez avec leurs jours les soins qui le dévorent,
        Oubliez les heureux.

« Mais je demande en vain quelques moments encore,
        Le temps m'échappe et fuit ;
Je dis à cette nuit : Sois plus lente ; et l'aurore
        Va dissiper la nuit.

« Aimons donc, aimons donc ! de l'heure fugitive,
        Hâtons-nous, jouissons !
L'homme n'a point de port, le temps n'a point de rive ;
        Il coule, et nous passons ! »

Temps jaloux, se peut-il que ces moments d'ivresse,
Où l'amour à longs flots nous verse le bonheur,
S'envolent loin de nous de la même vitesse
        Que les jours de malheur ?

Eh quoi ! n'en pourrons-nous fixer au moins la trace ?
Quoi ! passés pour jamais ! quoi ! tout entiers perdus !
Ce temps qui les donna, ce temps qui les efface,
        Ne nous les rendra plus !

Éternité, néant, passé, sombres abîmes,
Que faites-vous des jours que vous engloutissez ?
Parlez : nous rendrez-vous ces extases sublimes
        Que vous nous ravissez ?

Ô lac ! rochers muets ! grottes ! forêt obscure !
Vous, que le temps épargne ou qu'il peut rajeunir,
Gardez de cette nuit, gardez, belle nature,
        Au moins le souvenir !

Qu'il soit dans ton repos, qu'il soit dans tes orages,
Beau lac, et dans l'aspect de tes riants coteaux,
Et dans ces noirs sapins, et dans ces rocs sauvages
    Qui pendent sur tes eaux.

Qu'il soit dans le zéphyr qui frémit et qui passe,
Dans les bruits de tes bords par tes bords répétés,
Dans l'astre au front d'argent qui blanchit ta surface
    De ses molles clartés.

Que le vent qui gémit, le roseau qui soupire,
Que les parfums légers de ton air embaumé,
Que tout ce qu'on entend, l'on voit ou l'on respire,
    Tout dise : Ils ont aimé !

COMMENTAIRE

Le commentaire de cette Méditation se trouve tout entier dans l'histoire de *Raphaël*, publiée par moi.

C'est celle de mes poésies qui a eu le plus de retentissement dans l'âme de mes lecteurs, comme elle en avait eu le plus dans la mienne. La réalité est toujours plus poétique que la fiction ; car le grand poète, c'est la nature.

On a essayé mille fois d'ajouter la mélodie plaintive de la musique au gémissement de ces strophes. On a réussi une seule fois. Niedermeyer a fait de cette ode une touchante traduction en notes. J'ai entendu chanter cette romance, et j'ai vu les larmes qu'elle faisait répandre. Néanmoins, j'ai toujours pensé que la musique et la poésie se nuisaient en s'associant. Elles sont l'une et l'autre des arts complets : la musique porte en elle son sentiment, de beaux vers portent en eux leur mélodie.

(1849)

L'AUTOMNE

Salut ! bois couronnés d'un reste de verdure !
Feuillages jaunissants sur les gazons épars !
Salut, derniers beaux jours ! Le deuil de la nature
Convient à la douleur et plaît à mes regards !

Je suis d'un pas rêveur le sentier solitaire,
J'aime à revoir encor, pour la dernière fois,
Ce soleil pâlissant, dont la faible lumière
Perce à peine à mes pieds l'obscurité des bois !

Oui, dans ces jours d'automne où la nature expire,
À ses regards voilés, je trouve plus d'attraits,
C'est l'adieu d'un ami, c'est le dernier sourire
Des lèvres que la mort va fermer pour jamais !

Ainsi, prêt à quitter l'horizon de la vie,
Pleurant de mes longs jours l'espoir évanoui,
Je me retourne encore, et d'un regard d'envie
Je contemple ses biens dont je n'ai pas joui !

Terre, soleil, vallons, belle et douce nature,
Je vous dois une larme aux bords de mon tombeau ;
L'air est si parfumé ! la lumière est si pure !
Aux regards d'un mourant le soleil est si beau !

Je voudrais maintenant vider jusqu'à la lie
Ce calice mêlé de nectar et de fiel !
Au fond de cette coupe où je buvais la vie,
Peut-être restait-il une goutte de miel ?

Peut-être l'avenir me gardait-il encore
Un retour de bonheur dont l'espoir est perdu ?
Peut-être dans la foule, une âme que j'ignore
Aurait compris mon âme, et m'aurait répondu ?...

La fleur tombe en livrant ses parfums au zéphire ;
À la vie, au soleil, ce sont là ses adieux ;
Moi, je meurs ; et mon âme, au moment qu'elle expire,
S'exhale comme un son triste et mélodieux.

COMMENTAIRE

Cette pièce ne comporte aucun commentaire. Il n'y a pas une âme contempla-
tive et sensible qui n'ait, à certains moments de ses premières amertumes, détour-
né la lèvre de la coupe de la vie, et embrassé la mort souriante sous ce ravissant

aspect d'une automne expirante dans la sérénité des derniers jours d'octobre ; et puis qui, près de mourir, n'ait repris à l'existence par le regret, et voulu confondre au moins un dernier murmure d'adieu avec les derniers soupirs du vent du soir dans les pampres, ou avec la lueur du dernier rayon de l'année sur les sommets rosés de neige des montagnes.

Ces vers sont cette lutte entre l'instinct de tristesse qui fait accepter la mort, et l'instinct de bonheur qui fait regretter la vie. Ils furent écrits en 1819, après les premiers désenchantements de la première adolescence. Mais ils font déjà allusion à l'attachement sérieux que le poète avait conçu pour une jeune Anglaise qui fut depuis la compagne de sa vie.

(1849)

NOUVELLES MÉDITATIONS POÉTIQUES

ISCHIA[1]

Le soleil va porter le jour à d'autres mondes ;
Dans l'horizon désert Phébé monte sans bruit,
Et jette, en pénétrant les ténèbres profondes,
Un voile transparent sur le front de la nuit.

Voyez du haut des monts ses clartés ondoyantes
Comme un fleuve de flamme inonder les coteaux,
Dormir dans les vallons, ou glisser sur les pentes,
Ou rejaillir au loin du sein brillant des eaux.

La douteuse lueur, dans l'ombre répandue,
Teint d'un jour azuré la pâle obscurité,
Et fait nager au loin dans la vague étendue
Les horizons baignés par sa molle clarté !

1. Île de la Méditerranée, dans le golfe de Naples.

L'Océan amoureux de ces rives tranquilles
Calme, en baisant leurs pieds, ses orageux transports,
Et pressant dans ses bras ces golfes et ces îles,
De son humide haleine en rafraîchit les bords.

Du flot qui tour à tour s'avance et se retire
L'œil aime à suivre au loin le flexible contour :
On dirait un amant qui presse en son délire
La vierge qui résiste, et cède tour à tour !

Doux comme le soupir de l'enfant qui sommeille,
Un son vague et plaintif se répand dans les airs :
Est-ce un écho du ciel qui charme notre oreille ?
Est-ce un soupir d'amour de la terre et des mers ?

Il s'élève, il retombe, il renaît, il expire,
Comme un cœur oppressé d'un poids de volupté,
Il semble qu'en ces nuits la nature respire,
Et se plaint comme nous de sa félicité !

Mortel, ouvre ton âme à ces torrents de vie !
Reçois par tous les sens les charmes de la nuit,
À t'enivrer d'amour son ombre te convie ;
Son astre dans le ciel se lève, et te conduit.

Vois-tu ce feu lointain trembler sur la colline ?
Par la main de l'Amour c'est un phare allumé ;
Là, comme un lis penché, l'amante qui s'incline
Prête une oreille avide aux pas du bien-aimé !

La vierge, dans le songe où son âme s'égare,
Soulève un œil d'azur qui réfléchit les cieux,
Et ses doigts au hasard errant sur sa guitare
Jettent aux vents du soir des sons mystérieux !

« Viens ! l'amoureux silence occupe au loin l'espace ,
Viens du soir près de moi respirer la fraîcheur !
C'est l'heure ; à peine au loin la voile qui s'efface
Blanchit en ramenant le paisible pêcheur !

« Depuis l'heure où ta barque a fui loin de la rive,
J'ai suivi tout le jour ta voile sur les mers,
Ainsi que de son nid la colombe craintive
Suit l'aile du ramier qui blanchit dans les airs !

« Tandis qu'elle glissait sous l'ombre du rivage,
J'ai reconnu ta voix dans la voix des échos ;
Et la brise du soir, en mourant sur la plage,
Me rapportait tes chants prolongés sur les flots.

« Quand la vague a grondé sur la côte écumante,
À l'étoile des mers j'ai murmuré ton nom,
J'ai rallumé sa lampe, et de ta seule amante
L'amoureuse prière a fait fuir l'aquilon !

« Maintenant sous le ciel tout repose, ou tout aime :
La vague en ondulant vient dormir sur le bord ;
La fleur dort sur sa tige, et la nature même
Sous le dais de la nuit se recueille et s'endort.

« Vois ! la mousse a pour nous tapissé la vallée,
Le pampre s'y recourbe en replis tortueux,
Et l'haleine de l'onde, à l'oranger mêlée,
De ses fleurs qu'elle effeuille embaume mes cheveux.

« À la molle clarté de la voûte sereine
Nous chanterons ensemble assis sous le jasmin,
Jusqu'à l'heure où la lune, en glissant vers Misène,
Se perd en pâlissant dans les feux du matin. »

Elle chante ; et sa voix par intervalle expire,
Et, des accords du luth plus faiblement frappés,
Les échos assoupis ne livrent au zéphire
Que des soupirs mourants, de silence coupés !

Celui qui, le cœur plein de délire et de flamme,
À cette heure d'amour, sous cet astre enchanté,
Sentirait tout à coup le rêve de son âme
S'animer sous les traits d'une chaste beauté ;

Celui qui, sur la mousse, au pied du sycomore,
Au murmure des eaux, sous un dais de saphirs,
Assis à ses genoux, de l'une à l'autre aurore,
N'aurait pour lui parler que l'accent des soupirs ;

Celui qui, respirant son haleine adorée,
Sentirait ses cheveux, soulevés par les vents,
Caresser en passant sa paupière effleurée,
Ou rouler sur son front leurs anneaux ondoyants ;

Celui qui, suspendant les heures fugitives,
Fixant avec l'amour son âme en ce beau lieu,
Oublierait que le temps coule encor sur ces rives,
Serait-il un mortel, ou serait-il un dieu ?...

Et nous, aux doux penchants de ces verts Élysées,
Sur ces bords où l'amour eût caché son Éden,
Au murmure plaintif des vagues apaisées,
Aux rayons endormis de l'astre élysien,

Sous ce ciel où la vie, où le bonheur abonde,
Sur ces rives que l'œil se plaît à parcourir,
Nous avons respiré cet air d'un autre monde,
Élyse !... et cependant on dit qu'il faut mourir !

COMMENTAIRE

C'est l'île de mon cœur, c'est l'oasis de ma jeunesse, c'est le repos de ma maturité. Je voudrais que cela fût le recueillement de mon soir, s'il vient un soir. On a vu et on verra dans les *Confidences* pourquoi.

J'ai décrit les îles du golfe de Naples dans l'épisode de *Graziella*. La première fleur d'oranger qu'on a respirée en abordant, presque enfant, un rivage inconnu, donne son parfum à tout un long souvenir.

En 1821, je passai un nouvel été dans l'île d'Ischia avec la jeune femme que je venais d'épouser. J'étais heureux ; j'avais besoin de chanter, comme tout ce qui déborde d'émotions calmes. J'écrivis beaucoup de vers sous les falaises de cette côte, en face de la mer antique et du cap Misène, qu'Horace, Virgile, Tibulle, avaient contemplés de cette même rive avant moi. La plupart de ces vers, écrits par moi à cette époque, n'ont jamais paru et n'existent même plus. Les soupirs n'ont pas de corps. Ces vers se sont exhalés avec les parfums de l'île ; ils se sont éteints avec les reflets de lune sur les murs blancs des pêcheurs de Procida ; ils se sont évanouis avec les murmures des vagues que je comptais à mes pieds. Je suis retourné bien des fois depuis à Ischia ; j'y ai déposé les plus chères reliques, larmes ou félicités de ma jeunesse. Le brillant soleil de ce climat rassérène tout, même la mort.

(1849)

HARMONIES POÉTIQUES
ET RELIGIEUSES

L'OCCIDENT

Et la mer s'apaisait, comme une urne écumante
Qui s'abaisse au moment où le foyer pâlit,
Et retirant du bord sa vague encor fumante,
Comme pour s'endormir, rentrait dans son grand lit ;

Et l'astre qui tombait de nuage en nuage
Suspendait sur les flots un orbe sans rayon,
Puis plongeait la moitié de sa sanglante image,
Comme un navire en feu qui sombre à l'horizon ;

Et la moitié du ciel pâlissait, et la brise
Défaillait dans la voile, immobile et sans voix,
Et les ombres couraient, et sous leur teinte grise
Tout sur le ciel et l'eau s'effaçait à la fois ;

Et dans mon âme, aussi pâlissant à mesure,
Tous les bruits d'ici-bas tombaient avec le jour,
Et quelque chose en moi, comme dans la nature,
Pleurait, priait, souffrait, bénissait tour à tour !

Et vers l'occident seul, une porte éclatante
Laissait voir la lumière à flots d'or ondoyer,
Et la nue empourprée imitait une tente
Qui voile sans l'éteindre un immense foyer ;

Et les ombres, les vents, et les flots de l'abîme,
Vers cette arche de feu tout paraissait courir,
Comme si la nature et tout ce qui l'anime
En perdant la lumière avait craint de mourir !

La poussière du soir y volait de la terre,
L'écume à blancs flocons sur la vague y flottait ;
Et mon regard long, triste, errant, involontaire,
Les suivait, et de pleurs sans chagrin s'humectait.

Et tout disparaissait ; et mon âme oppressée
Restait vide et pareille à l'horizon couvert,
Et puis il s'élevait une seule pensée,
Comme une pyramide au milieu du désert !

Ô lumière ! où vas-tu ? Globe épuisé de flamme,
Nuages, aquilons, vagues, où courez-vous ?
Poussière, écume, nuit ! vous, mes yeux ! toi, mon âme !
Dites, si vous savez, où donc allons-nous tous ?

À toi, grand Tout ! dont l'astre est la pâle étincelle,
En qui la nuit, le jour, l'esprit, vont aboutir !
Flux et reflux divin de vie universelle,
Vaste océan de l'Être où tout va s'engloutir !...

MILLY
ou
La terre natale

Pourquoi le prononcer ce nom de la patrie ?
Dans son brillant exil mon cœur en a frémi ;
Il résonne de loin dans mon âme attendrie,
Comme les pas connus ou la voix d'un ami.

Montagnes que voilait le brouillard de l'automne,
Vallons que tapissait le givre du matin,
Saules dont l'émondeur effeuillait la couronne,
Vieilles tours que le soir dorait dans le lointain,

Murs noircis par les ans, coteaux, sentier rapide,
Fontaine où les pasteurs accroupis tour à tour
Attendaient goutte à goutte une eau rare et limpide,
Et, leur urne à la main, s'entretenaient du jour,

Chaumière où du foyer étincelait la flamme,
Toit que le pèlerin aimait à voir fumer,
Objets inanimés, avez-vous donc une âme
Qui s'attache à notre âme et la force d'aimer ?

J'ai vu des cieux d'azur, où la nuit est sans voiles,
Dorés jusqu'au matin sous les pieds des étoiles,
Arrondir sur mon front dans leur arc infini
Leur dôme de cristal qu'aucun vent n'a terni !
J'ai vu des monts voilés de citrons et d'olives
Réfléchir dans les eaux leurs ombres fugitives,
Et dans leurs frais vallons, au souffle du zéphyr,
Bercer sur l'épi mûr le cep prêt à mûrir ;
Sur des bords où les mers ont à peine un murmure,
J'ai vu des flots brillants l'onduleuse ceinture
Presser et relâcher dans l'azur de ses plis
De leurs caps dentelés les contours assouplis,
S'étendre dans le golfe en nappes de lumière,
Blanchir l'écueil fumant de gerbes de poussière,
Porter dans le lointain d'un occident vermeil
Des îles qui semblaient le lit d'or du soleil,
Ou, s'ouvrant devant moi sans rideau, sans limite,
Me montrer l'infini que le mystère habite !
J'ai vu ces fiers sommets, pyramides des airs,
Où l'été repliait le manteau des hivers,
Jusqu'au sein des vallons descendant par étages,
Entrecouper leurs flancs de hameaux et d'ombrages,
De pics et de rochers ici se hérisser,
En pentes de gazon plus loin fuir et glisser,
Lancer en arcs fumants, avec un bruit de foudre,

Leurs torrents en écume et leurs fleuves en poudre,
Sur leurs flancs éclairés, obscurcis tour à tour,
Former des vagues d'ombre et des îles de jour,
Creuser de frais vallons que la pensée adore,
Remonter, redescendre, et remonter encore,
Puis des derniers degrés de leurs vastes remparts,
À travers les sapins et les chênes épars
Dans le miroir des lacs qui dorment sous leur ombre
Jeter leurs reflets verts ou leur image sombre,
Et sur le tiède azur de ces limpides eaux
Faire onduler leur neige et flotter leurs coteaux !
J'ai visité ces bords et ce divin asile
Qu'a choisis pour dormir l'ombre du doux Virgile,
Ces champs que la Sibylle à ses yeux déroula,
Et Cume et l'Élysée ; et mon cœur n'est pas là !...

Mais il est sur la terre une montagne aride
Qui ne porte en ses flancs ni bois ni flot limpide,
Dont par l'effort des ans l'humble sommet miné,
Et sous son propre poids jour par jour incliné,
Dépouillé de son sol fuyant dans les ravines,
Garde à peine un buis sec qui montre ses racines,
Et se couvre partout de rocs prêts à crouler
Que sous son pied léger le chevreau fait rouler.
Ces débris par leur chute ont formé d'âge en âge
Un coteau qui décroît et, d'étage en étage,
Porte, à l'abri des murs dont ils sont étayés,
Quelques avares champs de nos sueurs payés,
Quelques ceps dont les bras, cherchant en vain l'érable,
Serpentent sur la terre ou rampent sur le sable,
Quelques buissons de ronce, où l'enfant des hameaux
Cueille un fruit oublié qu'il dispute aux oiseaux,
Où la maigre brebis des chaumières voisines
Broute en laissant sa laine en tribut aux épines ;
Lieux que ni le doux bruit des eaux pendant l'été,
Ni le frémissement du feuillage agité,
Ni l'hymne aérien du rossignol qui veille,
Ne rappellent au cœur, n'enchantent pour l'oreille ;
Mais que, sous les rayons d'un ciel toujours d'airain,
La cigale assourdit de son cri souterrain.

Il est dans ces déserts un toit rustique et sombre
Que la montagne seule abrite de son ombre,
Et dont les murs, battus par la pluie et les vents,
Portent leur âge écrit sous la mousse des ans.
Sur le seuil désuni de trois marches de pierre
Le hasard a planté les racines d'un lierre
Qui, redoublant cent fois ses nœuds entrelacés,
Cache l'affront du temps sous ses bras élancés,
Et, recourbant en arc sa volute rustique,
Fait le seul ornement du champêtre portique.
Un jardin qui descend au revers d'un coteau
Y présente au couchant son sable altéré d'eau ;
La pierre sans ciment, que l'hiver a noircie,
En borne tristement l'enceinte rétrécie ;
La terre, que la bêche ouvre à chaque saison,
Y montre à nu son sein sans ombre et sans gazon ;
Ni tapis émaillés, ni cintres de verdure,
Ni ruisseau sous des bois, ni fraîcheur, ni murmure ;
Seulement sept tilleuls par le soc oubliés,
Protégeant un peu d'herbe étendue à leurs pieds,
Y versent dans l'automne une ombre tiède et rare,
D'autant plus douce au front sous un ciel plus avare ;
Arbres dont le sommeil et des songes si beaux
Dans mon heureuse enfance habitaient les rameaux !
Dans le champêtre enclos qui soupire après l'onde,
Un puits dans le rocher cache son eau profonde,
Où le vieillard qui puise, après de longs efforts,
Dépose en gémissant son urne sur les bords ;
Une aire où le fléau sur l'argile étendue
Bat à coups cadencés la gerbe répandue,
Où la blanche colombe et l'humble passereau
Se disputent l'épi qu'oublia le râteau :
Et sur la terre épars des instruments rustiques,
Des jougs rompus, des chars dormant sous les portiques,
Des essieux dont l'ornière a brisé les rayons,
Et des socs émoussés qu'ont usés les sillons.

Rien n'y console l'œil de sa prison stérile,
Ni les dômes dorés d'une superbe ville,
Ni le chemin poudreux, ni le fleuve lointain,

Ni les toits blanchissants aux clartés du matin ;
Seulement, répandus de distance en distance,
De sauvages abris qu'habite l'indigence,
Le long d'étroits sentiers en désordre semés,
Montrent leur toit de chaume et leurs murs enfumés,
Où le vieillard, assis au seuil de sa demeure,
Dans son berceau de jonc endort l'enfant qui pleure ;
Enfin un sol sans ombre et des cieux sans couleur,
Et des vallons sans onde ! — Et c'est là qu'est mon cœur !
Ce sont là les séjours, les sites, les rivages
Dont mon âme attendrie évoque les images,
Et dont pendant les nuits mes songes les plus beaux
Pour enchanter mes yeux composent leurs tableaux !

Là chaque heure du jour, chaque aspect des montagnes,
Chaque son qui le soir s'élève des campagnes,
Chaque mois qui revient, comme un pas des saisons,
Reverdir ou faner les bois ou les gazons,
La lune qui décroît ou s'arrondit dans l'ombre,
L'étoile qui gravit sur la colline sombre,
Les troupeaux des hauts lieux chassés par les frimas,
Des coteaux aux vallons descendant pas à pas,
Le vent, l'épine en fleurs, l'herbe verte ou flétrie,
Le soc dans le sillon, l'onde dans la prairie,
Tout m'y parle une langue aux intimes accents
Dont les mots, entendus dans l'âme et dans les sens,
Sont des bruits, des parfums, des foudres, des orages,
Des rochers, des torrents, et ces douces images,
Et ces vieux souvenirs dormant au fond de nous,
Qu'un site nous conserve et qu'il nous rend plus doux.
Là mon cœur en tout lieu se retrouve lui-même !
Tout s'y souvient de moi, tout m'y connaît, tout m'aime !
Mon œil trouve un ami dans tout cet horizon,
Chaque arbre a son histoire et chaque pierre un nom.
Qu'importe que ce nom, comme Thèbe ou Palmire,
Ne nous rappelle pas les fastes d'un empire,
Le sang humain versé pour le choix des tyrans,
Ou ces fléaux de Dieu que l'homme appelle grands ?
Ce site où la pensée a rattaché sa trame,
Ces lieux encor tout pleins des fastes de notre âme,

Sont aussi grands pour nous que ces champs du destin
Où naquit, où tomba quelque empire incertain :
Rien n'est vil ! rien n'est grand ! l'âme en est la mesure !
Un cœur palpite au nom de quelque humble masure,
Et sous les monuments des héros et des dieux
Le pasteur passe et siffle en détournant les yeux !

Voilà le banc rustique où s'asseyait mon père,
La salle où résonnait sa voix mâle et sévère,
Quand les pasteurs assis sur leurs socs renversés
Lui comptaient les sillons par chaque heure tracés,
Ou qu'encor palpitant des scènes de sa gloire,
De l'échafaud des rois il nous disait l'histoire,
Et, plein du grand combat qu'il avait combattu,
En racontant sa vie enseignait la vertu !
Voilà la place vide où ma mère à toute heure
Au plus léger soupir sortait de sa demeure,
Et, nous faisant porter ou la laine ou le pain,
Vêtissait l'indigence ou nourrissait la faim ;
Voilà les toits de chaume où sa main attentive
Versait sur la blessure ou le miel ou l'olive,
Ouvrait près du chevet des vieillards expirants
Ce livre où l'espérance est permise aux mourants,
Recueillait leurs soupirs sur leur bouche oppressée,
Faisait tourner vers Dieu leur dernière pensée,
Et tenant par la main les plus jeunes de nous,
À la veuve, à l'enfant, qui tombaient à genoux,
Disait, en essuyant les pleurs de leurs paupières :
Je vous donne un peu d'or, rendez-leur vos prières !
Voilà le seuil, à l'ombre, où son pied nous berçait,
La branche du figuier que sa main abaissait,
Voici l'étroit sentier où, quand l'airain sonore
Dans le temple lointain vibrait avec l'aurore,
Nous montions sur sa trace à l'autel du Seigneur
Offrir deux purs encens, innocence et bonheur !
C'est ici que sa voix pieuse et solennelle
Nous expliquait un Dieu que nous sentions en elle,
Et nous montrant l'épi dans son germe enfermé,
La grappe distillant son breuvage embaumé,
La génisse en lait pur changeant le suc des plantes,

Le rocher qui s'entrouvre aux sources ruisselantes,
La laine des brebis dérobée aux rameaux
Servant à tapisser les doux nids des oiseaux,
Et le soleil exact à ses douze demeures,
Partageant aux climats les saisons et les heures,
Et ces astres des nuits que Dieu seul peut compter,
Mondes où la pensée ose à peine monter,
Nous enseignait la foi par la reconnaissance,
Et faisait admirer à notre simple enfance
Comment l'astre et l'insecte invisible à nos yeux
Avaient, ainsi que nous, leur père dans les cieux !
Ces bruyères, ces champs, ces vignes, ces prairies,
Ont tous leurs souvenirs et leurs ombres chéries.
Là, mes sœurs folâtraient, et le vent dans leurs jeux
Les suivait en jouant avec leurs blonds cheveux !
Là, guidant les bergers aux sommets des collines,
J'allumais des bûchers de bois mort et d'épines,
Et mes yeux, suspendus aux flammes du foyer,
Passaient heure après heure à les voir ondoyer.
Là, contre la fureur de l'aquilon rapide
Le saule caverneux nous prêtait son tronc vide,
Et j'écoutais siffler dans son feuillage mort
Des brises dont mon âme a retenu l'accord.
Voilà le peuplier qui, penché sur l'abîme,
Dans la saison des nids nous berçait sur sa cime,
Le ruisseau dans les prés dont les dormantes eaux
Submergeaient lentement nos barques de roseaux,
Le chêne, le rocher, le moulin monotone,
Et le mur au soleil, où dans les jours d'automne,
Je venais sur la pierre, assis près des vieillards,
Suivre le jour qui meurt de mes derniers regards !
Tout est encor debout ; tout renaît à sa place :
De nos pas sur le sable on suit encore la trace ;
Rien ne manque à ces lieux qu'un cœur pour en jouir,
Mais, hélas ! l'heure baisse et va s'évanouir.

La vie a dispersé, comme l'épi sur l'aire,
Loin du champ paternel les enfants et la mère,
Et ce foyer chéri ressemble aux nids déserts
D'où l'hirondelle a fui pendant de longs hivers !

Déjà l'herbe qui croît sur les dalles antiques
Efface autour des murs les sentiers domestiques,
Et le lierre, flottant comme un manteau de deuil,
Couvre à demi la porte et rampe sur le seuil ;
Bientôt peut-être... ! écarte, ô mon Dieu ! ce présage !
Bientôt un étranger, inconnu du village,
Viendra, l'or à la main, s'emparer de ces lieux
Qu'habite encor pour nous l'ombre de nos aïeux,
Et d'où nos souvenirs des berceaux et des tombes
S'enfuiront à sa voix, comme un nid de colombes
Dont la hache a fauché l'arbre dans les forêts,
Et qui ne savent plus où se poser après !

Ne permets pas, Seigneur, ce deuil et cet outrage !
Ne souffre pas, mon Dieu, que notre humble héritage
Passe de mains en mains troqué contre un vil prix,
Comme le toit du vice ou le champ des proscrits !
Qu'un avide étranger vienne d'un pied superbe
Fouler l'humble sillon de nos berceaux sur l'herbe,
Dépouiller l'orphelin, grossir, compter son or
Aux lieux où l'indigence avait seule un trésor,
Et blasphémer ton nom sous ces mêmes portiques
Où ma mère à nos voix enseignait tes cantiques !
Ah ! que plutôt cent fois, aux vents abandonné,
Le toit pende en lambeaux sur le mur incliné ;
Que les fleurs du tombeau, les mauves, les épines,
Sur les parvis brisés germent dans les ruines !
Que le lézard dormant s'y réchauffe au soleil,
Que Philomèle y chante aux heures du sommeil,
Que l'humble passereau, les colombes fidèles,
Y rassemblent en paix leurs petits sous leurs ailes,
Et que l'oiseau du ciel vienne bâtir son nid
Aux lieux où l'innocence eut autrefois son lit !

Ah ! si le nombre écrit sous l'œil des destinées
Jusqu'aux cheveux blanchis prolonge mes années,
Puissé-je, heureux vieillard, y voir baisser mes jours
Parmi ces monuments de mes simples amours !
Et quand ces toits bénis et ces tristes décombres
Ne seront plus pour moi peuplés que par des ombres,

Y retrouver au moins dans les noms, dans les lieux,
Tant d'êtres adorés disparus de mes yeux !
Et vous, qui survivrez à ma cendre glacée,
Si vous voulez charmer ma dernière pensée,
Un jour, élevez-moi... ! non ! ne m'élevez rien !
Mais près des lieux où dort l'humble espoir du chrétien,
Creusez-moi dans ces champs la couche que j'envie
Et ce dernier sillon où germe une autre vie !
Étendez sur ma tête un lit d'herbes des champs
Que l'agneau du hameau broute encore au printemps,
Où l'oiseau, dont mes sœurs ont peuplé ces asiles,
Vienne aimer et chanter durant mes nuits tranquilles ;
Là, pour marquer la place où vous m'allez coucher,
Roulez de la montagne un fragment de rocher ;
Que nul ciseau surtout ne le taille et n'efface
La mousse des vieux jours qui brunit sa surface,
Et d'hiver en hiver incrustée à ses flancs,
Donne en lettre vivante une date à ses ans !
Point de siècle ou de nom sur cette agreste page !
Devant l'éternité tout siècle est du même âge,
Et celui dont la voix réveille le trépas
Au défaut d'un vain nom ne nous oubliera pas !
Là, sous des cieux connus, sous les collines sombres,
Qui couvrirent jadis mon berceau de leurs ombres,
Plus près du sol natal, de l'air et du soleil,
D'un sommeil plus léger j'attendrai le réveil !
Là, ma cendre, mêlée à la terre qui m'aime,
Retrouvera la vie avant mon esprit même,
Verdira dans les prés, fleurira dans les fleurs,
Boira des nuits d'été les parfums et les pleurs ;
Et, quand du jour sans soir la première étincelle
Viendra m'y réveiller pour l'aurore éternelle,
En ouvrant mes regards je reverrai des lieux
Adorés de mon cœur et connus de mes yeux,
Les pierres du hameau, le clocher, la montagne,
Le lit sec du torrent et l'aride campagne ;
Et, rassemblant de l'œil tous les êtres chéris
Dont l'ombre près de moi dormait sous ces débris,
Avec des sœurs, un père et l'âme d'une mère,
Ne laissant plus de cendre en dépôt à la terre,

Comme le passager qui des vagues descend
Jette encore au navire un œil reconnaissant,
Nos voix diront ensemble à ces lieux pleins de charmes
L'adieu, le seul adieu qui n'aura point de larmes !

COMMENTAIRE

C'est dans les *Confidences* qu'on retrouvera tout ce qui concerne cette Harmonie. J'y ai oublié seulement un trait. Le voici ; il n'a d'intérêt qu'en famille.

Quand j'écrivis cette *Harmonie*, j'étais en Italie. Je l'envoyai à ma mère : elle vit que j'avais parlé d'un lierre qui tapissait, au nord, le mur humide et froid de la maison. C'était une erreur, le lierre n'existait pas ; il n'y avait que de la mousse, des vignes vierges, des pariétaires. Ma mère, qui était la sincérité jusqu'au scrupule, souffrit de ce petit mensonge poétique. Elle ne voulut pas que son fils eût menti, même pour donner une couleur de plus à un tableau imaginaire ; elle planta de ses propres mains un lierre à l'endroit où il manquait. Sans doute que Dieu bénit ce petit plant et que les pluies d'hiver l'arrosèrent, car, en peu d'années, il habilla complètement le mur. Ma mère mourut ; le lierre grandit toujours ; et maintenant il est devenu si vigoureux, si ramifié, si touffu, si usurpateur de toute la maison, qu'il fait une corniche verte et flottante au toit, et qu'il gêne les persiennes du côté du nord. Les étrangers et les paysans en coupent parfois des branches, en mémoire de ma mère ; mais il en repousse suffisamment pour couvrir tout un champ des morts.

En écrivant cette note, je ne puis m'empêcher de faire un triste retour sur les vicissitudes de la vie. Le lierre restera attaché à cette maison ; et les enfants seront forcés de la quitter pour jamais. Milly sera sans doute vendu dans peu de jours.

Chose étrange ! le jour où j'écris cette note (24 octobre 1849), j'ouvre un journal, et j'y lis ceci : « La Porte Ottomane fait une concession immense de terrain en Asie à M. de Lamartine, pour un établissement agricole. » Si cela est vrai, j'irai ; j'y bâtirai un toit, je l'appellerai Milly ; j'y emporterai un rejet de ce lierre, je le planterai dans ce sol, et je retrouverai dans ses feuilles cette sève des larmes du cœur de ma mère, le faux *Simoïs* de Virgile !

(1849)

NOVISSIMA VERBA

ou

Mon âme est triste
jusqu'à la mort !

Triste comme la mort ? Et la mort souffre-t-elle ?
Le néant se plaint-il à la nuit éternelle ?
Ah ! plus triste cent fois que cet heureux néant
Qui n'a point à mourir et ne meurt pas vivant !
Mon âme est une mort qui se sent et se souffre ;
Immortelle agonie ! abîme, immense gouffre,
Où la pensée en vain cherchant à s'engloutir
En se précipitant ne peut s'anéantir !
Un songe sans réveil ! une nuit sans aurore,
Un feu sans aliment qui brûle et se dévore !...
Une cendre brûlante où rien n'est allumé,
Mais où tout ce qu'on jette est soudain consumé ;
Un délire sans terme, une angoisse éternelle !
Mon âme avec effroi regarde derrière elle,
Et voit son peu de jours, passés, et déjà froids
Comme la feuille sèche autour du tronc des bois ;
Je regarde en avant, et je ne vois que doute
Et ténèbres, couvrant le terme de la route !
Mon être à chaque souffle exhale un peu de soi,
C'était moi qui souffrais, ce n'est déjà plus moi !
Chaque parole emporte un lambeau de ma vie ;
L'homme ainsi s'évapore et passe ; et quand j'appuie,
Sur l'instabilité de cet être fuyant,
À ses tortures près tout semblable au néant,
Sur ce moi fugitif insoluble problème
Qui ne se connaît pas et doute de soi-même,
Insecte d'un soleil par un rayon produit,
Qui regarde une aurore et rentre dans sa nuit,
Et que sentant en moi la stérile puissance
D'embrasser l'infini dans mon intelligence,
J'ouvre un regard de dieu sur la nature et moi,
Que je demande à tout : Pourquoi ? pourquoi ? pourquoi ?

Et que pour seul éclair, et pour seule réponse
Dans mon second néant je sens que je m'enfonce,
Que je m'évanouis en regrets superflus,
Qu'encore une demande et je ne serai plus ! ! !
Alors je suis tenté de prendre l'existence
Pour un sarcasme amer d'une aveugle puissance,
De lui parler sa langue ! et semblable au mourant
Qui trompe l'agonie et rit en expirant,
D'abîmer ma raison dans un dernier délire,
Et de finir aussi par un éclat de rire !

Ou de dire : Vivons ! et dans la volupté,
Noyons ce peu d'instants au néant disputé !
Le soir vient ! dérobons quelques heures encore
Au temps qui nous les jette et qui nous les dévore ;
Environs-nous du moins de ce poison humain
Que la mort nous présente en nous cachant sa main !
Jusqu'aux bords de la tombe il croît encor des roses,
De naissantes beautés pour le désir écloses,
Dont le cœur feint l'amour, dont l'œil sait l'imiter,
Et que l'orgueil ou l'or font encor palpiter !
Plongeons-nous tout entiers dans ces mers de délices ;
Puis, au premier dégoût trouvé dans ces calices,
Avant l'heure, où les sens de l'ivresse lassés
Font monter l'amertume et disent : C'est assez !
Voilà la coupe pleine où de son ambroisie
Sous les traits du sommeil la mort éteint la vie !
Buvons ; voilà le flot qui ne fera qu'un pli
Et nous recouvrira d'un éternel oubli,
Glissons-y ; dérobons sa proie à l'existence !
À la mort sa douleur, au destin sa vengeance,
Ces langueurs que la vie au fond laisse croupir,
Et jusqu'au sentiment de son dernier soupir ;
Et, fût-il un réveil même à ce dernier somme,
Défions le destin de faire pis qu'un homme !

Mais cette lâche idée, où je m'appuie en vain,
N'est qu'un roseau pliant qui fléchit sous ma main !
Elle éclaire un moment le fond du précipice,
Mais comme l'incendie éclaire l'édifice,

Comme le feu du ciel dans le nuage errant
Éclaire l'horizon, mais en le déchirant !
Ou comme la lueur lugubre et solitaire
De la lampe des morts qui veille sous la terre,
Éclaire le cadavre aride et desséché
Et le ver du sépulcre à sa proie attaché.

Non ! dans ce noir chaos, dans ce vide sans terme,
Mon âme sent en elle un point d'appui plus ferme,
La conscience ! instinct d'une autre vérité,
Qui guide par sa force et non par sa clarté,
Comme on guide l'aveugle en sa sombre carrière,
Par la voix, par la main, et non par la lumière.
Noble instinct ! conscience ! ô vérité du cœur !
D'un astre encor voilé prophétique chaleur !
Tu m'annonces toi seule en tes mille langages
Quelque chose qui luit derrière ces nuages !
Dans quelque obscurité que tu plonges mes pas,
Même au fond de ma nuit tu ne t'égares pas !
Quand ma raison s'éteint ton flambeau luit encore !
Tu dis ce qu'elle tait ; tu sais ce qu'elle ignore ;
Quand je n'espère plus, l'espérance est ta voix ;
Quand je ne crois plus rien, tu parles et je crois !

Et ma main hardiment brise et jette loin d'elle
La coupe des plaisirs, et la coupe mortelle ;
Et mon âme qui veut vivre et souffrir encor
Reprend vers la lumière un généreux essor,
Et se fait dans l'abîme où la douleur la noie
De l'excès de sa peine une secrète joie ;
Comme le voyageur parti dès le matin,
Qui ne voit pas encor le terme du chemin,
Trouve le ciel brûlant, le jour long, le sol rude,
Mais fier de ses sueurs et de sa lassitude,
Dit en voyant grandir les ombres des cyprès :
J'ai marché si longtemps que je dois être près !
À ce risque fatal, je vis, je me confie ;
Et dût ce noble instinct, sublime duperie,
Sacrifier en vain l'existence à la mort,
J'aime à jouer ainsi mon âme avec le sort !

À dire, en répandant au seuil d'un autre monde
Mon cœur comme un parfum et mes jours comme une onde :
Voyons si la vertu n'est qu'une sainte erreur,
L'espérance un dé faux qui trompe la douleur,
Et si, dans cette lutte où son regard m'anime,
Le Dieu serait ingrat quand l'homme est magnanime ?
Alors, semblable à l'ange envoyé du Très-Haut
Qui vint sur son fumier prendre Job en défaut,
Et qui, trouvant son cœur plus fort que ses murmures,
Versa l'huile du ciel sur ses mille blessures ;
Le souvenir de Dieu descend, et vient à moi,
Murmure à mon oreille, et me dit : Lève-toi !
Et ravissant mon âme à son lit de souffrance,
Sous les regards de Dieu l'emporte et la balance ;
Et je vois l'infini poindre et se réfléchir
Jusqu'aux mers de soleils que la nuit fait blanchir ;
Il répand ses rayons et voilà la nature ;
Les concentre, et c'est Dieu ; lui seul est sa mesure,
Il puise sans compter les êtres et les jours
Dans un être et des temps qui débordent toujours ;
Puis les rappelle à soi comme une mer immense
Qui retire sa vague et de nouveau la lance,
Et la vie et la mort sont sans cesse et sans fin
Ce flux et ce reflux de l'océan divin !
Leur grandeur est égale et n'est pas mesurée,
Par leur vile matière ou leur courte durée ;
Un monde est un atome à son immensité,
Un moment est un siècle à son éternité,
Et je suis, moi poussière à ses pieds dispersée,
Autant que les soleils, car je suis sa pensée !
Et chacun d'eux reçoit la loi qu'il lui prescrit,
La matière en matière et l'esprit en esprit !
Graviter est la loi de ces globes de flamme ;
Souffrir pour expier est le destin de l'âme ;
Et je combats en vain l'arrêt mystérieux,
Et la vie et la mort, tout l'annonce à mes yeux.
L'une et l'autre ne sont qu'un divin sacrifice ;
Le monde a pour salut l'instrument d'un supplice ;
Sur ce rocher sanglant où l'arbre en fut planté
Les temps ont vu mûrir le fruit de vérité,

Et quand l'homme modèle et le Dieu du mystère,
Après avoir parlé, voulut quitter la terre,
Il ne couronna pas son front pâle et souffrant
Des roses que Platon respirait en mourant ;
Il ne fit point descendre une échelle de flamme
Pour monter triomphant par les degrés de l'âme !
Son échelle céleste, à lui, fut une croix,
Et son dernier soupir, et sa dernière voix
Une plainte à son Père, un pourquoi sans réponse,
Tout semblable à celui que ma bouche prononce !...
Car il ne lui restait que le doute à souffrir,
Cette mort de l'esprit qui doit aussi mourir !...

Ou bien de ces hauteurs rappelant ma pensée,
Ma mémoire ranime une trace effacée,
Et de mon cœur trompé rapprochant le lointain,
À mes soirs pâlissants rend l'éclat du matin,
Et de ceux que j'aimais l'image évanouie
Se lève dans mon âme ; et je revis ma vie !
. . . .

Un jour, c'était aux bords où les mers du midi
Arrosent l'aloès de leur flot attiédi,
Au pied du mont brûlant dont la cendre féconde
Des doux vallons d'Enna fait le jardin du monde ;
C'était aux premiers jours de mon précoce été,
Quand le cœur porte en soi son immortalité,
Quand nulle feuille encor par l'orage jaunie
N'a tombé sous nos pas de l'arbre de la vie,
Quand chaque battement qui soulève le cœur
Est un immense élan vers un vague bonheur,
Que l'air dans notre sein n'a pas assez de place,
Le jour assez de feux, le ciel assez d'espace,
Et que le cœur plus fort que ses émotions
Respire hardiment le vent des passions,
Comme au réveil des flots la voile du navire
Appelle l'ouragan, palpite, et le respire !
Et je ne connaissais de ce monde enchanté
Que le cœur d'une mère et l'œil d'une beauté ;
Et j'aimais ; et l'amour, sans consumer mon âme,

Dans une âme de feu réfléchissait sa flamme,
Comme ce mont brûlant que nous voyions fumer
Embrasait cette mer, mais sans la consumer !
Et notre amour était beau comme l'espérance,
Long comme l'avenir, pur comme l'innocence.

Et son nom ? — Eh ! qu'importe un nom ! Elle n'est plus
Qu'un souvenir planant dans un lointain confus,
Dans les plis de mon cœur une image cachée,
Ou dans mon œil aride une larme séchée !
Et nous étions assis à l'heure du réveil,
Elle et moi, seuls, devant la mer et le soleil,
Sous les pieds tortueux des châtaigniers sauvages
Qui couronnent l'Etna de leurs derniers feuillages ;
Et le jour se levait aussi dans notre cœur,
Long, serein, rayonnant, tout lumière et chaleur ;
Les brises, qui du pin touchaient les larges faîtes,
Y prenaient une voix et chantaient sur nos têtes,
Par l'aurore attiédis les purs souffles des airs
En vagues de parfum montaient du lit des mers,
Et jusqu'à ces hauteurs apportaient par bouffées
Des flots sur les rochers les clameurs étouffées,
Des chants confus d'oiseaux et des roucoulements,
Des cliquetis d'insecte ou des bourdonnements,
Mille bruits dont partout la solitude est pleine,
Que l'oreille retrouve et perd à chaque haleine,
Témoignages de vie et de félicité,
Qui disaient : Tout est vie, amour et volupté !
Et je n'entendais rien que ma voix et la sienne,
La sienne, écho vivant qui renvoyait la mienne ;
Et ces deux voix d'accord, vibrant à l'unisson,
Se confondaient en une et ne formaient qu'un son !

Et nos yeux descendaient d'étages en étages,
Des rochers aux forêts, des forêts aux rivages,
Du rivage à la mer, dont l'écume d'abord
D'une frange ondoyante y dessinait le bord,
Puis, étendant sans fin son bleu semé de voiles,
Semblait un second ciel tout blanchissant d'étoiles ;
Et les vaisseaux allaient et venaient sur les eaux,

Rasant le flot de l'aile ainsi que des oiseaux,
Et quelques-uns, glissant le long des hautes plages,
Mêlaient leurs mâts tremblants aux arbres des rivages,
Et jusqu'à ces sommets on entendait monter
Les voix des matelots que le flot fait chanter !
Et l'horizon noyé dans des vapeurs vermeilles
S'y perdait ; et mes yeux plongés dans ces merveilles,
S'égarant jusqu'aux bords de ce miroir si pur,
Remontaient dans le ciel de l'azur à l'azur,
Puis venaient, éblouis, se reposer encore
Dans un regard plus doux que la mer et l'aurore,
Dans les yeux enivrés d'un être ombre du mien,
Où mon délire encor se redoublait du sien !
Et nous étions en paix avec cette nature,
Et nous aimions ces prés, ce ciel, ce doux murmure,
Ces arbres, ces rochers, ces astres, cette mer ;
Et toute notre vie était un seul aimer !
Et notre âme, limpide et calme comme l'onde,
Dans la joie et la paix réfléchissait le monde ;
Et les traits concentrés dans ce brillant milieu
Y formaient une image, et l'image était... Dieu !
Et cette idée, ainsi dans nos cœurs imprimée,
N'en jaillissait point tiède, inerte, inanimée,
Comme l'orbe éclatant du céleste soleil,
Qui flotte terne et froid dans l'océan vermeil,
Mais vivante, et brûlante, et consumant notre âme,
Comme sort du bûcher une odorante flamme !
Et nos cœurs embrasés en soupirs s'exhalaient,
Et nous voulions lui dire... et nos cœurs seuls parlaient ;
Et qui m'eût dit alors qu'un jour la grande image
De ce Dieu pâlirait sous l'ombre du nuage,
Qu'il faudrait le chercher en moi, comme aujourd'hui,
Et que le désespoir pouvait douter de lui ?
J'aurais ri dans mon cœur de ma crainte insensée,
Ou j'aurais eu pitié de ma propre pensée !
Et les jours ont passé courts comme le bonheur,
Et les ans ont brisé l'image dans mon cœur,
Tout s'est évanoui !... mais le souvenir reste
De l'apparition matinale et céleste
Et comme ces mortels des temps mystérieux

Que visitaient jadis des envoyés des cieux,
Quand leurs yeux avaient vu la divine lumière,
S'attendaient à la mort et fermaient leur paupière,
Au rayon pâlissant, de mon soir obscurci,
Je dis : J'ai vu mon Dieu ; je puis mourir aussi !
Mais celui dont la vie et l'amour sont l'ouvrage
N'a pas fait le miroir pour y briser l'image !

Et sûr de l'avenir, je remonte au passé ;
Quel est sur ce coteau du matin caressé,
Au bord de ces flots bleus qu'un jour du matin dore,
Ce toit champêtre et seul d'où rejaillit l'aurore ?
La fleur du citronnier l'embaume, et le cyprès
L'enveloppe au couchant d'un rempart sombre et frais,
Et la vigne, y couvrant de blanches colonnades,
Court en festons joyeux d'arcades en arcades !
La colombe au col noir roucoule sur les toits,
Et sur les flots dormants se répand une voix,
Une voix qui cadence une langue divine,
Et d'un accent si doux que l'amour s'y devine.
Le portique au soleil est ouvert ; une enfant
Au front pur, aux yeux bleus, y guide en triomphant
Un lévrier folâtre aussi blanc que la neige,
Dont le regard aimant la flatte et la protège ;
De la plage voisine ils prennent le sentier
Qui serpente à travers le myrte et l'églantier ;
Une barque non loin, vide et légère encore,
Ouvre déjà sa voile aux brises de l'aurore,
Et berçant sur leurs bancs les oisifs matelots,
Semble attendre son maître, et bondit sur les flots.
. . . .
. . . .

COMMENTAIRE

J'ai écrit cette longue Harmonie en seize heures, le 3 novembre 1829, à Moncelot. J'étais souffrant, j'avais passé une nuit d'insomnie. Je me levai avec le jour. Mon cœur criait comme celui de Job. Je pris le crayon ; je voulus, une fois dans ma vie, avoir dit mon dernier mot à la création.

Les heures et les heures passèrent sur le cadran sans pouvoir m'arracher à mes pensées. Il pleuvait, un grand feu brûlait dans l'âtre ; je ne pouvais sortir. Un vieil ami, M. de Capmas, chasseur et poète, qui était mon seul compagnon dans ce vaste château, montait de temps en temps dans ma chambre, et emportait les pages écrites pour les copier plus lisiblement. J'avais une sourde fièvre. À minuit, je m'arrêtai sans avoir conclu, comme la vie s'arrête. Je n'ai plus voulu achever ces vers depuis.

Selon moi, ce sont là les vibrations les plus larges et les plus palpitantes de ma fibre de poète et d'homme.

Si l'on n'écoute que ses sens, le dernier mot de la sensibilité humaine est *Malédiction* ; si l'on écoute sa raison, le dernier mot de la vertu humaine est *Résignation*. Je n'étais pas assez pervers pour dire le premier ; je n'étais pas assez vertueux pour dire le dernier. Je ne dis rien alors. Et maintenant je dis avec la nature entière : *Hosanna !*

(1849)

––––––––––

À NÉMÉSIS[1]

Non, sous quelque drapeau que le barde se range,
La muse sert sa gloire et non ses passions !
Non, je n'ai pas coupé les ailes de cet ange
Pour l'atteler hurlant au char des factions !
Non, je n'ai point couvert du masque populaire
Son front resplendissant des feux du saint parvis,
Ni pour fouetter et mordre, irritant sa colère,
        Changé ma muse en Némésis !

1. Le numéro de la *Némésis* du 3 juillet 1831 contient une satire aussi injuste qu'amère contre M. de Lamartine. On lui reproche l'usage le plus légitime des droits du citoyen, l'honorable candidature qu'il a acceptée dans le Nord et dans le Var ; on semble lui interdire de prononcer le nom d'une liberté qu'il a aimée et chantée avant ses accusateurs. On lui reproche aussi d'avoir reçu de ses libraires le prix de ses ouvrages. Poète attaqué par un poète, il a cru devoir lui répondre dans sa langue, et il a écrit cette ode dans la chaleur de la lutte, le jour même de l'élection.

D'implacables serpents je ne l'ai point coiffée ;
Je ne l'ai pas menée une verge à la main,
Injuriant la gloire avec le luth d'Orphée,
Jeter des noms en proie au vulgaire inhumain.
Prostituant ses vers aux clameurs de la rue,
Je n'ai pas arraché la prêtresse au saint lieu ;
À ses profanateurs je ne l'ai pas vendue,
   Comme Sion vendit son Dieu !

Non, non : je l'ai conduite au fond des solitudes,
Comme un amant jaloux d'une chaste beauté ;
J'ai gardé ses beaux pieds des atteintes trop rudes
Dont la terre eût blessé leur tendre nudité ;
J'ai couronné son front d'étoiles immortelles,
J'ai parfumé mon cœur pour lui faire un séjour,
Et je n'ai rien laissé s'abriter sous ses ailes
   Que la prière et que l'amour !

L'or pur que sous mes pas semait sa main prospère
N'a point payé la vigne ou le champ du potier ;
Il n'a point engraissé les sillons de mon père
Ni les coffres jaloux d'un avide héritier :
Elle sait où du ciel ce divin denier tombe.
Tu peux sans le ternir me reprocher cet or !
D'autres bouches un jour te diront sur ma tombe
   Où fut enfoui mon trésor.

Je n'ai rien demandé que des chants à sa lyre,
Des soupirs pour une ombre et des hymnes pour Dieu,
Puis, quand l'âge est venu m'enlever son délire,
J'ai dit à cette autre âme un trop précoce adieu :
« Quitte un cœur que le poids de la patrie accable !
Fuis nos villes de boue et notre âge de bruit !
Quand l'eau pure des lacs se mêle avec le sable,
   Le cygne remonte et s'enfuit. »

Honte à qui peut chanter pendant que Rome brûle,
S'il n'a l'âme et la lyre et les yeux de Néron,
Pendant que l'incendie en fleuve ardent circule
Des temples aux palais, du Cirque au Panthéon !

Honte à qui peut chanter pendant que chaque femme
Sur le front de ses fils voit la mort ondoyer,
Que chaque citoyen regarde si la flamme
          Dévore déjà son foyer !

Honte à qui peut chanter pendant que les sicaires
En secouant leur torche aiguisent leurs poignards,
Jettent les dieux proscrits aux rires populaires,
Ou traînent aux égouts les bustes des Césars !
C'est l'heure de combattre avec l'arme qui reste ;
C'est l'heure de monter au rostre ensanglanté,
Et de défendre au moins de la voix et du geste
          Rome, les dieux, la liberté !

La liberté ! ce mot dans ma bouche t'outrage ?
Tu crois qu'un sang d'ilote est assez pur pour moi,
Et que Dieu de ses dons fit un digne partage,
L'esclavage pour nous, la liberté pour toi,
Tu crois que de Séjan le dédaigneux sourire
Est un prix assez noble aux cœurs tels que le mien,
Que le ciel m'a jeté la bassesse et la lyre,
          À toi l'âme du citoyen ?

Tu crois que ce saint nom qui fait vibrer la terre,
Cet éternel soupir des généreux mortels,
Entre Caton et toi doit rester un mystère ;
Que la liberté monte à ses premiers autels ?
Tu crois qu'elle rougit du chrétien qui l'épouse,
Et que nous adorons notre honte et nos fers
Si nous n'adorons pas ta liberté jalouse
          Sur l'autel d'airain que tu sers ?

Détrompe-toi, poète, et permets-nous d'être hommes !
Nos mères nous ont faits tous du même limon,
La terre qui vous porte est la terre où nous sommes,
Les fibres de nos cœurs vibrent au même son !
Patrie et liberté, gloire, vertu, courage,
Quel pacte de ces biens m'a donc déshérité ?
Quel jour ai-je vendu ma part de l'héritage,
          Ésaü de la liberté ?

Va, n'attends pas de moi que je la sacrifie
Ni devant vos dédains ni devant le trépas !
Ton Dieu n'est pas le mien, et je m'en glorifie :
J'en adore un plus grand qui ne te maudit pas !
La liberté que j'aime est née avec notre âme,
Le jour où le plus juste a bravé le plus fort,
Le jour où Jehovah dit au fils de la femme :
      « Choisis, des fers ou de la mort ! »

Que ces tyrans divers, dont la vertu se joue,
Selon l'heure et les lieux s'appellent peuple ou roi,
Déshonorent la pourpre ou salissent la boue,
La honte qui les flatte est la même pour moi !
Qu'importe sous quel pied se courbe un front d'esclave !
Le joug, d'or ou de fer, n'en est pas moins honteux !
Des rois tu l'affrontas, des tribuns je le brave :
      Qui fut moins libre de nous deux ?

Fais-nous ton Dieu plus beau, si tu veux qu'on l'adore ;
Ouvre un plus large seuil à ses cultes divers !
Repousse du parvis que leur pied déshonore
La vengeance et l'injure aux portes des enfers !
Écarte ces faux dieux de l'autel populaire,
Pour que le suppliant n'y soit pas insulté !
Sois la lyre vivante, et non pas le Cerbère
      Du temple de la Liberté !

Un jour, de nobles pleurs laveront ce délire ;
Et ta main, étouffant le son qu'elle a tiré,
Plus juste arrachera des cordes de ta lyre
La corde injurieuse où la haine a vibré !
Mais moi j'aurai vidé la coupe d'amertume
Sans que ma lèvre même en garde un souvenir ;
Car mon âme est un feu qui brûle et qui parfume
      Ce qu'on jette pour la ternir.

(L'Avenir, 20 juillet 1831)

AU COMTE D'ORSAY

Quand le bronze, écumant dans ton moule d'argile,
Léguera par ta main mon image fragile
À l'œil indifférent des hommes qui naîtront,
Et que, passant leurs doigts dans ces tempes ridées
Comme un lit dévasté du torrent des idées,
Pleins de doute, ils diront entre eux : « De qui ce front ?

« Est-ce un soldat debout frappé pour la patrie ?
Un poète qui chante, un pontife qui prie ?
Un orateur qui parle aux flots séditieux ?
Est-ce un tribun de paix soulevé par la houle,
Offrant, le cœur gonflé, sa poitrine à la foule,
Pour que la liberté remontât pure aux cieux ?

« Car dans ce pied qui lutte et dans ce front qui vibre,
Dans ces lèvres de feu qu'entrouvre un souffle libre,
Dans ce cœur qui bondit, dans ce geste serein,
Dans cette arche du flanc que l'extase soulève,
Dans ce bras qui commande et dans cet œil qui rêve,
Phidias a pétri sept âmes dans l'airain ! »

Sept âmes, Phidias ! et je n'en ai plus une !
De tout ce qui vécut je subis la fortune,
Arme cent fois brisée entre les mains du temps,
Je sème de tronçons ma route vers la tombe,
Et le siècle hébété dit : « Voyez comme tombe
À moitié du combat chacun des combattants !

« Celui-là chanta Dieu, les idoles le tuent !
Au mépris des petits les grands le prostituent.
Notre sang, disent-ils, pourquoi l'épargnas-tu ?
Nous en aurions taché la griffe populaire !...
Et le lion couché lui dit avec colère :
Pourquoi m'as-tu calmé ? Ma force est ma vertu ! »

Va, brise, ô Phidias, ta dangereuse épreuve ;
Jettes-en les débris dans le feu, dans le fleuve,
De peur qu'un faible cœur, de doute confondu,
Ne dise en contemplant ces affronts sur ma joue :
« Laissons aller le monde à son courant de boue »,
Et que, faute d'un cœur, un siècle soit perdu !

Oui, brise, ô Phidias !... Dérobe ce visage
À la postérité, qui ballotte une image
De l'Olympe à l'égout, de la gloire à l'oubli ;
Au pilori du temps n'expose pas mon ombre !
Je suis las des soleils, laisse mon urne à l'ombre :
Le bonheur de la mort, c'est d'être enseveli.

Que la feuille d'hiver au vent des nuits semée,
Que du coteau natal l'argile encore aimée,
Couvrent vite mon front moulé sous son linceul !
Je ne veux de vos bruits qu'un souffle dans la brise,
Un nom inachevé dans un cœur qui se brise !
J'ai vécu pour la foule, et je veux dormir seul.

(La Presse, 10 novembre 1850.)

LA VIGNE ET LA MAISON

Psalmodies de l'âme
Dialogue entre mon âme et moi

MOI

Quel fardeau te pèse, ô mon âme !
Sur ce vieux lit des jours par l'ennui retourné,
Comme un fruit de douleurs qui pèse aux flancs de femme
Impatient de naître et pleurant d'être né ?
La nuit tombe, ô mon âme ! un peu de veille encore !
Ce coucher d'un soleil est d'un autre l'aurore.
Vois comme avec tes sens s'écroule ta prison !
Vois comme aux premiers vents de la précoce automne
Sur les bords de l'étang où le roseau frissonne,
S'envole brin à brin le duvet du chardon !

Vois comme de mon front la couronne est fragile !
Vois comme cet oiseau dont le nid est la tuile
Nous suit pour emporter à son frileux asile
Nos cheveux blancs pareils à la toison que file
La vieille femme assise au seuil de sa maison !

Dans un lointain qui fuit ma jeunesse recule,
Ma sève refroidie avec lenteur circule,
L'arbre quitte sa feuille et va nouer son fruit :
Ne presse pas ces jours qu'un autre doigt calcule,
Bénis plutôt ce Dieu qui place un crépuscule
Entre les bruits du soir et la paix de la nuit !
Moi qui par des concerts saluait ta naissance,
Moi qui te réveillai neuve à cette existence
Avec des chants de fête et des chants d'espérance,
Moi qui fis de ton cœur chanter chaque soupir,
Veux-tu que, remontant ma harpe qui sommeille,
Comme un David assis près d'un Saül qui veille,
            Je chante encor pour t'assoupir ?

L'ÂME

Non ! Depuis qu'en ces lieux le temps m'oublia seule,
La terre m'apparaît vieille comme une aïeule
Qui pleure ses enfants sous ses robes de deuil.
Je n'aime des longs jours que l'heure des ténèbres,
Je n'écoute des chants que ces strophes funèbres
Que sanglote le prêtre en menant un cercueil.

MOI

Pourtant le soir qui tombe a des langueurs sereines
Que la fin donne à tout, aux bonheurs comme aux peines ;
Le linceul même est tiède au cœur enseveli :
On a vidé ses yeux de ses dernières larmes,
L'âme à son désespoir trouve de tristes charmes,
Et des bonheurs perdus se sauve dans l'oubli.

Cette heure a pour nos sens des impressions douces
Comme des pas muets qui marchent sur des mousses :
C'est l'amère douceur du baiser des adieux.
De l'air plus transparent le cristal est limpide,

Des mots vaporisés l'azur vague et liquide
S'y fond avec l'azur des cieux.

Je ne sais quel lointain y baigne toute chose,
Ainsi que le regard l'oreille s'y repose,
On entend dans l'éther glisser le moindre vol ;
C'est le pied de l'oiseau sur le rameau qui penche,
Ou la chute d'un fruit détaché de la branche
Qui tombe du poids sur le sol.

Aux premières lueurs de l'aurore frileuse,
On voit flotter ces fils dont la vierge fileuse
D'arbre en arbre au verger a tissé le réseau :
Blanche toison de l'air que la brume encor mouille,
Qui traîne sur nos pas, comme de la quenouille
Un fil traîne après le fuseau.

Aux précaires tiédeurs de la trompeuse automne,
Dans l'oblique rayon le moucheron foisonne,
Prêt à mourir d'un souffle à son premier frisson ;
Et sur le seuil désert de la ruche engourdie,
Quelque abeille en retard, qui sort et qui mendie,
Rentre lourde de miel dans sa chaude prison.

Viens, reconnais la place où ta vie était neuve,
N'as-tu point de douceur, dis-moi, pauvre âme veuve,
À remuer ici la cendre des jours morts ?
À revoir ton arbuste et ta demeure vide,
Comme l'insecte ailé revoit sa chrysalide,
Balayure qui fut son corps ?

Moi, le triste instinct m'y ramène :
Rien n'a changé là que le temps ;
Des lieux où notre œil se promène,
Rien n'a fui que les habitants.

Suis-moi du cœur pour voir encore,
Sur la pente douce au midi,
La vigne qui nous fit éclore
Ramper sur le roc attiédi.

Contemple la maison de pierre,
Dont nos pas usèrent le seuil :
Vois-la se vêtir de son lierre
Comme d'un vêtement de deuil.

Écoute le cri des vendanges
Qui monte du pressoir voisin,
Vois les sentiers rocheux des granges
Rougis par le sang du raisin.

Regarde au pied du toit qui croule :
Voilà, près du figuier séché,
Le cep vivace qui s'enroule
À l'angle du mur ébréché !

L'hiver noircit sa rude écorce ;
Autour du banc rongé du ver,
Il contourne sa branche torse
Comme un serpent frappé du fer.

Autrefois, ses pampres sans nombre
S'entrelaçaient autour du puits,
Père et mère goûtaient son ombre,
Enfants, oiseaux, rongeaient ses fruits.

Il grimpait jusqu'à la fenêtre,
Il s'arrondissait en arceau ;
Il semble encor nous reconnaître
Comme un chien gardien d'un berceau.

Sur cette mousse des allées
Où rougit son pampre vermeil,
Un bouquet de feuilles gelées
Nous abrite encor du soleil.

Vives glaneuses de novembre,
Les grives, sur la grappe en deuil,
Ont oublié ces beaux grains d'ambre
Qu'enfant nous convoitions de l'œil.

Le rayon du soir la transperce
Comme un albâtre oriental,
Et le sucre d'or qu'elle verse
Y pend en larmes de cristal.

Sous ce cep de vigne qui t'aime,
Ô mon âme ! ne crois-tu pas
Te retrouver enfin toi-même,
Malgré l'absence et le trépas ?

N'a-t-il pas pour toi le délice
Du brasier tiède et réchauffant
Qu'allume une vieille nourrice
Au foyer qui nous vit enfant ?

Ou l'impression qui console
L'agneau tondu hors de saison,
Quand il sent sur sa laine folle
Repousser sa chaude toison ?

L'ÂME

Que me fait le coteau, le toit, la vigne aride ?
Que me ferait le ciel, si le ciel était vide ?
Je ne vois en ces lieux que ceux qui n'y sont pas !
Pourquoi ramènes-tu mes regrets sur leur trace ?
Des bonheurs disparus se rappeler la place,
C'est rouvrir des cercueils pour revoir des trépas !

I

Le mur est gris, la tuile est rousse,
L'hiver a rongé le ciment ;
Des pierres disjointes la mousse
Verdit l'humide fondement ;
Les gouttières, que rien n'essuie,
Laissent, en rigoles de suie,
S'égoutter le ciel pluvieux,
Traçant sur la vide demeure

Ces noirs sillons par où l'on pleure,
Que les veuves ont sous les yeux ;

La porte où file l'araignée,
Qui n'entend plus le doux accueil,
Reste immobile et dédaignée
Et ne tourne plus sur son seuil ;
Les volets que le moineau souille,
Détachés de leurs gonds de rouille,
Battent nuit et jour le granit ;
Les vitraux brisés par les grêles
Livrent aux vieilles hirondelles
Un libre passage à leur nid !

Leur gazouillement sur les dalles
Couvertes de duvets flottants
Est la seule voix de ces salles
Pleines des silences du temps.
De la solitaire demeure
Une ombre lourde d'heure en heure
Se détache sur le gazon ;
Et cette ombre, couchée et morte,
Est la seule chose qui sorte
Tout le jour de cette maison !

II

Efface ce séjour, ô Dieu ! de ma paupière,
Ou rends-le-moi semblable à celui d'autrefois,
Quand la maison vibrait comme un grand cœur de pierre
De tous ces cœurs joyeux qui battaient sous ses toits.

À l'heure où la rosée au soleil s'évapore
Tous ces volets fermés s'ouvraient à sa chaleur,
Pour y laisser entrer, avec la tiède aurore,
Les nocturnes parfums de nos vignes en fleur.

On eût dit que ces murs respiraient comme un être
Des pampres réjouis la jeune exhalaison ;

La vie apparaissait rose, à chaque fenêtre,
Sous les beaux traits d'enfants nichés dans la maison.

Leurs blonds cheveux, épars au vent de la montagne,
Les filles se passant leurs deux mains sur les yeux,
Jetaient des cris de joie à l'écho des montagnes,
Ou sur leurs seins naissants croisaient leurs doigts pieux.

La mère, de sa couche à ces doux bruits levée,
Sur ces fronts inégaux se penchait tour à tour,
Comme la poule heureuse assemble sa couvée,
Leur apprenant les mots qui bénissent le jour.

Moins de balbutiements sortent du nid sonore,
Quand, au rayon d'été qui vient la réveiller,
L'hirondelle au plafond qui les abrite encore,
À ses petits sans plume apprend à gazouiller.

Et les bruits du foyer que l'aube fait renaître,
Les pas des serviteurs sur les degrés de bois,
Les aboiements du chien qui voit sortir son maître,
Le mendiant plaintif qui fait pleurer sa voix,

Montaient avec le jour ; et, dans les intervalles,
Sous les doigts de quinze ans répétant leur leçon,
Les claviers résonnaient ainsi que des cigales
Qui font tinter l'oreille au temps de la moisson !

III

Puis ces bruits d'année en année
Baissèrent d'une vie, hélas ! et d'une voix,
Une fenêtre en deuil, à l'ombre condamnée,
Se ferma sous le bord des toits.

Printemps après printemps de belles fiancées
Suivirent de chers ravisseurs,
Et, par la mère en pleurs sur le seuil embrassées,
Partirent en baisant leurs sœurs.

Puis sortit un matin pour le champ où l'on pleure
      Le cercueil tardif de l'aïeul,
Puis un autre, et puis deux, et puis dans la demeure
      Un vieillard morne resta seul !

Puis la maison glissa sur la pente rapide
      Où le temps entasse les jours ;
Puis la porte à jamais se ferma sur le vide,
      Et l'ortie envahit les cours !...

IV

. . . .
. . . .

Ô famille ! ô mystère ! ô cœur de la nature !
Où l'amour dilaté dans toute créature
Se resserre en foyer pour couver des berceaux,
Goutte de sang puisée à l'artère du monde
Qui court de cœur en cœur toujours chaude et féconde,
Et qui se ramifie en éternels ruisseaux !

Chaleur du sein de mère où Dieu nous fit éclore,
Qui du duvet natal nous enveloppe encore
Quand le vent d'hiver siffle à la place des lits,
Arrière-goût du lait dont la femme nous sèvre,
Qui même en tarissant nous embaume la lèvre ;
Étreinte de deux bras par l'amour amollis !

Premier rayon du ciel vu dans des yeux de femmes,
Premier foyer d'une âme où s'allument nos âmes,
Premiers bruits de baisers au cœur retentissants !
Adieux, retours, départs pour de lointaines rives,
Mémoire qui revient pendant les nuits pensives
À ce foyer des cœurs, univers des absents !

. . . .

Ah ! que tout fils dise anathème
À l'insensé qui vous blasphème !
Rêveur du groupe universel,
Qu'il embrasse, au lieu de sa mère,
Sa froide et stoïque chimère
Qui n'a ni cœur, ni lait, ni sel !

Du foyer proscrit volontaire,
Qu'il cherche en vain sur cette terre
Un père au visage attendri ;
Que tout foyer lui soit de glace,
Et qu'il change à jamais de place
Sans qu'aucun lieu lui jette un cri !

Envieux du champ de famille,
Que, pareil au frelon qui pille
L'humble ruche adossée au mur,
Il maudisse la loi divine
Qui donne un sol à la racine
Pour multiplier le fruit mûr !

Que sur l'herbe des cimetières
Il foule, indifférent, les pierres
Sans savoir laquelle prier !
Qu'il réponde au nom qui le nomme
Sans savoir s'il est né d'un homme
Ou s'il est fils d'un meurtrier !...

V

Dieu ! qui révèle aux cœurs mieux qu'à l'intelligence !
Resserre autour de nous, faits de joie et de pleurs,
Ces groupes rétrécis où de ta providence
Dans la chaleur du sang nous sentons les chaleurs ;

Où, sous la porte bien close,
La jeune nichée éclose
Des saintetés de l'amour
Passe du lait de la mère
Au pain savoureux qu'un père
Pétrit des sueurs du jour ;

Où ces beaux fronts de famille,
Penchés sur l'âtre et l'aiguille,
Prolongent leurs soirs pieux :
Ô soirs ! ô douces veillées
Dont les images mouillées
Flottent dans l'eau de nos yeux !

Oui, je vous revois tous, et toutes, âmes mortes !
Ô chers essaims groupés aux fenêtres, aux portes !
Les bras tendus vers vous, je crois vous ressaisir,
Comme on croit dans les eaux embrasser des visages
Dont le miroir trompeur réfléchit les images,
Mais glace le baiser aux lèvres du désir.

Toi qui fis la mémoire, est-ce pour qu'on oublie ?...
Non, c'est pour rendre au temps à la fin tous ses jours,
Pour faire confluer, là-bas, en un seul cours,
Le passé, l'avenir, ces deux moitiés de vie
Dont l'une dit jamais et l'autre dit toujours.
Ce passé, doux Éden dont notre âme est sortie,
De notre éternité ne fait-il pas partie ?
Où le temps a cessé tout n'est-il pas présent ?
Dans l'immuable sein qui contiendra nos âmes
Ne rejoindrons-nous pas tout ce que nous aimâmes
            Au foyer qui n'a plus d'absent ?

Toi qui formas ces nids rembourrés de tendresses
Où la nichée humaine est chaude de caresses,
            Est-ce pour en faire un cercueil ?
N'as-tu pas dans un pan de tes globes sans nombre
Une pente au soleil, une vallée à l'ombre
            Pour y rebâtir ce doux seuil ?

Non plus grand, non plus beau, mais pareil, mais le même,
Où l'instinct serre un cœur contre les cœurs qu'il aime,
Où le chaume et la tuile abritent tout l'essaim,
Où le père gouverne, où la mère aime et prie,
Où dans ses petits-fils l'aïeule est réjouie
            De voir multiplier son sein !

Toi qui permets, ô père ! aux pauvres hirondelles
De fuir sous d'autres cieux la saison des frimas,
N'as-tu donc pas aussi pour tes petits sans ailes
D'autres toits préparés dans tes divins climats ?
Ô douce Providence ! ô mère de famille
Dont l'immense foyer de tant d'enfants fourmille,
Et qui les vois pleurer souriante au milieu,
Souviens-toi, cœur du ciel, que la terre est ta fille
      Et que l'homme est parent de Dieu !

MOI

    Pendant que l'âme oubliait l'heure
    Si courte dans cette saison,
    L'ombre de la chère demeure
    S'allongeait sur le froid gazon ;
    Mais de cette ombre sur la mousse
    L'impression funèbre et douce
    Me consolait d'y pleurer seul :
    Il me semblait qu'une main d'ange
    De mon berceau prenait un lange
    Pour m'en faire un sacré linceul !

(Cours familier de littérature.)

Jean Polonius

POÉSIES

L'EXIL D'APOLLON

Apollon dans l'exil végète sur la terre.
Dépouillé de sa gloire, il a fui loin du ciel,
Errant, comme l'aiglon qu'a rejeté son père
     Loin du nid maternel.

Ah ! plaignez le destin du dieu de l'harmonie !
Des plus vils des humains il a subi la loi ;
Et celui dont l'Olympe admirait le génie
     Est l'esclave d'un roi !

Près des lieux où l'Ossa lève sa crête altière,
Morne, il va conduisant ses troupeaux vagabonds,
Réduit au pain grossier qu'on jette pour salaire
     Aux pâtres de ces monts.

Il est nuit : dans les parcs, tout se tait, tout sommeille ;
On n'entend que le bruit du sauvage torrent,
Ou la voix de l'agneau qu'un autre agneau réveille,
     Et qui bêle en rêvant.

Qu'il est doux, le parfum de ces forêts lointaines !
Qu'il est grand, le tableau de ce monde étoilé !
Mais quels tableaux, hélas ! peuvent charmer les peines
     De l'auguste exilé ?

Astres, soleils divins, peuplades vagabondes,
Yeux brillants de la nuit qui parsemez les cieux,
Qu'êtes-vous pour celui qui du père des mondes
    A vu de près les yeux ?...

Le front nu, le regard levé vers les étoiles,
Sous l'abri d'un laurier le dieu s'est étendu,
Et son œil enivré cherche à percer les voiles
    Du ciel qu'il a perdu.

Ses doigts courent sans but sur sa lyre incertaine ;
Errant de corde en corde, il prélude longtemps,
Puis, tout à coup, cédant au transport qui l'entraîne,
    Il exhale ces chants :

« Que voulez-vous de moi, visions immortelles ?
« Douloureux souvenirs, ineffables regrets !
« Que voulez-vous ? pourquoi m'emporter sur vos ailes
    « Aux célestes palais ?

« J'entends encor le bruit de leurs fêtes brillantes ;
« Sous ces lambris d'azur, d'où me voilà tombé,
« Je sens, j'aspire encor les vapeurs enivrantes
    « De la coupe d'Hébé.

« Je vois les dieux assis sous les pieds de mon père !
« Je les vois, de son front contemplant la splendeur,
« L'œil fixé sur ses yeux, brillants de sa lumière,
    « Heureux de son bonheur.

« Même vœu, même soin, même esprit les anime.
« Chacun d'eux, l'un de l'autre écho mélodieux,
« Sait comprendre et parler cette langue sublime
    « Qu'on ne parle qu'aux cieux.

« Mais moi, qui me comprend dans mes chagrins sans
« Qui peut sentir, connaître, alléger ma douleur ?   [nombre,
« Hélas ! pour compagnon je n'ai plus que mon ombre,
    « Pour écho que mon cœur.

« Ces pâtres ignorants à qui mon sort me lie,
« Bruts comme les troupeaux qu'ils chassent devant eux,
« Peuvent-ils deviner d'une immortelle vie
            « Les besoins et les vœux ?

« Ont-ils vu les rayons dont brille mon visage ?
« Sauraient-ils distinguer mes lyriques accents
« De ces cris imparfaits, de ce grossier langage,
            « Qu'ils appellent des chants ?

« Fixant sur mes regards un stupide sourire,
« Ils s'étonnent de maux que nul d'eux n'a soufferts ;
« Cet étroit horizon, où leur âme respire,
            « Est pour eux l'univers.

« J'ai vécu d'une vie et plus haute et plus fière !
« Ma lèvre, humide encor du breuvage des dieux,
« Rejette avec dégoût les flots mêlés de terre
            « Qu'il faut boire en ces lieux.

« Ô mon père ! ô mon père ! à quelle mort vivante
« L'enfant de ton amour est ici-bas livré !
« Pourquoi le triple dard de ta flèche brûlante
            « Ne m'a-t-il qu'effleuré ?

« Frappe ! éteins dans mon sang ta colère implacable !
« Brise à jamais le sceau de ma divinité ;
« Délivre-moi du joug horrible, intolérable
            « De l'immortalité ! »

Il disait. Mille éclairs ont déchiré la nue ;
L'aigle sacré descend sur ses ailes de feu ;
Et, parlant dans la foudre, une voix trop connue
            Vient réveiller le dieu :

« Ô mon fils ! de tes maux supporte ce qui reste !
« Attends que de l'exil le temps soit accompli :
« Une fois épuisé, le sablier funeste
            « Ne sera pas rempli.

« Ton père te punit ; mais il punit en père :
« Bientôt, volant vers toi sur un rayon du jour,
« Mon aigle descendra t'enlever de la terre
      « Au céleste séjour.

« Là, mon cœur te réserve une place plus belle.
« Conduisant du soleil les coursiers vagabonds,
« C'est toi qui de sa flamme à la race mortelle
      « Verseras les rayons.

« Alors, si, comme toi, quelque enfant du génie,
« À d'ignobles travaux forcé par le malheur,
« Élevait jusqu'au sein de ta gloire infinie
      « Le cri de sa douleur ;

« Si, saisi du dégoût des choses de la terre,
« Jetant sur la nature un œil désenchanté,
« Il écartait de lui la coupe trop amère
      « De l'immortalité :

« Qu'à ton seul souvenir il reprenne courage ;
« Qu'il sache que l'injure ou l'oubli des humains
« Ne lui raviront pas le sublime héritage
      « Qu'il reçut de tes mains !

« Le peuple des oiseaux, quand le temps les dévore,
« Tombe et reste englouti dans l'éternel sommeil :
« Le phénix sait revivre et s'élancer encore
      « Aux palais du soleil. »

Émile Deschamps

POÉSIES

AUX MÂNES DE JOSEPH DELORME

J'ai beau me rappeler... Joseph Delorme... non ;
Nul écho dans mon cœur ne s'éveille à ce nom.
Joseph !... Lisons toujours. — Ah ! jeune aiglon sauvage,
Cygne plaintif, amour des eaux et du rivage,
Pour souffrir et chanter, sur la terre venu,
Tu meurs enfin... pourquoi ne t'ai-je pas connu ?
Car je les connais tous ceux qui seront célèbres ;
Leurs rayons fraternels éclairent mes ténèbres.

Je n'étais qu'un enfant (Paris, vers ce temps-là,
Pleurait avec Mathilde et riait d'Atala),
Que, du siècle où Voltaire égalait les couronnes,
Voyant encor debout les dernières colonnes,
Je fus conduit, tremblant, vers ces débris fameux,
Par mon père, vieillard, hélas ! tombé comme eux ;
C'était Lebrun, armé de sa strophe énergique,
Fougueux comme Pindare... et plus mythologique ;
Ducis, qu'on vit grandir à l'ombre d'un géant,
Brûlant imitateur, qui s'éteint, en criant ;
Chénier, poète sage, orateur téméraire,
Génie académique, immortel par son frère ;
Fontanes, qui veilla, flambeau pur et brillant,
Comme un autre Boileau près de Chateaubriand ;
Parny, qui, cinquante ans, des salons aux ruelles
Voltigeant, ne trouva ni censeurs ni cruelles ;

Delille, chef heureux d'un système tombé,
Malgré cent mille vers, plus poète qu'abbé ;
Bernardin, couronné des mains de Virginie ;
Et madame de Staël, — cet homme de génie ! —
Et moi, tout palpitant, j'écoutais, j'admirais,
Et, dans mon jeune cœur, d'impatients regrets,
De turbulents désirs d'une gloire impossible,
Roulaient, comme un orage au fond d'un lac paisible ·
Et, de ces noms vantés idolâtrant l'honneur,
Je ne séparais point la gloire du bonheur ;
Car le poète en vain meurt de ses rêves sombres ;
Le laurier de son front nous en cache les ombres.

Le temps vola, rapide, et, lambeau par lambeau,
Tout entier le vieux siècle entra dans le tombeau ;
Mais, des restes poudreux de ce cadavre immense,
Jaillit la fraîche fleur de l'âge qui commence.
Et, tel qu'un villageois qui tristement s'assied
Sur les grands arbres morts, et pousse de son pied
Les branches, qui longtemps ombragèrent sa tête,
S'il aperçoit, parés comme pour une fête,
De jeunes plants ouvrir leurs bourgeons au soleil,
Et de la vie aux champs annoncer le réveil,
Avec leurs fronts riants, leurs bras gonflés de sève,
Leur taille, qui déjà se courbe et se relève,
Leur verte chevelure, et l'espoir de leurs fruits,
Et des vents alentour les ineffables bruits ;
Il s'émeut, il sourit, il semble qu'il renaisse,
Devant tant de fraîcheur, de force et de jeunesse.
Ainsi je fus heureux, quand, je ne sais pourquoi,
Les poètes nouveaux vinrent tous jusqu'à moi ;
Oracles dédaignés, rois méconnus naguère,
Levant leur sceptre enfin et foulant le vulgaire ;
Chênes puissants, grandis sous les vents orageux,
J'ai suivi leurs combats et j'assiste à leurs jeux.
Leurs triomphes, leurs chants m'enivrent, je les aime
De tous ces dons du ciel, que je n'ai pas moi-même.
Poète ! c'est ainsi que je t'aurais aimé :
Un front timide, avec un regard enflammé,
Un sourire, à bien voir, plus triste que les larmes,

Laissant tomber tes vers, comme un guerrier ses armes
Quand, sûr de la victoire, il s'endort triomphant ;
L'âme d'un philosophe et le cœur d'un enfant,
Enthousiaste et froid, amoureux et stoïque,
Faible athlète, pourvu d'un courage héroïque,
Offrant contre les sots, sans l'avoir consulté,
Le secours du génie au génie insulté ;
Et bien souvent, après une journée amère,
Rendant grâces à Dieu dans les bras de sa mère...
Tel tu serais, Joseph, tel je te rêve au moins !
Mais, n'avoir de ses maux que de muets témoins ;
Pour quelques pleurs amis, un sourire de femme,
Trouver partout la haine ou l'égoïsme infâme,
Dépenser le trésor de ses beaux ans virils
En calculs de vieillards, en travaux puérils ;
Marcher sans avancer, et gravir sans atteindre ;
Sentir au fond de soi l'amour même s'éteindre ,
Dire sur tous les siens la prière des morts ;
Passer incessamment des douleurs aux remords ;
Incessamment en proie à sa double nature,
Dans la lutte de l'âme et de la créature,
Se débattre, tantôt vaincu, tantôt vainqueur,
Et puis mourir longtemps dans les tourments du cœur.
Ah ! qu'il vaut mieux mourir en commençant de vivre !
Et n'aurais-tu pas vu se railler de ton livre
Fats et pédants, pareils sous des habits divers,
Qui ne comprendraient point tes peines ni tes vers,
Qui n'ont jamais pensé ni souffert de leur vie !
Car ce n'est pas chez eux l'injustice ou l'envie,
C'est un sincère amour du commun et du faux,
Un merveilleux instinct pour flairer les défauts,
Perdus dans les beautés dont un chef-d'œuvre abonde.
Au milieu d'un verger, ainsi le porc immonde
Passe devant les fleurs, ne voit point le duvet
Dont la pêche arrondie au soleil se revêt ;
Mais qu'on ait oublié, plus loin, un peu de fange,
Il y court, en grognant, se réjouit et mange.

Voilà, Joseph, voilà quel spectacle hideux
Tes égaux sur la terre ont sans cesse autour d'eux !

Ah ! qu'il vaut mieux mourir, et d'étoile en étoile
S'envoler, soulevant un coin du sombre voile
Que Dieu jeta lui-même et qui cache à nos yeux
Les grands germes du monde et le secret des cieux !
Pourtant, avant qu'un ange, à ta gloire éternelle,
Loin des viles clameurs l'emportât sur son aile,
J'aurais voulu marcher trois pas dans ton chemin,
T'appeler par ton nom et te serrer la main.

ŒUVRES MUSICALES DE SCHUBERT

LA JEUNE NONNE
(*Poésie allemande.* — Schiller)

Comme il souffle et mugit l'ouragan, dans les tours !
Les murs craquent là-bas, les grands arbres se cassent.
Le tonnerre est sur nous, les éclairs brillent, passent...
Et la paisible nuit retombe aux alentours.

Ainsi, moi, je n'avais nul repos. — Deuil ou fête,
Mes pensers s'agitaient comme une autre tempête.
Mes membres frissonnaient comme ces grands vitraux.
De flamboyants éclairs s'allumaient dans ma tête...
Puis, mon cœur est rentré dans la paix des tombeaux.

Eh bien ! grand ouragan, que la forêt t'acclame !
L'inaltérable paix habite enfin mon âme.
L'amante est épurée aux feux chastes et doux,
Elle a bu les rayons de la mystique flamme,
Et, d'en bas, elle aspire à son divin époux.

Viens donc, mon fiancé, chercher ta fiancée.
Oui, j'attends mon sauveur, l'œil humide d'amour ;

Viens enlever mon âme à la terre glacée...
Paix ! la cloche dans l'air s'éveille avec le jour !
      Sa voix doucement me convie,
      Je plane avec elle, et ma vie
      Remonte au foyer qui brilla,
      Dans tous les temps ! — alleluia !

LE ROI DES AULNES
(*Poésie allemande. —* Goethe)

Qui donc passe à cheval dans la nuit et le vent ?
      C'est le père avec son enfant.
      De son bras, crispé de tendresse,
      Contre sa poitrine il le presse,
      Et de la bise il le défend.

— « Mon fils, d'où vient qu'en mon sein tu frissonnes.
— Mon père... là... vois-tu le Roi des aulnes,
Couronne au front, avec un long manteau ?
Tiens ! Tiens ! — Mon fils, c'est un brouillard sur l'eau. »

    « Viens, cher enfant, suis-moi dans l'ombre ;
    Je t'apprendrai des jeux sans nombre ;
J'ai de magnifiques fleurs et des perles encor ;
Ma mère en son palais a de beaux habits d'or ! »

— « N'entends-tu point, mon père (oh ! que tu te dépêches !)
Ce que le Roi murmure et me promet tout bas ?
— Endors-toi, mon cher fils, et ne t'agite pas ;
C'est le vent qui bruit parmi les feuilles sèches. »

— *« Veux-tu venir, mon bel enfant ? oh ! ne crains rien !*
Mes filles, tu verras, te soigneront si bien !
      La nuit, mes filles blondes
      Mènent les molles rondes...
      Elles te berceront,
      Danseront, chanteront !... »

— « Mon père, dans les brumes grises
   Vois ses filles en cercle assises !
— Mon fils, mon fils, j'aperçois seulement
Les saules gris au bord des flots dormant. »

— *« Je t'aime, toi... je suis attiré par ta grâce !*
Viens, viens donc ! un refus pourrait t'être fatal ! »
— « Ah ! mon père, mon père ! il me prend... il m'embrasse.
   Le Roi des aulnes m'a fait mal ! »

Et serrant de plus près son enfant qui sanglote...
Le père alors frémit et galope plus fort.
Il touche au vieux manoir, son manteau s'ouvre et flotte...
   L'enfant, dans ses bras, était mort !

Casimir Delavigne

MESSÉNIENNES

LORD BYRON

« Non, tu n'es pas un aigle », ont crié les serpents,
Quand son vol faible encor trompait sa jeune audace :
Et déjà sur le dos de ces monstres rampants
Du bec vengeur de l'aigle il imprimait la trace ;
Puis, le front dans les cieux de lumière inondés,
Les yeux sur le soleil, les ongles sur la foudre,
Il dit à ces serpents qui sifflaient dans la poudre :
    « Que suis-je ? répondez. »

Tel fut ton noble essor, Byron ; et quelle vie,
    Vieille de gloire en un matin,
D'un bruit plus imposant, d'un éclat plus soudain,
    Irrita la mort et l'envie ?
Par de lâches clameurs quel génie insulté
    Dans son obscurité première,
Changea plus promptement et sa nuit en lumière,
    Et son siècle en postérité ?

Poètes, respectez les prêtres et les femmes,
    Ces terrestres divinités !
    Comme dans les célestes âmes,
L'outrage est immortel dans leurs cœurs irrités.
Un temple, qu'on mutile[1], a recueilli Voltaire :

---

1. Allusion à cette belle inscription, qu'on avait effacée sur le fronton du

Vain refuge, et l'écho des foudres de la chaire,
Que le prêtre accoutume à maudire un grand nom,
Tonne encor pour chasser son ombre solitaire
    Des noirs caveaux du Panthéon.

Byron, tu préféras, sous le ciel d'Ibérie,
Des roses de Cadix l'éclat et les couleurs
    Aux attraits de ces nobles fleurs
Pâles comme le ciel de ta froide patrie[1] ;
De là tes jours de deuil, de là tes longs malheurs !
Des vierges d'Albion la beauté méprisée
    Te poursuivit jusqu'au cercueil.
    Et de l'Angleterre abusée
    Tu fus le mépris et l'orgueil.

En vain leurs yeux ardents dévoraient tes ouvrages ;
L'auteur par son exil expia ses outrages ;
Et tu n'as rencontré sous des cieux différents,
Des créneaux de Chillon aux débris de Mégare,
Des gouffres d'Abydos aux cachots de Ferrare,
Que sujets d'accuser les dieux et les tyrans.

Victime de l'orgueil, tu chantas les victimes
    Qu'il immole sur ses autels ;
Entouré de débris qui racontaient des crimes,
    Tu peignis de grands criminels.
Rebelle à ton malheur, ton âme indépendante
N'en put sans désespoir porter le joug de fer :
    Persécuté comme le Dante,
    Comme lui tu rêvas l'enfer.

L'Europe doit t'absoudre, en lançant l'anathème
    Sur tes tristes imitateurs.
La gloire n'appartient qu'aux talents créateurs ;
    Sois immortel : tu fus toi-même.

Panthéon : AUX GRANDS HOMMES LA PATRIE RECONNAISSANTE. La révolution de
1830 a rendu le monument aux grands hommes, et rétabli l'inscription.
  1. We round the north for paler dames would seek ?
  How poor their forms appear ! how languid, wan, and weak !
                              Childe-Harold, Canto I

Il brille d'un éclat que rien ne peut ternir,
Ce tableau de la Grèce au cercueil descendue,
Qui n'a plus de vivant que le grand souvenir
        De sa gloire à jamais perdue.

Contemplez une femme, avant que le linceul[1]
En tombant sur son front brise votre espérance
Le jour de son trépas, ce premier jour du deuil
Où le danger finit, où le néant commence :
Quelle triste douceur ! quel charme attendrissant !
Que de mélancolie, et pourtant que de grâce
Dans ses lèvres sans vie où la pâleur descend !
Comme votre œil avide admire en frémissant
Le calme de ses traits dont la forme s'efface,
La morne volupté de son sein pâlissant !
Du corps inanimé l'aspect glace votre âme ;
Pour vous-même attendri, vous lisez vos destins
Dans l'immobilité de ses beaux yeux éteints.
Ils ont séduit, pleuré, lancé des traits de flamme,
Et les voilà sans feux, sans larmes, sans regard !
Pour qu'il vous reste un doute, il est déjà trop tard ;
Mais l'espoir un moment suspendit votre crainte,
Tant sa tête repose avec sérénité !
Tant la main de la mort s'est doucement empreinte
Sur ce paisible front par elle respecté,
Où la vie en fuyant a laissé la beauté !

C'est la Grèce, as-tu dit, c'est la Grèce opprimée ;
La Grèce belle encor, mais froide, inanimée ;
La Grèce morte !... Arrête, et regarde ses yeux :
        Leur paupière longtemps fermée
        Se rouvre à la clarté des cieux.
Regarde, elle s'anime ; écoute, sous ses chaînes
        Son corps frémit et s'est dressé.
Ce pur sang, que le fer a tant de fois versé,
Pour se répandre encor bouillonne dans ses veines ;

.. Tout le monde connaît ces beaux vers de lord Byron :

> He who hath bent him o'er the dead
> Ere the first day of death is fled,
> The first dark day of nothingness
> The last of danger and distress... etc.

Son front qui reprend sa fierté,
Pâle d'un long trépas, menace et se relève ;
Son bras s'allonge et cherche un glaive ;
Elle vit, elle parle, elle a dit : Liberté !

Morte, tu l'admirais ; vivante, qu'elle est belle !
Tu ne peux résister à son cri qui t'appelle.
Tu cours, tu la revois, mais c'est en expirant.
Oh ! qui pourrait des Grecs retracer les alarmes,
Les vœux, les chants de deuil mêlés au bruit des armes ?
Autour de la croix sainte, aux pieds des monts errant,
Le peuple confondait, dans l'ardeur de son zèle,
Son antique croyance avec sa foi nouvelle,
Invoquait tous ses dieux, et criait en pleurant :

« Vent, qui donnes la vie à des fleurs immortelles,
« Toi, par qui le laurier vieillit sans se flétrir ;
« Vent, qui souffles du Pinde, accours, étends tes ailes ;
        « Ton plus beau laurier va mourir !

« Flots purs, où s'abreuvait la poésie antique,
« Childe-Harold sur vos bords revient pour succomber ;
« Versez votre rosée à ce front héroïque
        « Que la mort seule a pu courber.

« Dieux rivaux, de nos pleurs séchez la source amère ;
« Dieu vainqueur de Satan, dieu vainqueur de Python,
« Renouvelez pour lui les jours nombreux d'Homère
        « Et la vieillesse de Milton ! »

N'invoquez pas les vents, insensés que vous êtes !
Leur souffle aime à flétrir la palme des poètes,
        Tandis qu'il mûrit les poisons !
N'invoquez pas les flots des fontaines sacrées ;
Ils brûlent tôt ou tard les lèvres inspirées
        Pour qui semblaient couler leurs dons !
N'invoquez pas les dieux ; ils dorment ; la mort veille.
Pour peu qu'un bruit de gloire ait dénoncé vos jours
        À son impitoyable oreille,
        La mort entend ; les dieux sont sourds !

Il n'est plus ! il n'est plus ! toi qui fus sa patrie,
Pleure, ingrate Albion : l'exil paya ses chants.
Berceau de ses aïeux[1], pleure, antique Neustrie ;
     Corneille et lui sont tes enfants.

Et toi, que son trépas livre sans espérance
Aux chaînes des tyrans qu'auraient punis ses vers,
Pleure, esclave ; son luth consolait ta souffrance,
     Son glaive aurait brisé tes fers !

Les Grecs le vengeront, ils l'ont juré : la gloire
     Prépare les funèbres jeux
     Qu'ils vont offrir à sa mémoire.
Qu'ils marchent, que son cœur repose au milieu d'eux,
     Enseveli par la victoire,
Alors avec le fer du croissant abattu
     Ils graveront sur son dernier asile :
     « Ô sort ! que ne l'épargnais-tu !
« Il chantait comme Homère, il fût mort comme Achille »

Ah ! quels que soient les lieux par sa tombe illustrés,
Temple de la vertu, des arts, de la vaillance,
Dont Londre est fière encore et qu'a perdu la France,
Son ombre doit s'asseoir sous tes parvis sacrés.

Westminster, ouvre-toi ! Levez-vous devant elle,
     De vos linceuls dépouillez les lambeaux,
Royales majestés ! et vous, race immortelle,
Majestés du talent, qui peuplez ces tombeaux !
Le voilà sur le seuil, il s'avance, il se nomme...
Pressez-vous, faites place à ce digne héritier !
Milton, place au poète ! Howe, place au guerrier !
     Pressez-vous, rois, place au grand homme !

---

1. La famille de lord Byron est originaire de Normandie : ses aïeux suivirent en Angleterre Guillaume le Conquérant.

Auguste Barthélemy — Joseph Méry

NÉMÉSIS

3 juillet 1831

À M. DE LAMARTINE

candidat à la députation de Toulon et de Dunkerque

Je me disais : Donnons quelques larmes amères
Au poète qui suit de sublimes chimères,
Fuit les cités, s'assied aux bords des vieilles tours,
Sous les vieux aqueducs prolongés en arcades,
Dans l'humide brouillard des sonores cascades,
　　　Et dort sous l'aile des vautours.

Hélas ! toujours au bord des lacs, des précipices,
Toujours comme on le peint devant ses frontispices,
Drapant d'un manteau brun ses membres amaigris,
Suivant de l'œil, baigné par les feux de la lune,
Les vagues à ses pieds mourant l'une après l'une,
　　　Et les aigles dans les cieux gris.

Quelle vie ! et toujours, poète suicide,
Boire et boire à longs flots une existence acide ;
Ne donner qu'à la mort un sourire fané ;
Se bannir en pleurant loin des cités riantes,
Et dire comme Job en mille variantes :
　　　Ô mon Dieu ! pourquoi suis-je né ?

Oh ! que je le plaignais ! ma douleur inquiète
Demandait aux passants : Où donc est le poète ?
Que ne puis-je donner une obole à sa faim !

Et lui dire : Suis-moi sous mes pins d'Ionie,
Là tu t'abreuveras d'amour et d'harmonie ;
    Tu vivras comme un séraphin.

Mais j'étouffai bientôt ma plainte ridicule ;
Je te vis une fois sous tes formes d'Hercule,
Courant en tilbury, sans regarder le ciel ;
Et l'on disait : Demain il part pour la Toscane ;
De la diplomatie il va sonder l'arcane
    Avec un titre officiel.

Alors je dis : Heureux le géant romantique
Qui mêle Ézéchiel avec l'arithmétique !
De Sion à la Banque il passe tour à tour ;
Pour encaisser les fruits de la littérature,
Ses traites à la main, il s'élance en voiture
    En descendant de son vautour.

D'en haut tu fais tomber sur nous, petits atomes,
Tes *Gloria Patri* délayés en deux tomes,
Tes psaumes de David imprimés sur vélin ;
Mais quand de tes billets l'échéance est venue,
Poète financier, tu descends de la nue
    Pour régler avec Gosselin[1].

Un trône est-il vacant dans notre académie ?
À l'instant, sans regrets, tu quittes Jérémie
Et le char d'Élisée aux rapides essieux ;
Tu daignes ramasser avec ta main d'archange
Des titres, des rubans, joyaux pétris de fange,
    Et tu remontes dans les cieux.

On dit même aujourd'hui, poète taciturne,
Que tu viens méditer sur les chances de l'urne ;
Que, le front couronné d'ache et de nénuphar,
Appendant à ton mur la cithare hébraïque,
Tu viens solliciter l'électeur prosaïque,
    Sur l'Océan et sur le Var.

---

1. Quatrième et dernier libraire de M. de Lamartine.

Oh ! frère, cette fois j'admire ton envie,
Et tu pousses trop loin le dégoût de la vie :
Nous avons bien permis à ton modeste orgueil
D'échanger en cinq ans tes bibliques paroles
Contre la croix d'honneur, l'amitié de Vitrolles
      Et l'académique fauteuil ;

Mais qu'aujourd'hui, pour prix de tes hymnes dévotes,
Aux hommes de Juillet tu demandes leurs votes,
C'en est trop ! l'Esprit-Saint égare ta fierté ;
Sais-tu qu'avant d'entrer dans l'arène publique,
Il faut que, devant nous, tout citoyen explique
      Ce qu'il fit pour la liberté ?

On n'a point oublié tes œuvres trop récentes,
Tes hymnes à Bonald en strophes caressantes,
Et sur l'autel Rémois ton vol de séraphin ;
Ni tes vers courtisans pour tes rois légitimes,
Pour les calamités des augustes victimes
      Et pour ton seigneur le Dauphin.

Va, les temps sont passés des sublimes extases,
Des harpes de Sion, des saintes paraphrases ;
Aujourd'hui tous ces chants expirent sans écho ;
Va donc, selon tes vœux, gémir en Palestine
Et présenter sans peur le nom de Lamartine
      Aux électeurs de Jéricho.

21 août 1831

L'ARCHEVÊCHÉ ET LA BOURSE

Avant l'ère du peuple et du juste-milieu,
Quand Charles-Dix régnait par la grâce de Dieu,
La crosse était un sceptre, et l'église dorée
Serrait dans son anneau la France restaurée.

Alors régnait Quélen, ce vivace martyr,
Ce prophète insolent de la chute de Tyr ;
Temps heureux, où l'église, aujourd'hui militante,
Promenait dans Paris sa bannière flottante,
Et passait, comme un roi qui veut être obéi,
Avec ses châsses d'or et ses *Agnus Dei.*
L'humble troupeau de Dieu, sur une double file,
De son luxe chrétien éblouissait la ville ;
Partout, dès le matin, le mobile arrosoir
Mouillait le sable fin qui mène au reposoir ;
Comme un tapis jeté sur la dalle grossière
Partout on étendait le gazon en poussière,
Édredon des jardins que nos municipaux
Cardaient pieusement aux pieds des saints troupeaux ;
Les Gobelins, ouvrant leurs arsenaux gothiques,
Sur les cloisons de bois, éphémères portiques,
Sur l'autel du repos cousu de soie et d'or
Jetaient la nudité d'Angélique et Médor ;
Les sbires de Mangin, les dévots Commissaires,
Les Suisses huguenots, les royaux janissaires,
Protégeant Dieu, chantaient les répons du Missel
De l'île Notre-Dame au lointain Carrousel.
Puis venait, son camail de cygne sur l'épaule,
Monseigneur de Quélen, vivante métropole,
Qui, digne successeur du prélat de Créteil,
Au monarque dévot présentait son orteil.
Et l'orgueilleux pasteur marchait, tenant en laisse
Ce limier de Compiègne usé par la vieillesse.
Aussi le lendemain, quand parfumé d'encens,
Tout fier, tout enivré des triomphes récents,
Arrivait dans Saint-Cloud le prélat faux prophète[1],
Le grand parc déchaînait ses cascades de fête ;
Comme si du Thabor l'auréole avait lui,
La décrépite Cour s'inclinait devant lui :
Il fouillait le carton des archives secrètes ;
Sa sagesse inspirait le Conseil aux sept têtes,
De la Charte jurée il rompait le serment,
Et glissait dans la loi l'esprit du mandement.

1. On n'oubliera jamais que M. de Quélen a prédit dans des paroles claires,
quoique mystiques, la destruction de Paris et le triomphe des ordonnances.

Ainsi vivait la Cour, et le sénat docile
Sous l'occulte pouvoir se changeait en concile :
L'antre saint d'où partaient les ordres absolus,
La secrète officine ouverte aux seuls élus,
L'atelier clandestin de la pieuse trame
Était ce vieux palais qu'abrite Notre-Dame,
Doux manoir, aujourd'hui désert et crevassé,
Où deux fois, dans un an, la colère a passé.
Là, venaient chaque soir, sous de frais vestibules,
Tous les primats gaulois dispensateurs des bulles ;
Des vicaires obscurs, ceux qui, dans le saint lieu,
Font, à deniers comptants, le commerce de Dieu ;
Des prêcheurs vagabonds, éditeurs de cantiques,
Semant du nord au sud leurs prônes politiques ;
Des Pairs, des Députés, jésuites clandestins,
Tous unis en conseil, maîtres de nos destins.
De là, vers quatre points, la circulaire sainte
Prenait son vol, timbrée aux armes d'Hyacinthe,
Et du sein de Paris jusqu'aux derniers hameaux
L'arbre théocratique étendait ses rameaux.
Puis la foudre brisa l'arbre jusqu'à la tige,
Les tours du grand vaisseau perdirent leur prestige ;
Le boulet de la Grève, au dernier jour des trois,
Abattit sur ces mâts le drapeau de la croix[1].
Et Quélen disparut. Le vent de la victoire
A changé son beau parc en désert promontoire ;
Ce palais fastueux, ce mystique jardin,
N'est plus qu'un champ public où passe le mondain.

Eh bien ! après Juillet, une ligue nouvelle
Dans un temple profane à nos yeux se révèle ;
Cet occulte pouvoir, exclu de l'Évêché,
Dans la nef de la Bourse aujourd'hui s'est caché ;

---

1. Voici un fait que je n'ai vu cité nulle part, et dont j'ai été le témoin ; il caractérise très bien la glorieuse étourderie du peuple dans les entractes des combats des trois jours. Quand les canons de la Grève furent tombés aux mains des Parisiens, une pièce fut chargée à boulet et pointée par un amateur d'occasion sur le drapeau blanc qui flottait encore le 29 sur la tour vexillaire de Notre-Dame ; le blanc ne fut pas touché, quoique la pièce eût été admirablement servie, car le boulet s'incrusta sous la corniche de la tour, quelques pieds trop bas. Le *Quasimodo* actuel montre encore aux visiteurs ce stigmate ineffaçable.

Sous l'habit des Colbert que l'égoïsme endosse
La Banque a remplacé l'orgueilleux sacerdoce ;
Des hymnes, des sermons, des croix, des bénitiers
Nos froids agioteurs se sont faits héritiers.
Sur cette place neuve où s'engloutit la foule
Qui du quartier Vivienne au boulevard s'écoule,
Voyez ce temple grec aux angles déjà gris,
Qui semble frissonner sous le ciel de Paris ;
Là, lorsque midi sonne au front de l'édifice,
Le pontife Rothschild vient entonner l'office,
Messe de l'agio que la voix des huissiers
Colporte par versets aux lointains coulissiers ;
Les prêtres de Mammon, la foule délirante
Chantent avec effroi le psaume de la rente,
Et les agents de change, à l'autel du milieu,
Notent sur leur missel les paroles du dieu :
Des reports cahotés l'hébraïque harmonie
Roule sur les arceaux du temple d'Ionie ;
C'est un tableau mouvant de têtes et de mains,
C'est un fracas de voix et d'aboiements humains,
De cris mystérieux, de blasphèmes, de râles,
De sanglots étouffés sous les nefs latérales,
Et tous ces bruits, frappant les sonores plafonds,
Proclament le triomphe ou la chute des fonds.

C'est là que le Pouvoir créa sa métropole,
Son culte hérésiarque et son nouveau symbole.
La plume du comptoir, sur un obscur feuillet,
Balance les destins du peuple de Juillet ;
Un ministre banquier, en apurant son compte,
Écrit dans son *avoir* ses recettes de honte ;
Sur les traites d'honneur qu'un grand peuple souscrit
Il laissa subsister le protêt qui flétrit ;
Tout est dans ses bureaux affaire de commerce :
Il escompte le sang que la Pologne verse,
Et pleurant ses deux fils comme une autre Rachel,
Pour ses vingt mille francs pardonne à don Michel.
Oh ! plaignons le pays ! la jeune dynastie
A trouvé dans la Banque une autre sacristie ;
Absolu comme lui, comme lui peu guerrier,

L'archevêque Quélen s'incarne dans Périer :
Périer, dans le sénat, d'un geste a fait éclore
Les trois cents de Villèle au masque tricolore ;
Ceux-là, comme autrefois devant Rome à genoux,
Pour voter ne vont plus consulter Frayssinous ;
Leurs lèvres, chaque soir, ne baisent plus l'étole,
Ils ont changé de temple, ils ont changé d'idole ;
Le spectre de la baisse, apparu devant eux,
Détermine d'un mot leurs bulletins douteux.
Pauvre France ! toujours sur l'écueil suspendue,
À l'encan du Parquet te voilà donc vendue !
Des choses de l'honneur le Pouvoir négligent
A confié ta gloire à des hommes d'argent,
À des croupiers, tailleurs de la passe et la manque,
Dont le cœur est ridé comme un billet de banque,
Et qui tous font des vœux pour qu'à la fin du mois
Varsovie en tombant fasse monter le Trois.
Mais un espoir soutient la France, notre mère,
Du règne des banquiers elle attend le brumaire ;
Dès que la liberté saisira le timon,
Le sceptre sortira des tribus de Mammon.

NOTES

Qui, digne successeur du prélat de Créteil,
Au monarque dévot présentait son orteil.

Allusion à la conduite des chanoines de Créteil, lorsque Louis VII, surpris par la nuit, vint loger dans ce village, dont les habitants fournirent à ses dépenses. Les chanoines, regardant cette démarche du roi comme une atteinte aux privilèges de l'Église, résolurent de cesser l'office, si le roi ne remboursait la dépense. En effet, ils fermèrent leur église. Le roi s'informa du motif de cette clôture, et quand il le connut, il s'humilia devant l'exigence des chanoines et jura de payer.

*

. Ce vieux palais qu'abrite Notre-Dame.
. . . .
Où deux fois, dans un an, la colère a passé.

Le 28 juillet 1830, la multitude se porta sur l'archevêché, où elle ne commit cependant aucun dégât ; mais le 14 février 1831, furieux de voir que l'on célébrait à Saint-Germain-l'Auxerrois une messe pour le duc de Berry, elle se rua une seconde fois sur le palais archiépiscopal, qui fut alors entièrement dévasté. Le 14 février était précisément un lundi gras ; rien ne fut plus bizarre que cette émeute montée au plus haut point d'exaspération, et dans laquelle figuraient des gilles, des arlequins, des jeannots et des masques de toutes sortes. La gravité des désordres rendit fort triste ce qui eût été si comique sans cela.

★

. . . . La circulaire sainte
Prenait son vol, timbrée aux armes d'Hyacinthe.

Hyacinthe est le prénom de monseigneur de Quélen.

★

Pour ses vingt mille francs pardonne à don Michel.

Dans les indemnités que la France exigea du Portugal en faveur des Français victimes du gouvernement de don Miguel, 20 000 fr. furent stipulés pour M. Bonhomme.

★

Pour voter ne vont plus consulter Frayssinous.

M. Frayssinous, évêque d'Hermopolis, un des hommes les plus influents du parti prêtre, sous le règne de Charles X.

Émile Debraux

CHANSONS COMPLÈTES

LE PETIT GERMAIN

Air : *Dans la bass' Normandie.*

Dans un hameau d' Lorraine,
J' naquis un beau matin ;
J'eus la dam' pour marraine,
Pour patron l' sacristain.
Des paysans,
Trop médisants,
Sur ma naissanc' fir'nt un conte plaisant ;
Et l' curé dit, en m' baptisant :
Et claq', claq', claq', mon p'tit Germain,
Et claq' toujours, tu f'ras ton ch'min.

D' la raison, quand j'eus l'âge,
Afin d' bien m'éduquer,
Chez l' bedeau du village,
L' parrain m' fit bivaquer.
À ses sermons
Bêtes et longs,
Même en bâillant, j' claquais déjà, ma foi ;
Aussi n'y avait des prix qu' pour moi :
Et claq', claq', etc.

Du destin quand la roue,
D'un' belle vint m' rendre amant,

J' lui claquais sur la joue
En forme d' sentiment.
Puis, pas à pas,
J'allais plus bas ;
Alors son œil, pétillant de désir,
M' disait, en rougissant d' plaisir :
Et claq', claq', etc.

Des enfants d' la victoire
La France app'la les bras,
J' partis chercher la gloire
Au milieu des combats.
Au champ d'honneur,
J' vis qu' la valeur
Était souvent l'esclave d' la faveur,
Et j' répétai du fond du cœur :
Et claq', claq', etc.

Not' général imberbe
Fit, pour prendre un convoi,
Un plan, dit-on, superbe ;
C'était d' l'hébreu pour moi.
Mais c'est égal,
Du général
J' trouvai, d'vant lui, le projet étonnant ;
Huit jours après j'étais lieut'nant...
Et claq', claq', etc.

L' Directoir', notr' bon maître,
M'empêcha d' parvenir ;
L' filleul chéri d'un prêtre
N' pouvait pas lui convenir.
Comm' j'enrageais !
Mais je m' taisais !
Car, fût-on gueux, eût-on l' corps en cerceau,
Chacun tient à son p'tit morceau.
Et claq', claq', etc.

Ennemi d' la puissance,
Tant qu'on n' me nomm'rait rien,

J' m'étais promis d'avance
D' n'êtr' qu'un bon citoyen.
J' cédai plus tard,
Quand un César
Vint, pour ma voix, m'offrir biens et repos...
Ah, quel pouvoir ont les héros !
Et claq', claq', etc.

Voyez mon aptitude
Pour voter tranquill'ment,
J'avais pris l'habitude
De claquer en dormant ;
Et quelquefois
Élevant la voix,
J'applaudissais, même avant qu'on n' parlât :
Aussi j' devins membr' du Sénat :
Et claq', claq', etc.

Quand l'Europe en furie
M'naça les Parisiens,
J' tremblai pour ma patrie,
Et surtout pour mes biens.
À chaque roi
J'allais tout droit
Comme un oison, dir' pour toute oraison :
Oui, Sir', g'na qu' vous qu'avez raison.
Et claq', claq', etc.

J'aurais mieux fait de m' taire,
Sans prendre ainsi d' l'émoi ;
Tous les princes d' la terre
Ont besoin d'homm's comm' moi.
Grâce à la cour,
Grâce à l'entour,
Du souverain que l' ciel nous a rendu,
J' vous l' dis tout bas : J' n'ai rien perdu.
Et claq', claq', etc.

Vous, qui des grands d' la France,
Critiquez les ébats,

Où vous mèn' vot' conscience ?
Sur de tristes grabats.
Là, mourant d' faim,
Pour vivre enfin,
Du monde entier vous êtes les valets,
Quand moi j' répét' dans un palais :
Et claq', claq', claq', mon p'tit Germain,
Et claq' toujours, tu f'ras ton ch'min.

Jules Lefèvre-Deumier

MÉDITATIONS D'UN PROSCRIT
SUR LA PEINE DE MORT

L'EXÉCUTION

C'était l'heure agréable où le jour qui décline
Ramène la fraîcheur de la brise marine,
Où l'on respire en paix : c'était un soir d'été.
Le soleil semblait fuir avec rapidité,
Et, prêt à se cacher, le soleil, qui peut-être
Dans ce funeste jour n'aurait pas dû paraître,
Éclaira tout à coup d'un rayon solennel
Le front humilié du jeune criminel.
Au moment où le ciel, commuant sa sentence,
Admettait du guerrier la noble pénitence,
La lumière effleura ses boucles de cheveux,
Et la hache levée en réfléchit les feux.
De l'équité de Dieu cette lueur complice,
Ainsi montrait le crime au glaive du supplice :
Et le cœur le plus dur en fut glacé d'horreur.
Tels les peuples jadis croyaient, dans leur terreur,
Que, des décrets du ciel échevelé ministre,
Se levait la comète, et que l'astre sinistre,
Comme le sceau divin des réprobations,
Sur la tête des rois balançait ses rayons.

Tout est dit : il est temps que l'arrêt s'exécute ;
Les heures vont passer leur dernière minute ;
Ses crimes sont absous : pour la dernière fois
Les grains du chapelet ont tourné sous ses doigts.

Tranquille et sans orgueil, il demande au vieux prêtre
Ce que Dieu peut lui dire en le voyant paraître ;
Et puis de son épaule arrachant son manteau,
Il livre ses cheveux à l'affront du ciseau.
On le dépouille : il perd cette écharpe charmante
Qu'en pleurant ses amours, lui broda son amante,
Qu'il crut comme aux combats emporter au tombeau.
Pour lui couvrir les yeux s'apprêtait le bandeau.
Quand son superbe front repousse un tel outrage ;
Dans son cœur indompté ramassant son courage,
Et d'un profond dédain soulevant la fierté :
« Esclave, à mes regards laisse la liberté.
« Le crime est une dette, un peu de sang l'acquitte ;
« Je te donne le mien, prends tout, que je sois quitte.
« Devant ce bras captif si la mort ne peut fuir,
« Je veux qu'au moins mes yeux puissent le voir venir. »
Et sur le noir billot il va poser la tête.
Le bourreau stupéfait le regarde et s'arrête :
« Allons, frappe » ; et vers lui le bourreau se courba ;
« Frappe donc ! » cria-t-il ; et la hache tomba.
Le tronc recule et meurt, le sang jaillit et coule,
La tête convulsive au loin bondit et roule ;
L'œil terne agite encore un regard effacé,
Puis la bouche se serre, et la vie a cessé...

ŒUVRES D'UN DÉSŒUVRÉ

LA COLOMBE POIGNARDÉE

Il existe un oiseau, dont le pâle plumage,
Des forêts du tropique étonne la gaieté ;
Seul sur son arbre en deuil, les pleurs de son ramage
Font gémir de la nuit le silence attristé.

Le chœur ailé des airs, loin de lui rendre hommage,
Insulte, en le fuyant, à sa fatalité ;
Lui-même se fuirait, en voyant son image :
Poignardé de naissance, il naît ensanglanté.

Et le poète aussi, merveilleuse victime,
Qui mêle de son sang dans tout ce qu'il anime,
Arrive dans ce monde, un glaive dans le cœur ;

Et l'on n'a point encore inventé de baptême,
Qui puisse en effacer le stigmate vainqueur :
Cette tache de mort, c'est son âme elle-même.

LE COUVRE-FEU

LA FLEUR FOSSILE

Jamais coupe d'opale, où boivent les abeilles,
Jamais perle d'azur, étoilant nos corbeilles,
Ou vivant de notre air dans l'air vivant des blés,
N'ont agi plus longtemps sur mes songes troublés,
Que ce fantôme noir d'une plante momie,
Dans son champ souterrain six mille ans endormie.
Les jeunes sœurs d'hier, opulentes ou non,
Ont toutes des couleurs, qui nous disent leur nom,
Qui content à nos sens les secrets de leur vie ;
Mais cette fleur de pierre, aux cavernes ravie,
Que semble, en l'éclairant, renier le soleil,
Quelle énigme sans fond renferme son sommeil !
Obscur comme la tombe, et plus impénétrable,
Sphinx jadis éphémère, aujourd'hui si durable,
Voyageur engourdi, qui reviens de si loin,
Que sais-tu de la terre ? Avait-elle un témoin,

Quand, la couronne au front, de ta couche élancée,
La lumière sauva ta royauté passée ?
Né comme toi des pleurs ou des baisers du jour,
Le vol des papillons t'a-t-il parlé d'amour ?
Oasis de parfums, dans les déserts flottante,
À quel sylphe nomade as-tu servi de tente ?
Quelle ombre a rafraîchi ton germe ? quel oiseau
Vint, pour te saluer, chanter sur ton berceau ?
Avant d'y promener sa force vagabonde,
L'homme avait-il déjà des vassaux dans ce monde ;
Ou, du globe encor vide astre silencieux,
N'as-tu de ta splendeur étonné que les cieux ?

Quand j'interroge ainsi ton spectre avec mon rêve,
Je ne sais quel brouillard de ta cendre s'élève,
Où, comme des vaisseaux, glissent, appareillés,
Des jours évanouis les trésors réveillés.
Des monstres primitifs la race qui s'exhume
Repeuple devant moi cet océan de brume,
Et l'air ressuscité s'encombre de dragons,
Dont le vol fait crier le monde sur ses gonds.
Autour de ton néant je vois, comme un mirage,
Des continents proscrits bouillonner le naufrage,
Et des mers d'autrefois ranimant les complots
Je te vois, dans ta fosse installé par les flots,
Des siècles décédés confident oculaire,
Nous garder, de leur fin, ta mort pour exemplaire.

Écho pétrifié des temps qui sont perdus,
Tes oracles muets, dans mon âme entendus,
Refont tout le passé dépouille par dépouille.
Fleur antique, salut ! chrysalide de houille,
D'où s'envole, à mes yeux, un vivant univers.
Pour qui l'y veut chercher, quelle moisson de vers
Rayonne sous la nuit de tes mornes pétales,
Genèse où le déluge a scellé ses annales,
Et qu'à livre fermé comprennent nos esprits !
Poème plus confus que ces vieux manuscrits,
Que rangeait Pompeïa dans ses cases de poudre,
Et qui dorment sans voix calcinés par la foudre,

Ton silence éloquent me parle plus haut qu'eux.
Tout ce qu'on peut glaner sous leurs plis ténébreux,
Fût-ce un soupir perdu de la Grèce ou de Rome,
C'est quelque mot terrestre, imparfait comme l'homme,
Dont le sens préféré n'est pas toujours le bon :
Toi, l'on n'épelle pas tes feuilles de charbon
Sans en voir aussitôt, comme une ombre empressée,
Sortir un mot de Dieu, traduit par la pensée.

Alfred de Vigny

POÈMES ANTIQUES ET MODERNES

MOÏSE
Poème

Le soleil prolongeait sur la cime des tentes
Ces obliques rayons, ces flammes éclatantes,
Ces larges traces d'or qu'il laisse dans les airs,
Lorsqu'en un lit de sable il se couche aux déserts.
La pourpre et l'or semblaient revêtir la campagne.
Du stérile Nébo gravissant la montagne,
Moïse, homme de Dieu, s'arrête, et, sans orgueil,
Sur le vaste horizon promène un long coup d'œil.
Il voit d'abord Phasga, que des figuiers entourent,
Puis, au-delà des monts que ses regards parcourent,
S'étend tout Galaad, Ephraïm, Manassé,
Dont le pays fertile à sa droite est placé ;
Vers le Midi, Juda, grand et stérile, étale
Ses sables où s'endort la mer occidentale ;
Plus loin, dans un vallon que le soir a pâli,
Couronné d'oliviers, se montre Nephtali ;
Dans les plaines de fleurs magnifiques et calmes
Jéricho s'aperçoit, c'est la ville des palmes ;
Et, prolongeant ses bois, des plaines de Phogor
Le lentisque touffu s'étend jusqu'à Ségor.
Il voit tout Chanaan et la terre promise,
Où sa tombe, il le sait, ne sera point admise.
Il voit ; sur les Hébreux étend sa grande main,
Puis vers le haut du mont il reprend son chemin.

Or, des champs de Moab couvrant la vaste enceinte,
Pressés au large pied de la montagne sainte,
Les enfants d'Israël s'agitaient au vallon
Comme les blés épais qu'agite l'aquilon.
Dès l'heure où la rosée humecte l'or des sables
Et balance sa perle au sommet des érables,
Prophète centenaire, environné d'honneur,
Moïse était parti pour trouver le Seigneur.
On le suivait des yeux aux flammes de sa tête,
Et, lorsque du grand mont il atteignit le faîte,
Lorsque son front perça le nuage de Dieu
Qui couronnait d'éclairs la cime du haut lieu,
L'encens brûla partout sur les autels de pierre,
Et six cent mille Hébreux, courbés dans la poussière,
À l'ombre du parfum par le soleil doré,
Chantèrent d'une voix le cantique sacré ;
Et les fils de Lévi, s'élevant sur la foule,
Tels qu'un bois de cyprès sur le sable qui roule,
Du peuple avec la harpe accompagnant les voix,
Dirigeaient vers le ciel l'hymne du Roi des Rois.

Et, debout devant Dieu, Moïse ayant pris place,
Dans le nuage obscur lui parlait face à face.

Il disait au Seigneur : « Ne finirai-je pas ?
Où voulez-vous encor que je porte mes pas ?
Je vivrai donc toujours puissant et solitaire ?
Laissez-moi m'endormir du sommeil de la terre. —
Que vous ai-je donc fait pour être votre élu ?
J'ai conduit votre peuple où vous avez voulu.
Voilà que son pied touche à la terre promise,
De vous à lui qu'un autre accepte l'entremise,
Au coursier d'Israël qu'il attache le frein ;
Je lui lègue mon livre et la verge d'airain.

Pourquoi vous fallut-il tarir mes espérances,
Ne pas me laisser homme avec mes ignorances,
Puisque du mont Horeb jusques au mont Nébo
Je n'ai pas pu trouver le lieu de mon tombeau ?

Hélas ! vous m'avez fait sage parmi les sages !
Mon doigt du peuple errant a guidé les passages.
J'ai fait pleuvoir le feu sur la tête des rois ;
L'avenir à genoux adorera mes lois ;
Des tombes des humains j'ouvre la plus antique,
La mort trouve à ma voix une voix prophétique,
Je suis très grand, mes pieds sont sur les nations,
Ma main fait et défait les générations. —
Hélas ! je suis, Seigneur, puissant et solitaire,
Laissez-moi m'endormir du sommeil de la terre !

Hélas ! je sais aussi tous les secrets des cieux,
Et vous m'avez prêté la force de vos yeux.
Je commande à la nuit de déchirer ses voiles ;
Ma bouche par leur nom a compté les étoiles,
Et, dès qu'au firmament mon geste l'appela,
Chacune s'est hâtée en disant : Me voilà.
J'impose mes deux mains sur le front des nuages
Pour tarir dans leurs flancs la source des orages ;
J'engloutis les cités sous les sables mouvants ;
Je renverse les monts sous les ailes des vents ;
Mon pied infatigable est plus fort que l'espace ;
Le fleuve aux grandes eaux se range quand je passe,
Et la voix de la mer se tait devant ma voix.
Lorsque mon peuple souffre, ou qu'il lui faut des lois,
J'élève mes regards, votre esprit me visite ;
La terre alors chancelle et le soleil hésite,
Vos anges sont jaloux et m'admirent entre eux. —
Et cependant, Seigneur, je ne suis pas heureux ;
Vous m'avez fait vieillir puissant et solitaire,
Laissez-moi m'endormir du sommeil de la terre.

Sitôt que votre souffle a rempli le berger,
Les hommes se sont dit : Il nous est étranger ;
Et leurs yeux se baissaient devant mes yeux de flamme,
Car ils venaient, hélas ! d'y voir plus que mon âme.
J'ai vu l'amour s'éteindre et l'amitié tarir,
Les vierges se voilaient et craignaient de mourir.
M'enveloppant alors de la colonne noire,
J'ai marché devant tous, triste et seul dans ma gloire,

Et j'ai dit dans mon cœur : Que vouloir à présent ?
Pour dormir sur un sein mon front est trop pesant,
Ma main laisse l'effroi sur la main qu'elle touche,
L'orage est dans ma voix, l'éclair est sur ma bouche ;
Aussi, loin de m'aimer, voilà qu'ils tremblent tous,
Et, quand j'ouvre les bras, on tombe à mes genoux.
Ô Seigneur ! j'ai vécu puissant et solitaire,
Laissez-moi m'endormir du sommeil de la terre. »

Or, le peuple attendait, et, craignant son courroux,
Priait sans regarder le mont du Dieu jaloux ;
Car s'il levait les yeux, les flancs noirs du nuage
Roulaient et redoublaient les foudres de l'orage,
Et le feu des éclairs, aveuglant les regards,
Enchaînait tous les fronts courbés de toutes parts.

Bientôt le haut du mont reparut sans Moïse. —
Il fut pleuré. — Marchant vers la terre promise,
Josué s'avançait pensif et pâlissant,
Car il était déjà l'élu du Tout-Puissant.

                                        Écrit en 1822.

LES AMANTS DE MONTMORENCY
Élévation

I

Étaient-ils malheureux, Esprits qui le savez !
Dans les trois derniers jours qu'ils s'étaient réservés ?
Vous les vîtes partir tous deux, l'un jeune et grave,
L'autre joyeuse et jeune. Insouciante esclave,
Suspendue au bras droit de son rêveur amant,
Comme à l'autel un vase attaché mollement,
Balancée en marchant sur sa flexible épaule
Comme la harpe juive à la branche du saule ;
Riant, les yeux en l'air, et la main dans sa main,
Elle allait, en comptant les arbres du chemin,

Pour cueillir une fleur demeurait en arrière,
Puis revenait à lui, courant dans la poussière,
L'arrêtait par l'habit pour l'embrasser, posait
Un œillet sur sa tête, et chantait, et jasait
Sur les passants nombreux, sur la riche vallée
Comme un large tapis à ses pieds étalée ;
Beau tapis de velours chatoyant et changeant,
Semé de clochers d'or et de maisons d'argent,
Tout pareils aux jouets qu'aux enfants on achète
Et qu'au hasard pour eux par la chambre l'on jette.
Ainsi, pour lui complaire, on avait sous ses pieds
Répandu des bijoux brillants, multipliés
En forme de troupeaux, de village aux toits roses
Ou bleus, d'arbres rangés, de fleurs sous l'onde écloses,
De murs blancs, de bosquets bien noirs, de lacs bien verts
Et de chênes tordus par la poitrine ouverts.
Elle voyait ainsi tout préparé pour elle :
Enfant, elle jouait, en marchant, toute belle,
Toute blonde, amoureuse et fière ; et c'est ainsi
Qu'ils allèrent à pied jusqu'à Montmorency.

II

Ils passèrent deux jours d'amour et d'harmonie,
De chants et de baisers, de voix, de lèvre unie,
De regards confondus, de soupirs bienheureux,
Qui furent deux moments et deux siècles pour eux.
La nuit on entendait leurs chants ; dans la journée
Leur sommeil ; tant leur âme était abandonnée
Aux caprices divins du désir ! Leurs repas
Étaient rares, distraits ; ils ne les voyaient pas.
Ils allaient, ils allaient au hasard et sans heures,
Passant des champs aux bois, et des bois aux demeures,
Se regardant toujours, laissant les airs chantés
Mourir, et tout à coup restaient comme enchantés.
L'extase avait fini par éblouir leur âme,
Comme seraient nos yeux éblouis par la flamme.
Troublés, ils chancelaient, et le troisième soir,
Ils étaient enivrés jusques à ne rien voir

Que les feux mutuels de leurs yeux. La nature
Étalait vainement sa confuse peinture
Autour du front aimé, derrière les cheveux
Que leurs yeux noirs voyaient tracés dans leurs yeux bleus.
Ils tombèrent assis, sous des arbres ; peut-être...
Ils ne le savaient pas. Le soleil allait naître
Ou s'éteindre... Ils voyaient seulement que le jour
Était pâle, et l'air doux, et le monde en amour...
Un bourdonnement faible emplissait leur oreille
D'une musique vague, au bruit des mers pareille,
Et formant des propos tendres, légers, confus,
Que tous deux entendaient, et qu'on n'entendra plus.
Le vent léger disait de la voix la plus douce :
« Quand l'amour m'a troublé, je gémis sous la mousse. »
Les mélèzes touffus s'agitaient en disant :
« Secouons dans les airs le parfum séduisant
« Du soir, car le parfum est le secret langage
« Que l'amour enflammé fait sortir du feuillage. »
Le soleil incliné sur les monts dit encor :
« Par mes flots de lumière et par mes gerbes d'or
« Je réponds en élans aux élans de votre âme ;
« Pour exprimer l'amour mon langage est la flamme. »
Et les fleurs exhalaient de suaves odeurs,
Autant que les rayons de suaves ardeurs ;
Et l'on eût dit des voix timides et flûtées
Qui sortaient à la fois des feuilles veloutées ;
Et, comme un seul accord d'accents harmonieux,
Tout semblait s'élever en chœur jusques aux cieux ;
Et ces voix s'éloignaient, en rasant les campagnes,
Dans les enfoncements magiques des montagnes ;
Et la terre, sous eux, palpitait mollement,
Comme le flot des mers ou le cœur d'un amant ;
Et tout ce qui vivait, par un hymne suprême,
Accompagnait leurs voix qui se disaient : « Je t'aime. »

III

Or c'était pour mourir qu'ils étaient venus là.
Lequel des deux enfants le premier en parla ?

Comment dans leurs baisers vint la mort ? Quelle balle
Traversa les deux cœurs d'une atteinte inégale
Mais sûre ? Quels adieux leurs lèvres s'unissant
Laissèrent s'écouler avec l'âme et le sang ?
Qui le saurait ? Heureux celui dont l'agonie
Fut dans les bras chéris avant l'autre finie !
Heureux si nul des deux ne s'est plaint de souffrir !
Si nul des deux n'a dit : « *Qu'on a peine à mourir !* »
Si nul des deux n'a fait, pour se lever et vivre,
Quelque effort en fuyant celui qu'il devait suivre ;
Et, reniant sa mort, par le mal égaré,
N'a repoussé du bras l'homicide adoré ?
Heureux l'homme surtout, s'il a rendu son âme,
Sans avoir entendu ces angoisses de femme,
Ces longs pleurs, ces sanglots, ces cris perçants et doux
Qu'on apaise en ses bras ou sur ses deux genoux,
Pour un chagrin ; mais qui, si la mort les arrache,
Font que l'on tord ses bras, qu'on blasphème, qu'on cache
Dans ses mains sont front pâle et son cœur plein de fiel,
Et qu'on se prend du sang pour le jeter au ciel. —
Mais qui saura leur fin ? —

                                 Sur les pauvres murailles
D'une auberge où depuis on fit leurs funérailles,
Auberge où pour une heure ils vinrent se poser
Ployant l'aile à l'abri pour toujours reposer,
Sur un vieux papier jaune, ordinaire tenture,
Nous avons lu des vers d'une double écriture,
Des vers de fou, sans rime et sans mesure. — Un mot
Qui n'avait pas de suite était tout seul en haut ;
Demande sans réponse, énigme inextricable,
Question sur la mort. — Trois noms, sur une table,
Profondément gravés au couteau. — C'était d'eux
Tout ce qui demeurait... et le récit joyeux
D'une fille au bras rouge. « Ils n'avaient, disait-elle,
Rien oublié. » La bonne eut quelque bagatelle
Qu'elle montre en suivant leurs traces, pas à pas.
— Et Dieu ? — Tel est le siècle, ils n'y pensèrent pas.

                                Écrit à Montmorency, 27 avril 1830.

LES DESTINÉES

LA MAISON DU BERGER

À Éva

I

Si ton cœur, gémissant du poids de notre vie,
Se traîne et se débat comme un aigle blessé,
Portant comme le mien, sur son aile asservie,
Tout un monde fatal, écrasant et glacé ;
S'il ne bat qu'en saignant par sa plaie immortelle,
S'il ne voit plus l'amour, son étoile fidèle,
Éclairer pour lui seul l'horizon effacé ;

Si ton âme enchaînée, ainsi que l'est mon âme,
Lasse de son boulet et de son pain amer,
Sur sa galère en deuil laisse tomber la rame,
Penche sa tête pâle et pleure sur la mer,
Et, cherchant dans les flots une route inconnue,
Y voit, en frissonnant, sur son épaule nue
La lettre sociale écrite avec le fer ;

Si ton corps, frémissant des passions secrètes,
S'indigne des regards, timide et palpitant ;
S'il cherche à sa beauté de profondes retraites
Pour la mieux dérober au profane insultant ;
Si ta lèvre se sèche au poison des mensonges,
Si ton beau front rougit de passer dans les songes
D'un impur inconnu qui te voit et t'entend,

Pars courageusement, laisse toutes les villes ;
Ne ternis plus tes pieds aux poudres du chemin :
Du haut de nos pensers vois les cités serviles

Comme les rocs fatals de l'esclavage humain.
Les grands bois et les champs sont de vastes asiles,
Libres comme la mer autour des sombres îles.
Marche à travers les champs une fleur à la main.

La Nature t'attend dans un silence austère ;
L'herbe élève à tes pieds son nuage des soirs,
Et le soupir d'adieu du soleil à la terre
Balance les beaux lys comme des encensoirs.
La forêt a voilé ses colonnes profondes,
La montagne se cache, et sur les pâles ondes
Le saule a suspendu ses chastes reposoirs.

Le crépuscule ami s'endort dans la vallée,
Sur l'herbe d'émeraude et sur l'or du gazon,
Sous les timides joncs de la source isolée
Et sous le bois rêveur qui tremble à l'horizon,
Se balance en fuyant dans les grappes sauvages,
Jette son manteau gris sur le bord des rivages,
Et des fleurs de la nuit entrouvre la prison.

Il est sur ma montagne une épaisse bruyère
Où les pas du chasseur ont peine à se plonger,
Qui plus haut que nos fronts lève sa tête altière,
Et garde dans la nuit le pâtre et l'étranger.
Viens y cacher l'amour et ta divine faute ;
Si l'herbe est agitée ou n'est pas assez haute,
J'y roulerai pour toi la Maison du Berger.

Elle va doucement avec ses quatre roues,
Son toit n'est pas plus haut que ton front et tes yeux ;
La couleur du corail et celle de tes joues
Teignent le char nocturne et ses muets essieux.
Le seuil est parfumé, l'alcôve est large et sombre,
Et là, parmi les fleurs, nous trouverons dans l'ombre,
Pour nos cheveux unis, un lit silencieux.

Je verrai, si tu veux, les pays de la neige,
Ceux où l'astre amoureux dévore et resplendit,
Ceux que heurtent les vents, ceux que la mer assiège,

Ceux où le pôle obscur sous sa glace est maudit.
Nous suivrons du hasard la course vagabonde.
Que m'importe le jour ? que m'importe le monde ?
Je dirai qu'ils sont beaux quand tes yeux l'auront dit.

Que Dieu guide à son but la vapeur foudroyante
Sur le fer des chemins qui traversent les monts,
Qu'un Ange soit debout sur sa forge bruyante,
Quand elle va sous terre ou fait trembler les ponts
Et, de ses dents de feu, dévorant ses chaudières,
Transperce les cités et saute les rivières,
Plus vite que le cerf dans l'ardeur de ses bonds !

Oui, si l'Ange aux yeux bleus ne veille sur sa route,
Et le glaive à la main ne plane et la défend,
S'il n'a compté les coups du levier, s'il n'écoute
Chaque tour de la roue en son cours triomphant,
S'il n'a l'œil sur les eaux et la main sur la braise :
Pour jeter en éclats la magique fournaise,
Il suffira toujours du caillou d'un enfant.

Sur le taureau de fer qui fume, souffle et beugle,
L'homme a monté trop tôt. Nul ne connaît encor
Quels orages en lui porte ce rude aveugle,
Et le gai voyageur lui livre son trésor ;
Son vieux père et ses fils, il les jette en otage
Dans le ventre brûlant du taureau de Carthage,
Qui les rejette en cendre aux pieds du Dieu de l'or.

Mais il faut triompher du temps et de l'espace,
Arriver ou mourir. Les marchands sont jaloux.
L'or pleut sous les charbons de la vapeur qui passe,
Le moment et le but sont l'univers pour nous.
Tous se sont dit : « Allons ! » Mais aucun n'est le maître
Du dragon mugissant qu'un savant a fait naître ;
Nous nous sommes joués à plus fort que nous tous.

Eh bien ! que tout circule et que les grandes causes
Sur des ailes de feu lancent les actions,
Pourvu qu'ouverts toujours aux généreuses choses,

Les chemins du vendeur servent les passions.
Béni soit le Commerce au hardi caducée,
Si l'Amour que tourmente une sombre pensée
Peut franchir en un jour deux grandes nations.

Maïs, a moins qu'un ami menacé dans sa vie
Ne jette, en appelant, le cri du désespoir,
Ou qu'avec son clairon la France nous convie
Aux fêtes du combat, aux luttes du savoir ;
À moins qu'au lit de mort une mère éplorée
Ne veuille encor poser sur sa race adorée
Ces yeux tristes et doux qu'on ne doit plus revoir,

Évitons ces chemins. — Leur voyage est sans grâces,
Puisqu'il est aussi prompt, sur ses lignes de fer,
Que la flèche lancée à travers les espaces
Qui va de l'arc au but en faisant siffler l'air.
Ainsi jetée au loin, l'humaine créature
Ne respire et ne voit, dans toute la nature,
Qu'un brouillard étouffant que traverse un éclair.

On n'entendra jamais piaffer sur une route
Le pied vif du cheval sur les pavés en feu ;
Adieu, voyages lents, bruits lointains qu'on écoute,
Le rire du passant, les retards de l'essieu,
Les détours imprévus des pentes variées,
Un ami rencontré, les heures oubliées,
L'espoir d'arriver tard dans un sauvage lieu.

La distance et le temps sont vaincus. La science
Trace autour de la terre un chemin triste et droit.
Le Monde est rétréci par notre expérience
Et l'équateur n'est plus qu'un anneau trop étroit.
Plus de hasard. Chacun glissera sur sa ligne,
Immobile au seul rang que le départ assigne,
Plongé dans un calcul silencieux et froid.

Jamais la Rêverie amoureuse et paisible
N'y verra sans horreur son pied blanc attaché ;
Car il faut que ses yeux sur chaque objet visible

Versent un long regard, comme un fleuve épanché ;
Qu'elle interroge tout avec inquiétude,
Et, des secrets divins se faisant une étude,
Marche, s'arrête et marche avec le col penché.

II

Poésie ! ô trésor ! perle de la pensée !
Les tumultes du cœur, comme ceux de la mer,
Ne sauraient empêcher ta robe nuancée
D'amasser les couleurs qui doivent te former.
Mais sitôt qu'il te voit briller sur un front mâle,
Troublé de ta lueur mystérieuse et pâle,
Le vulgaire effrayé commence à blasphémer.

Le pur enthousiasme est craint des faibles âmes
Qui ne sauraient porter son ardeur ni son poids.
Pourquoi le fuir ? — La vie est double dans les flammes.
D'autres flambeaux divins nous brûlent quelquefois :
C'est le Soleil du ciel, c'est l'Amour, c'est la Vie ;
Mais qui de les éteindre a jamais eu l'envie ?
Tout en les maudissant, on les chérit tous trois.

La Muse a mérité les insolents sourires
Et les soupçons moqueurs qu'éveille son aspect.
Dès que son œil chercha le regard des Satyres,
Sa parole trembla, son serment fut suspect,
Il lui fut interdit d'enseigner la Sagesse.
Au passant du chemin elle criait : Largesse !
Le passant lui donna sans crainte et sans respect.

Ah ! Fille sans pudeur ! Fille du Saint Orphée,
Que n'as-tu conservé ta belle gravité !
Tu n'irais pas ainsi, d'une voix étouffée,
Chanter aux carrefours impurs de la cité,
Tu n'aurais pas collé sur le coin de ta bouche
Le coquet madrigal, piquant comme une mouche,
Et, près de ton œil bleu, l'équivoque effronté.

Tu tombas dès l'enfance, et, dans la folle Grèce,
Un vieillard, t'enivrant de son baiser jaloux,
Releva le premier ta robe de prêtresse,
Et, parmi les garçons, t'assit sur ses genoux.
De ce baiser mordant ton front porte la trace ;
Tu chantas en buvant dans les banquets d'Horace,
Et Voltaire à la cour te traîna devant nous.

Vestale aux feux éteints ! les hommes les plus graves
Ne posent qu'à demi ta couronne à leur front ;
Ils se croient arrêtés, marchant dans tes entraves,
Et n'être que poète est pour eux un affront.
Ils jettent leurs pensers aux vents de la tribune,
Et ces vents, aveuglés comme l'est la Fortune,
Les rouleront comme elle et les emporteront.

Ils sont fiers et hautains dans leur fausse attitude ;
Mais le sol tremble aux pieds de ces tribuns romains.
Leurs discours passagers flattent avec étude
La foule qui les presse et qui leur bat des mains ;
Toujours renouvelé sous ses étroits portiques,
Ce parterre ne jette aux acteurs politiques
Que des fleurs sans parfums, souvent sans lendemains.

Ils ont pour horizon leur salle de spectacle ;
La chambre où ces élus donnent leurs faux combats
Jette en vain, dans son temple, un incertain oracle,
Le peuple entend de loin le bruit de leurs débats ;
Mais il regarde encor le jeu des assemblées
De l'œil dont ses enfants et ses femmes troublées
Voient le terrible essai des vapeurs aux cent bras.

L'ombrageux paysan gronde à voir qu'on dételle,
Et que pour le scrutin on quitte le labour.
Cependant le dédain de la chose immortelle
Tient jusqu'au fond du cœur quelque avocat d'un jour.
Lui qui doute de l'âme, il croit à ses paroles.
Poésie, il se rit de tes graves symboles,
Ô toi des vrais penseurs impérissable amour !

Comment se garderaient les profondes pensées
Sans rassembler leurs feux dans ton diamant pur
Qui conserve si bien leurs splendeurs condensées ?
Ce fin miroir solide, étincelant et dur ;
Reste des nations mortes, durable pierre ;
Qu'on trouve sous ses pieds lorsque dans la poussière
On cherche les cités sans en voir un seul mur.

Diamant sans rival, que tes feux illuminent
Les pas lents et tardifs de l'humaine raison !
Il faut, pour voir de loin les Peuples qui cheminent,
Que le Berger t'enchâsse au toit de sa Maison.
Le jour n'est pas levé. — Nous en sommes encore
Au premier rayon blanc qui précède l'aurore
Et dessine la terre aux bords de l'horizon.

Les peuples tout enfants à peine se découvrent
Par-dessus les buissons nés pendant leur sommeil,
Et leur main, à travers les ronces qu'ils entrouvrent,
Met aux coups mutuels le premier appareil.
La barbarie encor tient nos pieds dans sa gaîne.
Le marbre des vieux temps jusqu'aux reins nous enchaîne,
Et tout homme énergique au dieu Terme est pareil.

Mais notre esprit rapide en mouvements abonde,
Ouvrons tout l'arsenal de ses puissants ressorts.
L'invisible est réel. Les âmes ont leur monde
Où sont accumulés d'impalpables trésors.
Le Seigneur contient tout dans ses deux bras immenses,
Son Verbe est le séjour de nos intelligences,
Comme ici-bas l'espace est celui de nos corps.

III

Éva, qui donc es-tu ? Sais-tu bien ta nature ?
Sais-tu quel est ici ton but et ton devoir ?
Sais-tu que, pour punir l'Homme, sa créature,
D'avoir porté la main sur l'arbre du savoir,
Dieu permit qu'avant tout, de l'amour de soi-même

En tout temps, à tout âge, il fit son bien suprême,
Tourmenté de s'aimer, tourmenté de se voir ?

Mais si Dieu près de lui t'a voulu mettre, ô femme !
Compagne délicate ! Éva ! Sais-tu pourquoi ?
C'est pour qu'il se regarde au miroir d'une autre âme,
Qu'il entende ce chant qui ne vient que de toi :
— L'enthousiasme pur dans une voix suave. —
C'est afin que tu sois son juge et son esclave
Et règnes sur sa vie en vivant sous sa loi.

Ta parole joyeuse a des mots despotiques ;
Tes yeux sont si puissants, ton aspect est si fort,
Que les rois d'Orient ont dit dans leurs cantiques
Ton regard redoutable à l'égal de la mort ;
Chacun cherche à fléchir tes jugements rapides...
— Mais ton cœur, qui dément tes formes intrépides,
Cède sans coup férir aux rudesses du sort.

Ta Pensée a des bonds comme ceux des gazelles,
Mais ne saurait marcher sans guide et sans appui.
Le sol meurtrit ses pieds, l'air fatigue ses ailes,
Son œil se ferme au jour dès que le jour a lui ;
Parfois sur les hauts lieux d'un seul élan posée,
Troublée au bruit des vents, ta mobile pensée
Ne peut seule y veiller sans crainte et sans ennui.

Mais aussi tu n'as rien de nos lâches prudences,
Ton cœur vibre et résonne au cri de l'opprimé,
Comme dans une église aux austères silences
L'orgue entend un soupir et soupire alarmé.
Tes paroles de feu meuvent les multitudes,
Tes pleurs lavent l'injure et les ingratitudes,
Tu pousses par le bras l'homme ; il se lève armé.

C'est à toi qu'il convient d'ouïr les grandes plaintes
Que l'humanité triste exhale sourdement.
Quand le cœur est gonflé d'indignations saintes,
L'air des cités l'étouffe à chaque battement.
Mais de loin les soupirs des tourmentes civiles,

S'unissant au-dessus du charbon noir des villes,
Ne forment qu'un grand mot qu'on entend clairement.

Viens donc, le ciel pour moi n'est plus qu'une auréole
Qui t'entoure d'azur, t'éclaire et te défend ;
La montagne est ton temple et le bois sa coupole ;
L'oiseau n'est sur la fleur balancé par le vent,
Et la fleur ne parfume et l'oiseau ne soupire
Que pour mieux enchanter l'air que ton sein respire ;
La terre est le tapis de tes beaux pieds d'enfant.

Éva, j'aimerai tout dans les choses créées,
Je les contemplerai dans ton regard rêveur
Qui partout répandra ses flammes colorées,
Son repos gracieux, sa magique saveur :
Sur mon cœur déchiré viens poser ta main pure,
Ne me laisse jamais seul avec la Nature ;
Car je la connais trop pour n'en pas avoir peur.

Elle me dit : « Je suis l'impassible théâtre
Que ne peut remuer le pied de ses acteurs ;
Mes marches d'émeraude et mes parvis d'albâtre,
Mes colonnes de marbre ont les dieux pour sculpteurs.
Je n'entends ni vos cris ni vos soupirs ; à peine
Je sens passer sur moi la comédie humaine
Qui cherche en vain au ciel ses muets spectateurs.

« Je roule avec dédain, sans voir et sans entendre,
À côté des fourmis les populations ;
Je ne distingue pas leur terrier de leur cendre,
J'ignore en les portant les noms des nations.
On me dit une mère et je suis une tombe.
Mon hiver prend vos morts comme son hécatombe,
Mon printemps ne sent pas vos adorations.

« Avant vous j'étais belle et toujours parfumée,
J'abandonnais au vent mes cheveux tout entiers,
Je suivais dans les cieux ma route accoutumée,
Sur l'axe harmonieux des divins balanciers.
Après vous, traversant l'espace où tout s'élance,

J'irai seule et sereine, en un chaste silence
Je fendrai l'air du front et de mes seins altiers. »

C'est là ce que me dit sa voix triste et superbe,
Et dans mon cœur alors je la hais, et je vois
Notre sang dans son onde et nos morts sous son herbe
Nourrissant de leurs sucs la racine des bois.
Et je dis à mes yeux qui lui trouvaient des charmes :
— Ailleurs tous vos regards, ailleurs toutes vos larmes,
Aimez ce que jamais on ne verra deux fois.

Oh ! qui verra deux fois ta grâce et ta tendresse,
Ange doux et plaintif qui parle en soupirant ?
Qui naîtra comme toi portant une caresse
Dans chaque éclair tombé de ton regard mourant,
Dans les balancements de ta tête penchée,
Dans ta taille indolente et mollement couchée,
Et dans ton pur sourire amoureux et souffrant ?

Vivez, froide Nature, et revivez sans cesse
Sous nos pieds, sur nos fronts, puisque c'est votre loi ;
Vivez, et dédaignez, si vous êtes déesse,
L'homme, humble passager, qui dut vous être un roi ;
Plus que tout votre règne et que ses splendeurs vaines,
J'aime la majesté des souffrances humaines,
Vous ne recevrez pas un cri d'amour de moi.

Mais toi, ne veux-tu pas, voyageuse indolente,
Rêver sur mon épaule, en y posant ton front ?
Viens du paisible seuil de la maison roulante
Voir ceux qui sont passés et ceux qui passeront.
Tous les tableaux humains qu'un Esprit pur m'apporte
S'animeront pour toi, quand, devant notre porte,
Les grands pays muets longuement s'étendront.

Nous marcherons ainsi, ne laissant que notre ombre
Sur cette terre ingrate où les morts ont passé ;
Nous nous parlerons d'eux à l'heure où tout est sombre,
Où tu te plais à suivre un chemin effacé,
À rêver, appuyée aux branches incertaines,

Pleurant, comme Diane au bord de ses fontaines,
Ton amour taciturne et toujours menacé.

LA MORT DU LOUP

I

Les nuages couraient sur la lune enflammée
Comme sur l'incendie on voit fuir la fumée,
Et les bois étaient noirs jusques à l'horizon.
Nous marchions, sans parler, dans l'humide gazon,
Dans la bruyère épaisse et dans les hautes brandes,
Lorsque, sous des sapins pareils à ceux des Landes
Nous avons aperçu les grands ongles marqués
Par les loups voyageurs que nous avions traqués.
Nous avons écouté, retenant notre haleine
Et le pas suspendu. — Ni le bois ni la plaine
Ne poussaient un soupir dans les airs ; seulement
La girouette en deuil criait au firmament,
Car le vent, élevé bien au-dessus des terres,
N'effleurait de ses pieds que les tours solitaires,
Et les chênes d'en bas, contre les rocs penchés,
Sur leurs coudes semblaient endormis et couchés.
Rien ne bruissait donc, lorsque, baissant la tête,
Le plus vieux des chasseurs qui s'étaient mis en quête
A regardé le sable, attendant, à genoux,
Qu'une étoile jetât quelque lueur sur nous ;
Puis, tout bas, a juré que ces marques récentes
Annonçaient la démarche et les griffes puissantes
De deux grands Loups-cerviers et de deux Louveteaux.
Nous avons tous alors préparé nos couteaux
Et, cachant nos fusils et leurs lueurs trop blanches,
Nous allions, pas à pas, en écartant les branches.

Trois s'arrêtent, et moi, cherchant ce qu'ils voyaient,
J'aperçois tout à coup deux yeux qui flamboyaient,
Et je vois au-delà quelques formes légères

Qui dansaient sous la lune au milieu des bruyères,
Comme font chaque jour, à grand bruit, sous nos yeux,
Quand le maître revient, les lévriers joyeux.
L'allure était semblable et semblable la danse ;
Mais les enfants du Loup se jouaient en silence,
Sachant bien qu'à deux pas, ne dormant qu'à demi,
Se couche dans ses murs l'homme, leur ennemi.

Le Père était debout, et plus loin, contre un arbre,
Sa Louve reposait comme celle de marbre
Qu'adoraient les Romains, et dont les flancs velus
Couvaient les Demi-Dieux Rémus et Romulus.
— Le Loup vient et s'assied, les deux jambes dressées
Par leurs ongles crochus dans le sable enfoncées.
Il s'est jugé perdu, puisqu'il était surpris,
Sa retraite coupée et tous ses chemins pris ;
Alors il a saisi, dans sa gueule brûlante,
Du chien le plus hardi la gorge pantelante
Et n'a pas desserré ses mâchoires de fer,
Malgré nos coups de feu qui traversaient sa chair
Et nos couteaux aigus qui, comme des tenailles,
Se croisaient en plongeant dans ses larges entrailles,
Jusqu'au dernier moment où le chien étranglé,
Mort longtemps avant lui, sous ses pieds a roulé.
Le Loup le quitte alors et puis il nous regarde.
Les couteaux lui restaient au flanc jusqu'à la garde,
Le clouaient au gazon tout baigné dans son sang ;
Nos fusils l'entouraient en sinistre croissant.
Il nous regarde encore, ensuite il se recouche
Tout en léchant le sang répandu sur sa bouche,
Et, sans daigner savoir comment il a péri,
Refermant ses grands yeux, meurt sans jeter un cri.

II

J'ai reposé mon front sur mon fusil sans poudre,
Me prenant à penser, et n'ai pu me résoudre
À poursuivre sa Louve et ses fils qui, tous trois,
Avaient voulu l'attendre, et, comme je le crois,

Sans ses deux Louveteaux la belle et sombre veuve
Ne l'eût pas laissé seul subir la grande épreuve ;
Mais son devoir était de les sauver, afin
De pouvoir leur apprendre à bien souffrir la faim,
À ne jamais entrer dans le pacte des villes
Que l'homme a fait avec les animaux serviles
Qui chassent devant lui, pour avoir le coucher,
Les premiers possesseurs du bois et du rocher.

III

Hélas ! ai-je pensé, malgré ce grand nom d'Hommes,
Que j'ai honte de nous, débiles que nous sommes !
Comment on doit quitter la vie et tous ses maux,
C'est vous qui le savez, sublimes animaux !

À voir ce que l'on fut sur terre et ce qu'on laisse,
Seul le silence est grand ; tout le reste est faiblesse.
— Ah ! je t'ai bien compris, sauvage voyageur,
Et ton dernier regard m'est allé jusqu'au cœur !
Il disait : « Si tu peux, fais que ton âme arrive,
À force de rester studieuse et pensive,
Jusqu'à ce haut degré de stoïque fierté
Où, naissant dans les bois, j'ai tout d'abord monté.

Gémir, pleurer, prier est également lâche.
— Fais énergiquement ta longue et lourde tâche
Dans la voie où le Sort a voulu t'appeler,
Puis après, comme moi, souffre et meurs sans parler. »

Écrit au Château du M***, 1843.

LE MONT DES OLIVIERS

I

Alors il était nuit et Jésus marchait seul,
Vêtu de blanc ainsi qu'un mort de son linceul ;
Les disciples dormaient au pied de la colline.
Parmi les oliviers qu'un vent sinistre incline
Jésus marche à grands pas en frissonnant comme eux ;
Triste jusqu'à la mort ; l'œil sombre et ténébreux,
Le front baissé, croisant les deux bras sur sa robe
Comme un voleur de nuit cachant ce qu'il dérobe ;
Connaissant les rochers mieux qu'un sentier uni,
Il s'arrête en un lieu nommé Gethsémani :
Il se courbe, à genoux, le front contre la terre,
Puis regarde le ciel en appelant : Mon Père !
— Mais le ciel reste noir, et Dieu ne répond pas.
Il se lève étonné, marche encore à grands pas,
Froissant les oliviers qui tremblent. Froide et lente
Découle de sa tête une sueur sanglante.
Il recule, il descend, il crie avec effroi :
Ne pouviez-vous prier et veiller avec moi !
Mais un sommeil de mort accable les apôtres,
Pierre à la voix du maître est sourd comme les autres.
Le fils de l'homme alors remonte lentement.
Comme un pasteur d'Égypte il cherche au firmament
Si l'Ange ne luit pas au fond de quelque étoile.
Mais un nuage en deuil s'étend comme le voile
D'une veuve et ses plis entourent le désert.
Jésus, se rappelant ce qu'il avait souffert
Depuis trente-trois ans, devint homme, et la crainte
Serra son cœur mortel d'une invincible étreinte.
Il eut froid. Vainement il appela trois fois :
MON PÈRE ! — Le vent seul répondit à sa voix.
Il tomba sur le sable assis et, dans sa peine,
Eut sur le monde et l'homme une pensée humaine.
— Et la Terre trembla, sentant la pesanteur
Du Sauveur qui tombait aux pieds du créateur.

II

Jésus disait : « Ô Père, encor laisse-moi vivre !
Avant le dernier mot ne ferme pas mon livre !
Ne sens-tu pas le monde et tout le genre humain
Qui souffre avec ma chair et frémit dans ta main ?
C'est que la Terre a peur de rester seule et veuve,
Quand meurt celui qui dit une parole neuve ;
Et que tu n'as laissé dans son sein desséché
Tomber qu'un mot du ciel par ma bouche épanché.
Mais ce mot est si pur, et sa douceur est telle,
Qu'il a comme enivré la famille mortelle
D'une goutte de vie et de Divinité,
Lorsqu'en ouvrant les bras j'ai dit : FRATERNITÉ !

— Père, oh ! si j'ai rempli mon douloureux message,
Si j'ai caché le Dieu sous la face du Sage,
Du Sacrifice humain si j'ai changé le prix,
Pour l'offrande des corps recevant les esprits,
Substituant partout aux choses le Symbole,
La parole au combat, comme au trésor l'obole,
Aux flots rouges du Sang les flots vermeils du vin,
Aux membres de la chair le pain blanc sans levain ;
Si j'ai coupé les temps en deux parts, l'une esclave
Et l'autre libre ; — au nom du Passé que je lave
Par le sang de mon corps qui souffre et va finir :
Versons-en la moitié pour laver l'avenir !
Père Libérateur ! jette aujourd'hui, d'avance,
La moitié de ce Sang d'amour et d'innocence
Sur la tête de ceux qui viendront en disant :
« Il est permis pour tous de tuer l'innocent. »
Nous savons qu'il naîtra, dans le lointain des âges,
Des dominateurs durs escortés de faux Sages
Qui troubleront l'esprit de chaque nation
En donnant un faux sens à ma rédemption. —
Hélas ! je parle encor que déjà ma parole
Est tournée en poison dans chaque parabole ;
Éloigne ce Calice impur et plus amer

Que le fiel, ou l'absinthe, ou les eaux de la mer.
Les verges qui viendront, la couronne d'épine,
Les clous des mains, la lance au fond de ma poitrine,
Enfin toute la croix qui se dresse et m'attend,
N'ont rien, mon Père, oh ! rien qui m'épouvante autant !
— Quand les Dieux veulent bien s'abattre sur les mondes,
Ils n'y doivent laisser que des traces profondes,
Et si j'ai mis le pied sur ce globe incomplet
Dont le gémissement sans repos m'appelait,
C'était pour y laisser deux anges à ma place
De qui la race humaine aurait baisé la trace,
La Certitude heureuse et l'Espoir confiant
Qui dans le Paradis marchent en souriant.
Mais je vais la quitter, cette indigente terre,
N'ayant que soulevé ce manteau de misère
Qui l'entoure à grands plis, drap lugubre et fatal,
Que d'un bout tient le Doute et de l'autre le Mal.

Mal et Doute ! En un mot je puis les mettre en poudre ;
Vous les aviez prévus, laissez-moi vous absoudre
De les avoir permis. — C'est l'accusation
Qui pèse de partout sur la Création !
— Sur son tombeau désert faisons monter Lazare.
Du grand secret des morts qu'il ne soit plus avare
Et de ce qu'il a vu donnons-lui souvenir,
Qu'il parle. — Ce qui dure et ce qui doit finir ;
Ce qu'a mis le Seigneur au cœur de la Nature,
Ce qu'elle prend et donne à toute créature ;
Quels sont, avec le Ciel, ses muets entretiens,
Son amour ineffable et ses chastes liens ;
Comment tout s'y détruit et tout s'y renouvelle,
Pourquoi ce qui s'y cache et ce qui s'y révèle ;
Si les astres des cieux tour à tour éprouvés
Sont comme celui-ci coupables et sauvés ;
Si la Terre est pour eux ou s'ils sont pour la Terre ;
Ce qu'a de vrai la fable et de clair le mystère,
D'ignorant le savoir et de faux la raison ;
Pourquoi l'âme est liée en sa faible prison ;
Et pourquoi nul sentier entre deux larges voies,
Entre l'ennui du calme et des paisibles joies

Et la rage sans fin des vagues passions,
Entre la Léthargie et les Convulsions ;
Et pourquoi pend la Mort comme une sombre épée
Attristant la Nature à tout moment frappée ;
— Si le Juste et le Bien, si l'Injuste et le Mal
Sont de vils accidents en un cercle fatal
Ou si de l'univers ils sont les deux grands pôles,
Soutenant Terre et Cieux sur leurs vastes épaules ;
Et pourquoi les Esprits du Mal sont triomphants
Des maux immérités, de la mort des enfants ;
— Et si les Nations sont des femmes guidées
Par les étoiles d'or des divines idées
Ou de folles enfants sans lampes dans la nuit,
Se heurtant et pleurant et que rien ne conduit ;
— Et si, lorsque des temps l'horloge périssable
Aura jusqu'au dernier versé ses grains de sable,
Un regard de vos yeux, un cri de votre voix,
Un soupir de mon cœur, un signe de ma croix,
Pourra faire ouvrir l'ongle aux Peines Éternelles,
Lâcher leur proie humaine et reployer leurs ailes ;
— Tout sera révélé dès que l'homme saura
De quels lieux il arrive et dans quels il ira. »

III

Ainsi le divin fils parlait au divin Père.
Il se prosterne encore, il attend, il espère,
Mais il renonce et dit : Que votre Volonté
Soit faite et non la mienne et pour l'Éternité.
Une terreur profonde, une angoisse infinie
Redoublent sa torture et sa lente agonie.
Il regarde longtemps, longtemps cherche sans voir.
Comme un marbre de deuil tout le ciel était noir.
La Terre sans clartés, sans astre et sans aurore,
Et sans clartés de l'âme ainsi qu'elle est encore,
Frémissait. — Dans le bois il entendit des pas,
Et puis il vit rôder la torche de Judas.

LE SILENCE

S'il est vrai qu'au Jardin sacré des Écritures,
Le Fils de l'Homme ait dit ce qu'on voit rapporté ;
Muet, aveugle et sourd au cri des créatures,
Si le Ciel nous laissa comme un monde avorté,
Le juste opposera le dédain à l'absence
Et ne répondra plus que par un froid silence
Au silence éternel de la Divinité.

							2 avril 1862.

Honoré de Balzac

LA RECONNAISSANCE DU GAMIN

Un jeudi gras, vers les trois heures après midi, flânant sur les boulevards de Paris, j'aperçus au coin du faubourg Poissonnière, au milieu de la foule, une de ces petites figures enfantines dont l'artiste peut seul deviner la sauvage poésie. C'était un gamin, mais un vrai gamin de Paris !... Cheveux rougeâtres bien ébouriffés, roulés en boucle d'un côté, aplatis çà et là, blanchis par du plâtre, souillés de boue, et gardant encore l'empreinte des doigts crochus du gamin robuste avec lequel il venait peut-être de se battre ; puis, un nez qui n'avait jamais connu de pacte avec les vanités mondaines du mouchoir, un nez dont les doigts faisaient seuls la police ; mais aussi une bouche fraîche et gracieuse, des dents d'une blancheur éblouissante ; sur la peau, des tons de chair vigoureux, blancs et bruns, admirablement nuancés de rouge. Ses yeux, pétillants dans l'occasion, étaient mornes, tristes et fortement cernés. Les paupières, fournies de beaux cils bien recourbés, avaient un charme indéfinissable... Ô enfance !...

Vêtu à la diable, insouciant d'une pluie fine qui tombait, assis sur une borne froide, et laissant pendre ses pieds imparfaitement couverts d'une chaussure découpée comme le panneton d'une clé, il était là, ne criant plus : — *À la chienlit !... lit !... lit !...*, reniflant sans cérémonie. Pensif comme une femme trompée, on eût dit qu'il se trouvait là — chez lui. Ses jolies mains, dont les ongles roses étaient bordés de noir, avaient une crasse presque huileuse... Une chemise brune, dont le col, irrégulièrement tiré, entourait sa tête, comme d'une frange, permettait de voir une poitrine aussi blanche que celle de la danseuse la plus fraîche figurant dans un bal du grand monde...

Il regardait passer les enfants de son âge ; et toutes les fois qu'un petit bourgeois habillé en lancier, en troubadour, ou vêtu d'une jaquette, se montrait armé de la batte obligée, sur laquelle était un rat de craie... Oh ! alors... les yeux du gamin s'allumaient de tous les feux du désir !...

L'enfance est-elle naïve ?... me disais-je. Elle ne sait pas taire ses passions vives, ses craintes, ses espérances d'un jour !...

Je m'amusai pendant quelques minutes de la concupiscence du gamin. Oh ! oui ; c'était bien une batte qu'il souhaitait. Sa journée avait été perdue. Je vis qu'il gardait l'empreinte de plusieurs rats sur ses habits noirs. Il avait le cœur gros de vengeance... Ah ! comme ses yeux se tournaient avec amour vers la boutique d'un épicier dont les sébiles étaient pleines de fusées, de billes ; et où, derrière les carreaux, se trouvaient deux battes bien crayeuses placées en sautoir.

— Pourquoi n'as-tu pas de batte ?... lui dis-je.

Il me regarda fièrement, et me toisa comme M. Cuvier doit mesurer M. Geoffroy-Saint-Hilaire quand celui-ci l'attaque inconsidérément à l'Institut.

— Imbécile !... semblait-il me dire, si j'avais deux sous, ne serais-je pas riant, rigolant, tapant, frappant, criant ?... Pourquoi me tenter ?...

J'allai chez l'épicier. L'enfant me suivit attiré par mon regard qui exerça sur lui la plus puissante des fascinations. Le gamin rougissait de plaisir, ses yeux s'animaient... Il eut la batte...

Alors, il la brandit ; et, pendant que je l'examinais, il m'appliqua, dans le dos d'un habit tout neuf, le premier exemplaire d'un rat, en criant d'une voix railleuse :

— *À la chienlit !... lit !... lit !...*

Je voulus me fâcher.

Il se sauva en ameutant les passants par ses clameurs rauques et perçantes...

— *À la chienlit !... lit !... lit !...*

Dans cet enfant il y a tous les hommes !...

HENRI B...

(*La Caricature*, 11 novembre 1830.)

Victor Hugo

LES FEUILLES D'AUTOMNE

LA PENTE DE LA RÊVERIE

Obscuritate rerum verba sæpe obscurantur.
GERVASIUS TILBERIENSIS.

Amis, ne creusez pas vos chères rêveries ;
Ne fouillez pas le sol de vos plaines fleuries ;
Et quand s'offre à vos yeux un océan qui dort,
Nagez à la surface ou jouez sur le bord.
Car la pensée est sombre ! Une pente insensible
Va du monde réel à la sphère invisible ;
La spirale est profonde, et quand on y descend,
Sans cesse se prolonge et va s'élargissant,
Et pour avoir touché quelque énigme fatale,
De ce voyage obscur souvent on revient pâle !

L'autre jour, il venait de pleuvoir, car l'été,
Cette année, est de bise et de pluie attristé,
Et le beau mois de mai dont le rayon nous leurre,
Prend le masque d'avril qui sourit et qui pleure.
J'avais levé le store aux gothiques couleurs.
Je regardais au loin les arbres et les fleurs.
Le soleil se jouait sur la pelouse verte
Dans les gouttes de pluie, et ma fenêtre ouverte
Apportait du jardin à mon esprit heureux
Un bruit d'enfants joueurs et d'oiseaux amoureux.
Paris, les grands ormeaux, maison, dôme, chaumière,

Tout flottait à mes yeux dans la riche lumière
De cet astre de mai dont le rayon charmant
Au bout de tout brin d'herbe allume un diamant !
Je me laissais aller à ces trois harmonies,
Printemps, matin, enfance, en ma retraite unies ;
La Seine, ainsi que moi, laissait son flot vermeil
Suivre nonchalamment sa pente, et le soleil
Faisait évaporer à la fois sur les grèves
L'eau du fleuve en brouillards et ma pensée en rêves !

Alors, dans mon esprit, je vis autour de moi
Mes amis, non confus, mais tels que je les vois
Quand ils viennent le soir, troupe grave et fidèle,
Vous avec vos pinceaux dont la pointe étincelle,
Vous, laissant échapper vos vers au vol ardent,
Et nous tous écoutant en cercle, ou regardant.
Ils étaient bien là tous, je voyais leurs visages,
Tous, même les absents qui font de longs voyages.
Puis tous ceux qui sont morts vinrent après ceux-ci,
Avec l'air qu'ils avaient quand ils vivaient aussi.
Quand j'eus, quelques instants, des yeux de ma pensée,
Contemplé leur famille à mon foyer pressée,
Je vis trembler leurs traits confus, et par degrés
Pâlir en s'effaçant leurs fronts décolorés,
Et tous, comme un ruisseau qui dans un lac s'écoule,
Se perdre autour de moi dans une immense foule.

Foule sans nom ! chaos ! des voix, des yeux, des pas.
Ceux qu'on n'a jamais vus, ceux qu'on ne connaît pas.
Tous les vivants ! — cités bourdonnant aux oreilles
Plus qu'un bois d'Amérique ou des ruches d'abeilles,
Caravanes campant sur le désert en feu,
Matelots dispersés sur l'océan de Dieu,
Et, comme un pont hardi sur l'onde qui chavire,
Jetant d'un monde à l'autre un sillon de navire,
Ainsi que l'araignée entre deux chênes verts
Jette un fil argenté qui flotte dans les airs !

Les deux pôles ! le monde entier ! la mer, la terre,
Alpes aux fronts de neige, Etnas au noir cratère,

Tout à la fois, automne, été, printemps, hiver,
Les vallons descendant de la terre à la mer
Et s'y changeant en golfe, et des mers aux campagnes
Les caps épanouis en chaînes de montagnes,
Et les grands continents, brumeux, verts ou dorés,
Par les grands océans sans cesse dévorés,
Tout, comme un paysage en une chambre noire
Se réfléchit avec ses rivières de moire,
Ses passants, ses brouillards flottant comme un duvet,
Tout dans mon esprit sombre allait, marchait, vivait !
Alors, en attachant, toujours plus attentives,
Ma pensée et ma vue aux mille perspectives
Que le souffle du vent ou le pas des saisons
M'ouvrait à tous moments dans tous les horizons,
Je vis soudain surgir, parfois du sein des ondes,
À côté des cités vivantes des deux mondes,
D'autres villes aux fronts étranges, inouïs,
Sépulcres ruinés des temps évanouis,
Pleines d'entassements, de tours, de pyramides,
Baignant leurs pieds aux mers, leur tête aux cieux humides.
Quelques-unes sortaient de dessous des cités
Où les vivants encor bruissent agités,
Et des siècles passés jusqu'à l'âge où nous sommes
Je pus compter ainsi trois étages de Romes.
Et tandis qu'élevant leurs inquiètes voix,
Les cités des vivants résonnaient à la fois
Des murmures du peuple ou du pas des armées,
Ces villes du passé, muettes et fermées,
Sans fumée à leurs toits, sans rumeurs dans leurs seins,
Se taisaient, et semblaient des ruches sans essaims.
J'attendais. Un grand bruit se fit. Les races mortes
De ces villes en deuil vinrent ouvrir les portes,
Et je les vis marcher ainsi que les vivants,
Et jeter seulement plus de poussière aux vents.
Alors, tours, aqueducs, pyramides, colonnes,
Je vis l'intérieur des vieilles Babylones,
Les Carthages, les Tyrs, les Thèbes, les Sions,
D'où sans cesse sortaient des générations.

Ainsi j'embrassais tout : et la terre, et Cybèle ;
La face antique auprès de la face nouvelle ;
Le passé, le présent ; les vivants et les morts ;
Le genre humain complet comme au jour du remords.
Tout parlait à la fois, tout se faisait comprendre,
Le pélage d'Orphée et l'étrusque d'Évandre,
Les runes d'Irmensul, le sphinx égyptien,
La voix du nouveau monde aussi vieux que l'ancien.

Or, ce que je voyais, je doute que je puisse
Vous le peindre : c'était comme un grand édifice
Formé d'entassements de siècles et de lieux ;
On n'en pouvait trouver les bords ni les milieux ;
À toutes les hauteurs, nations, peuples, races,
Mille ouvriers humains, laissant partout leurs traces,
Travaillaient nuit et jour, montant, croisant leurs pas,
Parlant chacun leur langue et ne s'entendant pas ;
Et moi je parcourais, cherchant qui me réponde,
De degrés en degrés cette Babel du monde.

La nuit avec la foule, en ce rêve hideux,
Venait, s'épaississant ensemble toutes deux,
Et, dans ces régions que nul regard ne sonde,
Plus l'homme était nombreux, plus l'ombre était profonde.
Tout devenait douteux et vague, seulement
Un souffle qui passait de moment en moment,
Comme pour me montrer l'immense fourmilière,
Ouvrait dans l'ombre au loin des vallons de lumière,
Ainsi qu'un coup de vent fait sur les flots troublés
Blanchir l'écume, ou creuse une onde dans les blés.

Bientôt autour de moi les ténèbres s'accrurent,
L'horizon se perdit, les formes disparurent,
Et l'homme avec la chose et l'être avec l'esprit
Flottèrent à mon souffle, et le frisson me prit.
J'étais seul. Tout fuyait. L'étendue était sombre.
Je voyais seulement au loin, à travers l'ombre,
Comme d'un océan les flots noirs et pressés,
Dans l'espace et le temps les nombres entassés !

Oh ! cette double mer du temps et de l'espace
Où le navire humain toujours passe et repasse,
Je voulus la sonder, je voulus en toucher
Le sable, y regarder, y fouiller, y chercher,
Pour vous en rapporter quelque richesse étrange,
Et dire si son lit est de roche ou de fange.
Mon esprit plongea donc sous ce flot inconnu,
Au profond de l'abîme il nagea seul et nu,
Toujours de l'ineffable allant à l'invisible...
Soudain il s'en revint avec un cri terrible,
Ébloui, haletant, stupide, épouvanté,
Car il avait au fond trouvé l'éternité.

28 mai 1830.

SOLEILS COUCHANTS

Merveilleux tableaux que la vue découvre à la pensée.
CH. NODIER.

I

J'aime les soirs sereins et beaux, j'aime les soirs,
Soit qu'ils dorent le front des antiques manoirs
        Ensevelis dans les feuillages ;
Soit que la brume au loin s'allonge en bancs de feu ;
Soit que mille rayons brisent dans un ciel bleu
        À des archipels de nuages.

Oh ! regardez le ciel ! cent nuages mouvants,
Amoncelés là-haut sous le souffle des vents,
        Groupent leurs formes inconnues ;
Sous leurs flots par moments flamboie un pâle éclair,
Comme si tout à coup quelque géant de l'air
        Tirait son glaive dans les nues.

Le soleil, à travers leurs ombres, brille encor ;
Tantôt fait, à l'égal des larges dômes d'or,
　　　　Luire le toit d'une chaumière ;
Ou dispute aux brouillards les vagues horizons ;
Ou découpe, en tombant sur les sombres gazons,
　　　　Comme de grands lacs de lumière.

Puis voilà qu'on croit voir, dans le ciel balayé,
Pendre un grand crocodile au dos large et rayé,
　　　　Aux trois rangs de dents acérées ;
Sous son ventre plombé glisse un rayon du soir ;
Cent nuages ardents luisent sous son flanc noir
　　　　Comme des écailles dorées.

Puis se dresse un palais ; puis l'air tremble, et tout fuit.
L'édifice effrayant des nuages détruit
　　　　S'écroule en ruines pressées ;
Il jonche au loin le ciel, et ses cônes vermeils
Pendent, la pointe en bas, sur nos têtes, pareils
　　　　À des montagnes renversées.

Ces nuages de plomb, d'or, de cuivre, de fer,
Où l'ouragan, la trombe, et la foudre, et l'enfer
　　　　Dorment avec de sourds murmures,
C'est Dieu qui les suspend en foule aux cieux profonds,
Comme un guerrier qui pend aux poutres des plafonds
　　　　Ses retentissantes armures !

Tout s'en va ! Le soleil, d'en haut précipité,
Comme un globe d'airain qui, rouge, est rejeté
　　　　Dans les fournaises remuées,
En tombant sur leurs flots que son choc désunit,
Fait en flocons de feu jaillir jusqu'au zénith
　　　　L'ardente écume des nuées !

Oh ! contemplez le ciel ! et dès qu'a fui le jour,
En tout temps, en tout lieu, d'un ineffable amour,
　　　　Regardez à travers ses voiles ;
Un mystère est au fond de leur grave beauté,

L'hiver, quand ils sont noirs comme un linceul, l'été,
      Quand la nuit les brode d'étoiles.

                                          Novembre 1828.

                        VI

Le soleil s'est couché ce soir dans les nuées.
Demain viendra l'orage, et le soir, et la nuit ;
Puis l'aube, et ses clartés de vapeurs obstruées ;
Puis les nuits, puis les jours, pas du temps qui s'enfuit !

Tous ces jours passeront ; ils passeront en foule
Sur la face des mers, sur la face des monts,
Sur les fleuves d'argent, sur les forêts où roule
Comme un hymne confus des morts que nous aimons.

Et la face des eaux, et le front des montagnes,
Ridés et non vieillis, et les bois toujours verts
S'iront rajeunissant ; le fleuve des campagnes
Prendra sans cesse aux monts le flot qu'il donne aux mers.

Mais moi, sous chaque jour courbant plus bas ma tête,
Je passe, et, refroidi sous ce soleil joyeux,
Je m'en irai bientôt, au milieu de la fête,
Sans que rien manque au monde, immense et radieux !

                                  22 avril 1829

LES VOIX INTÉRIEURES

À VIRGILE

Ô Virgile ! ô poète ! ô mon maître divin !
Viens, quittons cette ville au cri sinistre et vain,
Qui, géante, et jamais ne fermant la paupière,
Presse un flot écumant entre ses flancs de pierre,
Lutèce, si petite au temps de tes Césars,
Et qui jette aujourd'hui, cité pleine de chars,
Sous le nom éclatant dont le monde la nomme,
Plus de clarté qu'Athène et plus de bruit que Rome.

Pour toi qui dans les bois fais, comme l'eau des cieux,
Tomber de feuille en feuille un vers mystérieux,
Pour toi dont la pensée emplit ma rêverie,
J'ai trouvé, dans une ombre où rit l'herbe fleurie,
Entre Buc et Meudon, dans un profond oubli,
— Et quand je dis Meudon, suppose Tivoli ! —
J'ai trouvé, mon poète, une chaste vallée
À des coteaux charmants nonchalamment mêlée,
Retraite favorable à des amants cachés,
Faite de flots dormants et de rameaux penchés,
Où midi baigne en vain de ses rayons sans nombre
La grotte et la forêt, frais asiles de l'ombre !

Pour toi je l'ai cherchée, un matin, fier, joyeux,
Avec l'amour au cœur et l'aube dans les yeux ;
Pour toi je l'ai cherchée, accompagné de celle
Qui sait tous les secrets que mon âme recèle,
Et qui, seule avec moi sous les bois chevelus,
Serait ma Lycoris si j'étais ton Gallus.

Car elle a dans le cœur cette fleur large et pure,
L'amour mystérieux de l'antique nature !

Elle aime comme nous, maître, ces douces voix,
Ce bruit de nids joyeux qui sort des sombres bois,
Et, le soir, tout au fond de la vallée étroite,
Les coteaux renversés dans le lac qui miroite,
Et, quand le couchant morne a perdu sa rougeur,
Les marais irrités des pas du voyageur,
Et l'humble chaume, et l'antre obstrué d'herbe verte,
Et qui semble une bouche avec terreur ouverte,
Les eaux, les prés, les monts, les refuges charmants,
Et les grands horizons pleins de rayonnements !

Maître ! puisque voici la saison des pervenches,
Si tu veux, chaque nuit, en écartant les branches,
Sans éveiller d'échos à nos pas hasardeux,
Nous irons tous les trois, c'est-à-dire tous deux,
Dans ce vallon sauvage, et de la solitude,
Rêveurs, nous surprendrons la secrète attitude.
Dans la brune clairière où l'arbre au tronc noueux
Prend le soir un profil humain et monstrueux,
Nous laisserons fumer, à côté d'un cytise,
Quelque feu qui s'éteint sans pâtre qui l'attise,
Et, l'oreille tendue à leurs vagues chansons,
Dans l'ombre, au clair de lune, à travers les buissons,
Avides, nous pourrons voir à la dérobée
Les satyres dansants qu'imite Alphésibée.

23 mars 18..

À ALBERT DURER

Dans les vieilles forêts où la sève à grands flots
Court du fût noir de l'aulne au tronc blanc des bouleaux,
Bien des fois, n'est-ce pas ? à travers la clairière,
Pâle, effaré, n'osant regarder en arrière,
Tu t'es hâté, tremblant et d'un pas convulsif,
Ô mon maître Albert Dure, ô vieux peintre pensif !

On devine, devant tes tableaux qu'on vénère,
Que dans les noirs taillis ton œil visionnaire
Voyait distinctement, par l'ombre recouverts,
Le faune aux doigts palmés, le sylvain aux yeux verts,
Pan, qui revêt de fleurs l'antre où tu te recueilles,
Et l'antique dryade aux mains pleines de feuilles.

Une forêt pour toi, c'est un monde hideux.
Le songe et le réel s'y mêlent tous les deux.
Là se penchent rêveurs les vieux pins, les grands ormes
Dont les rameaux tordus font cent coudes difformes,
Et dans ce groupe sombre agité par le vent
Rien n'est tout à fait mort ni tout à fait vivant.
Le cresson boit ; l'eau court ; les frênes sur les pentes,
Sous la broussaille horrible et les ronces grimpantes,
Contractent lentement leurs pieds noueux et noirs ;
Les fleurs au cou de cygne ont les lacs pour miroirs ;
Et, sur vous qui passez et l'avez réveillée,
Mainte chimère étrange à la gorge écaillée,
D'un arbre entre ses doigts serrant les larges nœuds,
Du fond d'un antre obscur fixe un œil lumineux.
Ô végétation ! esprit ! matière ! force !
Couverte de peau rude ou de vivante écorce !

Aux bois, ainsi que toi, je n'ai jamais erré,
Maître, sans qu'en mon cœur l'horreur ait pénétré,
Sans voir tressaillir l'herbe, et, par le vent bercées,
Pendre à tous les rameaux de confuses pensées.
Dieu seul, ce grand témoin des faits mystérieux,
Dieu seul le sait, souvent, en de sauvages lieux,
J'ai senti, moi qu'échauffe une secrète flamme,
Comme moi palpiter et vivre avec une âme,
Et rire, et se parler dans l'ombre à demi-voix,
Les chênes monstrueux qui remplissent les bois.

                                                        20 avril 1837.

CHÂTIMENTS

SOUVENIR DE LA NUIT DU 4

L'enfant avait reçu deux balles dans la tête.
Le logis était propre, humble, paisible, honnête ;
On voyait un rameau bénit sur un portrait.
Une vieille grand-mère était là qui pleurait.
Nous le déshabillions en silence. Sa bouche
Pâle s'ouvrait ; la mort noyait son œil farouche ;
Ses bras pendants semblaient demander des appuis.
Il avait dans sa poche une toupie en buis.
On pouvait mettre un doigt dans les trous de ses plaies.
Avez-vous vu saigner la mûre dans les haies ?
Son crâne était ouvert comme un bois qui se fend.
L'aïeule regarda déshabiller l'enfant,
Disant : — Comme il est blanc ! approchez donc la lampe !
Dieu ! ses pauvres cheveux sont collés sur sa tempe ! —
Et quand ce fut fini, le prit sur ses genoux.
La nuit était lugubre ; on entendait des coups
De fusil dans la rue où l'on en tuait d'autres.
— Il faut ensevelir l'enfant, dirent les nôtres.
Et l'on prit un drap blanc dans l'armoire en noyer.
L'aïeule cependant l'approchait du foyer,
Comme pour réchauffer ses membres déjà roides.
Hélas ! ce que la mort touche de ses mains froides
Ne se réchauffe plus aux foyers d'ici-bas !
Elle pencha la tête et lui tira ses bas,
Et dans ses vieilles mains prit les pieds du cadavre.
— Est-ce que ce n'est pas une chose qui navre !
Cria-t-elle ! monsieur, il n'avait pas huit ans !
Ses maîtres, il allait en classe, étaient contents.
Monsieur, quand il fallait que je fisse une lettre,
C'est lui qui l'écrivait. Est-ce qu'on va se mettre
À tuer les enfants maintenant ? Ah ! mon Dieu !
On est donc des brigands ? Je vous demande un peu :

Il jouait ce matin, là, devant la fenêtre !
Dire qu'ils m'ont tué ce pauvre petit être !
Il passait dans la rue, ils ont tiré dessus.
Monsieur, il était bon et doux comme un Jésus.
Moi je suis vieille, il est tout simple que je parte ;
Cela n'aurait rien fait à monsieur Bonaparte
De me tuer au lieu de tuer mon enfant ! —
Elle s'interrompit, les sanglots l'étouffant,
Puis elle dit, et tous pleuraient près de l'aïeule
— Que vais-je devenir à présent toute seule ?
Expliquez-moi cela, vous autres, aujourd'hui.
Hélas ! je n'avais plus de sa mère que lui.
Pourquoi l'a-t-on tué ? je veux qu'on me l'explique.
L'enfant n'a pas crié vive la République. —
Nous nous taisions, debout et graves, chapeau bas,
Tremblant devant ce deuil qu'on ne console pas.

Vous ne compreniez point, mère, la politique.
Monsieur Napoléon, c'est son nom authentique,
Est pauvre et même prince ; il aime les palais ;
Il lui convient d'avoir des chevaux, des valets,
De l'argent pour son jeu, sa table, son alcôve,
Ses chasses ; par la même occasion, il sauve
La Famille, l'Église et la Société ;
Il veut avoir Saint-Cloud, plein de roses l'été,
Où viendront l'adorer les préfets et les maires ;
C'est pour cela qu'il faut que les vieilles grand-mères,
De leurs pauvres doigts gris que fait trembler le temps,
Cousent dans le linceul des enfants de sept ans.

                                    Jersey, 2 décembre 1852.

ON LOGE À LA NUIT

Aventurier conduit par le louche destin,
Pour y passer la nuit, jusqu'à demain matin,
Entre à l'auberge Louvre avec ta rosse Empire.

Molière te regarde et fait signe à Shakspeare ;
L'un te prend pour Scapin, l'autre pour Richard trois.
Entre en jurant et fais le signe de la croix.
L'antique hôtellerie est toute illuminée.
L'enseigne, par le temps salie et charbonnée,
Sur le vieux fleuve Seine, à deux pas du Pont-Neuf,
Crie et grince au balcon rouillé de Charles-Neuf ;
On y déchiffre encor ces quelques lettres : — Sacre ; —
Texte obscur et tronqué, reste du mot Massacre.

Un fourmillement sombre emplit ce noir logis.
Parmi les chants d'ivresse et les refrains mugis,
On rit, on boit, on mange, et le vin sort des outres.
Toute une boucherie est accrochée aux poutres.
Ces êtres triomphants ont fait quelque bon coup.
L'un crie : assommons tout ! et l'autre : empochons tout !
L'autre agite une torche aux clartés aveuglantes.
Par places, sur les murs on voit des mains sanglantes.
Les mets fument ; la braise aux fourneaux empourprés
Flamboie ; on voit aller et venir affairés,
Des taches à leurs mains, des taches à leurs chausses,
Les Rianceys marmitons, les Nisards gâte-sauces ;
Et, — derrière la table où sont assis Fortoul,
Persil, Piétri, Carlier, Chapuys le capitoul,
Ducos et Magne au meurtre ajoutant leur paraphe,
Forey dont à Bondy l'on change l'orthographe,
Rouher et Radetzky, Haynau près de Drouyn, —
Le porc Sénat fouillant l'ordure du grouin.
Ces gueux ont commis plus de crimes qu'un évêque
N'en bénirait. Explore, analyse, dissèque,
Dans leur âme où de Dieu le germe est étouffé,
Tu ne trouveras rien. — Sus donc, entre coiffé
Comme Napoléon, botté comme Macaire.
Le général Bertrand te précède ; tonnerre
De bravos. Cris de joie aux hurlements mêlés.
Les spectres qui gisaient dans l'ombre échevelés
Te regardent entrer et rouvrent leurs yeux mornes ;
Autour de toi s'émeut l'essaim des maritornes,
À beaucoup de jargon mêlant un peu d'argot ;

La marquise Toinon, la duchesse Margot,
Houris au cœur de verre, aux regards d'escarboucles.
Maître, es-tu la régence ? on poudrera ses boucles ;
Es-tu le directoire ? on mettra des madras.
Fais, ô bel étranger, tout ce que tu voudras,
Ton nom est Million, entre ! — Autour de ces belles,
Colombes de l'orgie, ayant toutes des ailes,
Folâtrent Suin, Mongis, Turgot et d'Aguesseau,
Et Saint-Arnaud qui vole autrement que l'oiseau.
Aux trois-quarts gris déjà, Reybell le trabucaire
Prend Fould pour un curé dont Sibour est vicaire.

Regarde : tout est prêt pour te fêter, bandit.

L'immense cheminée au centre resplendit.
Ton aigle, une chouette, en blasonne le plâtre.
Le bœuf Peuple rôtit tout entier devant l'âtre ;
La lèchefrite chante en recevant le sang ;
À côté sont assis, souriant et causant,
Magnan qui l'a tué, Troplong qui le fait cuire.
On entend cette chair pétiller et bruire,
Et sur son tablier de cuir, joyeux et las,
Le boucher Carrelet fourbit son coutelas.
La marmite Budget pend à la crémaillère.
Viens, toi qu'aiment les juifs et que l'église éclaire,
Espoir des fils d'Ignace et des fils d'Abraham,
Qui t'en vas vers Toulon et qui t'en viens de Ham,
Viens, la journée est faite et c'est l'heure de paître.
Prends devant ce bon feu ce bon fauteuil, ô maître.
Tout ici te vénère et te proclame roi ;
Viens ; rayonne, assieds-toi ; chauffe-toi, sèche-toi,
Sois bon prince, ô brigand ! ô fils de la créole,
Dépouille ta grandeur, quitte ton auréole ;
Ce qu'on appelle ainsi dans ce nid de félons
C'est la boue et le sang collés à tes talons,
C'est la fange rouillant ton éperon sordide ;
Les héros, les penseurs portent, groupe splendide,
Leur immortalité sur leur radieux front ;
Toi, tu traînes ta gloire à tes pieds. Entre donc,
Ôte ta renommée avec un tire-bottes.

Vois, les grands hommes nains et les gloires nabotes
T'entourent en chantant, ô Tom-Pouce Attila !
Ce bœuf rôtit pour toi ; Maupas, ton nègre, est là ;
Et, jappant dans sa niche au coin du feu, Baroche
Vient te lécher les pieds tout en tournant la broche.

Pendant que dans l'auberge ils trinquent à grand bruit,
Dehors, par un chemin qui se perd dans la nuit,
Hâtant son lourd cheval dont le pas se rapproche,
Muet, pensif, avec des ordres dans sa poche,
Sous ce ciel noir qui doit redevenir ciel bleu,
Arrive l'avenir, le gendarme de Dieu !

Jersey, novembre 1852.

LE SACRE

sur l'air de Malbrouck

Dans l'affreux cimetière,
Paris tremble, ô douleur, ô misère !
Dans l'affreux cimetière
Frémit le nénuphar.

Castaing lève sa pierre,
Paris tremble, ô douleur, ô misère !
Castaing lève sa pierre
Dans l'herbe de Clamar,

Et crie et vocifère,
Paris tremble, ô douleur, ô misère !
Et crie et vocifère :
— Je veux être César !

Cartouche en son suaire,
Paris tremble, ô douleur, ô misère !

Cartouche en son suaire
S'écrie ensanglanté :

— Je veux aller sur terre,
Paris tremble, ô douleur, ô misère !
Je veux aller sur terre,
Pour être majesté !

Mingrat monte à sa chaire,
Paris tremble, ô douleur, ô misère !
Mingrat monte à sa chaire,
Et dit, sonnant le glas :

— Je veux, dans l'ombre où j'erre,
Paris tremble, ô douleur, ô misère !
Je veux, dans l'ombre où j'erre
Avec mon coutelas,

Être appelé : mon frère,
Paris tremble, ô douleur, ô misère !
Être appelé : mon frère,
Par le czar Nicolas !

Poulmann dans l'ossuaire,
Paris tremble, ô douleur, ô misère !
Poulmann dans l'ossuaire
S'éveillant en fureur,

Dit à Mandrin : — compère,
Paris tremble, ô douleur, ô misère !
Dit à Mandrin : — compère,
Je veux être empereur !

— Je veux, dit Lacenaire,
Paris tremble, ô douleur, ô misère !
Je veux, dit Lacenaire,
Être empereur et roi !

Et Soufflard déblatère,
Paris tremble, ô douleur, ô misère !

Et Soufflard déblatère,
Hurlant comme un beffroi :

— Au lieu de cette bière,
Paris tremble, ô douleur, ô misère !
Au lieu de cette bière,
Je veux le Louvre, moi !

Ainsi, dans leur poussière,
Paris tremble, ô douleur, ô misère !
Ainsi, dans leur poussière,
Parlent les chenapans.

— Çà, dit Robert Macaire,
Paris tremble, ô douleur, ô misère !
— Çà, dit Robert Macaire,
Pourquoi ces cris de paons ?

Pourquoi cette colère ?
Paris tremble, ô douleur, ô misère !
Pourquoi cette colère ?
Ne sommes-nous pas rois ?

Regardez, le saint-père,
Paris tremble, ô douleur, ô misère !
Regardez, le saint-père,
Portant sa grande croix,

Nous sacre tous ensemble,
Ô misère, ô douleur, Paris tremble !
Nous sacre tous ensemble
Dans Napoléon-trois !

Jersey, juillet 1853

STELLA

Je m'étais endormi la nuit près de la grève.
Un vent frais m'éveilla, je sortis de mon rêve,
J'ouvris les yeux, je vis l'étoile du matin.
Elle resplendissait au fond du ciel lointain
Dans une blancheur molle, infinie et charmante.
Aquilon s'enfuyait emportant la tourmente.
L'astre éclatant changeait la nuée en duvet.
C'était une clarté qui pensait, qui vivait ;
Elle apaisait l'écueil où la vague déferle ;
On croyait voir une âme à travers une perle.
Il faisait nuit encor, l'ombre régnait en vain,
Le ciel s'illuminait d'un sourire divin.
La lueur argentait le haut du mât qui penche ;
Le navire était noir, mais la voile était blanche ;
Des goélands debout sur un escarpement,
Attentifs, contemplaient l'étoile gravement
Comme un oiseau céleste et fait d'une étincelle ;
L'océan, qui ressemble au peuple, allait vers elle,
Et, rugissant tout bas, la regardait briller,
Et semblait avoir peur de la faire envoler.
Un ineffable amour emplissait l'étendue.
L'herbe verte à mes pieds frissonnait éperdue,
Les oiseaux se parlaient dans les nids ; une fleur
Qui s'éveillait me dit : C'est l'étoile ma sœur.
Et pendant qu'à longs plis l'ombre levait son voile,
J'entendis une voix qui venait de l'étoile
Et qui disait : — Je suis l'astre qui vient d'abord.
Je suis celle qu'on croit dans la tombe et qui sort.
J'ai lui sur le Sina, j'ai lui sur le Taygète,
Je suis le caillou d'or et de feu que Dieu jette,
Comme avec une fronde, au front noir de la nuit.
Je suis ce qui renaît quand un monde est détruit.
Ô nations ! je suis la Poésie ardente.
J'ai brillé sur Moïse et j'ai brillé sur Dante.
Le lion Océan est amoureux de moi.

J'arrive. Levez-vous, vertu, courage, foi !
Penseurs, esprits ! montez sur la tour, sentinelles !
Paupières, ouvrez-vous ! allumez-vous, prunelles !
Terre, émeus le sillon ; vie, éveille le bruit ;
Debout, vous qui dormez ; — car celui qui me suit,
Car celui qui m'envoie en avant la première,
C'est l'ange Liberté, c'est le géant Lumière !

Jersey, juillet 1853.

LA FIN DE SATAN

ET NOX FACTA EST

I

Depuis quatre mille ans il tombait dans l'abîme.

Il n'avait pas encor pu saisir une cime,
Ni lever une fois son front démesuré.
Il s'enfonçait dans l'ombre et la brume, effaré,
Seul, et derrière lui, dans les nuits éternelles,
Tombaient plus lentement les plumes de ses ailes.
Il tombait foudroyé, morne, silencieux,
Triste, la bouche ouverte et les pieds vers les cieux,
L'horreur du gouffre empreinte à sa face livide.
Il cria : — Mort ! — les poings tendus vers l'ombre vide.
Ce mot plus tard fut homme et s'appela Caïn.
Il tombait. Tout à coup un roc heurta sa main ;
Il l'étreignit, ainsi qu'un mort étreint sa tombe,
Et s'arrêta.
            Quelqu'un, d'en haut, lui cria : — Tombe !
Les soleils s'éteindront autour de toi, maudit ! —

Et la voix dans l'horreur immense se perdit.
Et, pâle, il regarda vers l'éternelle aurore.
Les soleils étaient loin, mais ils brillaient encore.
Satan dressa la tête et dit, levant le bras :
— Tu mens ! — ce mot plus tard fut l'âme de Judas.
Pareil aux dieux d'airain debout sur leurs pilastres,
Il attendit mille ans, l'œil fixé sur les astres.
Les soleils étaient loin, mais ils brillaient toujours.
La foudre alors gronda dans les cieux froids et sourds.
Satan rit, et cracha du côté du tonnerre.
L'immensité, qu'emplit l'ombre visionnaire,
Frissonna. Ce crachat fut plus tard Barabbas.
Un souffle qui passait le fit tomber plus bas.

II

La chute du damné recommença. — Terrible,
Sombre, et piqué de trous lumineux comme un crible,
Le ciel plein de soleils s'éloignait, la clarté
Tremblait, et dans la nuit le grand précipité,
Nu, sinistre, et tiré par le poids de son crime,
Tombait, et, comme un coin, sa tête ouvrait l'abîme.
Plus bas ! plus bas ! toujours plus bas ! Tout à présent
Le fuyait ; pas d'obstacle à saisir en passant,
Pas un mont, pas un roc croulant, pas une pierre,
Rien, l'ombre, et d'épouvante il ferma sa paupière.
Quand il rouvrit les yeux, trois soleils seulement
Brillaient, et l'ombre avait rongé le firmament.
Tous les autres soleils étaient morts.

III

                          Une roche
Sortait du noir brouillard comme un bras qui s'approche.
Il la prit, et ses pieds touchèrent des sommets.

Alors l'être effrayant qui s'appelle Jamais
Songea. Son front tomba dans ses mains criminelles.

Les trois soleils, de loin, ainsi que trois prunelles,
Le regardaient, et lui ne les regardait pas.
L'espace ressemblait aux plaines d'ici-bas,
Le soir, quand l'horizon qui tressaille et recule,
Noircit sous les yeux blancs du spectre crépuscule.
De longs rayons rampaient aux pieds du grand banni.
Derrière lui son ombre emplissait l'infini.
Les cimes du chaos se confondaient entre elles.
Tout à coup il se vit pousser d'horribles ailes ;
Il se vit devenir monstre, et que l'ange en lui
Mourait, et le rebelle en sentit quelque ennui.
Il laissa son épaule, autrefois lumineuse,
Frémir au froid hideux de l'aile membraneuse,
Et croisant ses deux bras, et relevant son front,
Ce bandit, comme s'il grandissait sous l'affront,
Seul dans ces profondeurs que la ruine encombre,
Regarda fixement la caverne de l'ombre.
Les ténèbres sans bruit croissaient dans le néant.
L'opaque obscurité fermait le ciel béant ;
Et, faisant, au-delà du dernier promontoire,
Une triple fêlure à cette vitre noire,
Les trois soleils mêlaient leurs trois rayonnements.
Après quelque combat dans les hauts firmaments,
D'un char de feu brisé l'on eût dit les trois roues.
Les monts hors du brouillard sortaient comme des proues.
— Eh bien, cria Satan, soit ! je puis encor voir !
Il aura le ciel bleu, moi j'aurais le ciel noir.
Croit-il pas que j'irai sangloter à sa porte ?
Je le hais. Trois soleils suffisent. Que m'importe !
Je hais le jour, l'azur, le rayon, le parfum ! —

Soudain il tressaillit ; il n'en restait plus qu'un.

IV

L'abîme s'effaçait. Rien n'avait plus de forme.
L'obscurité semblait gonfler sa vague énorme.
C'était on ne sait quoi de submergé ; c'était
Ce qui n'est plus, ce qui s'en va, ce qui se tait ;

Et l'on n'aurait pu dire, en cette horreur profonde,
Si ce reste effrayant d'un mystère ou d'un monde,
Pareil au brouillard vague où le songe s'enfuit,
S'appelait le naufrage ou s'appelait la nuit ;
Et l'archange sentit qu'il devenait fantôme.
Il dit : — Enfer ! — Ce mot plus tard créa Sodome.

Et la voix répéta lentement sur son front :
— Maudit ! autour de toi les astres s'éteindront. —

Et déjà le soleil n'était plus qu'une étoile.

v

Et tout disparaissait par degrés sous un voile.
L'archange alors frémit ; Satan eut le frisson.
Vers l'astre qui tremblait, livide, à l'horizon,
Il s'élança, sautant d'un faîte à l'autre faîte.
Puis, quoiqu'il eût horreur des ailes de la bête,
Quoique ce fût pour lui l'habit de la prison,
Comme un oiseau qui va de buisson en buisson,
Hideux, il prit son vol de montagne en montagne,
Et ce forçat se mit à courir dans ce bagne.

Il courait, il volait, il criait : — Astre d'or !
Frère ! attends-moi ! j'accours ! ne t'éteins pas encor !
Ne me laisse pas seul ! —

                          Le monstre de la sorte
Franchit les premiers lacs de l'immensité morte,
D'anciens chaos vidés et croupissant déjà,
Et dans les profondeurs lugubres se plongea.

L'étoile maintenant n'était qu'une étincelle.

Il entra plus avant dans l'ombre universelle,
S'enfonça, se jeta, se rua dans la nuit,
Gravit les monts fangeux dont le front mouillé luit,

Et dont la base au fond des cloaques chancelle,
Et, triste, regarda devant lui.

L'étincelle
N'était qu'un point rougeâtre au fond du gouffre obscur.

VI

Comme entre deux créneaux se penche sur le mur
L'archer qu'en son donjon le crépuscule gagne,
Farouche, il se pencha du haut de la montagne,
Et sur l'astre, espérant le faire étinceler,
Comme sur une braise il se mit à souffler,
Et l'angoisse gonfla sa féroce narine.
Le souffle qui sortit alors de sa poitrine
Est aujourd'hui sur terre et s'appelle ouragan.
À ce souffle, un grand bruit troubla l'ombre, océan
Qu'aucun être n'habite et qu'aucuns feux n'éclairent,
Les monts qui se trouvaient près de là s'envolèrent,
Le chaos monstrueux plein d'effroi se leva
Et se mit à hurler : Jéhova ! Jéhova !
L'infini s'entrouvrit, fendu comme une toile,
Mais rien ne remua dans la lugubre étoile ;
Et le damné criant : — Ne t'éteins pas ! j'irai !
J'arriverai ! — reprit son vol désespéré.

Et les volcans mêlés aux nuits qui leur ressemblent
Se renversaient ainsi que des bêtes qui tremblent,
Et les noirs tourbillons et les gouffres hideux
Se courbaient éperdus pendant qu'au-dessus d'eux,
Volant vers l'astre ainsi qu'une flèche à la cible,
Passait, fauve et hagard, ce suppliant terrible.

Et depuis qu'il a vu ce passage effrayant,
L'âpre abîme, effaré comme un homme fuyant,
Garde à jamais un air d'horreur et de démence,
Tant ce fut monstrueux de voir, dans l'ombre immense,
Voler, ouvrant son aile affreuse loin du ciel,
Cette chauve-souris du cachot éternel !

VII

Il vola dix mille ans. Pendant dix mille années,
Tendant son cou farouche et ses mains forcenées,
Il vola sans trouver un mont où se poser.
L'astre parfois semblait s'éteindre et s'éclipser,
Et l'horreur du tombeau faisait frissonner l'ange ;
Puis une clarté pâle, obscure, vague, étrange,
Reparaissait, et l'ange alors disait : Allons.
Autour de lui planaient les oiseaux aquilons.
Il volait. L'infini sans cesse recommence.
Son vol dans cette mer faisait un cercle immense.
La nuit regardait fuir ses horribles talons.
Comme un nuage sent tomber ses tourbillons,
Il sentait s'écrouler ses forces dans le gouffre.
L'hiver murmurait : tremble ! et l'ombre disait : souffre !
Enfin il aperçut au loin un noir sommet
Que dans l'ombre un reflet formidable enflammait.
Satan, comme un nageur fait un effort suprême,
Tendit son aile onglée et chauve, et, spectre blême,
Haletant, brisé, las, et, de sueur fumant,
Il s'abattit au bord de l'âpre escarpement.

VIII

Le soleil était là qui mourait dans l'abîme.

L'astre au fond du brouillard, sans vent qui le ranime
Se refroidissait, morne et lentement détruit.
On voyait sa rondeur sinistre dans la nuit ;
Et l'on voyait décroître, en ce silence sombre,
Ses ulcères de feu sous une lèpre d'ombre.
Charbon d'un monde éteint ! flambeau soufflé par Dieu !
Ses crevasses montraient encore un peu de feu
Comme si par les trous du crâne on voyait l'âme.
Au centre palpitait et rampait une flamme
Qui par instants léchait les bords extérieurs,

Et de chaque cratère il sortait des lueurs
Qui frissonnaient ainsi que de flamboyants glaives,
Et s'évanouissaient sans bruit comme des rêves.
L'astre était presque noir. L'archange était si las
Qu'il n'avait plus de voix et plus de souffle, hélas !
Et l'astre agonisait sous ses regards farouches.
Il mourait, il luttait. Avec ses sombres bouches
Dans l'obscurité froide il lançait par moments
Des flots ardents, des blocs rougis, des monts fumants,
Des rocs tout écumants de sa clarté première :
Comme si ce volcan de vie et de lumière,
Englouti par la brume où tout s'évanouit,
N'eût pas voulu mourir sans insulter la nuit
Et sans cracher sa lave à la face de l'ombre.
Autour de lui le temps et l'espace et le nombre
Et la forme et le bruit expiraient, en créant
L'unité formidable et noire du néant.
Le spectre Rien levait sa tête hors du gouffre.
Soudain, du cœur de l'astre, un âpre jet de soufre,
Pareil à la clameur du mourant éperdu,
Sortit, clair, éclatant, splendide, inattendu,
Et, découpant au loin mille formes funèbres,
Énorme, illumina, jusqu'au fond des ténèbres,
Les porches monstrueux de l'infini profond.
Les angles que la nuit et l'immensité font
Apparurent. Satan, égaré, sans haleine,
La prunelle effarée et de ce rayon pleine,
Battit de l'aile, ouvrit les mains, puis tressaillit
Et cria : — Désespoir ! le voilà qui pâlit ! —

Et l'archange comprit, pareil au mât qui sombre,
Qu'il était le noyé du déluge de l'ombre ;
Il reploya son aile aux ongles de granit,
Et se tordit les bras, et l'astre s'éteignit.

                                        25 mars 1854.

LES CONTEMPLATIONS

MAGNITUDO PARVI

. . .

Pendant que, nous, hommes des villes,
Nous croyons prendre un vaste essor
Lorsque entre en nos prunelles viles
Le spectre d'une étoile d'or ;

Que, savants dont la vue est basse,
Nous nous ruons et nous brûlons
Dans le premier astre qui passe,
Comme aux lampes les papillons,

Et qu'oubliant le nécessaire,
Nous contentant de l'incomplet,
Croyant éclairés, ô misère !
Ceux qu'éclaire le feu follet,

Prenant pour l'être et pour l'essence
Les fantômes du ciel profond,
Voulant nous faire une science
Avec des formes qui s'en vont,

Ne comprenant, pour nous distraire
De la terre, où l'homme est damné,
Qu'un autre monde, sombre frère
De notre globe infortuné,

Comme l'oiseau né dans la cage,
Qui, s'il fuit, n'a qu'un vol étroit,
Ne sait pas trouver le bocage,
Et va d'un toit à l'autre toit ;

Chercheurs que le néant captive,
Qui, dans l'ombre, avons en passant
La curiosité chétive
Du ciron pour le ver luisant,

Poussière admirant la poussière,
Nous poursuivons obstinément,
Grains de cendre, un grain de lumière
En fuite dans le firmament !

Pendant que notre âme humble et lasse
S'arrête au seuil du ciel béni,
Et va becqueter dans l'espace
Une miette de l'infini,

Lui, ce berger, ce passant frêle,
Ce pauvre gardeur de bétail
Que la cathédrale éternelle
Abrite sous son noir portail,

Cet homme qui ne sait pas lire,
Cet hôte des arbres mouvants,
Qui ne connaît pas d'autre lyre
Que les grands bois et les grands vents,

Lui, dont l'âme semble étouffée,
Il s'envole, et, touchant le but,
Boit avec la coupe d'Orphée
À la source où Moïse but !

Lui, ce pâtre, en sa Thébaïde,
Cet ignorant, cet indigent,
Sans docteur, sans maître, sans guide,
Fouillant, scrutant, interrogeant,

De sa roche où la paix séjourne,
Les cieux noirs, les bleus horizons,
Double ornière où sans cesse tourne
La roue énorme des saisons ;

Seul, quand mai vide sa corbeille,
Quand octobre emplit son panier ;
Seul, quand l'hiver à notre oreille
Vient siffler, gronder, et nier ;

Quand sur notre terre, où se joue
Le blanc flocon flottant sans bruit,
La mort, spectre vierge, secoue
Ses ailes pâles dans la nuit ;

Quand, nous glaçant jusqu'aux vertèbres,
Nous jetant la neige en rêvant,
Ce sombre cygne des ténèbres
Laisse tomber sa plume au vent ;

Quand la mer tourmente la barque ;
Quand la plaine est là, ressemblant
À la morte dont un drap marque
L'obscur profil sinistre et blanc ;

Seul sur cet âpre monticule,
À l'heure où, sous le ciel dormant,
Les méduses du crépuscule
Montrent leur face vaguement ;

Seul la nuit, quand dorment ses chèvres,
Quand la terre et l'immensité
Se referment comme deux lèvres
Après que le psaume est chanté ;

Seul, quand renaît le jour sonore,
À l'heure où sur le mont lointain
Flamboie et frissonne l'aurore,
Crête rouge du coq matin ;

Seul, toujours seul, l'été, l'automne ;
Front sans remords et sans effroi
À qui le nuage qui tonne
Dit tout bas : Ce n'est pas pour toi !

Oubliant dans ces grandes choses
Les trous de ses pauvres habits,
Comparant la douceur des roses
À la douceur de la brebis,

Sondant l'être, la loi fatale,
L'amour, la mort, la fleur, le fruit ;
Voyant l'auréole idéale
Sortir de toute cette nuit,

Il sent, faisant passer le monde
Par sa pensée à chaque instant,
Dans cette obscurité profonde
Son œil devenir éclatant ;

Et, dépassant la créature,
Montant toujours, toujours accru,
Il regarde tant la nature,
Que la nature a disparu !

. . .

VENI, VIDI, VIXI

J'ai bien assez vécu, puisque dans mes douleurs
Je marche sans trouver de bras qui me secourent,
Puisque je ris à peine aux enfants qui m'entourent,
Puisque je ne suis plus réjoui par les fleurs ;

Puisqu'au printemps, quand Dieu met la nature en fête,
J'assiste, esprit sans joie, à ce splendide amour ;
Puisque je suis à l'heure où l'homme fuit le jour,
Hélas ! et sent de tout la tristesse secrète ;

Puisque l'espoir serein dans mon âme est vaincu ;
Puisqu'en cette saison des parfums et des roses,
Ô ma fille ! j'aspire à l'ombre où tu reposes,
Puisque mon cœur est mort, j'ai bien assez vécu.

Je n'ai pas refusé ma tâche sur la terre.
Mon sillon ? Le voilà. Ma gerbe ? La voici.
J'ai vécu souriant, toujours plus adouci,
Debout, mais incliné du côté du mystère.

J'ai fait ce que j'ai pu ; j'ai servi, j'ai veillé,
Et j'ai vu bien souvent qu'on riait de ma peine.
Je me suis étonné d'être un objet de haine,
Ayant beaucoup souffert et beaucoup travaillé.

Dans ce bagne terrestre où ne s'ouvre aucune aile,
Sans me plaindre, saignant, et tombant sur les mains,
Morne, épuisé, raillé par les forçats humains,
J'ai porté mon chaînon de la chaîne éternelle.

Maintenant, mon regard ne s'ouvre qu'à demi ;
Je ne me tourne plus même quand on me nomme ;
Je suis plein de stupeur et d'ennui, comme un homme
Qui se lève avant l'aube et qui n'a pas dormi.

Je ne daigne plus même, en ma sombre paresse,
Répondre à l'envieux dont la bouche me nuit.
Ô Seigneur ! ouvrez-moi les portes de la nuit,
Afin que je m'en aille et que je disparaisse !

                                        Avril 1848.

PASTEURS ET TROUPEAUX

À Madame Louise C.

Le vallon où je vais tous les jours est charmant,
Serein, abandonné, seul sous le firmament,
Plein de ronces en fleurs ; c'est un sourire triste.
Il vous fait oublier que quelque chose existe,

Et, sans le bruit des champs remplis de travailleurs,
On ne saurait plus là si quelqu'un vit ailleurs.
Là, l'ombre fait l'amour ; l'idylle naturelle
Rit ; le bouvreuil avec le verdier s'y querelle,
Et la fauvette y met de travers son bonnet ;
C'est tantôt l'aubépine et tantôt le genêt ;
De noirs granits bourrus, puis des mousses riantes ;
Car Dieu fait un poème avec des variantes ;
Comme le vieil Homère, il rabâche parfois,
Mais c'est avec les fleurs, les monts, l'onde et les bois !
Une petite mare est là, ridant sa face,
Prenant des airs de flot pour la fourmi qui passe,
Ironie étalée au milieu du gazon,
Qu'ignore l'océan grondant à l'horizon.
J'y rencontre parfois sur la roche hideuse
Un doux être ; quinze ans, yeux bleus, pieds nus, gardeuse
De chèvres, habitant, au fond d'un ravin noir,
Un vieux chaume croulant qui s'étoile le soir ;
Ses sœurs sont au logis et filent leur quenouille ;
Elle essuie aux roseaux ses pieds que l'étang mouille ;
Chèvres, brebis, béliers, paissent ; quand, sombre esprit,
J'apparais, le pauvre ange a peur, et me sourit ;
Et moi, je la salue, elle étant l'innocence.
Ses agneaux, dans le pré plein de fleurs qui l'encense,
Bondissent, et chacun, au soleil s'empourprant,
Laisse aux buissons, à qui la bise le reprend,
Un peu de sa toison, comme un flocon d'écume.
Je passe, enfant, troupeau, s'effacent dans la brume ;
Le crépuscule étend sur les longs sillons gris
Ses ailes de fantôme et de chauve-souris ;
J'entends encore au loin dans la plaine ouvrière
Chanter derrière moi la douce chevrière,
Et, là-bas, devant moi, le vieux gardien pensif
De l'écume, du flot, de l'algue, du récif,
Et des vagues sans trêve et sans fin remuées,
Le pâtre promontoire au chapeau de nuées,
S'accoude et rêve au bruit de tous les infinis,
Et, dans l'ascension des nuages bénis,
Regarde se lever la lune triomphale,
Pendant que l'ombre tremble, et que l'âpre rafale

Disperse à tous les vents avec son souffle amer
La laine des moutons sinistres de la mer.

Jersey, Grouville, avril 1855.

☆

J'ai cueilli cette fleur pour toi sur la colline.
Dans l'âpre escarpement qui sur le flot s'incline,
Que l'aigle connaît seul et peut seul approcher,
Paisible, elle croissait aux fentes du rocher.
L'ombre baignait les flancs du morne promontoire ;
Je voyais, comme on dresse au lieu d'une victoire
Un grand arc de triomphe éclatant et vermeil,
À l'endroit où s'était englouti le soleil,
La sombre nuit bâtir un porche de nuées.
Des voiles s'enfuyaient, au loin diminuées ;
Quelques toits, s'éclairant au fond d'un entonnoir,
Semblaient craindre de luire et de se laisser voir.
J'ai cueilli cette fleur pour toi, ma bien-aimée.
Elle est pâle, et n'a pas de corolle embaumée.
Sa racine n'a pris sur la crête des monts
Que l'amère senteur des glauques goémons ;
Moi, j'ai dit : « Pauvre fleur, du haut de cette cime,
« Tu devais t'en aller dans cet immense abîme
« Où l'algue et le nuage et les voiles s'en vont.
« Va mourir sur un cœur, abîme plus profond.
« Fane-toi sur ce sein en qui palpite un monde.
« Le ciel, qui te créa pour t'effeuiller dans l'onde,
« Te fit pour l'océan, je te donne à l'amour. »
Le vent mêlait les flots ; il ne restait du jour
Qu'une vague lueur, lentement effacée.
Oh ! comme j'étais triste au fond de ma pensée
Tandis que je songeais, et que le gouffre noir
M'entrait dans l'âme avec tous les frissons du soir !

Ile de Serk, août 1855.

À CELLE
QUI EST RESTÉE EN FRANCE

I

Mets-toi sur ton séant, lève tes yeux, dérange
Ce drap glacé qui fait des plis sur ton front d'ange,
Ouvre tes mains, et prends ce livre : il est à toi.

Ce livre où vit mon âme, espoir, deuil, rêve, effroi,
Ce livre qui contient le spectre de ma vie,
Mes angoisses, mon aube, hélas ! de pleurs suivie,
L'ombre et son ouragan, la rose et son pistil,
Ce livre azuré, triste, orageux, d'où sort-il ?
D'où sort le blême éclair qui déchire la brume ?
Depuis quatre ans, j'habite un tourbillon d'écume ;
Ce livre en a jailli. Dieu dictait, j'écrivais ;
Car je suis paille au vent : Va ! dit l'esprit. Je vais.
Et, quand j'eus terminé ces pages, quand ce livre
Se mit à palpiter, à respirer, à vivre,
Une église des champs que le lierre verdit,
Dont la tour sonne l'heure à mon néant, m'a dit :
Ton cantique est fini ; donne-le-moi, poète.
Je le réclame, a dit la forêt inquiète ;
Et le doux pré fleuri m'a dit : Donne-le-moi.
La mer, en le voyant frémir, m'a dit : Pourquoi
Ne pas me le jeter, puisque c'est une voile !
C'est à moi qu'appartient cet hymne, a dit l'étoile.
Donne-le-nous, songeur, ont crié les grands vents.
Et les oiseaux m'ont dit : Vas-tu pas aux vivants
Offrir ce livre, éclos si loin de leurs querelles ?
Laisse-nous l'emporter dans nos nids sur nos ailes !
Mais le vent n'aura point mon livre, ô cieux profonds !
Ni la sauvage mer, livrée aux noirs typhons,
Ouvrant et refermant ses flots, âpres embûches ;
Ni la verte forêt qu'emplit un bruit de ruches ;
Ni l'église où le temps fait tourner son compas ;

Le pré ne l'aura pas, l'astre ne l'aura pas ;
L'oiseau ne l'aura pas, qu'il soit aigle ou colombe,
Les nids ne l'auront pas ; je le donne à la tombe.

II

Autrefois, quand septembre en larmes revenait,
Je partais, je quittais tout ce qui me connaît,
Je m'évadais ; Paris s'effaçait ; rien, personne !
J'allais, je n'étais plus qu'une ombre qui frissonne,
Je fuyais, seul, sans voir, sans penser, sans parler,
Sachant bien que j'irais où je devais aller ;
Hélas ! je n'aurais pu même dire : Je souffre !
Et, comme subissant l'attraction d'un gouffre,
Que le chemin fût beau, pluvieux, froid, mauvais,
J'ignorais, je marchais devant moi, j'arrivais.
Ô souvenirs ! ô forme horrible des collines !
Et, pendant que la mère et la sœur, orphelines,
Pleuraient dans la maison, je cherchais le lieu noir
Avec l'avidité morne du désespoir ;
Puis j'allais au champ triste à côté de l'église ;
Tête nue, à pas lents, les cheveux dans la bise,
L'œil aux cieux, j'approchais ; l'accablement soutient ;
Les arbres murmuraient : C'est le père qui vient !
Les ronces écartaient leurs branches desséchées ;
Je marchais à travers les humbles croix penchées,
Disant je ne sais quels doux et funèbres mots ;
Et je m'agenouillais au milieu des rameaux
Sur la pierre qu'on voit blanche dans la verdure.
Pourquoi donc dormais-tu d'une façon si dure
Que tu n'entendais pas lorsque je t'appelais ?

Et les pêcheurs passaient en traînant leurs filets,
Et disaient : Qu'est-ce donc que cet homme qui songe ?
Et le jour, et le soir, et l'ombre qui s'allonge,
Et Vénus, qui pour moi jadis étincela,
Tout avait disparu que j'étais encor là.
J'étais là, suppliant celui qui nous exauce ;
J'adorais, je laissais tomber sur cette fosse,

Hélas ! où j'avais vu s'évanouir mes cieux,
Tout mon cœur goutte à goutte en pleurs silencieux ;
J'effeuillais de la sauge et de la clématite ;
Je me la rappelais quand elle était petite,
Quand elle m'apportait des lis et des jasmins,
Ou quand elle prenait ma plume dans ses mains,
Gaie, et riant d'avoir de l'encre à ses doigts roses ;
Je respirais les fleurs sur cette cendre écloses,
Je fixais mon regard sur ces froids gazons verts,
Et par moments, ô Dieu, je voyais, à travers
La pierre du tombeau, comme une fleur d'âme !

Oui, jadis, quand cette heure en deuil qui me réclame
Tintait dans le ciel triste et dans mon cœur saignant,
Rien ne me retenait, et j'allais ; maintenant,
Hélas... ! — Ô fleuve ! ô bois ! vallons dont je fus l'hôte,
Elle sait, n'est-ce pas ? que ce n'est pas ma faute
Si, depuis ces quatre ans, pauvre cœur sans flambeau,
Je ne suis pas allé prier sur son tombeau !

III

Ainsi ce noir chemin que je faisais, ce marbre
Que je contemplais, pâle, adossé contre un arbre,
Ce tombeau sur lequel mes pieds pouvaient marcher,
La nuit, que je voyais lentement approcher,
Ces ifs, ce crépuscule avec ce cimetière,
Ces sanglots, qui du moins tombaient sur cette pierre,
Ô mon Dieu, tout cela, c'était donc du bonheur !

Dis, qu'as-tu fait pendant tout ce temps-là ? — Seigneur,
Qu'a-t-elle fait ? — Vois-tu la vie en vos demeures ?
À quelle horloge d'ombre as-tu compté les heures ?
As-tu sans bruit parfois poussé l'autre endormi ?
Et t'es-tu, m'attendant, réveillée à demi ?
T'es-tu, pâle, accoudée à l'obscure fenêtre
De l'infini, cherchant dans l'ombre à reconnaître
Un passant, à travers le noir cercueil mal joint,
Attentive, écoutant si tu n'entendais point

Quelqu'un marcher vers toi dans l'éternité sombre ?
Et t'es-tu recouchée ainsi qu'un mât qui sombre,
En disant : Qu'est-ce donc ? mon père ne vient pas !
Avez-vous tous les deux parlé de moi tout bas ?

Que de fois j'ai choisi, tout mouillés de rosée,
Des lis dans mon jardin, des lis dans ma pensée !
Que de fois j'ai cueilli de l'aubépine en fleur !
Que de fois j'ai, là-bas, cherché la tour d'Harfleur,
Murmurant : C'est demain que je pars ! et, stupide,
Je calculais le vent et la voile rapide,
Puis ma main s'ouvrait triste, et je disais : Tout fuit !
Et le bouquet tombait, sinistre, dans la nuit !
Oh ! que de fois, sentant qu'elle devait m'attendre,
J'ai pris ce que j'avais dans le cœur de plus tendre
Pour en charger quelqu'un qui passerait par là !

Lazare ouvrit les yeux quand Jésus l'appela ;
Quand je lui parle, hélas ! pourquoi les ferme-t-elle ?
Où serait donc le mal quand de l'ombre mortelle
L'amour violerait deux fois le noir secret,
Et quand, ce qu'un dieu fit, un père le ferait ?

IV

Que ce livre, du moins, obscur message, arrive,
Murmure, à ce silence, et, flot, à cette rive !
Qu'il y tombe, sanglot, soupir, larme d'amour !
Qu'il entre en ce sépulcre où sont entrés un jour
Le baiser, la jeunesse, et l'aube, et la rosée,
Et le rire adoré de la fraîche épousée,
Et la joie, et mon cœur, qui n'est pas ressorti !
Qu'il soit le cri d'espoir qui n'a jamais menti,
Le chant du deuil, la voix du pâle adieu qui pleure,
Le rêve dont on sent l'aile qui nous effleure !
Qu'elle dise : Quelqu'un est là ; j'entends du bruit !
Qu'il soit comme le pas de mon âme en sa nuit !

Ce livre, légion tournoyante et sans nombre
D'oiseaux blancs dans l'aurore et d'oiseaux noirs dans
Ce vol de souvenirs fuyant à l'horizon,　　　　　　[l'ombre,
Cet essaim que je lâche au seuil de ma prison,
Je vous le confie, air, souffles, nuée, espace !
Que ce fauve océan qui me parle à voix basse,
Lui soit clément, l'épargne et le laisse passer !
Et que le vent ait soin de n'en rien disperser,
Et jusqu'au froid caveau fidèlement apporte
Ce don mystérieux de l'absent à la morte !

Ô Dieu ! puisqu'en effet, dans ces sombres feuillets,
Dans ces strophes qu'au fond de vos cieux je cueillais,
Dans ces chants murmurés comme un épithalame
Pendant que vous tourniez les pages de mon âme,
Puisque j'ai, dans ce livre, enregistré mes jours,
Mes maux, mes deuils, mes cris dans les problèmes sourds,
Mes amours, mes travaux, ma vie heure par heure ;
Puisque vous ne voulez pas encor que je meure,
Et qu'il faut bien pourtant que j'aille lui parler ;
Puisque je sens le vent de l'infini souffler
Sur ce livre qu'emplit l'orage et le mystère ;
Puisque j'ai versé là toutes vos ombres, terre,
Humanité, douleur, dont je suis le passant ;
Puisque de mon esprit, de mon cœur, de mon sang,
J'ai fait l'âcre parfum de ces versets funèbres,
Va-t'en, livre, à l'azur, à travers les ténèbres !
Fuis vers la brume où tout à pas lents est conduit !
Oui, qu'il vole à la fosse, à la tombe, à la nuit,
Comme une feuille d'arbre ou comme une âme d'homme !
Qu'il roule au gouffre où va tout ce que la voix nomme !
Qu'il tombe au plus profond du sépulcre hagard,
À côté d'elle, ô mort ! et que là, le regard,
Près de l'ange qui dort, lumineux et sublime,
Le voie épanoui, sombre fleur de l'abîme !

v

Ô doux commencements d'azur qui me trompiez,
Ô bonheurs ! je vous ai durement expiés ;
J'ai le droit aujourd'hui d'être, quand la nuit tombe,
Un de ceux qui se font écouter de la tombe,
Et qui font, en parlant aux morts blêmes et seuls,
Remuer lentement les plis noirs des linceuls,
Et dont la parole, âpre ou tendre, émeut les pierres,
Les grains dans les sillons, les ombres dans les bières,
La vague et la nuée, et devient une voix
De la nature, ainsi que la rumeur des bois.
Car voilà, n'est-ce pas, tombeaux ? bien des années,
Que je marche au milieu des croix infortunées,
Échevelé parmi les ifs et les cyprès,
L'âme au bord de la nuit, et m'approchant tout près ;
Et que je vais, courbé sur le cercueil austère,
Questionnant le plomb, les clous, le ver de terre
Qui pour moi sort des yeux de la tête de mort,
Le squelette qui rit, le squelette qui mord,
Les mains aux doigts noueux, les crânes, les poussières,
Et les os des genoux qui savent des prières !

Hélas ! j'ai fouillé tout. J'ai voulu voir le fond.
Pourquoi le mal en nous avec le bien se fond,
J'ai voulu le savoir. J'ai dit : Que faut-il croire ?
J'ai creusé la lumière, et l'aurore, et la gloire,
L'enfant joyeux, la vierge et sa chaste frayeur,
Et l'amour, et la vie, et l'âme, — fossoyeur.

Qu'ai-je appris ? J'ai, pensif, tout saisi sans rien prendre ;
J'ai vu beaucoup de nuit et fait beaucoup de cendre.
Qui sommes-nous ? que veut dire ce mot : Toujours ?
J'ai tout enseveli, songes, espoirs, amours,
Dans la fosse que j'ai creusée en ma poitrine.
Qui donc a la science ? où donc est la doctrine ?
Oh ! que ne suis-je encor le rêveur d'autrefois,
Qui s'égarait dans l'herbe, et les prés, et les bois,
Qui marchait souriant, le soir, quand le ciel brille,

Tenant la main petite et blanche de sa fille,
Et qui, joyeux, laissant luire le firmament,
Laissant l'enfant parler, se sentait lentement
Emplir de cet azur et de cette innocence !

Entre Dieu qui flamboie et l'ange qui l'encense,
J'ai vécu, j'ai lutté, sans crainte, sans remords.
Puis ma porte soudain s'ouvrit devant la mort,
Cette visite brusque et terrible de l'ombre.
Tu passes en laissant le vide et le décombre,
Ô spectre ! tu saisis mon ange et tu frappas.
Un tombeau fut dès lors le but de tous mes pas.

VI

Je ne puis plus reprendre aujourd'hui dans la plaine
Mon sentier d'autrefois qui descend vers la Seine ;
Je ne puis plus aller où j'allais ; je ne puis,
Pareil à la laveuse assise au bord du puits,
Que m'accouder au mur de l'éternel abîme ;
Paris m'est éclipsé par l'énorme Solime ;
La haute Notre-Dame à présent, qui me luit,
C'est l'ombre ayant deux tours, le silence et la nuit,
Et laissant des clartés trouer ses fatals voiles ;
Et je vois sur mon front un panthéon d'étoiles ;
Si j'appelle Rouen, Villequier, Caudebec,
Toute l'ombre me crie : Horeb, Cédron, Balbeck !
Et, si je pars, m'arrête à la première lieue,
Et me dit : Tourne-toi vers l'immensité bleue !
Et me dit : Les chemins où tu marchais sont clos.
Penche-toi sur les nuits, sur les vents, sur les flots !
À quoi penses-tu donc ? que fais-tu, solitaire ?
Crois-tu donc sous tes pieds avoir encor la terre ?
Où vas-tu de la sorte et machinalement ?
Ô songeur ! penche-toi sur l'être et l'élément !
Écoute la rumeur des âmes dans les ondes !
Contemple, s'il te faut de la cendre, les mondes ;
Cherche au moins la poussière immense, si tu veux
Mêler de la poussière à tes sombres cheveux,

Et regarde, en dehors de ton propre martyre,
Le grand néant, si c'est le néant qui t'attire !
Sois tout à ces soleils où tu remonteras !
Laisse là ton vil coin de terre. Tends les bras,
Ô proscrit de l'azur, vers les astres patries !
Revois-y refleurir tes aurores flétries ;
Deviens le grand œil fixe ouvert sur le grand tout.
Penche-toi sur l'énigme où l'être se dissout,
Sur tout ce qui naît, vit, marche, s'éteint, succombe,
Sur tout le genre humain et sur toute la tombe !

Mais mon cœur toujours saigne et du même côté.
C'est en vain que les cieux, les nuits, l'éternité,
Veulent distraire une âme et calmer un atome.
Tout l'éblouissement des lumières du dôme
M'ôte-t-il une larme ? Ah ! l'étendue a beau
Me parler, me montrer l'universel tombeau,
Les soirs sereins, les bois rêveurs, la lune amie ;
J'écoute, et je reviens à la douce endormie.

VII

Des fleurs ! oh ! si j'avais des fleurs ! si je pouvais
Aller semer des lis sur ces deux froids chevets !
Si je pouvais couvrir de fleurs mon ange pâle !
Les fleurs sont l'or, l'azur, l'émeraude, l'opale !
Le cercueil au milieu des fleurs veut se coucher ;
Les fleurs aiment la mort, et Dieu les fait toucher
Par leur racine aux os, par leur parfum aux âmes !
Puisque je ne le puis, aux lieux que nous aimâmes,
Puisque Dieu ne veut pas nous laisser revenir,
Puisqu'il nous fait lâcher ce qu'on croyait tenir,
Puisque le froid destin, dans ma geôle profonde,
Sur la première porte en scelle une seconde,
Et, sur le père triste et sur l'enfant qui dort,
Ferme l'exil après avoir fermé la mort,
Puisqu'il est impossible à présent que je jette
Même un brin de bruyère à sa fosse muette,
C'est bien le moins qu'elle ait mon âme, n'est-ce pas ?

Ô vent noir dont j'entends sur mon plafond le pas !
Tempête, hiver, qui bats ma vitre de ta grêle !
Mers, nuits ! et je l'ai mise en ce livre pour elle !

Prends ce livre ; et dis-toi : Ceci vient du vivant
Que nous avons laissé derrière nous, rêvant.
Prends. Et quoique de loin, reconnais ma voix, âme !
Oh ! ta cendre est le lit de mon reste de flamme ;
Ta tombe est mon espoir, ma charité, ma foi ;
Ton linceul toujours flotte entre la vie et moi.
Prends ce livre, et fais-en sortir un divin psaume !
Qu'entre tes vagues mains il devienne fantôme !
Qu'il blanchisse, pareil à l'aube qui pâlit,
À mesure que l'œil de mon ange le lit,
Et qu'il s'évanouisse, et flotte, et disparaisse,
Ainsi qu'un âtre obscur qu'un souffle errant caresse,
Ainsi qu'une lueur qu'on voit passer le soir,
Ainsi qu'un tourbillon de feu de l'encensoir,
Et que, sous ton regard éblouissant et sombre,
Chaque page s'en aille en étoiles dans l'ombre !

VIII

Oh ! quoi que nous fassions et quoi que nous disions,
Soit que notre âme plane au vent des visions,
Soit qu'elle se cramponne à l'argile natale,
Toujours nous arrivons à ta grotte fatale,
Gethsémani, qu'éclaire une vague lueur !
Ô rocher de l'étrange et funèbre sueur !
Cave où l'esprit combat le destin ! ouverture
Sur les profonds effrois de la sombre nature !
Antre d'où le lion sort rêveur, en voyant
Quelqu'un de plus sinistre et de plus effrayant,
La douleur, entrer, pâle, amère, échevelée !
Ô chute ! asile ! ô seuil de la trouble vallée
D'où nous apercevons nos ans fuyants et courts,
Nos propres pas marqués dans la fange des jours,
L'échelle où le mal pèse et monte, spectre louche,
L'âpre frémissement de la palme farouche,

Les degrés noirs tirant en bas les blancs degrés,
Et les frissons aux fronts des anges effarés !

Toujours nous arrivons à cette solitude,
Et, là, nous nous taisons, sentant la plénitude !

Paix à l'Ombre ! Dormez ! dormez ! dormez ! dormez !
Êtres, groupes confus lentement transformés !
Dormez, les champs ! dormez, les fleurs ! dormez, les tombes !
Toits, murs, seuils des maisons, pierres des catacombes,
Feuilles au fond des bois, plumes au fond des nids,
Dormez ! dormez, brins d'herbe, et dormez, infinis !
Calmez-vous, forêt, chêne, érable, frêne, yeuse !
Silence sur la grande horreur religieuse,
Sur l'Océan qui lutte et qui ronge son mors,
Et sur l'apaisement insondable des morts !
Paix à l'obscurité muette et redoutée !
Paix au doute effrayant, à l'immense ombre athée,
À toi, nature, cercle et centre, âme et milieu,
Fourmillement de tout, solitude de Dieu !
Ô générations aux brumeuses haleines,
Reposez-vous ! pas noirs qui marchez dans les plaines !
Dormez, vous qui saignez ; dormez, vous qui pleurez !
Douleurs, douleurs, douleurs, fermez vos yeux sacrés !
Tout est religion et rien n'est imposture.
Que sur toute existence et toute créature,
Vivant du souffle humain ou du souffle animal,
Debout au seuil du bien, croulante au bord du mal,
Tendre ou farouche, immonde ou splendide, humble ou
La vaste paix des cieux de toutes parts descende !   [grande,
Que les enfers dormants rêvent les paradis !
Assoupissez-vous, flots, mers, vents, âmes, tandis
Qu'assis sur la montagne en présence de l'Être,
Précipice où l'on voit pêle-mêle apparaître
Les créations, l'astre et l'homme, les essieux
De ces chars de soleil que nous nommons les cieux,
Les globes, fruits vermeils des divines ramées,
Les comètes d'argent dans un champ noir semées,
Larmes blanches du drap mortuaire des nuits,
Les chaos, les hivers, ces lugubres ennuis,

Pâle, ivre d'ignorance, ébloui de ténèbres,
Voyant dans l'infini s'écrire des algèbres,
Le contemplateur, triste et meurtri, mais serein,
Mesure le problème aux murailles d'airain,
Cherche à distinguer l'aube à travers les prodiges,
Se penche, frémissant, au puits des grands vertiges,
Suit de l'œil des blancheurs qui passent, alcyons,
Et regarde, pensif, s'étoiler de rayons,
De clartés, de lueurs, vaguement enflammées,
Le gouffre monstrueux plein d'énormes fumées.

Guernesey, 2 novembre 1855, jour des morts.

LA LÉGENDE DES SIÈCLES

LA VISION
D'OÙ EST SORTI CE LIVRE

J'eus un rêve : le mur des siècles m'apparut.

C'était de la chair vive avec du granit brut,
Une immobilité faite d'inquiétude,
Un édifice ayant un bruit de multitude,
Des trous noirs étoilés par de farouches yeux,
Des évolutions de groupes monstrueux,
De vastes bas-reliefs, des fresques colossales ;
Parfois le mur s'ouvrait et laissait voir des salles,
Des antres où siégeaient des heureux, des puissants,
Des vainqueurs abrutis de crime, ivres d'encens,
Des intérieurs d'or, de jaspe et de porphyre ;
Et ce mur frissonnait comme un arbre au zéphyre ;
Tous les siècles, le front ceint de tours ou d'épis,
Étaient là, mornes sphinx sur l'énigme accroupis ;
Chaque assise avait l'air vaguement animée ;
Cela montait dans l'ombre ; on eût dit une armée

Pétrifiée avec le chef qui la conduit
Au moment qu'elle osait escalader la Nuit ;
Ce bloc flottait ainsi qu'un nuage qui roule ;
C'était une muraille et c'était une foule ;
Le marbre avait le sceptre et le glaive au poignet,
La poussière pleurait et l'argile saignait,
Les pierres qui tombaient avaient la forme humaine.
Tout l'homme, avec le souffle inconnu qui le mène,
Ève ondoyante, Adam flottant, un et divers,
Palpitaient sur ce mur, et l'être, et l'univers,
Et le destin, fil noir que la tombe dévide.
Parfois l'éclair faisait sur la paroi livide
Luire des millions de faces tout à coup.
Je voyais là ce Rien que nous appelons Tout ;
Les rois, les dieux, la gloire et la loi, les passages
Des générations à vau-l'eau dans les âges ;
Et devant mon regard se prolongeaient sans fin
Les fléaux, les douleurs, l'ignorance, la faim,
La superstition, la science, l'histoire,
Comme à perte de vue une façade noire.

Et ce mur, composé de tout ce qui croula,
Se dressait, escarpé, triste, informe. Où cela ?
Je ne sais. Dans un lieu quelconque des ténèbres.

*

Il n'est pas de brouillards, comme il n'est point d'algèbres,
Qui résistent, au fond des nombres ou des cieux,
À la fixité calme et profonde des yeux ;
Je regardais ce mur d'abord confus et vague,
Où la forme semblait flotter comme une vague,
Où tout semblait vapeur, vertige, illusion ;
Et, sous mon œil pensif, l'étrange vision
Devenait moins brumeuse et plus claire, à mesure
Que ma prunelle était moins troublée et plus sûre.

*

Chaos d'êtres, montant du gouffre au firmament !
Tous les monstres, chacun dans son compartiment ;
Le siècle ingrat, le siècle affreux, le siècle immonde ;
Brume et réalité ! nuée et mappemonde !
Ce rêve était l'histoire ouverte à deux battants ;
Tous les peuples ayant pour gradins tous les temps ;
Tous les temples ayant tous les songes pour marches ;
Ici les paladins et là les patriarches ;
Dodone chuchotant tout bas avec Membré ;
Et Thèbe, et Raphidim, et son rocher sacré
Où, sur les juifs luttant pour la terre promise,
Aaron et Hur levaient les deux mains de Moïse ;
Le char de feu d'Amos parmi les ouragans ;
Tous ces hommes, moitié princes, moitié brigands,
Transformés par la fable avec grâce ou colère,
Noyés dans les rayons du récit populaire,
Archanges, demi-dieux, chasseurs d'hommes, héros
Des Eddas, des Védas et des Romanceros ;
Ceux dont la volonté se dresse fer de lance ;
Ceux devant qui la terre et l'ombre font silence ;
Saül, David ; et Delphe, et la cave d'Endor
Dont on mouche la lampe avec des ciseaux d'or ;
Nemrod parmi les morts ; Booz parmi les gerbes ;
Des Tibères divins, constellés, grands, superbes,
Étalant à Caprée, au forum, dans les camps,
Des colliers que Tacite arrangeait en carcans,
La chaîne d'or du trône aboutissant au bagne.
Ce vaste mur avait des versants de montagne.
Ô nuit ! rien ne manquait à l'apparition.
Tout s'y trouvait, matière, esprit, fange et rayon ;
Toutes les villes, Thèbe, Athènes, des étages
De Romes sur des tas de Tyrs et de Carthages ;
Tous les fleuves, l'Escaut, le Rhin, le Nil, l'Aar,
Le Rubicon disant à quiconque est césar :
— « Si vous êtes encor citoyens, vous ne l'êtes
Que jusqu'ici. » — Les monts se dressaient, noirs squelettes,
Et sur ces monts erraient les nuages hideux,
Ces fantômes traînant la lune au milieu d'eux.
La muraille semblait par le vent remuée ;
C'étaient des croisements de flamme et de nuée,

Des jeux mystérieux de clartés, des renvois
D'ombre d'un siècle à l'autre et du sceptre aux pavois,
Où l'Inde finissait par être l'Allemagne,
Où Salomon avait pour reflet Charlemagne ;
Tout le prodige humain, noir, vague, illimité ;
La liberté brisant l'immuabilité ;
L'Horeb aux flancs brûlés, le Pinde aux pentes vertes ;
Hicétas précédant Newton, les découvertes
Secouant leur flambeau jusqu'au fond de la mer,
Jason sur le dromon, Fulton sur le steamer ;
La Marseillaise, Eschyle, et l'ange après le spectre ;
Capanée est debout sur la porte d'Électre,
Bonaparte est debout sur le pont de Lodi ;
Christ expire non loin de Néron applaudi.
Voilà l'affreux chemin du trône, ce pavage
De meurtre, de fureur, de guerre, d'esclavage ;
L'homme-troupeau ! cela hurle, cela commet
Des crimes sur un morne et ténébreux sommet,
Cela frappe, cela blasphème, cela souffre.
Hélas ! et j'entendais sous mes pieds, dans le gouffre,
Sangloter la misère aux gémissements sourds,
Sombre bouche incurable et qui se plaint toujours.
Et sur la vision lugubre, et sur moi-même
Que j'y voyais ainsi qu'au fond d'un miroir blême,
La vie immense ouvrait ses difformes rameaux ;
Je contemplais les fers, les voluptés, les maux,
La mort, les avatars et les métempsycoses,
Et dans l'obscur taillis des êtres et des choses
Je regardais rôder, noir, riant, l'œil en feu,
Satan, ce braconnier de la forêt de Dieu.

*

Quel titan avait peint cette chose inouïe ?
Sur la paroi sans fond de l'ombre épanouie
Qui donc avait sculpté ce rêve où j'étouffais ?
Quel bras avait construit avec tous les forfaits,
Tous les deuils, tous les pleurs, toutes les épouvantes,
Ce vaste enchaînement de ténèbres vivantes ?
Ce rêve, et j'en tremblais, c'était une action

Ténébreuse entre l'homme et la création ;
Des clameurs jaillissaient de dessous les pilastres ;
Des bras sortant du mur montraient le poing aux astres ;
La chair était Gomorrhe et l'âme était Sion ;
Songe énorme ! c'était la confrontation
De ce que nous étions avec ce que nous sommes ;
Les bêtes s'y mêlaient, de droit divin, aux hommes,
Comme dans un enfer ou dans un paradis ;
Les crimes y rampaient, de leur ombre grandis ;
Et même les laideurs n'étaient pas malséantes
À la tragique horreur de ces fresques géantes.
Et je revoyais là le vieux temps oublié.
Je le sondais. Le mal au bien était lié
Ainsi que la vertèbre est jointe à la vertèbre.

Cette muraille, bloc d'obscurité funèbre,
Montait dans l'infini vers un brumeux matin.
Blanchissant par degrés sur l'horizon lointain,
Cette vision sombre, abrégé noir du monde,
Allait s'évanouir dans une aube profonde,
Et, commencée en nuit, finissait en lueur.

Le jour triste y semblait une pâle sueur ;
Et cette silhouette informe était voilée
D'un vague tournoiement de fumée étoilée.

*

Tandis que je songeais, l'œil fixé sur ce mur
Semé d'âmes, couvert d'un mouvement obscur
Et des gestes hagards d'un peuple de fantômes,
Une rumeur se fit sous les ténébreux dômes,
J'entendis deux fracas profonds, venant du ciel
En sens contraire au fond du silence éternel ;
Le firmament que nul ne peut ouvrir ni clore
Eut l'air de s'écarter.

*

Du côté de l'aurore,
L'esprit de l'Orestie, avec un fauve bruit,
Passait ; en même temps, du côté de la nuit,
Noir génie effaré fuyant dans une éclipse,
Formidable, venait l'immense Apocalypse ;
Et leur double tonnerre à travers la vapeur,
À ma droite, à ma gauche, approchait ; et j'eus peur
Comme si j'étais pris entre deux chars de l'ombre.

Ils passèrent. Ce fut un ébranlement sombre.
Et le premier esprit cria : Fatalité !
Le second cria : Dieu ! L'obscure éternité
Répéta ces deux cris dans ses échos funèbres.

Ce passage effrayant remua les ténèbres ;
Au bruit qu'ils firent, tout chancela ; la paroi
Pleine d'ombres, frémit ; tout s'y mêla ; le roi
Mit la main à son casque et l'idole à sa mitre ;
Toute la vision trembla comme une vitre,
Et se rompit, tombant dans la nuit en morceaux ;
Et quand les deux esprits, comme deux grands oiseaux,
Eurent fui, dans la brume étrange de l'idée,
La pâle vision reparut lézardée,
Comme un temple en ruine aux gigantesques fûts,
Laissant voir de l'abîme entre ses pans confus.

*

Lorsque je la revis, après que les deux anges
L'eurent brisée au choc de leurs ailes étranges,
Ce n'était plus ce mur prodigieux, complet,
Où le destin avec l'infini s'accouplait,
Où tous les temps groupés se rattachaient au nôtre,
Où les siècles pouvaient s'interroger l'un l'autre
Sans que pas un fît faute et manquât à l'appel ;
Au lieu d'un continent, c'était un archipel ;
Au lieu d'un univers, c'était un cimetière ;
Par places se dressait quelque lugubre pierre,
Quelque pilier debout, ne soutenant plus rien ;
Tous les siècles tronqués gisaient ; plus de lien ;

Chaque époque pendait démantelée ; aucune
N'était sans déchirure et n'était sans lacune ;
Et partout croupissaient sur le passé détruit
Des stagnations d'ombre et des flaques de nuit.
Ce n'était plus, parmi les brouillards où l'œil plonge,
Que le débris difforme et chancelant d'un songe,
Ayant le vague aspect d'un pont intermittent
Qui tombe arche par arche et que le gouffre attend,
Et de toute une flotte en détresse qui sombre ;
Ressemblant à la phrase interrompue et sombre
Que l'ouragan, ce bègue errant sur les sommets,
Recommence toujours sans l'achever jamais.

Seulement l'avenir continuait d'éclore
Sur ces vestiges noirs qu'un pâle orient dore,
Et se levait avec un air d'astre, au milieu
D'un nuage où, sans voir de foudre, on sentait Dieu.

*

De l'empreinte profonde et grave qu'a laissée
Ce chaos de la vie à ma sombre pensée,
De cette vision du mouvant genre humain,
Ce livre, où près d'hier on entrevoit demain,
Est sorti, reflétant de poème en poème
Toute cette clarté vertigineuse et blême ;
Pendant que mon cerveau douloureux le couvait,
La légende est parfois venue à mon chevet,
Mystérieuse sœur de l'histoire sinistre ;
Et toutes deux ont mis leur doigt sur ce registre.

Et qu'est-ce maintenant que ce livre, traduit
Du passé, du tombeau, du gouffre et de la nuit ?
C'est la tradition tombée à la secousse
Des révolutions que Dieu déchaîne et pousse ;
Ce qui demeure après que la terre a tremblé ;
Décombre où l'avenir, vague aurore, est mêlé ;
C'est la construction des hommes, la masure
Des siècles, qu'emplit l'ombre et que l'idée azure,
L'affreux charnier-palais en ruine, habité

Par la mort et bâti par la fatalité,
Où se posent pourtant parfois, quand elles l'osent,
De la façon dont l'aile et le rayon se posent,
La liberté, lumière, et l'espérance, oiseau ;
C'est l'incommensurable et tragique monceau,
Où glissent, dans la brèche horrible, les vipères
Et les dragons, avant de rentrer aux repaires,
Et la nuée avant de remonter au ciel ;
Ce livre, c'est le reste effrayant de Babel ;
C'est la lugubre Tour des Choses, l'édifice
Du bien, du mal, des pleurs, du deuil, du sacrifice,
Fier jadis, dominant les lointains horizons,
Aujourd'hui n'ayant plus que de hideux tronçons,
Épars, couchés, perdus dans l'obscure vallée ;
C'est l'épopée humaine, âpre, immense, — écroulée.

                                        Guernesey, avril 1857.

BOOZ ENDORMI

Booz s'était couché de fatigue accablé ;
Il avait tout le jour travaillé dans son aire,
Puis avait fait son lit à sa place ordinaire ;
Booz dormait auprès des boisseaux pleins de blé.

Ce vieillard possédait des champs de blés et d'orge ;
Il était, quoique riche, à la justice enclin ;
Il n'avait pas de fange en l'eau de son moulin ;
Il n'avait pas d'enfer dans le feu de sa forge.

Sa barbe était d'argent comme un ruisseau d'avril.
Sa gerbe n'était point avare ni haineuse ;
Quand il voyait passer quelque pauvre glaneuse :
— Laissez tomber exprès des épis, disait-il.

Cet homme marchait pur loin des sentiers obliques,
Vêtu de probité candide et de lin blanc ;

Et, toujours du côté des pauvres ruisselant,
Ses sacs de grains semblaient des fontaines publiques.

Booz était bon maître et fidèle parent ;
Il était généreux, quoiqu'il fût économe ;
Les femmes regardaient Booz plus qu'un jeune homme,
Car le jeune homme est beau, mais le vieillard est grand.

Le vieillard, qui revient vers la source première,
Entre aux jours éternels et sort des jours changeants ;
Et l'on voit de la flamme aux yeux des jeunes gens,
Mais dans l'œil du vieillard on voit de la lumière.

*

Donc, Booz dans la nuit dormait parmi les siens.
Près des meules, qu'on eût prises pour des décombres,
Les moissonneurs couchés faisaient des groupes sombres ;
Et ceci se passait dans des temps très anciens.

Les tribus d'Israël avaient pour chef un juge ;
La terre, où l'homme errait sous la tente, inquiet
Des empreintes de pieds de géants qu'il voyait,
Était mouillée encor et molle du déluge.

*

Comme dormait Jacob, comme dormait Judith,
Booz, les yeux fermés, gisait sous la feuillée ;
Or, la porte du ciel s'étant entrebâillée
Au-dessus de sa tête, un songe en descendit.

Et ce songe était tel, que Booz vit un chêne
Qui, sorti de son ventre, allait jusqu'au ciel bleu ;
Une race y montait comme une longue chaîne ;
Un roi chantait en bas, en haut mourait un Dieu.

Et Booz murmurait avec la voix de l'âme :
« Comment se pourrait-il que de moi ceci vînt ?
Le chiffre de mes ans a passé quatrevingt,
Et je n'ai pas de fils, et je n'ai plus de femme.

« Voilà longtemps que celle avec qui j'ai dormi,
Ô Seigneur ! a quitté ma couche pour la vôtre ;
Et nous sommes encor tout mêlés l'un à l'autre,
Elle à demi vivante et moi mort à demi.

« Une race naîtrait de moi ! Comment le croire ?
Comment se pourrait-il que j'eusse des enfants ?
Quand on est jeune, on a des matins triomphants,
Le jour sort de la nuit comme d'une victoire ;

« Mais vieux, on tremble ainsi qu'à l'hiver le bouleau ;
Je suis veuf, je suis seul, et sur moi le soir tombe,
Et je courbe, ô mon Dieu ! mon âme vers la tombe,
Comme un bœuf ayant soif penche son front vers l'eau. »

Ainsi parlait Booz dans le rêve et l'extase,
Tournant vers Dieu ses yeux par le sommeil noyés ;
Le cèdre ne sent pas une rose à sa base,
Et lui ne sentait pas une femme à ses pieds.

*

Pendant qu'il sommeillait, Ruth, une moabite,
S'était couchée aux pieds de Booz, le sein nu,
Espérant on ne sait quel rayon inconnu,
Quand viendrait du réveil la lumière subite.

Booz ne savait point qu'une femme était là,
Et Ruth ne savait point ce que Dieu voulait d'elle.
Un frais parfum sortait des touffes d'asphodèle ;
Les souffles de la nuit flottaient sur Galgala.

L'ombre était nuptiale, auguste et solennelle ;
Les anges y volaient sans doute obscurément,
Car on voyait passer dans la nuit, par moment,
Quelque chose de bleu qui paraissait une aile.

La respiration de Booz qui dormait,
Se mêlait au bruit sourd des ruisseaux sur la mousse.

On était dans le mois où la nature est douce,
Les collines ayant des lis sur leur sommet.

Ruth songeait et Booz dormait ; l'herbe était noire ;
Les grelots des troupeaux palpitaient vaguement ;
Une immense bonté tombait du firmament ;
C'était l'heure tranquille où les lions vont boire.

Tout reposait dans Ur et dans Jérimadeth ;
Les astres émaillaient le ciel profond et sombre ;
Le croissant fin et clair parmi ces fleurs de l'ombre
Brillait à l'occident, et Ruth se demandait,

Immobile, ouvrant l'œil à moitié sous ses voiles,
Quel dieu, quel moissonneur de l'éternel été
Avait, en s'en allant, négligemment jeté
Cette faucille d'or dans le champ des étoiles.

☆

Autrefois, j'ai connu Ferdousi dans Mysore.
Il semblait avoir pris une flamme à l'aurore
Pour s'en faire une aigrette et se la mettre au front ;
Il ressemblait aux rois que n'atteint nul affront,
Portait le turban rouge où le rubis éclate,
Et traversait la ville habillé d'écarlate.

Je le revis dix ans après vêtu de noir.
Et je lui dis :

                    « Ô toi qu'on venait jadis voir
Comme un homme de pourpre errer devant nos portes,
Toi, le seigneur vermeil, d'où vient donc que tu portes
Cet habit noir, qui semble avec de l'ombre teint ?

— C'est, me répondit-il, que je me suis éteint. »

                                        Paris, 12 janvier 1871

———————

À THÉOPHILE GAUTIER

Ami, poète, esprit, tu fuis notre nuit noire.
Tu sors de nos rumeurs pour entrer dans la gloire ;
Et désormais ton nom rayonne aux purs sommets.
Moi qui t'ai connu jeune et beau, moi qui t'aimais,
Moi qui, plus d'une fois, dans nos altiers coups d'aile,
Éperdu, m'appuyais sur ton âme fidèle,
Moi, blanchi par les jours sur ma tête neigeant,
Je me souviens des temps écoulés, et songeant
À ce jeune passé qui vit nos deux aurores,
À la lutte, à l'orage, aux arènes sonores,
À l'art nouveau qui s'offre, au peuple criant : oui,
J'écoute ce grand vent sublime évanoui.

★

Fils de la Grèce antique et de la jeune France,
Ton fier respect des morts fut rempli d'espérance ;
Jamais tu ne fermas les yeux à l'avenir.
Mage à Thèbes, druide au pied du noir menhir,
Flamine aux bords du Tibre et brahme aux bords du Gange,
Mettant sur l'arc du dieu la flèche de l'archange,
D'Achille et de Roland hantant les deux chevets,
Forgeur mystérieux et puissant, tu savais
Tordre tous les rayons dans une seule flamme ;
Le couchant rencontrait l'aurore dans ton âme ;
Hier croisait demain dans ton fécond cerveau ;
Tu sacrais le vieil art aïeul de l'art nouveau ;
Tu comprenais qu'il faut, lorsqu'une âme inconnue
Parle au peuple, envolée en éclairs dans la nue,
L'écouter, l'accepter, l'aimer, ouvrir les cœurs ;

Calme, tu dédaignais l'effort vil des moqueurs
Écumant sur Eschyle et bavant sur Shakspeare ;
Tu savais que ce siècle a son air qu'il respire,
Et que, l'art ne marchant qu'en se transfigurant,
C'est embellir le beau que d'y joindre le grand.
Et l'on t'a vu pousser d'illustres cris de joie
Quand le Drame a saisi Paris comme une proie,
Quand l'antique hiver fut chassé par Floréal,
Quand l'astre inattendu du moderne idéal
Est venu tout à coup, dans le ciel qui s'embrase
Luire, et quand l'Hippogriffe a relayé Pégase !

★

Je te salue au seuil sévère du tombeau.
Va chercher le vrai, toi qui sus trouver le beau.
Monte l'âpre escalier. Du haut des sombres marches,
Du noir pont de l'abîme on entrevoit les arches ;
Va ! meurs ! la dernière heure est le dernier degré.
Pars, aigle, tu vas voir des gouffres à ton gré ;
Tu vas voir l'absolu, le réel, le sublime.
Tu vas sentir le vent sinistre de la cime
Et l'éblouissement du prodige éternel.
Ton olympe, tu vas le voir du haut du ciel,
Tu vas du haut du vrai voir l'humaine chimère,
Même celle de Job, même celle d'Homère,
Âme, et du haut de Dieu tu vas voir Jéhovah.
Monte, esprit ! Grandis, plane, ouvre tes ailes, va !

Lorsqu'un vivant nous quitte, ému, je le contemple ;
Car entrer dans la mort, c'est entrer dans le temple
Et quand un homme meurt, je vois distinctement
Dans son ascension mon propre avènement.
Ami, je sens du sort la sombre plénitude ;
J'ai commencé la mort par de la solitude,
Je vois mon profond soir vaguement s'étoiler.
Voici l'heure où je vais, aussi moi, m'en aller.
Mon fil trop long frissonne et touche presque au glaive ;
Le vent qui t'emporta doucement me soulève,
Et je vais suivre ceux qui m'aimaient, moi banni.

Leur œil fixe m'attire au fond de l'infini.
J'y cours. Ne fermez pas la porte funéraire.

Passons ; car c'est la loi ; nul ne peut s'y soustraire ;
Tout penche ; et ce grand siècle avec tous ses rayons
Entre en cette ombre immense où pâles nous fuyons.
Oh ! quel farouche bruit font dans le crépuscule
Les chênes qu'on abat pour le bûcher d'Hercule !
Les chevaux de la mort se mettent à hennir,
Et sont joyeux, car l'âge éclatant va finir ;
Ce siècle altier qui sut dompter le vent contraire,
Expire... — Ô Gautier ! toi, leur égal et leur frère,
Tu pars après Dumas, Lamartine et Musset.
L'onde antique est tarie où l'on rajeunissait ;
Comme il n'est plus de Styx il n'est plus de Jouvence.
Le dur faucheur avec sa large lame avance
Pensif et pas à pas vers le reste du blé ;
C'est mon tour ; et la nuit emplit mon œil troublé
Qui, devinant, hélas, l'avenir des colombes,
Pleure sur des berceaux et sourit à des tombes.

H.-H. 2 novembre 1872. Jour des morts.

(*Le Tombeau de Théophile Gautier*, 1873.)

Sainte-Beuve

VIE, POÉSIES ET PENSÉES DE JOSEPH DELORME

LES RAYONS JAUNES

Les dimanches d'été, le soir, vers les six heures,
Quand le peuple empressé déserte ses demeures
    Et va s'ébattre aux champs,
Ma persienne fermée, assis à ma fenêtre,
Je regarde d'en haut passer et disparaître
    Joyeux bourgeois, marchands,

Ouvriers en habits de fête, au cœur plein d'aise ;
Un livre est entrouvert, près de moi, sur ma chaise ;
    Je lis ou fais semblant ;
Et les jaunes rayons que le couchant ramène,
Plus jaunes ce soir-là que pendant la semaine,
    Teignent mon rideau blanc.

J'aime à les voir percer vitres et jalousie ;
Chaque oblique sillon trace à ma fantaisie
    Un flot d'atomes d'or ;
Puis, m'arrivant dans l'âme à travers la prunelle,
Ils redorent aussi mille pensers en elles,
    Mille atomes encor.

Ce sont des jours confus dont reparaît la trame,
Des souvenirs d'enfance, aussi doux à notre âme
    Qu'un rêve d'avenir ;
C'était à pareille heure (oh ! je me le rappelle)

Qu'après vêpres, enfants, au chœur de la chapelle,
      On nous faisait venir.

La lampe brûlait jaune, et jaune aussi les cierges ;
Et la lueur glissant aux fronts voilés des vierges
      Jaunissait leur blancheur ;
Et le prêtre vêtu de son étole blanche
Courbait un front jauni, comme un épi qui penche
      Sous la faux du faucheur.

Oh ! qui dans une église, à genoux sur la pierre,
N'a bien souvent, le soir, déposé sa prière,
      Comme un grain pur de sel ?
Qui n'a du crucifix baisé le jaune ivoire ?
Qui n'a de l'homme-Dieu lu la sublime histoire
      Dans un jaune missel ?

Mais où la retrouver, quand elle s'est perdue,
Cette humble foi du cœur, qu'un ange a suspendue
      En palme à nos berceaux ;
Qu'une mère a nourrie en nous d'un zèle immense ;
Dont chaque jour un prêtre arrosait la semence
      Aux bords des saints ruisseaux ?

Peut-elle refleurir lorsque a soufflé l'orage,
Et qu'en nos cœurs l'orgueil, debout, a dans sa rage
      Mis le pied sur l'autel ?
On est bien faible alors, quand le malheur arrive,
Et la mort... faut-il donc que l'idée en survive
      Au vœu d'être immortel !

J'ai vu mourir, hélas ! ma bonne vieille tante,
L'an dernier ; sur son lit, sans voix et haletante,
      Elle resta trois jours,
Et trépassa. J'étais près d'elle dans l'alcôve ;
J'étais près d'elle encor, quand sur sa tête chauve
      Le linceul fit trois tours.

Le cercueil arriva, qu'on mesura de l'aune ;
J'étais là... puis, autour, des cierges brûlaient jaune,

Des prêtres priaient bas ;
Mais en vain je voulais dire l'hymne dernière ;
Mon œil était sans larme et ma voix sans prière,
        Car je ne croyais pas.

Elle m'aimait pourtant ;... et ma mère aussi m'aime,
Et ma mère à son tour mourra ; bientôt moi-même
        Dans le jaune linceul
Je l'ensevelirai ; je clouerai sous la lame
Ce corps flétri, mais cher, ce reste de mon âme ;
        Alors je serai seul ;

Seul, sans mère, sans sœur, sans frère et sans épouse ;
Car qui voudrait m'aimer, et quelle main jalouse
        S'unirait à ma main ?...
Mais déjà le soleil recule devant l'ombre,
Et les rayons qu'il lance à mon rideau plus sombre
        S'éteignent en chemin...

Non, jamais à mon nom ma jeune fiancée
Ne rougira d'amour, rêvant dans sa pensée
        Au jeune époux absent ;
Jamais deux enfants purs, deux anges de promesse
Ne tiendront suspendu sur moi, durant la messe,
        Le poêle jaunissant.

Non, jamais, quand la mort m'étendra sur ma couche,
Mon front ne sentira le baiser d'une bouche,
        Ni mon œil obscurci
N'entreverra l'adieu d'une lèvre mi-close !
Jamais sur mon tombeau ne jaunira la rose,
        Ni le jaune souci !

— Ainsi va ma pensée ; et la nuit est venue ;
Je descends ; et bientôt dans la foule inconnue
        J'ai noyé mon chagrin :
Plus d'un bras me coudoie ; on entre à la guinguette,
On sort du cabaret ; l'invalide en goguette
        Chevrotte un gai refrain.

Ce ne sont que chansons, clameurs, rixes d'ivrogne ;
Ou qu'amours en plein air, et baisers sans vergogne,
        Et publiques faveurs ;
Je rentre ; sur ma route on se presse, on se rue ;
Toute la nuit j'entends se traîner dans ma rue
        Et hurler les buveurs.

LE CALME

> Ma muse dort comme une marmotte de mon
> pays... comme il vous plaira, ma verve ; ce qu'il
> y a de sûr, c'est que je ne ferai rien sans vous.
>
> DUCIS.

Souvent un grand désir de choses inconnues,
D'enlever mon essor aussi haut que les nues,
De ressaisir dans l'air des sons évanouis,
D'entendre, de chanter mille chants inouïs,
Me prend à mon réveil ; et voilà ma pensée
Qui, soudain rejetant l'étude commencée,
Et du grave travail, la veille interrompu,
Détournant le regard, comme un enfant repu,
Caresse avec transport sa belle fantaisie,
Et veut partir, voguer en pleine poésie.
À l'instant le navire appareille, et d'abord
Les câbles sont tirés, les ancres sont à bord,
La poulie a crié ; la voile suspendue
Ne demande qu'un souffle à la brise attendue,
Et sur le pont tremblant tous mes jeunes nochers
S'interrogent déjà vers l'horizon penchés.
Adieu, rivage, adieu ! — Mais la mer est dormante,
Plus dormante qu'un lac ; mieux vaudrait la tourmente ;
Mais d'en haut, ce jour-là, nul souffle ne répond ;
La voile pend au mât et traîne sur le pont.
Debout, croisant les bras, le pilote, à la proue,
Contemple cette eau verte où pas un flot ne joue,
Et que rasent parfois de leur vol lourd et lent

Le cormoran plaintif et le gris goéland.
Tout le jour, il regarde, inquiet du voyage,
S'il verra dans le ciel remuer un nuage,
Ou frissonner au vent son beau pavillon d'or ;
Et quand tombe la nuit, morne, il regarde encor
La quille où s'épaissit une verdâtre écume,
Et la pointe du mât qui se perd dans la brume.

☆

Tacendo il nome di questa gentilissima.
DANTE. *Vita nuova.*

Toujours je la connus pensive et sérieuse ;
Enfant, dans les ébats de l'enfance joueuse
Elle se mêlait peu, parlait déjà raison ;
Et quand ses jeunes sœurs couraient sur le gazon,
Elle était la première à leur rappeler l'heure,
À dire qu'il fallait regagner la demeure ;
Qu'elle avait de la cloche entendu le signal ;
Qu'il était défendu d'approcher du canal,
De troubler dans le bois la biche familière,
De passer en jouant trop près de la volière :
Et ses sœurs l'écoutaient. Bientôt elle eut quinze ans,
Et sa raison brilla d'attraits plus séduisants :
Sein voilé, front serein où le calme repose,
Sous de beaux cheveux bruns une figure rose,
Une bouche discrète au sourire prudent,
Un parler sobre et froid, et qui plaît cependant ;
Une voix douce et ferme, et qui jamais ne tremble,
Et deux longs sourcils noirs qui se fondent ensemble.
Le devoir l'animait d'une grave ferveur ;
Elle avait l'air posé, réfléchi, non rêveur :
Elle ne rêvait pas comme la jeune fille,
Qui de ses doigts distraits laisse tomber l'aiguille,
Et du bal de la veille au bal du lendemain
Pense au bel inconnu qui lui pressa la main.

Le coude à la fenêtre, oubliant son ouvrage,
Jamais on ne la vit suivre à travers l'ombrage
Le vol interrompu des nuages du soir,
Puis cacher tout d'un coup son front dans son mouchoir.
Mais elle se disait qu'un avenir prospère
Avait changé soudain par la mort de son père ;
Qu'elle était fille aînée, et que c'était raison
De prendre part active aux soins de la maison.
Ce cœur jeune et sévère ignorait la puissance
Des ennuis dont soupire et s'émeut l'innocence.
Il réprima toujours les attendrissements
Qui naissent sans savoir, et les troubles charmants,
Et les désirs obscurs, et ces vagues délices
De l'amour dans les cœurs naturelles complices.
Maîtresse d'elle-même aux instants les plus doux,
En embrassant sa mère, elle lui disait *vous*.
Les galantes fadeurs, les propos pleins de zèle
Des jeunes gens oisifs étaient perdus chez elle ;
Mais qu'un cœur éprouvé lui contât un chagrin,
À l'instant se voilait son visage serein :
Elle savait parler de maux, de vie amère,
Et donnait des conseils comme une jeune mère.
Aujourd'hui la voilà mère, épouse, à son tour ;
Mais c'est chez elle encor raison plutôt qu'amour.
Son paisible bonheur de respect se tempère ;
Son époux déjà mûr serait pour elle un père ;
Elle n'a pas connu l'oubli du premier mois,
Et la lune de miel qui ne luit qu'une fois,
Et son front et ses yeux ont gardé le mystère
De ces chastes secrets qu'une femme doit taire.
Heureuse comme avant, à son nouveau devoir
Elle a réglé sa vie... Il est beau de la voir,
Libre de son ménage, un soir de la semaine,
Sans toilette, en été, qui sort et se promène
Et s'assoit à l'abri du soleil étouffant,
Vers six heures, sur l'herbe, avec sa belle enfant.
Ainsi passent ses jours depuis le premier âge,
Comme des flots sans nom sous un ciel sans orage,
D'un cours lent, uniforme, et pourtant solennel ;
Car ils savent qu'ils vont au rivage éternel.

Et moi qui vois couler cette humble destinée
Au penchant du devoir doucement entraînée,
Ces jours purs, transparents, calmes, silencieux,
Qui consolent du bruit et reposent les yeux,
Sans le vouloir, hélas ! je retombe en tristesse ;
Je songe à mes longs jours passés avec vitesse,
Turbulents, sans bonheur, perdus pour le devoir,
Et je pense, ô mon Dieu ! qu'il sera bientôt soir !

LA PLAINE

À mon ami Antoni D.

Octobre.

Après la moisson faite et tous les blés rentrés,
Quand depuis plus d'un mois les champs sont labourés,
Qu'il gèlera demain, et qu'une fois encore
L'automne, du plus haut des coteaux qu'elle dore,
Se retourne en fuyant, le front dans un brouillard,
Oh ! que la plaine est triste autour du boulevard !
C'est au premier coup d'œil une morne étendue,
Sans couleur ; çà et là quelque maison perdue,
Murs frêles, pignons blancs en tuiles recouverts ;
Une haie à l'entour en buissons jadis verts ;
Point de fumée au toit ni de lueur dans l'âtre ;
De grands tas aux rebords des carrières de plâtre ;
Des moulins qui n'ont rien à moudre, ou ne pouvant
Qu'à peine remuer leurs quatre ailes au vent,
Et loin, sur les coteaux, au-dessus des villages
De longs bois couronnés de leurs derniers feuillages.
Car, tandis que de l'arbre en la plaine isolé
Le beau feuillage au vent s'en est d'abord allé,
Les bois sur les coteaux, comme l'homme en famille,
Résistent plus longtemps ; un pâle rayon brille
Sur ce front de verdure à demi desséché,
Quand pour d'autres déjà le soleil est couché.

Mais dans la plaine, quoi ? des jachères pierreuses,
Et de maigres sillons en veines malheureuses,
Que la bêche, à défaut de charrue, a creusés ;
Et sur des ceps flétris des échalas brisés ;
De la cendre par place, un reste de fumée,
Et le sol tout noirci de paille consumée :
Parfois un pâtre enfant, à la main son pain bis,
Dans le chaume des blés paissant quelques brebis ;
À ses pieds son chien noir, regardant d'un air grave
Une vieille qui glane au champ de betterave.
Et de loin l'on entend la charrette crier.
Sous le fumier infect, le fouet du voiturier,
De plus près les grillons sous l'herbe sans rosée,
Ou l'abeille qui meurt sur la ronce épuisée,
Ou craquer dans le foin un insecte sans nom ;
D'ailleurs personne là pour son plaisir, sinon
Des chasseurs, par les champs, regagnant leurs demeures,
Sans avoir aperçu gibier depuis six heures...
Moi pourtant je traverse encore à pas oisifs
Et je m'en vais là-bas m'asseoir où sont les ifs.

LIVRE D'AMOUR

SONNET

8 septembre, cinq heures du soir

... Albaque populus !

Triste, loin de l'Amie, et quand l'été décline,
Quand le jour incliné plaît à mon cœur désert,
Sans un souffle de vent, sous un ciel tout couvert
D'où par places la pluie échappait en bruine,

Je sortais du taillis au haut de la colline :
Soudain je découvris comme un sombre concert
De la nature immense : avec un dur flot vert
La rivière au tournant, d'ordinaire si fine ;

Et tous les horizons redoublés et plus bleus
Fonçaient d'un ton de deuil leur cadre sourcilleux :
Les bois amoncelaient leurs cimes étagées ;

Et la plaine elle-même, embrunissant ses traits,
Au lieu de l'intervalle et des longues rangées,
Serrait ses peupliers comme un bois de cyprès.

Précy.

XLIe ET DERNIÈRE

Le long de cette verte et sereine avenue,
Derrière, à droite, au fond, laissant la tour connue
Et le bois protecteur où nous venons d'errer,
Sans trop voir Saint-Mandé qui doit nous ignorer,
Tandis que devant nous la prochaine barrière,
Bizarrement dressée en colonnes de pierre[1],
Annonce aux yeux la ville, et dit de loin qu'il faut
Pauvres amants heureux, nous séparer bientôt,
Durant ces courts moments d'une plus calme ivresse,
Redoublant de lenteur sous le soleil qui baisse,
Dans ce silence ému, dans nos regards de feux,
À ton bras, Ange aimé, sais-tu quel est mon vœu ?
Mon vœu, c'est que l'allée au lent retour propice,
Ces maisons de côté que le rosier tapisse,
Ces petits seuils riants sans un œil curieux,
Ces arbres espacés où règne l'air des cieux,

---

1. La barrière du Trône, qui pouvait alors sembler bizarre, parce qu'elle était inachevée.

Tout cela dure et gagne en longueur infinie ;
Que par l'enchantement de quelque bon génie,
À mesure que fuit derrière abandonné
Le beau bois verdoyant, de sa tour couronné,
Abaissant à nos yeux ses colonnes d'Hercule,
L'idéale barrière elle-même recule ;
Et nous irions ainsi sans jamais approcher !
Le soleil cependant viendrait de se coucher,
Et le soir faisant signe aux timides étoiles
Baignerait au couchant la frange de ses voiles :
Mais, sous les cieux rougis ou sous le dais du soir,
Nous, bien qu'un peu lassés, sans rien apercevoir
Sans dire que c'est long ni presser le mystère,
Nous irions, nous irions, bienheureux sur la terre,
Jouissant de l'air pur, de parler, de rêver,
Et croyant vaguement à la longue arriver.
Et Martine pourtant, notre bonne déesse,
Qui jamais ne se plaint, mais quelquefois nous presse,
Au large devant nous, grave et d'un pas royal,
Comme dans les jardins de quelque Escurial,
Son parasol ouvert, marcherait sous la lune,
Sans troubler d'un seul mot l'illusion commune.
Et le soir redoublant d'astres et de beautés,
Et l'univers confus nageant dans des clartés,
Nous aussi de langueur baignés par tous nos pores,
Sans plus comprendre rien aux couchants, aux aurores,
Aux terrestres chemins où s'attardent nos pieds,
À pas toujours plus lents, l'un sur l'autre appuyés,
Mollement nous irions, perdus dans la pensée
Que l'heure du retour n'est pas encor passée.
Et sans douleur pour nous la fatigue croîtrait ;
Et tout bruit, toute ville au loin disparaîtrait ;
Et sous les blancs rayons l'avenue éternelle,
Au gré de notre pâle et mourante prunelle,
Ferait luire en tremblant, comme entre des cyprès,
De purs tombeaux d'albâtre et mille gazons frais ;...
Jusqu'à ce que Martine y glissant la première,
Nous la suivions bientôt sur l'herbe sans poussière,
Inséparable couple, expirant et brisé,
Enchaînant dans nos bras le temps éternisé !

Auguste Barbier

ÏAMBES

L'auteur a compris sous la dénomination générale d'Ïambes toute satire d'un sentiment amer et d'un mouvement lyrique : cependant ce titre n'appartient réellement qu'aux vers satiriques composés à l'instar de ceux d'André Chénier. Le mètre employé par ce grand poète n'est pas précisément l'iambe des anciens, mais quelque chose qui en rappelle l'allure franche et rapide : c'est le vers de douze syllabes, suivi d'un vers de huit, avec croisement de rimes. Cette combinaison n'était pas inconnue à la poésie française ; l'Élégie s'en était souvent servi, mais en forme de stances ; c'est ainsi que Gilbert a exhalé ses dernières plaintes.

PROLOGUE

On dira qu'à plaisir je m'allume la joue ;
Que mon vers aime à vivre et ramper dans la boue ;
Qu'imitant Diogène au cynique manteau,
Devant tout monument je roule mon tonneau ;
Que j'insulte aux grands noms, et que ma jeune plume
Sur le peuple et les rois frappe avec amertume :
Que me font, après tout, les vulgaires abois
De tous les charlatans qui donnent de la voix,
Les marchands de pathos et les faiseurs d'emphase,
Et tous les baladins qui dansent sur la phrase ?
Si mon vers est trop cru, si sa bouche est sans frein,
C'est qu'il sonne aujourd'hui dans un siècle d'airain.
Le cynisme des mœurs doit salir la parole,
Et la haine du mal enfante l'hyperbole.
Or donc je puis braver le regard pudibond :
Mon vers rude et grossier est honnête homme au fond.

LA CURÉE

I

Oh ! lorsqu'un lourd soleil chauffait les grandes dalles
    Des ponts et de nos quais déserts,
Que les cloches hurlaient, que la grêle des balles
    Sifflait et pleuvait par les airs ;
Que dans Paris entier, comme la mer qui monte,
    Le peuple soulevé grondait,
Et qu'au lugubre accent des vieux canons de fonte
    La Marseillaise répondait,
Certe, on ne voyait pas, comme au jour où nous sommes,
    Tant d'uniformes à la fois ;
C'était sous des haillons que battaient les cœurs d'homme
    C'étaient alors de sales doigts
Qui chargeaient les mousquets et renvoyaient la foudre ;
    C'était la bouche aux vils jurons
Qui mâchait la cartouche, et qui, noire de poudre,
    Criait aux citoyens : Mourons !

II

Quant à tous ces beaux fils aux tricolores flammes,
    Au beau linge, au frac élégant,
Ces hommes en corset, ces visages de femmes,
    Héros du boulevard de Gand,
Que faisaient-ils, tandis qu'à travers la mitraille,
    Et sous le sabre détesté,
La grande populace et la sainte canaille
    Se ruaient à l'immortalité ?
Tandis que tout Paris se jonchait de merveilles,
    Ces messieurs tremblaient dans leur peau,
Pâles, suant la peur, et la main aux oreilles,
    Accroupis derrière un rideau.

III

C'est que la Liberté n'est pas une comtesse
        Du noble faubourg Saint-Germain,
Une femme qu'un cri fait tomber en faiblesse,
        Qui met du blanc et du carmin :
C'est une forte femme aux puissantes mamelles,
        À la voix rauque, aux durs appas,
Qui, du brun sur la peau, du feu dans les prunelles,
        Agile et marchant à grands pas,
Se plaît aux cris du peuple, aux sanglantes mêlées,
        Aux longs roulements des tambours,
À l'odeur de la poudre, aux lointaines volées
        Des cloches et des canons sourds ;
Qui ne prend ses amours que dans la populace,
        Qui ne prête son large flanc
Qu'à des gens forts comme elle, et qui veut qu'on l'embrasse
        Avec des bras rouges de sang.

IV

C'est la vierge fougueuse, enfant de la Bastille,
        Qui jadis, lorsqu'elle apparut
Avec son air hardi, ses allures de fille,
        Cinq ans mit tout le peuple en rut ;
Qui, plus tard, entonnant une marche guerrière,
        Lasse de ses premiers amants,
Jeta là son bonnet, et devint vivandière
        D'un capitaine de vingt ans :
C'est cette femme, enfin, qui, toujours belle et nue,
        Avec l'écharpe aux trois couleurs,
Dans nos murs mitraillés tout à coup reparue,
        Vient de sécher nos yeux en pleurs,
De remettre en trois jours une haute couronne
        Aux mains des Français soulevés,
D'écraser une armée et de broyer un trône
        Avec quelques tas de pavés.

V

Mais, ô honte ! Paris, si beau dans sa colère,
          Paris, si plein de majesté
Dans ce jour de tempête où le vent populaire
          Déracina la royauté,
Paris, si magnifique avec ses funérailles,
          Ses débris d'hommes, ses tombeaux,
Ses chemins dépavés et ses pans de murailles
          Troués comme de vieux drapeaux ;
Paris, cette cité de lauriers toute ceinte,
          Dont le monde entier est jaloux,
Que les peuples émus appellent tous la sainte,
          Et qu'ils ne nomment qu'à genoux,
Paris n'est maintenant qu'une sentine impure,
          Un égout sordide et boueux,
Où mille noirs courants de limon et d'ordure
          Viennent traîner dans leurs flots honteux ;
Un taudis regorgeant de faquins sans courage,
          D'effrontés coureurs de salons,
Qui vont de porte en porte, et d'étage en étage,
          Gueusant quelque bout de galons ;
Une halle cynique aux clameurs insolentes,
          Où chacun cherche à déchirer
Un misérable coin de guenilles sanglantes
          Du pouvoir qui vient d'expirer.

VI

Ainsi, quand désertant sa bauge solitaire,
          Le sanglier, frappé de mort,
Est là, tout palpitant, étendu sur la terre,
          Et sous le soleil qui le mord ;
Lorsque, blanchi de bave et la langue tirée,
          Ne bougeant plus en ses liens,
Il meurt, et que la trompe a sonné la curée
          À toute la meute des chiens,
Toute la meute, alors, comme une vague immense,

Bondit ; alors chaque mâtin
Hurle en signe de joie, et prépare d'avance
    Ses larges crocs pour le festin ;
Et puis vient la cohue, et les abois féroces
    Roulent de vallons en vallons ;
Chiens courants et limiers, et dogues, et molosses,
    Tout s'élance, et tout crie : Allons !
Quand le sanglier tombe et roule sur l'arène,
    Allons, allons ! les chiens sont rois !
Le cadavre est à nous ; payons-nous notre peine,
    Nos coups de dents et nos abois.
Allons ! nous n'avons plus de valet qui nous fouaille
    Et qui se pende à notre cou :
Du sang chaud, de la chair, allons, faisons ripaille,
    Et gorgeons-nous tout notre soûl !
Et tous, comme ouvriers que l'on met à la tâche,
    Fouillent ses flancs à plein museau,
Et de l'ongle et des dents travaillent sans relâche,
    Car chacun en veut un morceau ;
Car il faut au chenil que chacun d'eux revienne
    Avec un os demi-rongé,
Et que, trouvant au seuil son orgueilleuse chienne,
    Jalouse et le poil allongé,
Il lui montre sa gueule encor rouge, et qui grogne,
    Son os dans les dents arrêté,
Et lui crie, en jetant son quartier de charogne :
    « Voici ma part de royauté »

                    Août 1830.

Félix Arvers

MES HEURES PERDUES

SONNET
imité de l'italien

Mon âme a son secret, ma vie a son mystère :
Un amour éternel en un moment conçu :
Le mal est sans espoir, aussi j'ai dû le taire,
Et celle qui l'a fait n'en a jamais rien su.

Hélas ! j'aurai passé près d'elle inaperçu,
Toujours à ses côtés, et pourtant solitaire,
Et j'aurai jusqu'au bout fait mon temps sur la terre,
N'osant rien demander et n'ayant rien reçu.

Pour elle, quoique Dieu l'ait faite douce et tendre,
Elle ira son chemin, distraite, et sans entendre
Ce murmure d'amour élevé sur ses pas ;

À l'austère devoir pieusement fidèle,
Elle dira, lisant ces vers tout remplis d'elle :
« Quelle est donc cette femme ? » et ne comprendra pas.

Auguste Brizeux

MARIE

MARIE

Ô maison du Moustoir ! combien de fois la nuit,
Ou quand j'erre le jour dans la foule et le bruit,
Tu m'apparais ! — Je vois les toits de ton village
Baignés à l'horizon dans des mers de feuillage,
Une grêle fumée au-dessus, dans un champ
Une femme de loin appelant son enfant,
Ou bien un jeune pâtre assis près de sa vache,
Qui, tandis qu'indolente elle paît à l'attache,
Entonne un air breton si plaintif et si doux
Qu'en le chantant ma voix vous ferait pleurer tous.
Oh ! les bruits, les odeurs, les murs gris des chaumières,
Le petit sentier blanc et bordé de bruyères,
Tout renaît comme au temps où, pieds nus, sur le soir,
J'escaladais la porte et courais au Moustoir ;
Et dans ces souvenirs où je me sens revivre,
Mon pauvre cœur troublé se délecte et s'enivre !
Aussi, sans me lasser, tous les jours je revois
Le haut des toits de chaume et le bouquet de bois,
Au vieux puits la servante allant emplir ses cruches,
Et le courtil en fleur où bourdonnent les ruches,
Et l'aire, et le lavoir, et la grange ; en un coin,
Les pommes par monceaux ; et les meules de foin ;
Les grands bœufs étendus aux portes de la crèche,
Et devant la maison un lit de paille fraîche.
Et j'entre, et c'est d'abord un silence profond,

Une nuit calme et noire ; aux poutres du plafond
Un rayon de soleil, seul, darde sa lumière,
Et tout autour de lui fait danser la poussière.
Chaque objet cependant s'éclaircit : à deux pas,
Je vois le lit de chêne et son coffre ; et plus bas
(Vers la porte, en tournant), sur le bahut énorme
Pêle-mêle bassins, vases de toute forme,
Pain de seigle, laitage, écuelles de noyer ;
Enfin, plus bas encor, sur le bord du foyer,
Assise à son rouet près du grillon qui crie,
Et dans l'ombre filant, je reconnais Marie ;
Et, sous sa jupe blanche arrangeant ses genoux,
Avec son doux parler elle me dit : « C'est vous ! »

LES BATELIÈRES DE L'ODET

De mon dernier voyage écoutez un récit !
À de frais souvenirs le présent s'adoucit. —
Je côtoyais l'Odet, lorsqu'une batelière
Doucement m'appela du bord de la rivière.

LA BATELIÈRE

Si vous voulez, jeune homme, aller à Loc-Tûdi,
Voici que nous partons toutes quatre à midi.
Entrez, nous ramerons, et vous tiendrez la barre ;
Ou, si vous aimez mieux, avant que l'on démarre,
Vous promener encor sur les ponts de Kemper,
Nous attendrons ici le reflux de la mer
Et le lever du vent ; puis, avec la marée,
Ce soir dans Benn-Odet nous ferons notre entrée.

LE VOYAGEUR

Jeune fille, à midi tous cinq nous partirons,
Mais vous tiendrez la barre et moi les avirons.
Au bourg de Loc-Tûdi je connais un saint prêtre ;
Enfants, nous avons eu longtemps le même maître ;
Aujourd'hui je recours à son sage entretien ;

Sans vous dire son nom vous le devinez bien.
À vous de me guider à ce pèlerinage,
Car pour vous, jeune fille, on ferait le voyage.
De grâce, mettez-moi parmi vos matelots :
Je n'aime plus la terre et n'aime que les flots.

À l'heure de midi nous étions en rivière.
Barba, la plus âgée, assise sur l'arrière,
Tenait le gouvernail ; à ma gauche Tina,
Celle qui de sa voix si fraîche m'entraîna ;
Deux autres devant nous, dont l'une, blanche et grande,
Me fit d'abord songer aux filles de l'Irlande,
Car les vierges d'Eir-Inn et les vierges d'Arvor
Sont des fruits détachés du même rameau d'or.

Donc, leur poisson vendu, les quatre batelières
En ramant tour à tour regagnaient leurs chaumières,
Rapportant au logis, du prix de leur poisson,
Fil, résine et pain frais, nouvelle cargaison.
La rivière était dure, et par instants les lames
Malgré nous dans nos mains faisaient tourner les rames.
Nous louvoyons longtemps devant Loc-Maria.
Cependant nous doublons Lann-éron, et déjà
Saint-Cadô, des replis de sa noire vallée,
Épanche devant nous sa rivière salée
À côté de Tina quel plaisir de ramer
Et de céder près d'elle aux houles de la mer !

La vieille le vit bien : « Cette fois, cria-t-elle,
Tu tiens un amoureux, Corintina, ma belle !
— Oui-da, lui répondis-je, et mieux qu'un amoureux :
Qui serait son mari pourrait se dire heureux. »
L'aimable enfant rougit (car déjà nos deux âmes
Suivaient, comme nos corps, le mouvement des rames).
Et l'Irlandaise aussi, dans le fond du canot,
Nous sourit doucement, mais sans dire un seul mot.
« Çà, repartit la vieille, écoutez ! j'ai cinq filles,
Aussi blondes que vous, toutes les cinq gentilles ;
Venez les voir. — Non, non ! je n'en ai plus besoin.
Pour trouver mes amours je n'irai pas si loin. »

Or, sachez-le, Tina, la jeune Cornouaillaise,
Forte comme à vingt ans, est mince comme à treize ;
Et jamais je n'ai vu, d'Edern à Saint-Urien,
Dans l'habit de Kemper corps pris comme le sien.

« Ainsi, continuai-je, en abordant à terre,
Tina, je vous conduis tout droit chez votre mère,
De là chez le curé. Jeune fille, irons-nous ? »
Et Tina répondit : « Je ferai comme vous. »

Mais Barba : « Pourquoi rire avec cette promesse ?
Si demain à Tûdi vous entendez la messe,
Vous verrez dans le chœur un officier du roi
Dont la femme a porté des coiffes comme moi.
— Mes lèvres et mon cœur ont le même langage,
Brave femme, et je puis vous nommer un village
Où l'on sait si mon cœur à l'orgueil est enclin,
Et si j'ai du mépris pour les coiffes de lin.
— Eh bien ! venez chez moi, vous verrez mes cinq filles,
Aussi blondes que vous, toutes les cinq gentilles.
— Jésus Dieu ! soupira Tina tout en ramant,
La méchante qui veut m'enlever mon amant !
— Non, ma bonne ! je veux te garder au novice,
Ce pauvre Efflam qui meurt d'amour à ton service. »

D'un ton moitié riant et moitié sérieux
Ainsi nous conversions, et par instants mes yeux,
De peur d'inquiéter l'innocente rameuse,
Suivaient dans ses détours la côte âpre et brumeuse ;
Ou, pensif, j'écoutais les turbulentes voix
De la mer, qui, grondant, s'agitant à la fois,
Semblait loin de l'Odet gémir comme une amante,
Et vers son fleuve aimé s'avançait bouillonnante.

Mais devant Benn-Odet nous étions arrivés :
Là nos heureux projets, en chemin soulevés,
Moururent sur le bord. Dans un creux de montagnes
Nous débarquons. La vieille, emmenant ses compagnes,
Me dit un brusque adieu ; puis, avec son panier,
Je vis Tina se perdre au détour d'un sentier.

Fallait-il m'éloigner, ou fallait-il la suivre ?
Comment, ô destinée, interpréter ton livre ?
Quand faut-il écouter ou combattre son cœur ?
À quel point la raison devient-elle une erreur ?
Doutes, demi-regrets, souvenirs d'un beau rêve,
Qui jusqu'à Loc-Tûdi me suivaient sur la grève !
Surtout, retours à vous, qui, là-bas, au Moustoir,
Portez le nom d'un autre et n'aimez qu'à le voir !
Et ces divers pensers de tout lieu, de tout âge,
L'un par l'autre attirés, m'escortaient en voyage,
Plus mouvants que le sable où s'enfonçaient mes pas,
Que les flots près de moi brisés avec fracas,
Ou que les goélands fuyant à mon approche
Et que je retrouvais toujours de roche en roche.

LES TERNAIRES

LETTRE À BERTHEL

Écris-moi, mon ami, si devant ta faucille
    Le seigle mûr de couleuvres fourmille ;
Dis-moi, brave Berthel, si les chiens altérés
    Errent par bande aux montagnes d'Arréz.

Hélas ! durant ce mois d'ardente canicule,
Tout fermente ; et partout un noir venin circule.
Pour charmer les serpents tu m'as dit tes chansons :
Quand, dressés sur la queue, ils sifflent prêts à mordre,
On siffle : eux de rentrer leur dard et de se tordre,
Et, charmés, de s'étendre aux rebords des buissons.

Ainsi, d'un pied hardi je vais dans la campagne.
Puis, je porte à la main un *penn-baz* de Bretagne,
(De nœuds égaux formé, garni d'un bout de fer) :
La fougère suffit pour trancher les couleuvres ;
Mais les chiens dans ce mois errent, je crains leurs œuvres,
Eux craignent mon *penn-baz* lorsqu'il tourne dans l'air.

Écris-moi, mon ami, si devant ta faucille
    Le seigle mûr de couleuvres fourmille ;
Dis-moi, brave Berthel, si les chiens altérés
    Errent par bande aux montagnes d'Arréz.

LE LÉZARD

À Berthel.

Avec une jeune veuve,
Tendre encor, j'en ai la preuve,
Parlant breton et français :
En causant de mille choses,
Par la bruyère aux fleurs roses,
Tout en causant je passais.

C'était en juin, la chaleur était grande :
Sur le sentier qui partage la lande,
Au beau soleil se chauffait un lézard ;
Et dans ses tours, ses détours, le folâtre
Faisait briller son dos lisse et verdâtre
Et secouait la fourche de son dard.

Mais hélas ! à notre approche,
Le petit fou vers sa roche
Fuit, et pour le rappeler,
Pour rappeler ce farouche,
Sur un air des bois ma bouche
Longtemps s'épuise à siffler.

Ô mes amis, ne plaignez pas ma peine !
Car sur mon bras cette amoureuse Hélène
Tenait posé son bras flexible et rond ;
Et par instants une mèche égarée,
De ses cheveux une mèche cendrée
Avec douceur venait toucher mon front.

      Certe, à lézard et vipère
      Tout siffleur vendrait, j'espère,
      À ce prix-là ses chansons,
      Sans trouver l'heure trop lente,
      Ni la chaleur trop brûlante,
      Ni trop maigres les buissons.

Donc croyez-moi, dans cette heureuse pose,
Sous le soleil et jusqu'à la nuit close
J'aurais sifflé fort gaiement ; mais voilà,
Mes bons amis, voilà que le vicaire,
Vêtu de noir et disant son rosaire,
Pour mon malheur vient à passer par là :

      « Cœurs damnés ! musique infâme !
      « Holà ! holà ! jeune femme,
      « Si vous craignez par hasard
      « Le purgatoire où l'on grille,
      « Quittez ce siffleur de fille,
      « Ce beau siffleur de lézard ! »

Charles Lassailly

HOMMAGE
À M. DE LAMARTINE

Dieu merci, je me sens âme assez forte en moi,
Pour dire hardiment, selon toute ma foi,
Ce que j'ai sur le cœur, contre ces pamphlétaires
Qui de volcans boueux fécondent les cratères,
Jettent au vent l'honneur des réputations,
Et mentent à la muse, ainsi qu'aux nations.

Aboyeurs de places publiques,
Brocanteurs de sales reliques,
Que vous nommez la liberté ;
Arrière, arrière les Pilates,
Les donneurs de louanges plates
Au monstre popularité !

La satire, en ses anathèmes,
N'a pas besoin d'impurs blasphèmes,
Coupables indignations,
Allez dans la voie ; elle est ample :
Mais vous souillez le seuil du temple,
Vendeurs de profanations.

Je descends vers vous, moi, poète,
Armé de la verge qui fouette
Les hypocrites de vertu ;
Et sous de luisantes écailles,

Je fouillerai dans vos entrailles...
Et je crierai : Toi, que veux-tu,

Toi qui renias un beau rôle ;
Qui ne sais pas que la parole
Ne doit jamais homicider :
Toi qui deviens un mauvais ange ;
Et sur des colonnes de fange,
Sembles à l'aise t'accouder !

Toi qui gagnes un vil pécule
À trafiquer le ridicule,
À mâcher toujours du venin ;
Et sous le luxe de tes rimes,
Glisses des mots, qui sont des crimes ;
Oui, toi, versificateur nain,

Oui, que veux-tu ? jugeons tes comptes.
Montre-moi le tarif des hontes,
Que darde ton vers avili !
Pourquoi des peuples qu'on égare
Façonner, menteur et barbare,
Ces haines qui prennent le pli ?...

Pourquoi, profès en calomnie,
De la vieillesse ou du génie
Arracher un fil au manteau ;
Et pour de misérables sommes,
Jeter en pâture des hommes
Aux fureurs de ton Alecto ?...

Ah ! c'est vous qui l'avez tuée
La satire, prostituée,
Dont le pouvoir est impuissant,
Parce que fausse, haïssable,
Elle a fait mentir sur le sable
Des lignes écrites au sang !

Est-ce donc là que vous en êtes,
Qu'il ne vous faut plus que des têtes,

Et vous regardez à l'entour !
Comme si toi, que l'on vénère,
Ô ma Liberté, dans ton aire,
Tu couvais des œufs de vautour !

Ma sainte Liberté, je t'aime,
Sans foudroyer d'un anathème,
Sans maudire un seul nom humain ;
Car on se repent de maudire,
De s'être gonflé le cœur d'ire,
Quand l'histoire a son lendemain.

Après l'orage de la veille,
L'humanité, qui se réveille,
Voyant tant de germes éclos,
Tant de vérités, qu'on sait vite,
Tant d'épreuves, que l'on évite,
Et d'engrais derrière les flots,

Se rassure en la Providence,
Qui d'une oublieuse imprudence
Ne compromet pas l'avenir :
Si le progrès d'hier s'enraie,
C'est qu'une vérité plus vraie,
Pour le dépasser va venir !

Or, gardons mieux nos âmes chastes.
N'oublions plus que les contrastes
S'harmonisent par une loi.
Laissons les passions s'éteindre ;
Si quelqu'un erre, aimons le plaindre ;
Respectons quiconque a sa foi.

Ainsi votre tête se grise
D'une liberté mal comprise,
Rétrogrades républicains,
Vous, qui d'un siècle ôtez la pierre,
Afin d'exhumer Robespierre,
Dictateur pour des mannequins !

Ce n'est pas moi qui la renie,
Dans les luttes de son génie,
La grande révolution.
Elle a travaillé sa journée ;
Sa moisson fut bien moissonnée ;
Son char ouvrit notre sillon.

Lorsque l'Europe était en boule ;
Lorsque les peuples faisaient foule,
Se dressant en monts ennemis ;
Elle ne perdit pas courage,
Et remua, belle de rage,
Chaque sol où son pied s'est mis !

Certes, messieurs les jeunes hères,
Certes vous avez eu des pères
Dont les ombres s'allongent haut :
Mais vous qui finissez la tâche,
Ne regrettez point une tache ;
N'espérez plus en l'échafaud !

Ah ! plus heureux, de la morale,
De la religion qui râle,
Purs, défendez les intérêts.
Ceux-là brilleront sur les autres,
Qui vont, pacifiques apôtres,
À son tour, servir ce progrès.

La loi politique n'a force,
Que si le luxe de l'écorce
Vient de la sève du dedans :
Orgueilleuses impatiences,
Régénérez les consciences :
Celui qui prouve, c'est le temps !

                              19 juillet 1831.

                    (*Almanach des Muses*, 1832.)

Aloysius Bertrand

GASPARD DE LA NUIT

HARLEM

> Quand d'Amsterdam le coq d'or chantera
> La poule d'or de Harlem pondera.
>
> *Les Centuries de Nostradamus.*

Harlem, cette admirable bambochade qui résume l'école fla-
mande, Harlem peint par Jean-Breughel, Peeter-Neef, David-
Téniers et Paul Rembrandt.

Et le canal où l'eau bleue tremble, et l'église où le vitrage
d'or flamboie, et le stoël[1] où sèche le linge au soleil, et les toits,
verts de houblon.

Et les cigognes qui battent des ailes autour de l'horloge de la
ville, tendant le col du haut des airs et recevant dans leur bec les
gouttes de pluie.

Et l'insouciant bourguemestre qui caresse de la main son
double menton, et l'amoureux fleuriste qui maigrit, l'œil atta-
ché à une tulipe.

Et la bohémienne qui se pâme sur sa mandoline, et le vieil-
lard qui joue du Rommelpot[2], et l'enfant qui enfle une vessie.

1. Balcon de pierre.
2. Instrument de musique.

Et les buveurs qui fument dans l'estaminet borgne, et la ser-
vante de l'hôtellerie qui accroche à la fenêtre un faisan mort.

LE MAÇON

> *Le maître maçon.* — Regardez ces bastions,
> ces contreforts ; on les dirait construits pour
> l'éternité.
>
> SCHILLER,
> *Guillaume Tell.*

Le maçon Abraham Knupfer chante, la truelle à la main,
dans les airs échafaudé, — si haut que, lisant les vers gothiques
du bourdon, il nivelle de ses pieds, et l'église aux trente arcs-
boutants, et la ville aux trente églises.

Il voit les tarasques de pierre vomir l'eau des ardoises dans
l'abîme confus des galeries, des fenêtres, des pendentifs, des
clochetons, des tourelles, des toits et des charpentes, que tache
d'un point gris l'aile échancrée et immobile du tiercelet.

Il voit les fortifications qui se découpent en étoile, la citadelle
qui se rengorge comme une géline dans un tourteau, les cours
des palais où le soleil tarit les fontaines, et les cloîtres des
monastères où l'ombre tourne autour des piliers.

Les troupes impériales se sont logées dans le faubourg. Voilà
qu'un cavalier tambourine là-bas. Abraham Knupfer distingue
son chapeau à trois cornes, ses aiguillettes de laine rouge, sa
cocarde traversée d'une ganse, et sa queue nouée d'un ruban.

Ce qu'il voit encore, ce sont des soudards qui, dans le parc
empanaché de gigantesques ramées, sur de larges pelouses
d'émeraude, criblent de coups d'arquebuse un oiseau de bois
fiché à la pointe d'un mai.

Et le soir, quand la nef harmonieuse de la cathédrale s'endor-
mit, couchée les bras en croix, il aperçut, de l'échelle, à l'hori-

zon, un village incendié par des gens de guerre, qui flamboyait comme une comète dans l'azur.

LES GUEUX DE NUIT

À M. Louis Boulanger, peintre

J'endure.
froidure
bien dure.

La Chanson du Pauvre Diable.

— « Ohé ! rangez-vous, qu'on se chauffe ! » — « Il ne te manque plus que d'enfourcher le foyer ! Ce drôle a les jambes comme des pincettes. »

— « Une heure ! » — « Il bise dru ! » — « Savez-vous, mes chats-huants, ce qui fait la lune si claire ? » — « Non ! » — « Les cornes de cocu qu'on y brûle. »

— « La rouge braise à griller de la charbonnée ! » — « Comme la flamme danse bleue sur les tisons ! Ohé ! quel est le ribaud qui a battu sa ribaude ? »

— « J'ai le nez gelé ! » — « J'ai les grèves rôties ! » — « Ne vois-tu rien dans le feu, Choupille ? » — « Oui ! une hallebarde. » — « Et toi, Jeanpoil ? » — « Un œil. »

— « Place, place à monsieur de la Chousserie ! » — « Vous êtes là, monsieur le procureur, chaudement fourré et ganté pour l'hiver ! » — « Oui-dà ! les matous n'ont pas d'engelures ! »

— « Ah ! voici messieurs du guet ! » — « Vos bottes fument. » — « Et les tirelaines ? » — « Nous en avons tué deux d'une arquebusade, les autres se sont échappés à travers la rivière. »

★

Et c'est ainsi que s'acoquinaient à un feu de brandons, avec des gueux de nuit, un procureur au parlement qui courait le guilledou, et les gascons du guet qui racontaient sans rire les exploits de leurs arquebuses détraquées.

LA CHAMBRE GOTHIQUE

> Nox et solitudo plenæ sunt diabolo.
> *Les Pères de l'Église.*

> La nuit, ma chambre est pleine de diables.

— « Oh ! la terre, — murmurai-je à la nuit, — est un calice embaumé dont le pistil et les étamines sont la lune et les étoiles ! »

Et les yeux lourds de sommeil, je fermai la fenêtre qu'incrusta la croix du calvaire, noire dans la jaune auréole des vitraux.

*

Encore, — si ce n'était à minuit, — l'heure blasonnée de dragons et de diables ! — que le gnome qui se soûle de l'huile de ma lampe !

Si ce n'était que la nourrice qui berce avec un chant monotone, dans la cuirasse de mon père, un petit enfant mort-né !

Si ce n'était que le squelette du lansquenet emprisonné dans la boiserie, et heurtant du front, du coude et du genou !

Si ce n'était que mon aïeul qui descend en pied de son cadre vermoulu, et trempe son gantelet dans l'eau bénite du bénitier !

Mais c'est Scarbo qui me mord au cou, et qui, pour cautériser ma blessure sanglante, y plonge son doigt de fer rougi à la fournaise !

LES LÉPREUX

À M. P. J. David, statuaire

> N'approche mie de ces lieux,
> Cy est le chenil du lépreux.
>
> *Le Lai du lépreux.*

Chaque matin, dès que les ramées avaient bu l'aigail, roulait sur ses gonds la porte de la maladrerie, et les lépreux, semblables aux antiques anachorètes, s'enfonçaient tout le jour parmi le désert, vallées adamites, édens primitifs dont les perspectives lointaines, tranquilles, vertes et boisées ne se peuplaient que de biches broutant l'herbe fleurie, et que de hérons pêchant dans de clairs marécages.

Quelques-uns avaient défriché des courtils : une rose leur était plus odorante, une figue plus savoureuse, cultivées de leurs mains. Quelques autres courbaient des nasses d'osier, ou taillaient des hanaps de buis, dans des grottes de rocaille ensablées d'une source vive, et tapissées d'un liseron sauvage. C'est ainsi qu'ils cherchaient à tromper les heures si rapides pour la joie, si lentes pour la souffrance !

Mais il y en avait qui ne s'asseyaient même plus au seuil de la maladrerie. Ceux-là, exténués, élanguis, dolents, qu'avait marqués d'une croix la science des mires, promenaient leur ombre entre les quatre murailles d'un cloître, hautes et blanches, l'œil sur le cadran solaire dont l'aiguille hâtait la fuite de leur vie, et l'approche de leur éternité.

Et lorsque adossés contre les lourds piliers, ils se plongeaient en eux-mêmes, rien n'interrompait le silence de ce cloître, sinon les cris d'un triangle de cigognes qui labouraient la nue, le sautillement du rosaire d'un moine qui s'esquivait par un corridor, et le râle de la crécelle des veilleurs qui, le soir, acheminaient d'une galerie ces mornes reclus à leurs cellules.

JEAN DES TILLES

> C'est le tronc du vieux saule et ses rameaux penchants.
>
> H. DE LATOUCHE,
> *Le Roi des Aulnes.*

— « Ma bague ! ma bague ! » — Et le cri de la lavandière effraya dans la souche d'un saule un rat qui filait sa quenouille.

Encore un tour de Jean des Tilles, l'ondin malicieux et espiègle qui ruisselle, se plaint et rit sous les coups redoublés du battoir !

Comme s'il ne lui suffisait pas de cueillir, aux épais massifs de la rive les nèfles mûres qu'il noie dans le courant.

— « Jean le voleur ! Jean qui pêche et qui sera pêché ! Petit Jean friture que j'ensevelirai, blanc d'un linceul de farine, dans l'huile enflammée de la poêle ! »

Mais alors des corbeaux qui se balançaient à la verte flèche des peupliers, croassèrent dans le ciel moite et pluvieux.

Et les lavandières, troussées comme des piqueurs d'ablettes, enjambèrent le gué jonché de cailloux, d'écume, d'herbes et de glaïeuls.

OCTOBRE

À Monsieur le Baron R.

Adieu, derniers beaux jours !
ALPH. DE LAMARTINE,
L'Automne.

Les petits savoyards sont de retour, et déjà leur cri interroge l'écho sonore du quartier ; comme les hirondelles suivent le printemps, ils précèdent l'hiver.

Octobre, le courrier de l'hiver, heurte à la porte de nos demeures. Une pluie intermittente inonde la vitre offusquée, et le vent jonche des feuilles mortes du platane le perron solitaire.

Voici venir les veillées de famille, si délicieuses quand tout au dehors est neige, verglas et brouillard, et que les jacinthes fleurissent sur la cheminée, à la tiède atmosphère du salon.

Voici venir la Saint-Martin et ses brandons, Noël et ses bougies, le jour de l'an et ses joujoux, les Rois et leur fève, le carnaval et sa marotte.

Et Pasques, enfin, Pasques aux hymnes matinales et joyeuses, Pasques dont les jeunes filles reçoivent la blanche hostie et les œufs rouges !

Alors un peu de cendre aura effacé de nos fronts l'ennui de six mois d'hiver, et les petits savoyards salueront du haut de la colline le hameau natal.

SUR LES ROCHERS
DE CHÈVREMORTE[1]

> Et moi aussi j'ai été déchiré par les épines de
> ce désert, et j'y laisse chaque jour quelque
> partie de ma dépouille.
>
> *Les Martyrs, Livre X.*

Ce n'est point ici qu'on respire la mousse des chênes, et les bourgeons du peuplier, ce n'est point ici que les brises et les eaux murmurent d'amour ensemble.

Aucun baume, le matin, après la pluie, le soir, aux heures de la rosée ; et rien pour charmer l'oreille que le cri du petit oiseau qui quête un brin d'herbe.

Désert qui n'entend plus la voix de Jean-Baptiste, désert que n'habitent plus ni les hermites ni les colombes !

Ainsi mon âme est une solitude où, sur le bord de l'abîme, une main à la vie et l'autre à la mort, je pousse un sanglot désolé.

Le poète est comme la giroflée qui s'attache frêle et odorante au granit, et demande moins de terre que de soleil.

Mais hélas ! je n'ai plus de soleil, depuis que se sont fermés les yeux si charmants qui réchauffaient mon génie !

22 juin 1832.

---

1. À une demi-lieue de Dijon

Charles Dovalle

LE SYLPHE

LE SYLPHE

Lenis aura...
OVIDE.

L'aile ternie et de rosée humide,
Sylphe inconnu, parmi les fleurs couché,
Sous une feuille, invisible et timide,
    J'aime à rester caché.

Le vent du soir me berce dans les roses ;
Mais quand la nuit abandonne les cieux,
Au jour ardent mes paupières sont closes :
    Le jour blesse mes yeux.

Pauvre lutin, papillon éphémère,
Ma vie, à moi, c'est mon obscurité !
Moi, bien souvent, je dis : « C'est le mystère
    Qui fait la volupté ! »

Et je m'endors dans les palais magiques
Que ma baguette élève au fond des bois,
Et dans l'azur des pâles véroniques
    Je laisse errer mes doigts...

Quand tout à coup l'éclatante fanfare
À mon oreille annonce le chasseur,

Dans les rameaux mon faible vol s'égare,
    Et je tremble de peur.

Mais si, parfois, jeune, rêveuse et belle,
Vient une femme, à l'heure où le jour fuit,
Avec la brise, amoureux, autour d'elle
    Je voltige sans bruit !

J'aime à glisser, aux rayons d'une étoile,
Entre les cils qui bordent ses doux yeux ;
J'aime à jouer dans les plis de son voile
    Et dans ses longs cheveux...

Sur son beau sein quand son bouquet s'effeuille,
Quand à la tige elle arrache un bouton,
J'aime surtout à voler une feuille
    Pour y tracer mon nom...

Oh ! respectez mes jeux et ma faiblesse,
Vous qui savez le secret de mon cœur !
Oh ! laissez-moi pour unique richesse,
    De l'eau dans une fleur,

L'air frais du soir, au bois, une humble couche,
Un arbre vert pour se garder du jour...
Le Sylphe, après, ne voudra qu'une bouche
    Pour y mourir d'amour !

PREMIER CHAGRIN

Le bassin est uni : sur son onde limpide
Pas un souffle de vent ne soulève une ride ;
Au lever du soleil, chaque flot argenté
Court, par un autre flot sans cesse reflété ;
Il répète ses fleurs, comme un miroir fidèle ;
Mais la pointe des joncs sur la rive a tremblé...

Près du bord, qu'elle rase, a crié l'hirondelle...
     Et l'azur du lac s'est troublé !

Au sein du bois humide, où chaque feuille est verte,
Où le gazon touffu boit la rosée en pleurs,
Où l'espoir des beaux jours rit dans toutes les fleurs,
Aux baisers du printemps, la rose s'est ouverte ;
Mais au fond du calice un insecte caché
Vit, déchirant la fleur de sa dent acérée...
Et la rose languit, pâle et décolorée
     Sur son calice desséché !

Un passé tout rempli de chastes jouissances,
Des baisers maternels, du calme dans le port ;
Un présent embelli de vagues espérances
Et de frais souvenirs... amis, voilà mon sort !
L'avenir n'a pour moi qu'un gracieux sourire ;
J'ai dix-huit ans ! mon âge est presque le bonheur...
Je devrais être heureux... non ! mon âme désire...
     Et j'ai du chagrin dans le cœur !...

POÉSIE

LA JEUNE FEM   [1]
DÉLAISS

Et noluit consolari...

La souffrance a creusé mes joues,
Les larmes ont terni mes yeux...

1. Cette pièce inachevée a été retirée du portefeuille traversé par la balle, et
nous la donnons ici avec les traces de mutilation que cette balle y a laissées.

Toi, pauvre enfant, tu ris et joues
Dans mes bras, crédule et joyeux !...

Oh ! que j'envie à ton enfance,
Cher petit, son charm   ngénu,
Et sa tranquille ins   e,
Et son cœur qui   nu !...

Faible oiseau, battu par l'orage,
Moi, j'ai vécu... moi, j'ai souffert...
Moi, j'ai tant pleuré, qu'avant l'âge
Mon front de rides s'est couvert...

Et pourtant, la vie était douce
Autrefois à mon cœur aimant !
Comme un flot qu'un autre flot pousse,
Mes jo   coulaient paisiblement !

J'ét   lors une humble fille,
Heureuse, en son obscurité,
D'avoir l'amour de sa famille,
La paix de l'âme et la gaieté.

Brillant d'u   nheur ineffable,
Pour moi co   ençait l'avenir,
Et ma jeunesse était semblable
À la fleur qui vient de s'ouvrir.

. . . .

Imbert Galloix

POÉSIES

LA NUIT DE NOËL

L'air est glacé, mais la nuit est sereine,
Les astres clairs nagent en un ciel pur ;
J'entends gémir les eaux de la fontaine ;
Le firmament étale son azur.

L'airain battu d'un coup triste et sonore
Seul a troublé le repos de la nuit.
Il est une heure, et moi je veille encore ;
Je veille seul, et le repos me fuit.

Oh ! que de fois le silence nocturne
Prêta son calme à mes songes divers !
Oh ! que de fois ma lampe taciturne
M'a vu rêver, lire, tracer des vers !

Nuit de Noël, derniers jours de l'année,
Oh ! que de jeux, de paix et de plaisirs
Vous rappelez à mon âme fanée !
Et tout a fui sous de nouveaux désirs !

Comme d'un rêve aussi doux que rapide,
Il me souvient de ce bonheur passé.
Bonheur d'enfance, imprévoyant, avide,
Que la raison a si vite effacé...

Il me souvient de ces cadeaux magiques
À mon réveil offerts dès le matin,
Et du foyer, et des plombs fantastiques,
Dont les contours présageaient le destin.

Me disaient-ils que je serais poète,
Victime, hélas ! des désirs de mon cœur ?
Que le chagrin ferait courber ma tête,
Et que jamais je n'en serais vainqueur ?...

*

Déjà la cloche a répété quatre heures ;
Je veille encor, je veille pour chanter.
Un bruit soudain ébranle nos demeures ;
Quelle douceur je trouve à l'écouter !

Quels sons divins, quelle auguste harmonie
L'airain du temple exhale dans les airs !
Comme l'espoir, mon âme rajeunie
Entend vibrer les célestes concerts.

Nuit de Noël, nuit de paix et de joie,
C'est dans ton sein qu'un Sauveur nous est né.
Le cœur soumis qui marche dans ta voie,
Humble et joyeux, n'est pas abandonné.

Ô mon Sauveur, viens éclairer ma route !
Viens me couvrir des ailes de la foi !
Ouvre mon âme et dissipe mon doute ;
Viens, je t'attends et je me livre à toi.

LES RÊVES DU PASSÉ

Alors les fleurs croissaient dans la verte prairie ;
Dans un ciel glorieux triomphait le soleil ;
Des songes printaniers erraient dans mon sommeil.

Le ciel n'était pas froid, l'eau n'était pas tarie,
Alors. — Mais aujourd'hui tout est morne et glacé ;
Le cœur est desséché, la nature est flétrie...
          Où sont les rêves du passé ?

Soleil, tu nous rendras tes splendeurs matinales ;
Astres, vaisseaux du ciel, vous voguerez encor.
Jours d'azur de juillet, verts coteaux, moissons d'or,
Horizon du Léman, vieux mont, Alpes natales,
Je voudrais vous revoir, vous, mon ancien trésor !...
Ô rives de mon lac, je croyais à la gloire ;
D'avenir et d'espoir l'amour m'avait bercé.
L'amour ! Je n'y crois plus ; mon cœur est délaissé.
La gloire me dédaigne... Oublie, ô ma mémoire,
          Les tristes rêves du passé.

Gérard de Nerval

LA FRANCE GUERRIÈRE

PROLOGUE

Je ne suis plus enfant : trop lents pour mon envie,
Déjà dix-sept printemps ont passé dans ma vie :
Je possède une lyre, et cependant mes mains
N'en tirent dès longtemps que des sons incertains.
Oh ! quand viendra le jour où, libre de sa chaîne,
Mon cœur ne verra plus la gloire, son amour,
Aux songes de la nuit se montrer incertaine,
Pour s'enfuir comme une ombre aux premiers feux du jour.

J'étais bien jeune encor, quand la France abattue
Vit de son propre sang ses lauriers se couvrir ;
Deux fois de son héros la main lasse et vaincue
Avait brisé le sceptre, en voulant le saisir.
Ces maux sont déjà loin : cependant sous des chaînes
Nous pleurâmes longtemps notre honneur outragé ;
L'empreinte en est restée, et l'on voit dans nos plaines
Un sang qui fume encor..., et qui n'est pas vengé !

Ces tableaux de splendeur, ces souvenirs sublimes,
J'ai vu des jours fatals en rouler les débris,
Dans leur course sanglante entraîner des victimes,
Et de flots d'étrangers inonder mon pays.
Je suis resté muet ; car la voix d'un génie
Ne m'avait pas encor inspiré des concerts ;

Mon âme de la lyre ignorait l'harmonie,
Et ses plaisirs si doux, et ses chagrins amers.

Ne reprochez donc pas à mes chants, à mes larmes
De descendre trop tard sur des débris glacés,
De ramener les cœurs à d'illustres alarmes,
Et d'appeler des jours déjà presque effacés :
Car la source des pleurs en moi n'est point tarie,
Car mon premier accord dut être à la patrie ;
Heureux si je pouvais exprimer par mes vers
La fierté qui m'anime, en songeant à ses gloires,
Le plaisir que je sens, en chantant ses victoires,
La douleur que j'éprouve, en pleurant ses revers !

Oui, j'aime mon pays : dès ma plus tendre enfance,
Je chérissais déjà la splendeur de la France ;
De nos aigles vainqueurs j'admirais les soutiens ;
De loin, j'applaudissais à leur marche éclatante,
Et ma voix épelait la page triomphante
Qui contait leurs exploits à mes concitoyens.

Mais bientôt, aigle, empire, on vit tout disparaître !
Ces temps ne vivent plus que dans le souvenir ;
L'histoire seule un jour, trop faiblement peut-être,
En dira la merveille aux siècles à venir.
C'est alors qu'on verra dans ses lignes sanglantes
Les actions des preux s'éveiller rayonnantes...
Puis des tableaux de mort les suivront, et nos fils
Voyant tant de lauriers flétris par des esclaves,
Demanderont comment tous ces bras avilis
Purent en un seul jour dompter des cœurs si braves ?

Oh ! si la lyre encor a des accents nouveaux,
Si sa mâle harmonie appartient à l'histoire,
Consacrons-en les sons à célébrer la gloire,
À déplorer le sort fatal à nos héros !
Qu'ils y puissent revivre, et si la terre avide
Donna seule à leurs corps une couche livide,
Élevons un trophée où manquent des tombeaux !

Oui, malgré la douleur que sa mémoire inspire,
Et malgré tous les maux dont son cours fut rempli,
Ce temps seul peut encor animer une lyre :
L'aigle était renversé, mais non pas avili ;
Alors, du sort jaloux s'il succombait victime,
Le brave à la victoire égalait son trépas,
Quand, foudroyé d'en haut, suspendu sur l'abîme,
Son front mort s'inclinait, ... et ne s'abaissait pas !

Depuis que rien de grand ne passe, ou ne s'apprête,
Que la gloire a fait place à des jours plus obscurs,
Qui pourrait désormais inspirer le poète,
Et lui prêter des chants dignes des temps futurs ?
Tout a changé depuis : ô France infortunée !
Ton orgueil est passé, ton courage abattu !
De tes anciens guerriers la vie abandonnée
S'épuise sans combats, et languit sans vertu !
Sur ton sort malheureux c'est en vain qu'on soupire,
On fait à tes enfants un crime de leurs pleurs,
Et le pâle flambeau qui conduit aux honneurs
S'allume à ce bûcher, où la patrie expire.
. . .

FAUST DE GOETHE

traduction nouvelle

. . .

BRANDER / *frappant sur la table.*

Paix là ! paix là ! écoutez-moi ! vous avouerez, messieurs, que
je sais vivre : il y a des amoureux ici, et je dois, d'après les usa-
ges, leur donner pour la bonne nuit tout ce qu'il y a de mieux.
Attention ! une chanson de la plus nouvelle facture ! et répétez
bien fort la ronde avec moi ! *Il chante.*

Certain rat dans une cuisine
Avait pris place, et le frater
S'y traita si bien, que sa mine
Eût fait envie au gros Luther.
Mais un beau jour, le pauvre diable,
Empoisonné, sauta dehors,
Aussi triste, aussi misérable,
Que s'il avait l'amour au corps.

CHŒUR

Que s'il avait l'amour au corps !

BRANDER

Il courait devant et derrière ;
Il grattait, reniflait, mordait,
Parcourait la maison entière,
Où de douleur il se tordait.
Au point qu'à le voir en délire
Perdre ses cris et ses efforts,
Les mauvais plaisants pouvaient dire :
Hélas ! il a l'amour au corps !

CHŒUR

Hélas ! il a l'amour au corps !

BRANDER

Dans le fourneau, le pauvre sire
Crut enfin se cacher très bien ;
Mais il se trompait, et le pire,
C'est qu'il y creva comme un chien.
La servante, méchante fille,
De son malheur rit bien alors :
Ah ! disait-elle, comme il grille !...
Il a vraiment l'amour au corps !

CHŒUR

Il a vraiment l'amour au corps !

SIEBEL

Comme ces plats coquins se réjouissent ! C'est un beau chef-d'œuvre à citer que l'empoisonnement d'un pauvre rat !

BRANDER

Tu prends le parti de tes semblables !

ALTMAYER

Le voilà bien avec son gros ventre et sa tête pelée ! comme son malheur le rend tendre ! Dans ce rat qui crève, il voit son portrait tout craché !
. . .

FROSCH

Donnez-nous une chanson.

MÉPHISTOPHÉLÈS

Tant que vous en voudrez.

SIEBEL

Mais quelque chose de nouveau.

MÉPHISTOPHÉLÈS

Nous revenons d'Espagne, c'est l'aimable pays du vin et des chansons. *Il chante.*

> Une puce gentille
> Chez un prince logeait...

FROSCH

Écoutez ! une puce !... avez-vous bien saisi cela ? Une puce me semble à moi un hôte assez désagréable.

MÉPHISTOPHÉLÈS / *chante*

> Une puce gentille
> Chez un prince logeait,
> Comme sa propre fille,
> Le brave homme l'aimait,
> Et (l'histoire l'assure)
> Par son tailleur, un jour,
> Lui fit prendre mesure
> Pour un habit de cour.

BRANDER

N'oubliez point d'enjoindre au tailleur de la prendre bien exacte, et que, s'il tient à sa tête, il ne laisse pas faire à la culotte le moindre pli.

MÉPHISTOPHÉLÈS

L'animal, plein de joie,
Dès qu'il se vit paré
D'or, de velours, de soie,
Et de croix décoré,
Fit venir de province
Ses frères et ses sœurs,
Qui, par ordre du prince,
Devinrent grands seigneurs.

Mais ce qui fut le pire,
C'est que les gens de cour,
Sans en oser rien dire,
Se grattaient tout le jour...
Cruelle politique !
Quel ennui que cela !...
Quand la puce nous pique.
Amis, écrasons-la !

CHŒUR / *avec acclamation.*

Quand la puce nous pique,
Amis ! écrasons-la !

FROSCH

Bravo ! bravo ! voilà du bon !

SIEBEL

Ainsi soit-il de toutes les puces !

. . .

ODELETTES

UNE ALLÉE DU LUXEMBOURG

Elle a passé, la jeune fille
Vive et preste comme un oiseau :
À la main une fleur qui brille,
À la bouche un refrain nouveau.

C'est peut-être la seule au monde
Dont le cœur au mien répondrait,
Qui venant dans ma nuit profonde
D'un seul regard l'éclaircirait !

Mais non, — ma jeunesse est finie...
Adieu, doux rayon qui m'as lui, —
Parfum, jeune fille, harmonie...
Le bonheur passait, — il a fui !

LE RÉVEIL EN VOITURE

Voici ce que je vis : Les arbres sur ma route
Fuyaient mêlés, ainsi qu'une armée en déroute,
Et sous moi, comme ému par les vents soulevés,
Le sol roulait des flots de glèbe et de pavés !

Des clochers conduisaient parmi les plaines vertes
Leurs hameaux aux maisons de plâtre, recouvertes
En tuiles, qui trottaient ainsi que des troupeaux
De moutons blancs, marqués en rouge sur le dos !

Et les monts enivrés chancelaient, — la rivière
Comme un serpent boa, sur la vallée entière
Étendu, s'élançait pour les entortiller...
— J'étais en poste, moi, venant de m'éveiller !

FANTAISIE

Il est un air pour qui je donnerais
Tout Rossini, tout Mozart et tout Weber[1],
Un air très vieux, languissant et funèbre,
Qui pour moi seul a des charmes secrets !

Or, chaque fois que je viens à l'entendre,
De deux cents ans mon âme rajeunit...
C'est sous Louis treize ; et je crois voir s'étendre
Un coteau vert, que le couchant jaunit,

Puis un château de brique à coins de pierre,
Aux vitraux teints de rougeâtres couleurs,
Ceint de grands parcs, avec une rivière
Baignant ses pieds, qui coule entre des fleurs ;

Puis une dame, à sa haute fenêtre,
Blonde aux yeux noirs, en ses habits anciens,
Que, dans une autre existence peut-être,
J'ai déjà vue... et dont je me souviens !

AVRIL

Déjà les beaux jours, — la poussière,
Un ciel d'azur et de lumière,
Les murs enflammés, les longs soirs ; —

1. On prononce *Wèbre*.

Et rien de vert : — à peine encore
Un reflet rougeâtre décore
Les grands arbres aux rameaux noirs !

Ce beau temps me pèse et m'ennuie.
— Ce n'est qu'après des jours de pluie
Que doit surgir, en un tableau,
Le printemps verdissant et rose,
Comme une nymphe fraîche éclose,
Qui, souriante, sort de l'eau.

LES CYDALISES

Où sont nos amoureuses ?
Elles sont au tombeau :
Elles sont plus heureuses,
Dans un séjour plus beau !

Elles sont près des anges,
Dans le fond du ciel bleu,
Et chantent les louanges
De la mère de Dieu !

Ô blanche fiancée !
Ô jeune vierge en fleur !
Amante délaissée,
Que flétrit la douleur !

L'éternité profonde
Souriait dans vos yeux...
Flambeaux éteints du monde,
Rallumez-vous aux cieux !

LES CHIMÈRES

EL DESDICHADO

Je suis le Ténébreux, — le Veuf, — l'Inconsolé,
Le Prince d'Aquitaine à la Tour abolie :
Ma seule *Étoile* est morte, — et mon luth constellé
Porte le *Soleil noir* de la *Mélancolie*.

Dans la nuit du Tombeau, Toi qui m'as consolé,
Rends-moi le Pausilippe et la mer d'Italie,
La *fleur* qui plaisait tant à mon cœur désolé,
Et la treille où le Pampre à la Rose s'allie.

Suis-je Amour ou Phœbus ?... Lusignan ou Biron ?
Mon front est rouge encor du baiser de la Reine ;
J'ai rêvé dans la Grotte où nage la Syrène...

Et j'ai deux fois vainqueur traversé l'Achéron :
Modulant tour à tour sur la lyre d'Orphée
Les soupirs de la Sainte et les cris de la Fée.

MYRTHO

Je pense à toi, Myrtho, divine enchanteresse,
Au Pausilippe altier, de mille feux brillant,
À ton front inondé des clartés d'Orient,
Aux raisins noirs mêlés avec l'or de ta tresse.

C'est dans ta coupe aussi que j'avais bu l'ivresse,
Et dans l'éclair furtif de ton œil souriant,
Quand aux pieds d'Iacchus on me voyait priant,
Car la Muse m'a fait l'un des fils de la Grèce.

Je sais pourquoi là-bas le volcan s'est rouvert...
C'est qu'hier tu l'avais touché d'un pied agile,
Et de cendres soudain l'horizon s'est couvert.

Depuis qu'un duc normand brisa tes dieux d'argile,
Toujours, sous les rameaux du laurier de Virgile,
Le pâle Hortensia s'unit au Myrte vert !

HORUS

Le dieu Kneph en tremblant ébranlait l'univers :
Isis, la mère, alors se leva sur sa couche,
Fit un geste de haine à son époux farouche,
Et l'ardeur d'autrefois brilla dans ses yeux verts.

« Le voyez-vous, dit-elle, il meurt, ce vieux pervers,
Tous les frimas du monde ont passé par sa bouche,
Attachez son pied tors, éteignez son œil louche,
C'est le dieu des volcans et le roi des hivers !

« L'aigle a déjà passé, l'esprit nouveau m'appelle,
J'ai revêtu pour lui la robe de Cybèle...
C'est l'enfant bien-aimé d'Hermès et d'Osiris ! »

La déesse avait fui sur sa conque dorée,
La mer nous renvoyait son image adorée,
Et les cieux rayonnaient sous l'écharpe d'Iris.

ANTÉROS

Tu demandes pourquoi j'ai tant de rage au cœur
Et sur un col flexible une tête indomptée ;
C'est que je suis issu de la race d'Antée,
Je retourne les dards contre le dieu vainqueur.

Oui, je suis de ceux-là qu'inspire le Vengeur,
Il m'a marqué le front de sa lèvre irritée,
Sous la pâleur d'Abel, hélas ! ensanglantée,
J'ai parfois de Caïn l'implacable rougeur !

Jéhovah ! le dernier, vaincu par ton génie,
Qui, du fond des enfers, criait : « Ô tyrannie ! »
C'est mon aïeul Bélus ou mon père Dagon...

Ils m'ont plongé trois fois dans les eaux du Cocyte,
Et, protégeant tout seul ma mère Amalécyte,
Je ressème à ses pieds les dents du vieux dragon.

DELFICA

La connais-tu, DAFNÉ, cette ancienne romance,
Au pied du sycomore, ou sous les lauriers blancs,
Sous l'olivier, le myrte, ou les saules tremblants,
Cette chanson d'amour... qui toujours recommence ?...

Reconnais-tu le TEMPLE au péristyle immense,
Et les citrons amers où s'imprimaient tes dents,
Et la grotte, fatale aux hôtes imprudents,
Où du dragon vaincu dort l'antique semence ?...

Ils reviendront, ces Dieux que tu pleures toujours !
Le temps va ramener l'ordre des anciens jours ;
La terre a tressailli d'un souffle prophétique...

Cependant la sibylle au visage latin
Est endormie encor sous l'arc de Constantin
— Et rien n'a dérangé le sévère portique.

ARTÉMIS

La Treizième revient... C'est encor la première ;
Et c'est toujours la Seule, — ou c'est le seul moment ;
Car es-tu Reine, ô Toi ! la première ou dernière ?
Es-tu Roi, toi le Seul ou le dernier amant ?...

Aimez qui vous aima du berceau dans la bière ;
Celle que j'aimai seul m'aime encor tendrement :
C'est la Mort — ou la Morte... Ô délice ! ô tourment !
La rose qu'elle tient, c'est la *Rose trémière*.

Sainte napolitaine aux mains pleines de feux,
Rose au cœur violet, fleur de sainte Gudule :
As-tu trouvé ta Croix dans le désert des Cieux ?

Roses blanches, tombez ! vous insultez nos Dieux,
Tombez, fantômes blancs, de votre ciel qui brûle :
— La Sainte de l'Abîme est plus sainte à mes yeux !

LE CHRIST AUX OLIVIERS

> Dieu est mort ! le ciel est vide...
> Pleurez ! enfants, vous n'avez plus de père !
>
> JEAN-PAUL.

I

Quand le Seigneur, levant au ciel ses maigres bras
Sous les arbres sacrés, comme font les poètes,
Se fut longtemps perdu dans ses douleurs muettes,
Et se jugea trahi par des amis ingrats ;

Il se tourna vers ceux qui l'attendaient en bas
Rêvant d'être des rois, des sages, des prophètes...
Mais engourdis, perdus dans le sommeil des bêtes,
Et se prit à crier : « Non, Dieu n'existe pas ! »

Ils dormaient. « Mes amis, savez-vous *la nouvelle* ?
J'ai touché de mon front à la voûte éternelle ;
Je suis sanglant, brisé, souffrant pour bien des jours !

« Frères, je vous trompais : Abîme ! abîme ! abîme !
Le dieu manque à l'autel où je suis la victime...
Dieu n'est pas ! Dieu n'est plus ! » Mais ils dormaient
[toujours !...

II

Il reprit : « Tout est mort ! J'ai parcouru les mondes ;
Et j'ai perdu mon vol dans leurs chemins lactés,
Aussi loin que la vie, en ses veines fécondes,
Répand des sables d'or et des flots argentés :

« Partout le sol désert côtoyé par des ondes,
Des tourbillons confus d'océans agités...

Un souffle vague émeut les sphères vagabondes,
Mais nul esprit n'existe en ces immensités.

« En cherchant l'œil de Dieu, je n'ai vu qu'un orbite
Vaste, noir et sans fond, d'où la nuit qui l'habite
Rayonne sur le monde et s'épaissit toujours ;

« Un arc-en-ciel étrange entoure ce puits sombre,
Seuil de l'ancien chaos dont le néant est l'ombre,
Spirale engloutissant les Mondes et les Jours !

III

« Immobile Destin, muette sentinelle,
Froide Nécessité !... Hasard qui, t'avançant
Parmi les mondes morts sous la neige éternelle,
Refroidis, par degrés, l'univers pâlissant,

« Sais-tu ce que tu fais, puissance originelle,
De tes soleils éteints, l'un l'autre se froissant...
Es-tu sûr de transmettre une haleine immortelle,
Entre un monde qui meurt et l'autre renaissant ?...

« Ô mon père ! est-ce toi que je sens en moi-même ?
As-tu pouvoir de vivre et de vaincre la mort ?
Aurais-tu succombé sous un dernier effort

« De cet ange des nuits que frappa l'anathème ?...
Car je me sens tout seul à pleurer et souffrir,
Hélas ! et, si je meurs, c'est que tout va mourir ! »

IV

Nul n'entendait gémir l'éternelle victime,
Livrant au monde en vain tout son cœur épanché ;
Mais prêt à défaillir et sans force penché,
Il appela le *seul* — éveillé dans Solyme :

« Judas ! lui cria-t-il, tu sais ce qu'on m'estime,
Hâte-toi de me vendre, et finis ce marché :
Je suis souffrant, ami ! sur la terre couché...
Viens ! ô toi qui, du moins, as la force du crime ! »

Mais Judas s'en allait, mécontent et pensif,
Se trouvant mal payé, plein d'un remords si vif
Qu'il lisait ses noirceurs sur tous les murs écrites...

Enfin Pilate seul, qui veillait pour César,
Sentant quelque pitié, se tourna par hasard :
« Allez chercher ce fou ! » dit-il aux satellites.

                              V

C'était bien lui, ce fou, cet insensé sublime...
Cet Icare oublié qui remontait les cieux,
Ce Phaéton perdu sous la foudre des dieux,
Ce bel Atys meurtri que Cybèle ranime !

L'augure interrogeait le flanc de la victime,
La terre s'enivrait de ce sang précieux...
L'univers étourdi penchait sur ses essieux,
Et l'Olympe un instant chancela vers l'abîme.

« Réponds ! criait César à Jupiter Ammon,
Quel est ce nouveau dieu qu'on impose à la terre ?
Et si ce n'est un dieu, c'est au moins un démon... »

Mais l'oracle invoqué pour jamais dut se taire ;
Un seul pouvait au monde expliquer ce mystère :
— Celui qui donna l'âme aux enfants du limon.

VERS DORÉS

Eh quoi ! tout est sensible !

PYTHAGORE.

Homme ! libre penseur — te crois-tu seul pensant
Dans ce monde où la vie éclate en toute chose :
Des forces que tu tiens ta liberté dispose,
Mais de tous tes conseils l'Univers est absent.

Respecte dans la bête un esprit agissant...
Chaque fleur est une âme à la Nature éclose ;
Un mystère d'amour dans le métal repose :
Tout est sensible ; — et tout sur ton être est puissant !

Crains dans le mur aveugle un regard qui t'épie :
À la matière même un verbe est attaché...
Ne la fais point servir à quelque usage impie.

Souvent dans l'être obscur habite un Dieu caché ;
Et, comme un œil naissant couvert par ses paupières
Un pur esprit s'accroît sous l'écorce des pierres.

Petrus Borel

RHAPSODIES

Prologue

À LÉON CLOPET
architecte

> Voici, je m'en vais faire une chose nouvelle
> qui viendra en avant ; et les bêtes des champs,
> les dragons et les chats-huants me glorifieront.
>
> *La Bible.*

Quand ton Petrus ou ton Pierre
N'avait pas même une pierre
Pour se poser, l'œil tari,
Un clou sur un mur avare
Pour suspendre sa guitare, —
Tu me donnas un abri.

Tu me dis : — Viens, mon rhapsode,
Viens chez moi finir ton ode ;
Car ton ciel n'est pas d'azur,
Ainsi que le ciel d'Homère,
Ou du provençal trouvère ;
L'air est froid, le sol est dur.

Paris n'a point de bocage,
Viens donc, je t'ouvre ma cage,
Où, pauvre, gaiement je vis ;
Viens, l'amitié nous rassemble,
Nous partagerons, ensemble,
Quelques grains de chenevis. —

Tout bas, mon âme honteuse
Bénissait ta voix flatteuse
Qui caressait son malheur ;
Car toi seul, au sort austère
Qui m'accablait solitaire,
Léon, tu donnas un pleur.

Quoi ! ma franchise te blesse ?
Voudrais-tu que, par faiblesse,
On voilât sa pauvreté ?
Non, non, nouveau Malfilâtre,
Je veux, au siècle parâtre,
Étaler ma nudité !

Je le veux, afin qu'on sache
Que je ne suis point un lâche,
Car j'ai deux parts de douleur
À ce banquet de la terre ;
Car, bien jeune, la misère
N'a pu briser ma verdeur.

Je le veux, afin qu'on sache
Que je n'ai que ma moustache,
Ma chanson et puis mon cœur,
Qui se rit de la détresse ;
Et que mon âme maîtresse
Contre tout surgit vainqueur.

Je le veux, afin qu'on sache,
Que, sans toge et sans rondache,
Ni chancelier, ni baron,
Je ne suis point gentilhomme,

Ni commis à maigre somme
Parodiant lord Byron.

À la cour, dans ses orgies,
Je n'ai point fait d'élégies,
Point d'hymne à la déité ;
Sur le flanc d'une duchesse,
Barbotant dans la richesse
De lai sur ma pauvreté.

HYMNE AU SOLEIL

À André Borel

Pauvre bougre !
JULES JANIN.

Là dans ce sentier creux, promenoir solitaire
    De mon clandestin mal,
Je viens tout souffreteux, et je me couche à terre
    Comme un brute animal.
Je viens couver ma faim, la tête sur la pierre,
    Appeler le sommeil.
Pour étancher un peu ma brûlante paupière ;
    Je viens user mon écot de soleil !

Là-bas dans la cité, l'avarice sordide
    Des chefs sur tout champart :
Au mouton-peuple on vend le soleil et le vide ;
    J'ai payé, j'ai ma part !
Mais sur tous, tous égaux devant toi, soleil juste,
    Tu verses tes rayons,
Qui ne sont pas plus doux au front d'un Sire auguste,
    Qu'au sale front d'une gueuse en haillons.

HEUR ET MALHEUR

À Philadelphe O'Neddy
poète

L'un se fait comte au bas d'un madrigal ;
Celui-ci, marquis dans un almanach.

MERCIER.

J'ai caressé la mort, riant au suicide,
Souvent et volontiers quand j'étais plus heureux ;
De ma joie ennuyé je la trouvais aride,
J'étais las d'un beau ciel et d'un lit amoureux.
Le bonheur est pesant, il assoupit notre âme.
Il étreint notre cœur d'un cercle étroit de fer ;
Du bateau de la vie il amortit la rame ;
Il pose son pied lourd sur la flamme d'enfer,
Auréole, brûlant sur le front du poète,
Comme au pignon d'un temple un flambeau consacré ;
Car du cerveau du Barde, arabe cassolette,
Il s'élève un parfum dont l'homme est enivré. —
C'est un oiseau, le Barde ! il doit rester sauvage ;
La nuit, sous la ramure, il gazouille son chant ;
Le canard tout boueux se pavane au rivage,
Saluant tout soleil ou levant ou couchant. —
C'est un oiseau, le Barde ! il doit vieillir austère,
Sobre, pauvre, ignoré, farouche, soucieux,
Ne chanter pour aucun, et n'avoir rien sur terre
Qu'une cape trouée, un poignard et les Cieux !
Mais le barde aujourd'hui, c'est une voix de femme,
Un habit bien collant, un minois relavé,
Un perroquet juché chantonnant pour madame,
Dans une cage d'or un canari privé ;
C'est un gras merveilleux versant de chaudes larmes
Sur des maux obligés après un long repas ;
Portant un parapluie, et jurant par ses armes ;
L'électuaire en main invoquant le trépas,
Joyaux, bals, fleurs, cheval, château, fine maîtresse,

Sont les matériaux de ses poèmes lourds :
Rien pour la pauvreté, rien pour l'humble en détresse ;
Toujours les souffletant de ses vers de velours.
Par merci ! voilez-nous vos airs autocratiques ;
Heureux si vous cueillez les biens à pleins sillons !
Mais ne galonnez pas, comme vos domestiques,
Vos vers qui font rougir nos fronts ceints de haillons.
Eh ! vous de ces soleils, moutonnier parélie !
De cacher vos lambeaux ne prenez tant de soin ;
Ce n'est qu'à leur abri que l'esprit se délie ;
Le barde ne grandit qu'enivré de besoin !
J'ai caressé la mort, riant au suicide,
Souvent et volontiers, quand j'étais plus heureux ;
Maintenant je la hais, et d'elle suis peureux,
Misérable et miné par la faim homicide.

L'INCENDIE DU BAZAR

> J'habite la montagne et j'aime à la vallée.
>
> LE VICOMTE D'ARLINCOURT.

Ô toi, dont j'avais fait l'emplette
Pour danse au bois neige-noisette !
L'as-tu toujours, ma Jeanneton,
Ton jupon blanc, ton blanc jupon ?

Pour quelque muscadin, matière à comédie,
Ne va pas m'oublier dans ce coquet bazar,
Où tu trône au comptoir. Colombine hardie !
Perçant l'horizon gris d'un œil au vif regard,
Flamboyant vois mon cœur, d'amour vois l'incendie !
Et si tu l'as encore, écris-moi, Jeanneton,
          Ton jupon blanc, ton blanc jupon.

Au feu ! au feu ! au feu ! la Vierge à perdre haleine
Court... le bazar rissole ! au feu ! au feu ! au feu !
N'est-ce pas Margoton, Cathin ou Madeleine ?... —

Non, c'est la demoiselle au gendarme Mathieu.
— Fleur d'un jour, du ciel noir à la lueur soudaine,
Fuis !... et si tu l'emporte, écris-moi, Jeanneton,
      Ton jupon blanc, ton blanc jupon ?

Plus que feu, grand mangeur, crains l'ardeur déréglée
Du bourgeois camisard, du rustre porteur d'eau,
Du beau sapeur-pompier, à coiffe ciselée,
Gare au rapt ! une fille est un léger fardeau.
À Blois, vers ton Titi, clerc à l'âme isolée,
Vole !... et si tu l'emporte, écris-moi, Jeanneton,
      Ton jupon blanc, ton blanc jupon.

    Ô toi, dont j'avais fait l'emplette
    Pour danse au bois neige-noisette !
    L'as-tu sauvé, ma Jeanneton,
    Ton jupon blanc, ton blanc jupon !

Patriotes

> On fit la guerre à la noblesse, amie coupable
> des Bourbons, pour aplanir le chemin du trône
> à Orléans ; on voit à chaque pas les efforts de ce
> parti pour ruiner la Cour, son ennemie, et
> conserver la royauté ; mais la perte de l'une
> entraînait l'autre. Aucune royauté ne peut se
> passer de patriciat.
>
> *Convention nationale*
> SAINT-JUST.

> Nous ne recevrons plus de coups de pied dans le cu*l*.
> LE PÈRE DUCHESNE.

BOUTADE
14 juillet 1831

À. F. Avril
Secrétaire des Amis du Peuple

> L'aristocratie dit : Ils vont s'entre-détruire ;
> mais l'aristocratie ment à son propre cœur ;
> c'est elle que nous détruisons : elle le sait
> bien.
>
> SAINT-JUST.

Ho ! que vous êtes plats, hommes lâches, serviles ;
Ho ! que vous êtes plats, vous, qu'on nous dit si beaux ;
Ho ! que vous êtes plats, que vos âmes sont viles,
Vous, de la royauté-charogne, vrais corbeaux !
Ho ! qu'elle fait dégoût, la tourbe laide et bête,
Levain que repétrit chaque jour un journal,
Dans la bourbe et l'ordure, entrant jusqu'à la tête,
Poursuivant son cornac de son vivat banal.
Enfer ! ils valent bien qu'un tyran les gouverne,
Leur insufflant la peur par son lourd porte-voix,
Ces étroits boutiquiers, qu'enivre une giberne,
Bayards de c... de s... tourneb..,... de R... !
Au sage qui leur dit ce qu'est leur monarchie,
Qu'ils sont les n.... p... d'.. R.. f.... au c... f...
Ils répondent néant ! hurlent à l'anarchie !...
Dans tout ce qui se dresse ils ne voient qu'échafauds.
Pauvres gens, soyez cois ! qui veut de votre vie ?
Moins de prétention, vous nous faites pitié !
À moins que du bourreau la hache ne dévie,
Vos fronts, pour le billot, sont trop bas de moitié !

Épilogue

Housch ! housch ! housch !
BURGER.

MISÈRE

La faim mit au tombeau Malfilâtre ignoré.
GILBERT.

À mon air enjoué, mon rire sur la lèvre,
Vous me croyez heureux, doux, azyme et sans fièvre,
Vivant, au jour le jour, sans nulle ambition,
Ignorant le remords, vierge d'affliction ;
À travers les parois d'une haute poitrine,
Voit-on le cœur qui sèche et le feu qui le mine ?
Dans une lampe sourde on ne saurait puiser :
Il faut, comme le cœur, l'ouvrir ou la briser.

Aux bourreaux, pauvre André, quand tu portais ta tête,
De rage tu frappais ton front sur la charrette,
N'ayant pas assez fait pour l'immortalité,
Pour ton pays, sa gloire et pour sa liberté.
Que de fois, sur le roc qui borde cette vie,
Ai-je frappé du pied, heurté du front d'envie,
Criant contre le ciel mes longs tourments soufferts :
Je sentais ma puissance, et je sentais des fers !

Puissance,... fers,... quoi donc ? — rien, encore un poète
Qui ferait du divin, mais sa muse est muette,
Sa puissance est aux fers. — Allons ! on ne croit plus,
En ce siècle voyant, qu'aux talents révolus.
Travaille, on ne croit plus aux futures merveilles. —

Travaille !... Eh ! le besoin qui me hurle aux oreilles,
Étouffant tout penser qui se dresse en mon sein !
Aux accords de mon luth que répondre ?... j'ai faim !...

Xavier Forneret

VAPEURS

UN PAUVRE HONTEUX

Il l'a tirée
De sa poche percée
L'a mise sous ses yeux ;
Et l'a bien regardée
En disant : « Malheureux ! »

Il l'a soufflée
De sa bouche humectée ;
Il avait presque peur
D'une horrible pensée
Qui vint le prendre au cœur.

Il l'a mouillée
D'une larme gelée
Qui fondit par hasard ;
Sa chambre était trouée
Encor plus qu'un bazar.

Il l'a frottée,
Ne l'a pas réchauffée,
À peine il la sentait ;
Car, par le froid pincée
Elle se retirait.

Il l'a pesée
Comme on pèse une idée,
En l'appuyant sur l'air.
Puis il l'a mesurée
Avec du fil de fer.

Il l'a touchée
De sa lèvre ridée. —
D'un frénétique effroi
Elle s'est écriée :
Adieu, embrasse-moi !

Il l'a baissée
Et après l'a croisée
Sur l'horloge du corps,
Qui rendait, mal montée,
Des mâts et lourds accords.

Il l'a palpée
D'une main décidée
À la faire mourir.
— Oui c'est une bouchée
Dont on peut se nourrir.

Il l'a pliée,
Il l'a cassée ;
Il l'a placée,
Il l'a coupée,
Il l'a lavée,
Il l'a portée,
Il l'a grillée,
Il l'a mangée.

— Quand il n'était pas grand, on lui avait dit : — Si tu as
faim, mange une de tes mains.

UN EN DEUX

Moi,
C'est toi ;
Nous, c'est toi-moi ;
NOUS DEUX c'est UNE fois ;
Cœurs-de-nous, c'est, Dieu-Ciel en soi ;
Si un jour, SEULE et SEUL... Enfer d'effroi ! ! !
Jamais ! Elle est ma reine, et Moi je suis son roi.

PIÈCE DE PIÈCES, TEMPS PERDU

UN RÊVE C'EST

Un rêve. — Ne m'interrogez pas ; je vous le montre comme je l'ai eu ; regardez-le. — Il m'a semblé que c'était le soir. La fenêtre d'une chambre où je me trouvais était ouverte. Le soleil y regardait avec des yeux mourants, et paraissait dire encore aux six bâtons presque blancs qui, debout, brillaient par le haut dans la chambre : « Lumières, vous pâlirez ! » Et en effet le soleil et les lumières étaient comme le diamant avec le stras.

Le soleil se promenait sur un carré long de bois, sur lequel il y avait un drap jauni par le temps, sali par les hommes. C'était aussi l'or sur le cuivre.

Les six bâtons presque blancs, c'étaient six cierges.

Le carré long de bois était une boîte à cadavre. Autour de la boîte, des gouttes rendaient de temps en temps le pavé noir. Ce n'était pas du sang, c'était de l'eau bénite.

Dieu en argent sur sa croix penchait sa tête vers le coffre cloué.

Des fleurs sur le coffre se desséchaient par la mort qui était sous elles ; et malgré leur douce haleine soufflée en expirant, je sentais une odeur de chair *faite,* — l'œillet d'inde dans un bouquet de roses.

Une vieille femme priait à genoux.

Sa main signait son corps deux fois pour une, et sa bouche, qui déchirait latin et français, me fit entendre cela : « C'est une jeune fille qui est là-dedans ; mais que vous importe, à vous ? Je veux vous dire autre chose. Écoutez : j'arrache les bagues des doigts décharnés, et quand je ne peux pas bien faire, je coupe les doigts pour avoir les bagues. Je vends les beaux cheveux des têtes pâles. Je me fais des mouchoirs avec *la dernière chemise.* Je me coiffe avec des bonnets qui souvent ont des taches qu'on ne peut pas ôter. Je vis de la mort humaine. Dieu doit me prendre en pitié, mais je crois bien qu'il ne m'exauce pas. »

Les lèvres de la vieille vivante parlaient seules dans la chambre de la jeune fille morte.

Soudain je vois le cercueil rouler avec un bruit qui hurle,

Et les cierges qui allument le drap jaune,

Et la vieille qui tombe aussi, et dont les vieux os sonnent.

Le soleil disparaît.

La chambre était noire et rouge.

Je m'éveille . . . .

Il est deux heures moins un quart du matin. La chouette chante les cadavres sur l'appui de ma fenêtre.

Son cri me met du froid partout. De l'eau coule sur moi. Je m'affaiblis. Je me rendors.

Et je vois

Du vert-de-gris au fond d'un vase.

Et je vois

Des lumières qui s'éteignent et se rallument comme des yeux qui se ferment et se rouvrent.

Et je vois,

Sous une rangée d'arbres verts, une rangée de corps sans tête qui pourtant ont l'air de tirer une langue dans une bouche sans dents.

J'arrive à une voûte où des étoiles se jouent et s'entrechoquent comme du verre qui se casse.

Et j'entends

Du fer frapper sur du bois à coups non mesurés comme le remuement du tonnerre.

Et je vois

De grandes choses pendues s'agitant et qui ressemblaient à des peaux humaines.

Et je sens

Une odeur qui m'étouffe...

Pourtant je reprends souffle et je recommence à voir.

Une femme s'approche de moi ; son cœur est sur sa main.

Une épée sort et rentre dans la terre tout autour d'elle. On dirait qu'il y a à cette épée des rubans et un œil qui regarde.

Tout à coup l'épée fait rouler vers moi la femme. J'ai peur. Je la repousse. Elle se retourne, et j'entends du fer frapper sur du bois à coups non mesurés comme un remuement de tonnerre.

Et j'entends des morceaux de paroles que la femme me jette.

Et je vois dans l'air

Quatre hommes à manteaux, avec chapeaux grands, avec bâtons gros.

La femme s'élance vers eux et s'écrie : « La Bolivarde ! La Bolivarde ! La Bolivarde ! » Je ne sais pourquoi. (Je crois qu'elle voulait dire la mort.)

Puis elle disparaît sous les manteaux des quatre hommes.

Alors je vois

Une bien jeune fille, à chevelure qui se balance et à larmes qui tombent, courir après la femme et lui crier en me désignant : « Mais, ma mère, qu'est-ce qu'il vous veut donc encore ? — Plus rien, répond la femme ; dis-lui que JE L'ABANDONNE. »

À ces deux mots, qui résonnèrent comme une grosse cloche d'église, je me réveille, et je vois, à la lueur de ma veilleuse :

Une longue ombre sans cheveux, à visage violet, avec des yeux blancs qui s'allongent. Elle se glisse, elle se glisse, et ses pas sont comme du fer qui frapperait sur du bois.

Et quelque chose ainsi qu'un bras roide me jette hors de mon lit.

Je cours à ma fenêtre. Je l'ouvre. Le jour donne ; donne quoi ? sa lumière. La chouette chante encore, mais plus loin de moi.

Je cherche la place que l'oiseau vient de quitter.

À cette place, qui est chaude, il y a une de ses plumes.

La chouette chante toujours, mais plus loin, plus loin :
Et cette plume a l'odeur qui m'étouffait dans mon rêve.

*

Si cela signifiait bien quelque chose, ce ne serait point un rêve.

LIGNES RIMÉES

L'INSTANT DE MIEUX

On me disait un jour :
— Comprenez vous *le mieux de la mort,* qui existe presque toujours ?
— Vous voulez dire le mieux de la Vie qui précède la Mort.
— Oui soit.
— Eh bien, parfaitement, répondis-je :

La Mort recule un pas pour mieux franchir la Vie. —

Et comme alors je m'aperçus que dans ma réponse il y avait eu douze syllabes qui formaient un alexandrin et une idée, j'en ai pris note ici.

Maurice de Guérin

GLAUCUS

Fragment de poème

Non, ce n'est plus assez de la roche lointaine
Où mes jours, consumés à contempler les mers,
Ont nourri dans mon sein un amour qui m'entraîne
À suivre aveuglément l'attrait des flots amers.
Il me faut sur le bord une grotte profonde,
Que l'orage remplit d'écume et de clameurs,
Où, quand le dieu du jour se lève sur le monde,
L'œil règne et se contente au vaste sein de l'onde,
Ou suit à l'horizon la fuite des rameurs.
J'aime Téthys : ses bords ont des sables humides ;
La pente qui m'attire y conduit mes pieds nus ;
Son haleine a gonflé mes songes trop timides,
Et je vogue en dormant à des points inconnus.
L'amour qui, dans le sein des roches les plus dures,
Tire de son sommeil la source des ruisseaux,
Du désir de la mer émeut ses faibles eaux,
La conduit vers le jour par des veines obscures,
Et qui, précipitant sa pente et ses murmures,
Dans l'abîme cherché termine ses travaux :
C'est le mien. Mon destin s'incline vers la plage.
Le secret de mon mal est au sein de Téthys.
J'irai, je goûterai les plantes du rivage,
Et peut-être en mon sein tombera le breuvage
Qui change en dieux des mers les mortels engloutis.
Non, je transporterai mon chaume des montagnes
Sur la pente du sable, aux bords pleins de fraîcheur ;
Là, je verrai Téthys, répandant sa blancheur,

À l'éclat de ses pieds entraîner ses compagnes ;
Là, ma pensée aura ses humides campagnes,
J'aurai même une barque et je serai pêcheur.
Ah ! les dieux retirés aux antres qu'on ignore,
Les dieux secrets, plongés dans le charme des eaux,
Se plaisent à ravir un berger aux troupeaux,
Mes regards aux vallons, mon souffle aux chalumeaux,
Pour charger mon esprit du mal qui le dévore.

J'étais berger ; j'avais plus de mille brebis.
Berger je suis encor, mes brebis sont fidèles :
Mais qu'aux champs refroidis languissent les épis,
Et meurent dans mon sein les soins que j'eus pour elles !
Au cours de l'abandon je laisse errer leurs pas,
Et je me livre aux dieux que je ne connais pas !...
J'immolerai ce soir aux Nymphes des montagnes.
. . . .

Nymphes, divinités dont le pouvoir conduit
Les racines des bois et le cours des fontaines,
Qui nourrissez les airs de fécondes haleines,
Et des sources que Pan entretient toujours pleines
Aux champs menez la vie à grands flots et sans bruit,
Comme la nuit répand le sommeil dans nos veines ;
Dieux des monts et des bois, dieux nommés ou cachés,
De qui le charme vient à tous lieux solitaires,
Et toi, dieu des bergers à ces lieux attachés,
Pan, qui dans les forêts m'entrouvris tes mystères :
Vous tous, dieux de ma vie et que j'ai tant aimés,
De vos bienfaits en moi réveillez la mémoire,
Pour m'ôter ce penchant et ravir la victoire
Aux perfides attraits dans la mer enfermés.
Comme un fruit suspendu dans l'ombre du feuillage,
Mon destin s'est formé dans l'épaisseur des bois.
J'ai grandi, recouvert d'une chaleur sauvage,
Et le vent qui rompait le tissu de l'ombrage
Me découvrit le ciel pour la première fois.
Les faveurs de nos dieux m'ont touché dès l'enfance ;
Mes plus jeunes regards ont aimé les forêts,
Et mes plus jeunes pas ont suivi le silence

Qui m'entraînait bien loin dans l'ombre et les secrets.
Mais le jour où, du haut d'une cime perdue,
Je vis (ce fut pour moi comme un brillant réveil !)
Le monde parcouru par les feux du soleil,
Et les champs et les eaux couchés dans l'étendue,
L'étendue enivra mon esprit et mes yeux ;
Je voulus égaler mes regards à l'espace,
Et posséder sans borne, en égarant ma trace,
L'ouverture des champs avec celle des cieux.
Aux bergers appartient l'espace et la lumière,
En parcourant les monts ils épuisent le jour ;
Ils sont chers à la nuit, qui s'ouvre tout entière
À leurs pas inconnus, et laisse leur paupière
Ouverte aux feux perdus dans leur profond séjour.
Je courus aux bergers, je reconnus leurs fêtes,
Je marchai, je goûtai le charme des troupeaux ;
Et, sur le haut des monts comme au sein des retraites,
Les dieux, qui m'attiraient dans leurs faveurs secrètes,
Dans des pièges divins prenaient mes sens nouveaux.
Dans les réduits secrets que le gazon recèle,
Un ver, du jour éteint recueillant les débris,
Lorsque tout s'obscurcit, devient une étincelle,
Et plein des traits perdus de la flamme éternelle,
Goûte encor le soleil dans l'ombre des abris.
Ainsi . . . .

LE CENTAURE

J'ai reçu la naissance dans les antres de ces montagnes. Comme le fleuve de cette vallée dont les gouttes primitives coulent de quelque roche qui pleure dans une grotte profonde, le premier instant de ma vie tomba dans les ténèbres d'un séjour reculé et sans troubler son silence. Quand nos mères approchent de leur délivrance, elles s'écartent vers les cavernes, et dans le fond des plus sauvages, au plus épais de l'ombre, elles enfantent, sans élever une plainte, des fruits silencieux comme elles-mêmes.

Leur lait puissant nous fait surmonter sans langueur ni lutte douteuse les premières difficultés de la vie ; cependant nous sortons de nos cavernes plus tard que vous de vos berceaux. C'est qu'il est répandu parmi nous qu'il faut soustraire et envelopper les premiers temps de l'existence, comme des jours remplis par les dieux. Mon accroissement eut son cours presque entier dans les ombres où j'étais né. Le fond de mon séjour se trouvait si avancé dans l'épaisseur de la montagne, que j'eusse ignoré le côté de l'issue, si, détournant quelquefois dans cette ouverture, les vents n'y eussent jeté des fraîcheurs et des troubles soudains. Quelquefois aussi, ma mère rentrait, environnée du parfum des vallées ou ruisselante des flots qu'elle fréquentait. Or, ces retours qu'elle faisait, sans m'instruire jamais des vallons ni des fleuves, mais suivie de leurs émanations, inquiétaient mes esprits, et je rôdais tout agité dans mes ombres. Quels sont-ils, me disais-je, ces dehors où ma mère s'emporte, et qu'y règne-t-il de si puissant qui l'appelle à soi si fréquemment ? Mais qu'y ressent-on de si opposé qu'elle en revienne chaque jour diversement émue ? Ma mère rentrait, tantôt animée d'une joie profonde, et tantôt triste et traînante et comme blessée. La joie qu'elle rapportait se marquait de loin dans quelques traits de sa marche et s'épandait de ses regards. J'en éprouvais des communications dans tout mon sein ; mais ses abattements me gagnaient bien davantage et m'entraînaient bien plus avant dans les conjectures où mon esprit se portait. Dans ces moments, je m'inquiétais de mes forces, j'y reconnaissais une puissance qui ne pouvait demeurer solitaire, et me prenant, soit à secouer mes bras, soit à multiplier mon galop dans les ombres spacieuses de la caverne, je m'efforçais de découvrir dans les coups que je frappais au vide, et par l'emportement des pas que j'y faisais, vers quoi mes bras devaient s'étendre et mes pieds m'emporter... Depuis, j'ai noué mes bras autour du buste des centaures, et du corps des héros, et du tronc des chênes ; mes mains ont tenté les rochers, les eaux, les plantes innombrables et les plus subtiles impressions de l'air, car je les élève dans les nuits aveugles et calmes pour qu'elles surprennent les souffles et en tirent des signes pour augurer mon chemin ; mes pieds, voyez, ô Mélampe ! comme ils sont usés ! Et cependant, tout glacé que je suis dans ces extrémités de l'âge, il est des jours où, en pleine lumière, sur les sommets, j'agite de ces courses de ma jeunesse dans la caverne, et pour le même dessein, brandissant mes bras et employant tous les restes de ma rapidité.

. . .

Pour moi, ô Mélampe ! je décline dans la vieillesse, calme comme le coucher des constellations. Je garde encore assez de hardiesse pour gagner le haut des rochers où je m'attarde, soit à considérer les nuages sauvages et inquiets, soit à voir venir de l'horizon les hyades pluvieuses, les pléiades ou le grand Orion ; mais je reconnais que je me réduis et me perds rapidement comme une neige flottant sur les eaux, et que prochainement j'irai me mêler aux fleuves qui coulent dans le vaste sein de la terre.

Hégésippe Moreau

LES 5 ET 6 JUIN 1832
Chant funèbre

Refrain :

Ils sont tous morts, morts en héros,
Et le désespoir est sans armes ;
Du moins, en face des bourreaux
Ayons le courage des larmes !

Ces enfants qu'on croyait bercer
Avec le hochet tricolore
Disaient tout bas : il faut presser
L'avenir paresseux d'éclore ;
Quoi ! nous retomberions vainqueurs
Dans les filets de l'esclavage !
Hélas ! pour foudroyer trois fleurs
Fallait-il donc trois jours d'orage ? *(Refrain)*.

Le peuple, ouvrant les yeux enfin,
Murmurait : On trahit ma cause ;
Un roi s'engraisse de ma faim
Au Louvre, que mon sang arrose ;
Moi, dont les pieds nus foulaient l'or,
Moi, dont la main brisait un trône,
Quand elle peut combattre encor,
Irai-je la tendre à l'aumône ? *(Refrain)*.

La liberté pleurait celui
Qu'elle inspira si bien naguère ;
Mais un fer sacrilège à lui,
Et l'ombre pousse un cri de guerre :
Guerre et mort aux profanateurs !
Sur eux le sang versé retombe,
Et les Français gladiateurs
S'égorgent devant une tombe. *(Refrain)*.

Alors le bataillon sacré
Surgit de la foule, et tout tremble ;
Mais contre eux Paris égaré
Leva ses mille bras ensemble.
On prêta pour frapper leur sein,
Des poignards à la tyrannie,
Et les derniers coups du tocsin
N'ont sonné que leur agonie. *(Refrain)*.

Non, non, ils ne s'égarent pas
Vers un avenir illusoire :
Ils ont prouvé par leur trépas
Qu'aux Décius on pouvait croire.
Ô ma patrie ! ô liberté !
Quel réveil, quand sur nos frontières
La République aurait jeté
Ce faisceau de troupes guerrières ! *(Refrain)*.

Sous le dôme du Panthéon,
Vous qui rêviez au Capitole,
Enfants, que l'appel du canon
Fit bondir des bancs d'une école,
Au toit qui reçut vos adieux
Que les douleurs seront amères,
Lorsque d'un triomphe odieux
Le bruit éveillera vos mères ! *(Refrain)*.

On insulte à ce qui n'est plus,
Et moi seul j'ose vous défendre :
Ah ! si nous les avions vaincus,
Ceux qui crachent sur votre cendre,

Les lâches, ils viendraient, absous
Par leur défaite expiatoire,
Sur votre cercueil à genoux,
Demander grâce à la victoire. *(Refrain).*

Martyrs, à vos hymnes mourants
Je prêtais une oreille avide ;
Vous périssiez, et dans vos rangs
La place d'un frère était vide.
Mais nous ne formions qu'un concert,
Et nous chantions tous la patrie,
Moi sur la couche de Gilbert,
Vous sur l'échafaud de Borie.

Ils sont tous morts ; morts en héros,
Et le désespoir est sans armes ;
Du moins, en face des bourreaux
Ayons le courage des larmes !

LE MYOSOTIS

LA VOULZIE
Élégie

S'il est un nom bien doux fait pour la poésie,
Oh ! dites, n'est-ce pas le nom de la Voulzie ?
La Voulzie, est-ce un fleuve aux grandes îles ? Non ;
Mais, avec un murmure aussi doux que son nom,
Un tout petit ruisseau coulant visible à peine ;
Un géant altéré le boirait d'une haleine ;
Le nain vert Obéron, jouant au bord des flots,
Sauterait par-dessus sans mouiller ses grelots.
Mais j'aime la Voulzie et ses bois noirs de mûres,

Et dans son lit de fleurs ses bonds et ses murmures.
Enfant, j'ai bien souvent, à l'ombre des buissons,
Dans le langage humain traduit ces vagues sons ;
Pauvre écolier rêveur, et qu'on disait sauvage,
Quand j'émiettais mon pain à l'oiseau du rivage,
L'onde semblait me dire : « Espère ! aux mauvais jours
Dieu te rendra ton pain. » — Dieu me le doit toujours !
C'était mon Égérie, et l'oracle prospère
À toutes mes douleurs jetait ce mot : « Espère !
Espère et chante, enfant dont le berceau trembla ;
Plus de frayeur : Camille et ta mère sont là.
Moi, j'aurai pour tes chants de longs échos... » — Chimère !
Le fossoyeur m'a pris et Camille et ma mère.
J'avais bien des amis ici-bas quand j'y vins,
Bluet éclos parmi les roses de Provins :
Du sommeil de la mort, du sommeil que j'envie,
Presque tous maintenant dorment, et, dans la vie,
Le chemin dont l'épine insulte à mes lambeaux,
Comme une voie antique est bordé de tombeaux.
Dans le pays des sourds j'ai promené ma lyre ;
J'ai chanté sans échos, et, pris d'un noir délire,
J'ai brisé mon luth, puis de l'ivoire sacré
J'ai jeté les débris au vent... et j'ai pleuré !
Pourtant, je te pardonne, ô ma Voulzie ! et même,
Triste, tant j'ai besoin d'un confident qui m'aime,
Me parle avec douceur et me trompe, qu'avant
De clore au jour mes yeux battus d'un si long vent,
Je veux faire à tes bords un saint pèlerinage,
Revoir tous les buissons si chers à mon jeune âge,
Dormir encore au bruit de tes roseaux chanteurs,
Et causer d'avenir avec tes flots menteurs.

Alfred de Musset

POÉSIES COMPLÈTES, *1840*

AU LECTEUR
DES DEUX VOLUMES DE VERS
DE L'AUTEUR

Ce livre est toute ma jeunesse ;
Je l'ai fait sans presque y songer.
Il y paraît, je le confesse,
Et j'aurais pu le corriger.

Mais quand l'homme change sans cesse,
Au passé pourquoi rien changer ?
Va-t'en pauvre oiseau passager ;
Que Dieu te mène à ton adresse !

Qui que tu sois, qui me liras,
Lis-en le plus que tu pourras,
Et ne me condamne qu'en somme.

Mes premiers vers sont d'un enfant,
Les seconds d'un adolescent,
Les derniers à peine d'un homme.

1840.

LUCIE
Élégie

Mes chers amis, quand je mourrai,
Plantez un saule au cimetière.
J'aime son feuillage éploré ;
La pâleur m'en est douce et chère,
Et son ombre sera légère
À la terre où je dormirai.

Un soir, nous étions seuls, j'étais assis près d'elle ;
Elle penchait la tête, et sur son clavecin
Laissait, tout en rêvant, flotter sa blanche main.
Ce n'était qu'un murmure : on eût dit les coups d'aile
D'un zéphyr éloigné glissant sur des roseaux,
Et craignant en passant d'éveiller les oiseaux.
Les tièdes voluptés des nuits mélancoliques
Sortaient autour de nous du calice des fleurs.
Les marronniers du parc et les chênes antiques
Se berçaient doucement sous leurs rameaux en pleurs.
Nous écoutions la nuit ; la croisée entrouverte
Laissait venir à nous les parfums du printemps ;
Les vents étaient muets, la plaine était déserte ;
Nous étions seuls, pensifs, et nous avions quinze ans.
Je regardais Lucie. — Elle était pâle et blonde.
Jamais deux yeux plus doux n'ont du ciel le plus pur
Sondé la profondeur et réfléchi l'azur.
Sa beauté m'enivrait ; je n'aimais qu'elle au monde.
Mais je croyais l'aimer comme on aime une sœur,
Tant ce qui venait d'elle était plein de pudeur !
Nous nous tûmes longtemps ; ma main touchait la sienne.
Je regardais rêver son front triste et charmant,
Et je sentais dans l'âme, à chaque mouvement,
Combien peuvent sur nous, pour guérir toute peine,
Ces deux signes jumeaux de paix et de bonheur,
Jeunesse de visage et jeunesse de cœur.
La lune, se levant dans un ciel sans nuage,

D'un long réseau d'argent tout à coup l'inonda.
Elle vit dans mes yeux respendir son image ;
Son sourire semblait d'un ange : elle chanta.

. . . .
. . . .

Fille de la douleur, harmonie ! harmonie !
Langue que pour l'amour inventa le génie !
Qui nous vins d'Italie, et qui lui vins des cieux !
Douce langue du cœur, la seule où la pensée,
Cette vierge craintive et d'une ombre offensée,
Passe en gardant son voile et sans craindre les yeux !
Qui sait ce qu'un enfant peut entendre et peut dire
Dans tes soupirs divins, nés de l'air qu'il respire,
Tristes comme son cœur et doux comme sa voix ?
On surprend un regard, une larme qui coule ;
Le reste est un mystère ignoré de la foule,
Comme celui des flots, de la nuit et des bois !

— Nous étions seuls, pensifs ; je regardais Lucie.
L'écho de sa romance en nous semblait frémir.
Elle appuya sur moi sa tête appesantie.
Sentais-tu dans ton cœur Desdemona gémir,
Pauvre enfant ? Tu pleurais ; sur ta bouche adorée
Tu laissas tristement mes lèvres se poser,
Et ce fut ta douleur qui reçut mon baiser.
Telle je t'embrassai, froide et décolorée,
Telle, deux mois après, tu fus mise au tombeau ;
Telle, ô ma chaste fleur ! tu t'es évanouie.
Ta mort fut un sourire aussi doux que ta vie,
Et tu fus rapportée à Dieu dans ton berceau.

Doux mystère du toit que l'innocence habite,
Chansons, rêves d'amour, rires, propos d'enfant,
Et toi, charme inconnu dont rien ne se défend,
Qui fis hésiter Faust au seuil de Marguerite,
Candeur des premiers jours, qu'êtes-vous devenus ?

Paix profonde à ton âme, enfant ! à ta mémoire !
Adieu ! ta blanche main sur le clavier d'ivoire,
Durant les nuits d'été, ne voltigera plus...

> Mes chers amis, quand je mourrai,
> Plantez un saule au cimetière.
> J'aime son feuillage éploré ;
> La pâleur m'en est douce et chère,
> Et son ombre sera légère
> À la terre où je dormirai.

LA NUIT DE DÉCEMBRE

LE POÈTE

Du temps que j'étais écolier,
Je restais un soir à veiller
Dans notre salle solitaire.
Devant ma table vint s'asseoir
Un pauvre enfant vêtu de noir,
Qui me ressemblait comme un frère.

Son visage était triste et beau :
À la lueur de mon flambeau,
Dans mon livre ouvert il vint lire
Il pencha son front sur sa main,
Et resta jusqu'au lendemain,
Pensif, avec un doux sourire.

Comme j'allais avoir quinze ans
Je marchais un jour, à pas lents,
Dans un bois, sur une bruyère.
Au pied d'un arbre vint s'asseoir
Un jeune homme vêtu de noir,
Qui me ressemblait comme un frère.

Je lui demandai mon chemin ;
Il tenait un luth d'une main,
De l'autre un bouquet d'églantine.
Il me fit un salut d'ami,
Et, se détournant à demi,
Me montra du doigt la colline.

À l'âge où l'on croit à l'amour,
J'étais seul dans ma chambre un jour,
Pleurant ma première misère.
Au coin de mon feu vint s'asseoir
Un étranger vêtu de noir,
Qui me ressemblait comme un frère.

Il était morne et soucieux ;
D'une main il montrait les cieux,
Et de l'autre il tenait un glaive.
De ma peine il semblait souffrir,
Mais il ne poussa qu'un soupir,
Et s'évanouit comme un rêve.

À l'âge où l'on est libertin,
Pour boire un toast en un festin,
Un jour je soulevais mon verre.
En face de moi vint s'asseoir
Un convive vêtu de noir,
Qui me ressemblait comme un frère.

Il secouait sous son manteau
Un haillon de pourpre en lambeau,
Sur sa tête un myrte stérile.
Son bras maigre cherchait le mien,
Et mon verre, en touchant le sien,
Se brisa dans ma main débile.

Un an après, il était nuit ;
J'étais à genoux près du lit
Où venait de mourir mon père.
Au chevet du lit vint s'asseoir

Un orphelin vêtu de noir,
Qui me ressemblait comme un frère.

Ses yeux étaient noyés de pleurs ;
Comme les anges de douleurs,
Il était couronné d'épine ;
Son luth à terre était gisant,
Sa pourpre de couleur de sang,
Et son glaive dans sa poitrine.

Je m'en suis si bien souvenu,
Que je l'ai toujours reconnu
À tous les instants de ma vie.
C'est une étrange vision,
Et cependant, ange ou démon,
J'ai vu partout cette ombre amie.

Lorsque plus tard, las de souffrir,
Pour renaître ou pour en finir,
J'ai voulu m'exiler de France ;
Lorsque impatient de marcher,
J'ai voulu partir, et chercher
Les vestiges d'une espérance ;

À Pise, au pied de l'Apennin ;
À Cologne, en face du Rhin ;
À Nice, au penchant des vallées ;
À Florence, au fond des palais ;
À Brigues, dans les vieux chalets ;
Au sein des Alpes désolées ;

À Gênes, sous les citronniers ;
À Vevey, sous les verts pommiers ;
Au Havre, devant l'Atlantique ;
À Venise, à l'affeux Lido,
Où vient sur l'herbe d'un tombeau
Mourir la pâle Adriatique ;

Partout où, sous ces vastes cieux,
J'ai lassé mon cœur et mes yeux,

Saignant d'une éternelle plaie ;
Partout où le boiteux Ennui,
Traînant ma fatigue après lui,
M'a promené sur une claie ;

Partout où, sans cesse altéré
De la soif d'un monde ignoré,
J'ai suivi l'ombre de mes songes ;
Partout où, sans avoir vécu,
J'ai revu ce que j'avais vu,
La face humaine et ses mensonges ;

Partout où, le long des chemins,
J'ai posé mon front dans mes mains,
Et sangloté comme une femme ;
Partout où j'ai, comme un mouton,
Qui laisse sa laine au buisson,
Senti se dénuder mon âme ;

Partout où j'ai voulu dormir,
Partout où j'ai voulu mourir,
Partout où j'ai touché la terre,
Sur ma route est venu s'asseoir
Un malheureux vêtu de noir,
Qui me ressemblait comme un frère.

. . .

À LA MALIBRAN
Stances

I

Sans doute il est trop tard pour parler encor d'elle ;
Depuis qu'elle n'est plus quinze jours sont passés,
Et dans ce pays-ci quinze jours, je le sais,
Font d'une mort récente une vieille nouvelle.
De quelque nom d'ailleurs que le regret s'appelle,
L'homme, par tout pays, en a bien vite assez.

II

Ô Maria-Felicia ! le peintre et le poète
Laissent, en expirant, d'immortels héritiers ;
Jamais l'affreuse nuit ne les prend tout entiers.
À défaut d'action, leur grande âme inquiète
De la mort et du temps entreprend la conquête,
Et, frappés dans la lutte, ils tombent en guerriers.

III

Celui-là sur l'airain a gravé sa pensée ;
Dans un rythme doré l'autre l'a cadencée ;
Du moment qu'on l'écoute, on lui devient ami.
Sur sa toile, en mourant, Raphaël l'a laissée,
Et, pour que le néant ne touche point à lui,
C'est assez d'un enfant sur sa mère endormi.

IV

Comme dans une lampe une flamme fidèle,
Au fond du Parthénon le marbre inhabité
Garde de Phidias la mémoire éternelle,
Et la jeune Vénus, fille de Praxitèle,
Sourit encor, debout dans sa divinité,
Aux siècles impuissants qu'a vaincus sa beauté.

V

Recevant d'âge en âge une nouvelle vie,
Ainsi s'en vont à Dieu les gloires d'autrefois ;
Ainsi le vaste écho de la voix du génie
Devient du genre humain l'universelle voix...
Et de toi, morte hier, de toi, pauvre Marie,
Au fond d'une chapelle il nous reste une croix !

VI

Une croix ! et l'oubli, la nuit et le silence !
Écoutez ! c'est le vent, c'est l'Océan immense ;
C'est un pêcheur qui chante au bord du grand chemin.
Et de tant de beauté, de gloire et d'espérance,
De tant d'accords si doux d'un instrument divin,
Pas un faible soupir, pas un écho lointain !

VII

Une croix ! et ton nom écrit sur une pierre,
Non pas même le tien, mais celui d'un époux,
Voilà ce qu'après toi tu laisses sur la terre ;
Et ceux qui t'iront voir à ta maison dernière,
N'y trouvant pas ce nom qui fut aimé de nous,
Ne sauront pour prier où poser les genoux.

VIII

Ô Ninette ! où sont-ils, belle muse adorée,
Ces accents pleins d'amour, de charme et de terreur,
Qui voltigeaient le soir sur ta lèvre inspirée,
Comme un parfum léger sur l'aubépine en fleur ?
Où vibre maintenant cette voix éplorée,
Cette harpe vivante attachée à ton cœur ?

IX

N'était-ce pas hier, fille joyeuse et folle,
Que ta verve railleuse animait Corilla,
Et que tu nous lançais avec la Rosina
La roulade amoureuse et l'œillade espagnole ?
Ces pleurs sur tes bras nus, quand tu chantais le *Saule*,
N'était-ce pas hier, pâle Desdemona ?

X

N'était-ce pas hier qu'à la fleur de ton âge
Tu traversais l'Europe, une lyre à la main ;
Dans la mer, en riant, te jetant à la nage,
Chantant la tarentelle au ciel napolitain,
Cœur d'ange et de lion, libre oiseau de passage,
Espiègle enfant ce soir, sainte artiste demain ?

XI

N'était-ce pas hier qu'enivrée et bénie
Tu traînais à ton char un peuple transporté,
Et que Londre et Madrid, la France et l'Italie,
Apportaient à tes pieds cet or tant convoité,
Cet or deux fois sacré qui payait ton génie,
Et qu'à tes pieds souvent laissa ta charité ?

XII

Qu'as-tu fait pour mourir, ô noble créature,
Belle image de Dieu, qui donnais en chemin
Au riche un peu de joie, au malheureux du pain ?
Ah ! qui donc frappe ainsi dans la mère nature,
Et quel faucheur aveugle, affamé de pâture,
Sur les meilleurs de nous ose porter la main ?

XIII

Ne suffit-il donc pas à l'ange de ténèbres
Qu'à peine de ce temps il nous reste un grand nom ?
Que Géricault, Cuvier, Schiller, Goethe et Byron
Soient endormis d'hier sous les dalles funèbres,
Et que nous ayons vu tant d'autres morts célèbres
Dans l'abîme entrouvert suivre Napoléon ?

XIV

Nous faut-il perdre encor nos têtes les plus chères,
Et venir en pleurant leur fermer les paupières,
Dès qu'un rayon d'espoir a brillé dans leurs yeux ?
Le ciel de ses élus devient-il envieux ?
Ou faut-il croire, hélas ! ce que disaient nos pères,
Que lorsqu'on meurt si jeune on est aimé des dieux ?

XV

Ah ! combien, depuis peu, sont partis pleins de vie !
Sous les cyprès anciens que de saules nouveaux !
La cendre de Robert à peine refroidie,
Bellini tombe et meurt ! — Une lente agonie
Traîne Carrel sanglant à l'éternel repos.
Le seuil de notre siècle est pavé de tombeaux.

XVI

Que nous restera-t-il si l'ombre insatiable,
Dès que nous bâtissons, vient tout ensevelir ?
Nous qui sentons déjà le sol si variable,
Et, sur tant de débris, marchons vers l'avenir,
Si le vent, sous nos pas, balaie ainsi le sable,
De quel deuil le Seigneur veut-il donc nous vêtir ?

XVII

Hélas ! Marietta, tu nous restais encore,
Lorsque, sur le sillon, l'oiseau chante à l'aurore,
Le laboureur s'arrête, et, le front en sueur,
Aspire dans l'air pur un souffle de bonheur.
Ainsi nous consolait ta voix fraîche et sonore,
Et tes chants dans les cieux emportaient la douleur.

XVIII

Ce qu'il nous faut pleurer sur ta tombe hâtive,
Ce n'est pas l'art divin, ni ses savants secrets :
Quelque autre étudiera cet art que tu créais ;
C'est ton âme, Ninette, et ta grandeur naïve,
C'est cette voix du cœur qui seule au cœur arrive,
Que nul autre, après toi, ne nous rendra jamais.

XIX

Ah ! tu vivrais encor sans cette âme indomptable.
Ce fut là ton seul mal, et le secret fardeau
Sous lequel ton beau corps plia comme un roseau.
Il en soutint longtemps la lutte inexorable.
C'est le Dieu tout-puissant, c'est la Muse implacable
Qui dans ses bras en feu t'a portée au tombeau.

XX

Que ne l'étouffais-tu, cette flamme brûlante
Que ton sein palpitant ne pouvait contenir !
Tu vivrais, tu verrais te suivre et t'applaudir
De ce public blasé la foule indifférente,
Qui prodigue aujourd'hui sa faveur inconstante
À des gens dont pas un, certes, n'en doit mourir.

XXI

Connaissais-tu si peu l'ingratitude humaine ?
Quel rêve as-tu donc fait de te tuer pour eux ?
Quelques bouquets de fleurs te rendaient-ils si vaine,
Pour venir nous verser de vrais pleurs sur la scène,
Lorsque tant d'histrions et d'artistes fameux,
Couronnés mille fois, n'en ont pas dans les yeux ?

XXII

Que ne détournais-tu la tête pour sourire,
Comme on en use ici quand on feint d'être ému ?
Hélas ! on t'aimait tant, qu'on n'en aurait rien vu.
Quand tu chantais le *Saule*, au lieu de ce délire,
Que ne t'occupais-tu de bien porter ta lyre ?
La Pasta fait ainsi : que ne l'imitais-tu ?

XXIII

Ne savais-tu donc pas, comédienne imprudente,
Que ces cris insensés qui te sortaient du cœur
De ta joue amaigrie augmentaient la pâleur ?
Ne savais-tu donc pas que, sur ta tempe ardente,
Ta main de jour en jour se posait plus tremblante,
Et que c'est tenter Dieu que d'aimer la douleur ?

XXIV

Ne sentais-tu donc pas que ta belle jeunesse
De tes yeux fatigués s'écoulait en ruisseaux,
Et de ton noble cœur s'exhalait en sanglots ?
Quand de ceux qui t'aimaient tu voyais la tristesse,
Ne sentais-tu donc pas qu'une fatale ivresse
Berçait ta vie errante à ses derniers rameaux ?

XXV

Oui, oui, tu le savais, qu'au sortir du théâtre,
Un soir dans ton linceul il faudrait te coucher.
Lorsqu'on te rapportait plus froide que l'albâtre,
Lorsque le médecin, de ta veine bleuâtre,
Regardait goutte à goutte un sang noir s'épancher,
Tu savais quelle main venait de te toucher.

XXVI

Oui, oui, tu le savais, et que, dans cette vie,
Rien n'est bon que d'aimer, n'est vrai que de souffrir.
Chaque soir dans tes chants tu te sentais pâlir.
Tu connaissais le monde, et la foule, et l'envie,
Et, dans ce corps brisé concentrant ton génie,
Tu regardais aussi la Malibran mourir.

XXVII

Meurs donc ! ta mort est douce, et ta tâche est remplie.
Ce que l'homme ici-bas appelle le génie,
C'est le besoin d'aimer ; hors de là tout est vain.
Et, puisque tôt ou tard l'amour humain s'oublie,
Il est d'une grande âme et d'un heureux destin
D'expirer comme toi pour un amour divin !

POÉSIES NOUVELLES (1840-1849)

LE SAULE
Fragment

I

. . . .
Il se fit tout à coup le plus profond silence,
Quand Georgina Smolen se leva pour chanter.

Miss Smolen est très pâle. — Elle arrive de France,
Et regrette le sol qu'elle vient de quitter.

On dit qu'elle a seize ans. — Elle est Américaine ;
Mais, dans ce beau pays dont elle parle à peine,
Jamais deux yeux plus doux n'ont du ciel le plus pur
Sondé la profondeur et réfléchi l'azur.
Faible et toujours souffrante, ainsi qu'un diadème
Elle laisse à demi, sur son front orgueilleux,
En longues tresses d'or tomber ses longs cheveux.
Elle est de ces beautés dont on dit qu'on les aime
Moins qu'on ne les admire ; — un noble, un chaste cœur ; —
La volupté, pour mère, y trouva la pudeur.
Bien que sa voix soit douce, elle a sur le visage,
Dans les gestes, l'abord, et jusque dans ses pas,
Un signe de hauteur qui repousse l'hommage,
Soit tristesse ou dédain, mais qui ne blesse pas.
Dans un âge rempli de crainte et d'espérance,
Elle a déjà connu la triste indifférence,
Cette fille du temps. — Qui pourrait cependant
Se lasser d'admirer ce front triste et charmant
Dont l'aspect seul éloigne et guérit toute peine ?
Tant sont puissants, hélas ! sur la misère humaine
Ces deux signes jumeaux de paix et de bonheur,
Jeunesse de visage et jeunesse de cœur.
Chose étrange à penser, il paraît difficile
Au regard le plus dur et le plus immobile
De soutenir le sien. — Pourquoi ? Qui le dira ?
C'est un mystère encor. — De ce regard céleste
L'atteinte, allant au cœur, est sans doute funeste,
Et devra coûter cher à qui le recevra.

Miss Smolen commença ; — l'on ne voyait plus qu'elle.
On connaît ce regard qu'on veut en vain cacher,
Si prompt, si dédaigneux, quand une femme est belle !...
Mais elle ne parut le fuir ni le chercher.

Elle chanta cet air qu'une fièvre brûlante
Arrache, comme un triste et profond souvenir,
D'un cœur plein de jeunesse et qui se sent mourir ;
Cet air qu'en s'endormant Desdemona tremblante,
Posant sur son chevet son front chargé d'ennuis,
Comme un dernier sanglot, soupire au sein des nuits.

D'abord ses accents purs, empreints d'une tristesse
Qu'on ne peut définir, ne semblèrent montrer
Qu'une faible langueur, et cette douce ivresse
Où la bouche sourit, et les yeux vont pleurer.
Ainsi qu'un voyageur couché dans sa nacelle,
Qui se laisse au hasard emporter au courant,
Qui ne sait si la rive est perfide ou fidèle,
Si le fleuve à la fin devient lac ou torrent ;
Ainsi la jeune fille, écoutant sa pensée,
Sans crainte, sans effort, et par sa voix bercée,
Sur les flots enchantés du fleuve harmonieux
S'éloignait du rivage en regardant les cieux...

Quel charme elle exerçait ! Comme tous les visages
S'animaient tout à coup d'un regard de ses yeux !
Car, hélas ! que ce soit, la nuit dans les orages,
Un jeune rossignol pleurant au fond des bois,
Que ce soit l'archet d'or, la harpe éolienne,
Un céleste soupir, une souffrance humaine,
Quel est l'homme, aux accents d'une mourante voix,
Qui, lorsque pour entendre il a baissé la tête,
Ne trouve dans son cœur, même au sein d'une fête,
Quelque larme à verser, — quelque doux souvenir
Qui s'allait effacer et qu'il sent revenir ?

Déjà le jour s'enfuit, — le vent souffle, — silence
La terreur brise, étend, précipite les sons.
Sous les brouillards du soir le meurtrier s'avance,
Invisible combat de l'homme et des démons !
À l'action, Iago ! Cassio meurt sur la place.
Est-ce un pêcheur qui chante, est-ce le vent qui passe ?
Écoute, moribonde ! il n'est pire douleur
Qu'un souvenir heureux dans les jours de malheur.

Mais lorsqu'au dernier chant la redoutable flamme
Pour la troisième fois vient repasser sur l'âme
Déjà prête à se fondre, et que dans sa frayeur
Elle presse en criant sa harpe sur son cœur...
La jeune fille alors sentit que son génie

Lui demandait des sons que la terre n'a pas ;
Soulevant par sanglots des torrents d'harmonie,
Mourante, elle oubliait l'instrument dans ses bras.
Ô Dieu ! mourir ainsi, jeune et pleine de vie...
Mais tout avait cessé, le charme et les terreurs,
Et la femme en tombant ne trouva que des pleurs.

Pleure, le ciel te voit ! pleure, fille adorée !
Laisse une douce larme au bord de tes yeux bleus
Brille, en s'écoulant, comme une étoile aux cieux !
Bien des infortunés dont la cendre est pleurée
Ne demandaient pour vivre et pour bénir leurs maux
Qu'une larme, — une seule, et de deux yeux moins beaux !

Échappant aux regards de la foule empressée,
Miss Smolen s'éloignait, la rougeur sur le front ;
Sur le bord du balcon elle resta penchée.

Oh ! qui l'a bien connu, ce mouvement profond,
Ce charme irrésistible, intime, auquel se livre
Un cœur dans ces moments de lui-même surpris,
Qu'aux premiers battements un doux mystère enivre
Jeune fleur qui s'entrouvre à la fraîcheur des nuits !
Fille de la douleur ! harmonie ! harmonie !
Langue que pour l'amour inventa le génie !
Qui nous vins d'Italie, et qui lui vins des cieux !
Douce langue du cœur, la seule où la pensée,
Cette vierge craintive et d'une ombre offensée,
Passe en gardant son voile, et sans craindre les yeux !
Qui sait ce qu'un enfant peut entendre et peut dire
Dans tes soupirs divins nés de l'air qu'il respire,
Tristes comme son cœur et doux comme sa voix ?
On surprend un regard, une larme qui coule ;
Le reste est un mystère ignoré de la foule,
Comme celui des flots, de la nuit et des bois !...

Oh ! quand tout a tremblé, quand l'âme tout entière
Sous le démon divin se sent encor frémir,
Pareille à l'instrument qui ne peut plus se taire,
Et qui d'avoir chanté semble longtemps gémir...

Et quand la faible enfant, que son délire entraîne,
Mais qui ne sait d'amour que ce qu'elle en rêva,
Vint à lever les yeux... la belle Américaine
Qui dérobait les siens, enfin les souleva.

Sur qui ? — Bien des regards, ainsi qu'on peut le croire,
Comme un regard de reine avaient cherché le sien.
Que de fronts orgueilleux qui s'en seraient fait gloire !
Sur qui donc ? — Pauvre enfant, le savait-elle bien ?

Ce fut sur un jeune homme à l'œil dur et sévère,
Qui la voyait venir et ne la cherchait pas ;
Qui, lorsqu'elle emportait une assemblée entière,
N'avait pas dit un mot, ni fait vers elle un pas.
Il était seul, debout, — un étrange sourire, —
Sous de longs cheveux blonds des traits efféminés ;
À ceux qui l'observaient son regard semblait dire :
On ne vous croira pas si vous me devinez.
Son costume annonçait un fils de l'Angleterre ;
Il est, dit-on, d'Oxford. — Né dans l'adversité,
Il habite le toit que lui laissa son père,
Et prouve un noble sang par l'hospitalité.
Il se nomme Tiburce.

                    On dit que la nature
A mis dans sa parole un charme singulier,
Mais surtout dans ses chants ; que sa voix triste et pure
A des sons pénétrants qu'on ne peut oublier.
Mais à compter du jour où mourut son vieux père,
Quoi qu'on fît pour l'entendre, il n'a jamais chanté.

D'où la connaissait-il ? ou quel secret mystère
Tient sur cet étranger son regard arrêté ?
Quel souvenir ainsi les met d'intelligence ?
S'il la connaît, pourquoi ce bizarre silence ?
S'il ne la connaît pas, pourquoi cette rougeur ?
On ne sait. — Mais son œil rencontra l'œil timide
De la vierge tremblante, et le sien plus rapide
Sembla comme une flèche aller chercher le cœur.
Ce ne fut qu'un éclair. L'invisible étincelle

Avait jailli de l'âme, et Dieu seul l'avait vu !
Alors, baissant la tête, il s'avança vers elle,
Et lui dit : « M'aimes-tu, Georgette, m'aimes-tu ? »
. . .

CHANSON DE BARBERINE

Beau chevalier qui partez pour la guerre,
        Qu'allez-vous faire
        Si loin d'ici ?
Voyez-vous pas que la nuit est profonde,
        Et que le monde
        N'est que souci ?

Vous qui croyez qu'une amour délaissée
        De la pensée
        S'enfuit ainsi,
Hélas ! hélas ! chercheurs de renommée,
        Votre fumée
        S'envole aussi.

Beau chevalier qui partez pour la guerre,
        Qu'allez-vous faire
        Si loin de nous ?
J'en vais pleurer, moi qui me laissais dire
        Que mon sourire
        Était si doux.

1836.

TRISTESSE

J'ai perdu ma force et ma vie,
Et mes amis et ma gaieté ;
J'ai perdu jusqu'à la fierté
Qui faisait croire à mon génie.

Quand j'ai connu la Vérité,
J'ai cru que c'était une amie ;
Quand je l'ai comprise et sentie,
J'en étais déjà dégoûté.

Et pourtant elle est éternelle,
Et ceux qui se sont passés d'elle
Ici-bas ont tout ignoré.

Dieu parle, il faut qu'on lui réponde.
Le seul bien qui me reste au monde
Est d'avoir quelquefois pleuré.

1840

ŒUVRES POSTHUMES

VISION

Je vis d'abord sur moi des fantômes étranges
    Traîner de longs habits ;
Je ne sais si c'étaient des femmes ou des anges !
Leurs manteaux m'inondaient avec leurs belles franges
    De nacre et de rubis.

Comme on brise une armure au tranchant d'une lame,
    Comme un hardi marin
Brise le golfe bleu qui se fend sous sa rame,
Ainsi leurs robes d'or, en grands sillons de flamme,
    Brisaient la nuit d'airain !

Ils volaient ! — Mon rideau, vieux spectre en sentinelle,
    Les regardait passer.

Dans leurs yeux de velours éclatait leur prunelle ;
J'entendais chuchoter les plumes de leur aile,
        Qui venaient me froisser.

Ils volaient ! — Mais la troupe, aux lambris suspendue,
        Esprits capricieux,
Bondissait tout à coup, puis, tout à coup perdue,
S'enfuyait dans la nuit, comme une flèche ardue
        Qui s'enfuit dans les cieux !

Ils volaient ! — Je voyais leur noire chevelure,
        Où l'ébène en ruisseaux
Pleurait, me caresser de sa longue frôlure ;
Pendant que d'un baiser je sentais la brûlure
        Jusqu'au fond de mes os.

Dieu tout-puissant ! j'ai vu les sylphides craintives
        Qui meurent au soleil !
J'ai vu les beaux pieds nus des nymphes fugitives !
J'ai vu les seins ardents des dryades rétives,
        Aux cuisses de vermeil !

Rien, non, rien ne valait ce baiser d'ambroisie,
        Plus frais que le matin !
Plus pur que le regard d'un œil d'Andalousie !
Plus doux que le parler d'une femme d'Asie,
        Aux lèvres de satin !

Oh ! qui que vous voyez, sur ma tête abaissées,
        Ombres aux corps flottants !
Laissez, oh ! laissez-moi vous tenir enlacées,
Boire dans vos baisers des amours insensées,
        Goutte à goutte et longtemps !

Oh ! venez ! nous mettrons dans l'alcôve soyeuse
        Une lampe d'argent.
Venez ! la nuit est triste et la lampe joyeuse !
Blonde ou noire, venez ; nonchalante ou rieuse,
        Cœur naïf ou changeant !

Venez ! nous verserons des roses dans ma couche ;
   Car les parfums sont doux !
Et la sultane, au soir, se parfume la bouche
Lorsqu'elle va quitter sa robe et sa babouche
   Pour son lit de bambous !

Hélas ! de belles nuits le ciel nous est avare
   Autant que de beaux jours !
Entendez-vous gémir la harpe de Ferrare,
Et sous des doigts divins palpiter la guitare ?
   Venez, ô mes amours !

Mais rien ne reste plus que l'ombre froide et nue,
   Où craquent les cloisons.
J'entends des chants hurler, comme un enfant qu'on tue ;
Et la lune en croissant découpe, dans la rue,
   Les angles des maisons.

            1829.

À LA POLOGNE

Jusqu'au jour, ô Pologne ! où tu nous montreras
Quelque désastre affreux, comme ceux de la Grèce,
Quelque Missolonghi d'une nouvelle espèce,
Quoi que tu puisses faire, on ne te croira pas.
Battez-vous et mourez, braves gens. — L'heure arrive.
Battez-vous ; la pitié de l'Europe est tardive ;
Il lui faut des levains qui ne soient point usés.
Battez-vous et mourez, car nous sommes blasés !

            1830.

Altaroche

CHANSONS POLITIQUES

LA FÊTE À L'HÔTEL DE VILLE
19 juin 1837

Accourez vite à nos splendides fêtes !
Ici banquets, là concert, ailleurs bal.
Les diamants rayonnent sur les têtes,
Le vin rougit les coupes de cristal.
Ce luxe altier qui partout se déroule,
Le peuple va le payer en gros sous.
Municipaux, au loin chassez la foule.
    Amusons-nous !

Quel beau festin ! mets précieux et rares,
Dont à prix d'or on eut chaque morceau,
Vins marchandés aux crus les plus avares
Et que le temps a scellés de son sceau...
Quel est ce bruit ?... — Rien, c'est un prolétaire
Qui meurt de faim à quelques pas de vous.
— Un homme mort ?... C'est fâcheux ! Qu'on l'enterre.
    Enivrons-nous !

Voici des fruits qu'à l'automne
Vole à grand frais l'été pour ces repas :
Là, c'est l'Aï dont la mousse écumeuse
Suit le bouchon qui saute avec fracas...
Qu'est-ce ?... un pétard que la rage éternelle
Des factieux ? — Non, non, rassurez-vous !

Un commerçant se brûle la cervelle...
    Enivrons-nous !

Duprez commence... Ô suaves merveilles !
Gais conviés, désertez vos couverts.
C'est maintenant le bouquet des oreilles ;
On va chanter pour mille écus de vers.
Quel air plaintif vient jusqu'en cette enceinte ?...
Garde, alerte ! En prison traînez tous
Ce mendiant qui chante une complainte...
    Enivrons-nous !

Femmes, au bal ! La danse vous appelle ;
Des violons entendez les accords.
Mais une voix d'en haut nous interpelle :
« Tremblez ! tremblez ! vous dansez sur les morts
Ce sol maudit que votre valse frôle,
Le fossoyeur le foulait avant nous... »
Tant mieux ! la terre est sous nos pieds plus molle.
    Trémoussez-vous !

Chassons bien loin cette lugubre image
Qui du plaisir vient arrêter l'essor.
Déjà pâlit sous un autre nuage
Notre horizon de parures et d'or.
C'est Waterloo... Pardieu, que nous importe !
Quand l'étranger eut tiré les verroux,
On nous a vu entrer par cette porte...
    Trémoussez-vous !

Çà, notre fête est brillante peut-être ?
Elle a coûté neuf cent vingt mille francs.
Qu'en reste-t-il ? Rien... sur une fenêtre,
Au point du jour, des lampions mourants.
Quand le soleil éclairera l'espace,
Cent mobiliers seront vendus dessous.
Vite, aux recors, calèches, faites place...
    Éloignons-nous !

Théophile Gautier

POÉSIES

UNE ÂME

Son âme avait brisé son corps.
VICTOR HUGO.

Diex por amer l'avoit faicte.
LE CHASTELAIN DE COUCY.

C'était une âme neuve, une âme de créole,
Toute de feu, cachant à ce monde frivole
Ce qui fait le poète, un inquiet désir
De gloire aventureuse et de profond loisir,
Et capable d'aimer comme aimerait un ange,
Ne trouvant en chemin que des âmes de fange ;
Peu comprise, blessée au vif à tout moment,
Mais n'osant pas s'en plaindre, et sans épanchement,
Sans consolation, traversant cette vie,
Aux entraves du corps à regret asservie,
Esquif infortuné que d'un baiser vermeil
Dans sa course jamais n'a doré le soleil,
Triste jouet du vent et des ondes ; au reste,
Résignée à l'oubli, nécessité funeste
D'une existence vague et manquée ; ici-bas
Ne connaissant qu'amers et douloureux combats
Dans un corps abattu sous le chagrin, et frêle
Comme un épi courbé par la pluie ou la grêle ;
Encore si la foi... l'espérance... mais non,

Elle ne croyait pas, et Dieu n'était qu'un nom
Pour cette âme ulcérée... Enfin au cimetière,
Un soir d'automne sombre et grisâtre, une bière
Fut apportée : un être à la terre manqua,
Et cette absence, à peine un cœur la remarqua.

ALBERTUS

PAN DE MUR

La mousse des vieux jours qui brunit sa surface,
Et d'hiver en hiver incrustée à ses flancs,
Donne en lettre vivante une date à ses ans.

Harmonies.

... Qu'il vienne à ma croisée.
PETRUS BOREL.

De la maison momie enterrée au Marais
Où, du monde cloîtré, jadis je demeurais,
L'on a pour perspective une muraille sombre
Où des pignons voisins tombe, à grands angles, l'ombre.
— À ses flancs dégradés par la pluie et les ans,
Pousse dans les gravois l'ortie aux feux cuisants,
Et sur ses pieds moisis, comme un tapis verdâtre,
La mousse se déploie et fait gercer le plâtre.
— Une treille stérile avec ses bras grimpants
Jusqu'au premier étage en festonne les pans ;
Le bleu volubilis dans les fentes s'accroche,
La capucine rouge épanouit sa cloche,
Et, mariant en l'air leurs tranchantes couleurs,
À sa fenêtre font comme un cadre de fleurs :
Car elle n'en a qu'une, et sans cesse vous lorgne

De son regard unique ainsi que fait un borgne,
Allumant aux brasiers du soir, comme autant d'yeux,
Dans leurs mailles de plomb ses carreaux chassieux.
— Une caisse d'œillets, un pot de giroflée
Qui laisse choir au vent sa feuille étiolée,
Et du soleil oblique implore le regard,
Une cage d'osier où saute un geai criard,
C'est un tableau tout fait qui vaut qu'on l'étudie ;
Mais il faut pour le rendre une touche hardie,
Une palette riche où luise plus d'un ton,
Celle de Boulanger ou bien de Bonnington.

ALBERTUS
Poème

> You shall see anon, 'tis a knavith
> Piece of work.
>
> *Hamlet*, III, 7.

I

Sur le bord d'un canal profond dont les eaux vertes
Dorment, de nénuphars et de bateaux couvertes,
Avec ses toits aigus, ses immenses greniers,
Ses tours au front d'ardoise où nichent les cigognes,
Ses cabarets bruyants qui regorgent d'ivrognes,
Est un vieux bourg flamand tel que les peint Teniers.
— Vous reconnaissez-vous ? — Tenez, voilà le saule,
De ses cheveux blafards inondant son épaule
Comme une fille au bain, l'église et son clocher,
L'étang où des canards se pavane l'escadre ;
— Il ne manque vraiment au tableau que le cadre
       Avec le clou pour l'accrocher. —

II

Confort et farniente ! — toute une poésie
De calme et de bien-être, à donner fantaisie
De s'en aller là-bas être Flamand ; d'avoir
La pipe culottée et la cruche à fleurs peintes,
Le vidrecome large à tenir quatre pintes,
Comme en ont les buveurs de Brawer, et le soir
Près du poêle qui siffle et qui détonne, au centre
D'un brouillard de tabac, les deux mains sur le ventre,
Suivre une idée en l'air, dormir ou digérer,
Chanter un vieux refrain, porter quelque rasade,
Au fond d'un de ces chauds intérieurs, qu'Ostade
    D'un jour si doux sait éclairer !

III

— À vous faire oublier, à vous, peintre et poète,
Ce pays enchanté dont la Mignon de Goethe,
Frileuse, se souvient, et parle à son Wilhem ;
Ce pays du soleil où les citrons mûrissent,
Où de nouveaux jasmins toujours s'épanouissent :
Naples pour Amsterdam, le Lorrain pour Berghem ;
À vous faire donner pour ces murs verts de mousses
Où Rembrandt, au milieu de ses ténèbres rousses,
Fait luire quelque Faust en son costume ancien,
Les beaux palais de marbre aux blanches colonnades,
Les femmes au teint brun, les molles sérénades,
    Et tout l'azur vénitien !

CXX

Le Diable éternua. — Pour un nez fashionable
L'odeur de l'assemblée était insoutenable.
— Dieu vous bénisse, dit Albertus poliment.
— À peine eut-il lâché le saint nom que fantômes,
Sorcières et sorciers, monstres, follets et gnomes,

Tout disparut en l'air comme un enchantement.
— Il sentit plein d'effroi des griffes acérées,
Des dents qui se plongeaient dans ses chairs lacérées ;
Il cria ; mais son cri ne fut point entendu...
Et des contadini le matin, près de Rome,
Sur la voie Appia trouvèrent un corps d'homme,
        Les reins cassés, le col tordu.

CXXI

— Joyeux comme un enfant à la fin de son thème,
Me voici donc au bout de ce moral poème !
En êtes-vous aussi content que moi, lecteur ?
En vain depuis deux mois, pour clore ce volume,
Mes doigts faisaient grincer et galoper la plume ;
Le sujet paresseux marchait avec lenteur.
Se berçant à loisir sur leurs ailes vermeilles,
Les strophes se groupaient comme un essaim d'abeilles
Ou picoraient sans ordre aux sureaux du chemin.
Les chiffres grossissaient. La page sur la page
Se couchait moite encore, et moi, perdant courage,
        Je me disais toujours : — Demain !

CXXII

— Ce poème homérique et sans égal au monde
Offre une allégorie admirable et profonde ;
Mais, pour sucer la moelle il faut qu'on brise l'os,
Pour savourer l'odeur il faut ouvrir le vase,
Du tableau que l'on cache il faut tirer la gaze,
Lever, le bal fini, le masque aux dominos.
— J'aurais pu clairement expliquer chaque chose,
Clouer à chaque mot une savante glose. —
Je vous crois, cher lecteur, assez spirituel
Pour me comprendre. — Ainsi, bonsoir. — Fermez la porte,
Donnez-moi la pincette, et dites qu'on m'apporte
        Un tome de Pantagruel.

1831.

LA COMÉDIE DE LA MORT

. . .

Étoiles, qui d'en haut voyez valser les mondes,
Faites pleuvoir sur moi, de vos paupières blondes,
              Vos pleurs de diamant ;
Lune, lis de la nuit, fleur du divin parterre,
Verse-moi tes rayons, ô blanche solitaire,
              Du fond du firmament !

Œil ouvert sans repos au milieu de l'espace,
Perce, soleil puissant, ce nuage qui passe !
              Que je te voie encor ;
Aigles, vous qui fouettez le ciel à grands coups d'ailes,
Griffons au vol de feu, rapides hirondelles,
              Prêtez-moi votre essor !

Vents, qui prenez aux fleurs leurs âmes parfumées
Et les aveux d'amour aux bouches bien-aimées ;
              Air sauvage des monts,
Encor tout imprégné des senteurs du mélèze ;
Brise de l'Océan où l'on respire à l'aise,
              Emplissez mes poumons !

Avril, pour m'y coucher, m'a fait un tapis d'herbe ;
Le lilas sur mon front s'épanouit en gerbe,
              Nous sommes au printemps.
Prenez-moi dans vos bras, doux rêves du poète,
Entre vos seins polis posez ma pauvre tête
              Et bercez-moi longtemps.

Loin de moi, cauchemars, spectres des nuits ! Les roses,
Les femmes, les chansons, toutes les belles choses
              Et tous les beaux amours,
Voilà ce qu'il me faut. Salut, ô muse antique,
Muse au frais laurier vert, à la blanche tunique,
              Plus jeune tous les jours !

Brune aux yeux de lotus, blonde à paupière noire,
Ô Grecque de Milet, sur l'escabeau d'ivoire
      Pose tes beaux pieds nus ;
Que d'un nectar vermeil la coupe se couronne !
Je bois à ta beauté d'abord, blanche Théone,
      Puis aux dieux inconnus.

Ta gorge est plus lascive et plus souple que l'onde ;
Le lait n'est pas si pur et la pomme est moins ronde.
      Allons, un beau baiser !
Hâtons-nous, hâtons-nous ! Notre vie, ô Théone,
Est un cheval ailé que le Temps éperonne,
      Hâtons-nous d'en user.

Chantons Io, Péan !... Mais quelle est cette femme
Si pâle sous son voile ? Ah ! c'est toi, vieille infâme !
      Je vois ton crâne ras ;
Je vois tes grands yeux creux, prostituée immonde,
Courtisane éternelle environnant le monde
      Avec tes maigres bras !

POÉSIES COMPLÈTES

LAMENTO
La chanson du pêcheur

Ma belle amie est morte :
Je pleurerai toujours ;
Sous la tombe elle emporte
Mon âme et mes amours.
Dans le ciel, sans m'attendre,
Elle s'en retourna ;

L'ange qui l'emmena
Ne voulut pas me prendre.
Que mon sort est amer !
Ah ! sans amour, s'en aller sur la mer !

La blanche créature
Est couchée au cercueil.
Comme dans la nature
Tout me paraît en deuil !
La colombe oubliée
Pleure et songe à l'absent ;
Mon âme pleure et sent
Qu'elle est dépareillée.
Que mon sort est amer !
Ah ! sans amour, s'en aller sur la mer !

Sur moi la nuit immense
S'étend comme un linceul ;
Je chante ma romance
Que le ciel entend seul.
Ah ! comme elle était belle
Et comme je l'aimais !
Je n'aimerai jamais
Une femme autant qu'elle.
Que mon sort est amer !
Ah ! sans amour, s'en aller sur la mer !

LE GRILLON

. . .

II

Regardez les branches,
Comme elles sont blanches !
Il neige des fleurs.

Riant dans la pluie,
Le soleil essuie
Les saules en pleurs,
Et le ciel reflète
Dans la violette
Ses pures couleurs.

La nature en joie
Se pare et déploie
Son manteau vermeil.
Le paon, qui se joue,
Fait tourner en roue
Sa queue au soleil.
Tout court, tout s'agite.
Pas un lièvre au gite ;
L'ours sort du sommeil,

La mouche ouvre l'aile,
Et la demoiselle
Aux prunelles d'or,
Au corset de guêpe,
Dépliant son crêpe
A repris l'essor.
L'eau gaiement babille,
Le goujon frétille :
Un printemps encor !

Tout se cherche et s'aime ;
Le crapaud lui-même,
Les aspics méchants,
Toute créature,
Selon sa nature :
La feuille a des chants ;
Les herbes résonnent,
Les buissons bourdonnent ;
C'est concert aux champs.

Moi seul je suis triste.
Qui sait si j'existe,
Dans mon palais noir ?

Sous la cheminée,
Ma vie enchaînée
Coule sans espoir.
Je ne puis, malade,
Chanter ma ballade
Aux hôtes du soir.

Si la brise tiède
Au vent froid succède,
Si le ciel est clair,
Moi, ma cheminée
N'est illuminée
Que d'un pâle éclair ;
Le cercle folâtre
Abandonne l'âtre :
Pour moi c'est l'hiver.

Sur la cendre grise,
La pincette brise
Un charbon sans feu.
Adieu les paillettes,
Les blondes aigrettes !
Pour six mois d'adieu
La maîtresse bûche,
Où sous la peluche
Sifflait le gaz bleu !

Dans ma niche creuse,
Ma patte boiteuse
Me tient en prison.
Quand l'insecte rôde,
Comme une émeraude,
Sous le vert gazon,
Moi seul je m'ennuie ;
Un mur, noir de suie,
Est mon horizon.

ESPAÑA

EN ALLANT
À LA CHARTREUSE DE MIRAFLORÈS

Oui, c'est une montée âpre, longue et poudreuse,
Un revers décharné, vrai site de Chartreuse.
Les pierres du chemin, qui croulent sous les pieds,
Trompent à chaque instant les pas mal appuyés.
Pas un brin d'herbe vert, pas une teinte fraîche ;
On ne voit que des murs bâtis en pierre sèche,
Des groupes contrefaits d'oliviers rabougris,
Au feuillage malsain couleur de vert-de-gris,
Des pentes au soleil que nulle fleur n'égaie,
Des roches de granit et des ravins de craie,
Et l'on se sent le cœur de tristesse serré...
Mais, quand on est en haut, coup d'œil inespéré !
L'on aperçoit là-bas, dans le bleu de la plaine,
L'église où dort le Cid près de doña Chimène !

Cartuja de Miraflorès.

ÉMAUX ET CAMÉES

PRÉFACE

Pendant les guerres de l'empire,
Goethe, au bruit du canon brutal,

Fit *le Divan occidental*,
Fraîche oasis où l'art respire.

Pour Nisami quittant Shakspeare,
Il se parfuma de çantal,
Et sur un mètre oriental
Nota le chant qu'Hudhud soupire.

Comme Goethe sur son divan
À Weimar s'isolait des choses
Et d'Hafiz effeuillait les roses,

Sans prendre garde à l'ouragan
Qui fouettait mes vitres fermées,
Moi, j'ai fait *Émaux et Camées*.

ÉTUDE DE MAINS

I
IMPÉRIA

Chez un sculpteur, moulée en plâtre,
J'ai vu l'autre jour une main
D'Aspasie ou de Cléopâtre,
Pur fragment d'un chef-d'œuvre humain ;

Sous le baiser neigeux saisie
Comme un lis par l'aube argenté,
Comme une blanche poésie
S'épanouissait sa beauté.

Dans l'éclat de sa pâleur mate
Elle étalait sur le velours
Son élégance délicate
Et ses doigts fins aux anneaux lourds.

Une cambrure florentine,
Avec un bel air de fierté,

Faisait, en ligne serpentine,
Onduler son pouce écarté.

A-t-elle joué dans les boucles
Des cheveux lustrés de don Juan,
Ou sur son caftan d'escarboucles
Peigné la barbe du sultan,

Et tenu, courtisane ou reine,
Entre ses doigts si bien sculptés,
Le sceptre de la souveraine
Ou le sceptre des voluptés ?

Elle a dû, nerveuse et mignonne,
Souvent s'appuyer sur le col
Et sur la croupe de lionne
De sa chimère prise au vol.

Impériales fantaisies,
Amour des somptuosités ;
Voluptueuses frénésies,
Rêves d'impossibilités,

Romans extravagants, poèmes
De haschisch et de vin du Rhin,
Courses folles dans les bohèmes
Sur le dos des coursiers sans frein ;

On voit tout cela dans les lignes
De cette paume, livre blanc
Où Vénus a tracé des signes
Que l'amour ne lit qu'en tremblant.

II

LACENAIRE

Pour contraste, la main coupée
De Lacenaire l'assassin,

Dans des baumes puissants trempée,
Posait auprès, sur un coussin.

Curiosité dépravée !
J'ai touché, malgré mes dégoûts,
Du supplice encor mal lavée
Cette chair froide au duvet roux.

Momifiée et toute jaune
Comme la main d'un pharaon,
Elle allonge ses doigts de faune
Crispés par la tentation.

Un prurit d'or et de chair vive
Semble titiller de ses doigts
L'immobilité convulsive,
Et les tordre comme autrefois.

Tous les vices avec leurs griffes
Ont, dans les plis de cette peau,
Tracé d'affreux hiéroglyphes,
Lus couramment par le bourreau.

On y voit les œuvres mauvaises
Écrites en fauves sillons,
Et les brûlures des fournaises
Où bouillent les corruptions ;

Les débauches dans les Caprées
Des tripots et des lupanars,
De vin et de sang diaprées,
Comme l'ennui des vieux Césars !

En même temps molle et féroce,
Sa forme a pour l'observateur
Je ne sais quelle grâce atroce,
La grâce du gladiateur !

Criminelle aristocratie,
Par la varlope ou le marteau

Sa pulpe n'est pas endurcie,
Car son outil fut un couteau.

Saints calus du travail honnête,
On y cherche en vain votre sceau.
Vrai meurtrier et faux poète,
Il fut le Manfred du ruisseau !

VARIATIONS
SUR LE CARNAVAL DE VENISE

DANS LA RUE

Il est un vieil air populaire
Par tous les violons raclé,
Aux abois des chiens en colère
Par tous les orgues nasillé.

Les tabatières à musique
L'ont sur leur répertoire inscrit ;
Pour les serins il est classique,
Et ma grand-mère, enfant, l'apprit.

Sur cet air, pistons, clarinettes,
Dans les bals aux poudreux berceaux,
Font sauter commis et grisettes,
Et de leurs nids fuir les oiseaux.

La guinguette, sous sa tonnelle
De houblon et de chèvrefeuil,
Fête, en braillant la ritournelle,
Le gai dimanche et l'argenteuil.

L'aveugle au basson qui pleurniche
L'écorche en se trompant de doigts ;

La sébile aux dents, son caniche
Près de lui le grogne à mi-voix.

Et les petites guitaristes,
Maigres sous leurs minces tartans,
Le glapissent de leurs voix tristes
Aux tables des cafés chantants.

Paganini, le fantastique,
Un soir, comme avec un crochet,
A ramassé le thème antique
Du bout de son divin archet,

Et, brodant la gaze fanée
Que l'oripeau rougit encor,
Fait sur la phrase dédaignée
Courir ses arabesques d'or.

II

SUR LES LAGUNES

Tra la, tra la, la, la, la laire !
Qui ne connaît pas ce motif ?
À nos mamans il a su plaire,
Tendre et gai, moqueur et plaintif :

L'air du Carnaval de Venise,
Sur les canaux jadis chanté
Et qu'un soupir de folle brise
Dans le ballet a transporté !

Il me semble, quand on le joue,
Voir glisser dans son bleu sillon
Une gondole avec sa proue
Faite en manche de violon.

Sur une gamme chromatique,
Le sein de perles ruisselant,

La Vénus de l'Adriatique
Sort de l'eau son corps rose et blanc.

Les dômes sur l'azur des ondes,
Suivant la phrase au pur contour,
S'enflent comme des gorges rondes
Que soulève un soupir d'amour.

L'esquif aborde et me dépose,
Jetant son amarre au pilier,
Devant une façade rose,
Sur le marbre d'un escalier.

Avec ses palais, ses gondoles,
Ses mascarades sur la mer,
Ses doux chagrins, ses gaietés folles,
Tout Venise vit dans cet air.

Une frêle corde qui vibre
Refait sur un pizzicato,
Comme autrefois joyeuse et libre,
La ville de Canaletto !

III
CARNAVAL

Venise pour le bal s'habille.
De paillettes tout étoilé,
Scintille, fourmille et babille
Le carnaval bariolé.

Arlequin, nègre par son masque,
Serpent par ses mille couleurs,
Rosse d'une note fantasque
Cassandre son souffre-douleurs.

Battant de l'aile avec sa manche
Comme un pingouin sur un écueil,

Le blanc Pierrot, par une blanche,
Passe la tête et cligne l'œil.

Le Docteur bolonais rabâche
Avec la basse aux sons traînés ;
Polichinelle, qui se fâche,
Se trouve une croche pour nez.

Heurtant Trivelin qui se mouche
Avec un trille extravagant,
À Colombine Scaramouche
Rend son éventail ou son gant.

Sur une cadence se glisse
Un domino ne laissant voir
Qu'un malin regard en coulisse
Aux paupières de satin noir.

Ah ! fine barbe de dentelle,
Que fait voler un souffle pur,
Cet arpège m'a dit : C'est elle !
Malgré tes réseaux, j'en suis sûr,

Et j'ai reconnu, rose et fraîche,
Sous l'affreux profil de carton,
Sa lèvre au fin duvet de pêche,
Et la mouche de son menton.

IV

CLAIR DE LUNE SENTIMENTAL

À travers la folle risée
Que Saint-Marc renvoie au Lido,
Une gamme monte en fusée,
Comme un clair de lune un jet d'eau...

À l'air qui jase d'un ton bouffe
Et secoue au vent ses grelots,

Un regret, ramier qu'on étouffe,
Par instant mêle ses sanglots.

Au loin, dans la brume sonore,
Comme un rêve presque effacé,
J'ai revu, pâle et triste encore,
Mon vieil amour de l'an passé.

Mon âme en pleurs s'est souvenue
De l'avril, où, guettant au bois
La violette à sa venue,
Sous l'herbe nous mêlions nos doigts...

Cette note de chanterelle,
Vibrant comme l'harmonica,
C'est la voix enfantine et grêle,
Flèche d'argent qui me piqua.

Le son en est si faux, si tendre,
Si moqueur, si doux, si cruel,
Si froid, si brûlant, qu'à l'entendre
On ressent un plaisir mortel,

Et que mon cœur, comme la voûte
Dont l'eau pleure dans un bassin,
Laisse tomber goutte par goutte
Ses larmes rouges dans mon sein.

Jovial et mélancolique,
Ah ! vieux thème du carnaval,
Où le rire aux larmes réplique,
Que ton charme m'a fait de mal !

LE CHÂTEAU DU SOUVENIR

La main au front, le pied dans l'âtre,
Je songe et cherche à revenir,

Par-delà le passé grisâtre,
Au vieux château du Souvenir.

Une gaze de brume estompe
Arbres, maisons, plaines, coteaux,
Et l'œil au carrefour qui trompe
En vain consulte les poteaux.

J'avance parmi les décombres
De tout un monde enseveli,
Dans le mystère des pénombres,
À travers des limbes d'oubli.

Mais voici, blanche et diaphane,
La Mémoire, au bord du chemin,
Qui me remet, comme Ariane,
Son peloton de fil en main.

Désormais la route est certaine ;
Le soleil voilé reparaît,
Et du château la tour lointaine
Pointe au-dessus de la forêt.

Sous l'arcade où je jour s'émousse,
De feuilles en feuilles tombant,
Le sentier ancien dans la mousse
Trace encor son étroit ruban.

Mais la ronce en travers s'enlace ;
La liane tend son filet,
Et la branche que je déplace
Revient et me donne un soufflet.

Enfin au bout de la clairière,
Je découvre du vieux manoir
Les tourelles en poivrière
Et les hauts toits en éteignoir.

Sur le comble aucune fumée
Rayant le ciel d'un bleu sillon ;

Pas une fenêtre allumée
D'une figure ou d'un rayon.

Les chaînes du pont sont brisées ;
Aux fossés la lentille d'eau
De ses taches vert-de-grisées
Étale le glauque rideau.

Des tortuosités de lierre
Pénètrent dans chaque refend,
Payant la tour hospitalière
Qui les soutient... en l'étouffant.

Le porche à la lune se ronge,
Le temps le sculpte à sa façon,
Et la pluie a passé l'éponge
Sur les couleurs de mon blason.

Tout ému, je pousse la porte
Qui cède et geint sur ses pivots ;
Un air froid en sort et m'apporte
Le fade parfum des caveaux.

L'ortie aux morsures aiguës,
La bardane aux larges contours,
Sous les ombelles des ciguës,
Prospèrent dans l'angle des cours.

Sur les deux chimères de marbre,
Gardiennes du perron verdi,
Se découpe l'ombre d'un arbre
Pendant mon absence grandi.

Levant leurs pattes de lionne
Elles se mettent en arrêt.
Leur regard blanc me questionne,
Mais je leur dis le mot secret.

Et je passe. — Dressant sa tête,
Le vieux chien retombe assoupi,

Et mon pas sonore inquiète
L'écho dans son coin accroupi.

Un jour louche et douteux se glisse
Aux vitres jaunes du salon
Où figurent, en haute lisse,
Les aventures d'Apollon.

Daphné, les hanches dans l'écorce,
Étend toujours ses doigts touffus ;
Mais aux bras du dieu qui la force
Elle s'éteint, spectre confus.

Apollon, chez Admète, garde
Un troupeau, des mites atteint ;
Les neuf Muses, troupe hagarde,
Pleurent sur un Pinde déteint ;

Et la Solitude en chemise
Trace au doigt le mot : « Abandon »
Dans la poudre qu'elle tamise
Sur le marbre du guéridon.

Je retrouve au long des tentures,
Comme des hôtes endormis,
Pastels blafards, sombres peintures,
Jeunes beautés et vieux amis.

Ma main tremblante enlève un crêpe
Et je vois mon défunt amour,
Jupons bouffants, taille de guêpe,
La Cidalise en Pompadour !

Un bouton de rose s'entrouvre
À son corset enrubanné,
Dont la dentelle à demi couvre
Un sein neigeux d'azur veiné.

Ses yeux ont de moites paillettes ;
Comme aux feuilles que le froid mord,

La pourpre monte à ses pommettes,
Éclat trompeur, fard de la mort !

Elle tressaille à mon approche,
Et son regard, triste et charmant,
Sur le mien d'un air de reproche,
Se fixe douloureusement.

Bien que la vie au loin m'emporte,
Ton nom dans mon cœur est marqué,
Fleur de pastel, gentille morte,
Ombre en habit de bal masqué !

La nature de l'art jalouse,
Voulant dépasser Murillo,
À Paris créa l'Andalouse
Qui rit dans le second tableau.

Par un caprice poétique,
Notre climat brumeux para
D'une grâce au charme exotique
Cette autre Petra Camara.

De chaudes teintes orangées
Dorent sa joue au fard vermeil ;
Ses paupières de jais frangées
Filtrent des rayons de soleil.

Entre ses lèvres d'écarlate
Scintille un éclair argenté,
Et sa beauté splendide éclate
Comme une grenade en été.

Au son des guitares d'Espagne
Ma voix longtemps la célébra.
Elle vint, un jour, sans compagne,
Et ma chambre fut l'Alhambra.

Plus loin une beauté robuste,
Aux bras forts cerclés d'anneaux lourds,

Sertit le marbre de son buste
Dans les perles et le velours.

D'un air de reine qui s'ennuie
Au sein de sa cour à genoux,
Superbe et distraite, elle appuie
La main sur un coffre à bijoux.

Sa bouche humide et sensuelle
Semble rouge du sang des cœurs,
Et, pleins de volupté cruelle,
Ses yeux ont des défis vainqueurs.

Ici, plus de grâce touchante,
Mais un attrait vertigineux.
On dirait la Vénus méchante
Qui préside aux amours haineux.

Cette Vénus, mauvaise mère,
Souvent a battu Cupidon.
Ô toi, qui fus ma joie amère,
Adieu pour toujours... et pardon !

Dans son cadre, que l'ombre moire,
Au lieu de réfléchir mes traits,
La glace ébauche de mémoire
Le plus ancien de mes portraits.

Spectre rétrospectif qui double
Un type à jamais effacé,
Il sort du fond du miroir trouble
Et des ténèbres du passé.

Dans son pourpoint de satin rose,
Qu'un goût hardi coloria,
Il semble chercher une pose
Pour Boulanger ou Devéria.

Terreur du bourgeois glabre et chauve,
Une chevelure à tous crins

De roi franc ou de lion fauve
Roule en torrent jusqu'à ses reins.

Tel, romantique opiniâtre,
Soldat de l'art qui lutte encor,
Il se ruait vers le théâtre
Quand d'Hernani sonnait le cor.

... La nuit tombe et met avec l'ombre
Ses terreurs aux recoins dormants.
L'inconnu, machiniste sombre,
Monte ses épouvantements.

Des explosions de bougies
Crèvent soudain sur les flambeaux !
Leurs auréoles élargies
Semblent des lampes de tombeaux.

Une main d'ombre ouvre la porte
Sans en faire grincer la clé.
D'hôtes pâles qu'un souffle apporte
Le salon se trouve peuplé.

Les portraits quittent la muraille,
Frottant de leurs mouchoirs jaunis
Sur leur visage qui s'éraille
La crasse fauve du vernis.

D'un reflet rouge illuminée,
La bande se chauffe les doigts
Et fait cercle à la cheminée
Où tout à coup flambe le bois.

L'image au sépulcre ravie
Perd son aspect roide et glacé ;
La chaude pourpre de la vie
Remonte aux veines du passé.

Les masques blafards se colorent
Comme au temps où je les connus.

Ô vous que mes regrets déplorent,
Amis, merci d'être venus !

Les vaillants de dix-huit cent trente,
Je les revois tels que jadis.
Comme les pirates d'Otrante
Nous étions cent, nous sommes dix.

L'un étale sa barbe rousse
Comme Frédéric dans son roc,
L'autre superbement retrousse
Le bout de sa moustache en croc.

Drapant sa souffrance secrète
Sous les fiertés de son manteau,
Petrus fume une cigarette
Qu'il baptise papelito.

Celui-ci me conte ses rêves,
Hélas ! jamais réalisés,
Icare tombé sur les grèves
Où gisent les essors brisés.

Celui-là me confie un drame
Taillé sur le nouveau patron
Qui fait, mêlant tout dans sa trame,
Causer Molière et Calderon.

Tom, qu'un abandon scandalise,
Récite « Love's labour's lost »,
Et Fritz explique à Cidalise
Le « Walpurgisnachtstraum » de Faust.

Mais le jour luit à la fenêtre,
Et les spectres, moins arrêtés,
Laissent les objets transparaître
Dans leurs diaphanéités.

Les cires fondent consumées,
Sous les cendres s'éteint le feu,

Du parquet montent des fumées ;
Château du Souvenir, adieu !

Encore une autre fois décembre
Va retourner le sablier.
Le présent entre dans ma chambre
Et me dit en vain d'oublier.

Philothée O'Neddy

FEU ET FLAMME

NUIT SECONDE
Névralgie

> Il y a parfois, dans notre destinée, de ces
> lignes noires que les magiciens eux-mêmes
> trouvent indéchiffrables.
>
> *Roman inédit.*

I

Jusques à mon chevet me poursuit mon idée
Fixe : toutes les nuits j'en ai l'âme obsédée.
Pour noyer au sommeil ce démon flétrissant,
Des sucs de l'opium le charme est impuissant.
Au seuil de mon oreille, une voix sourde et basse
Comme l'essoufflement d'un homme qui trépasse
Murmure : Pauvre fou ! sois d'airain désormais.
Elle ne t'aimera jamais — jamais — jamais !...
Alors, tout frissonnant, je saute de ma couche ;
Autour de moi je plonge un long regard farouche ;
Et je vais saccadant mes pas... et dans mon sein
Le terrible jamais vibre comme un tocsin !
Et puis, d'un vent de feu l'haleine corrosive
Vient courber, torturer mon âme convulsive :
Et je me persuade en mon fébrile émoi,
Que, dans l'alcôve, on parle, on rit tout bas de moi !..

II

Ce vertige à la fin tombe... et je sens mon être
S'anéantir : — j'ai froid — et, devant ma fenêtre,
Je vais m'asseoir ; le plomb d'un stupide repos
Emmantèle mes sens : à travers les carreaux,
D'un œil horriblement tranquille, je contemple
La lune qui, juchée au faîte du saint temple,
Semble, sous le bandeau de sa rousse clarté,
Le spectre d'une nonne au voile ensanglanté.

III

Oh ! si, comme une fée amante de la brise,
La MORT sur un nuage avec mollesse assise,
Descendant jusqu'à moi du haut de l'horizon,
Venait pour piédestal élire ce balcon !...
Mon œil s'arrêterait ardent sur son œil vide,
Je l'emprisonnerais dans une étreinte avide,
Et, le sang tout en feu, j'oserais apposer
Sur sa bouche de glace un délicat baiser !

1829.

NUIT TROISIÈME
Rodomontade

> ... Au pays des sylphides,
> Je crois, hélas ! m'élancer avec toi ;
> Et, sous le vent de tes ailes rapides,
> D'un monde impur, je dédaigne la loi.
>
> *Roman inédit.*

Il était appuyé contre l'arche massive
De ce vieux pont romain, dont la base lascive

S'use aux attouchements des flots :
L'astre des nuits lustrait son visage Dantesque,
Et le Nord dérangeait son manteau gigantesque
      Avec de sauvages sanglots.

À voir son crâne ardu, sa fauve chevelure,
De son cou léonin la musculeuse allure,
      Ses yeux caves, durs, éloquents,
Ses traits illuminés d'orgueil et d'ironie,
On l'eût pris volontiers pour le rude génie
      Des tempêtes et des volcans.

Il disait : Oh ! pourquoi le culte de ma mère
N'est-il que jonglerie, imposture, chimère !
      Pourquoi n'a-t-il jamais été
Ce Jésus, clef de voûte et fanal de notre âge !
Pourquoi son Évangile est-il à chaque page
      Contempteur de la vérité !

Si, dans le firmament, des signes, des symboles,
Amenaient ma superbe à croire aux paraboles
      Du charpentier de Nazareth ;
Si pour me révéler à moi, débile atome,
Que le grand Jéhovah n'est pas un vain fantôme,
      Un archange ici se montrait ;

Ne croyez pas qu'alors, pénitent débonnaire,
Dans une église, aux pieds d'un prêtre octogénaire,
      J'advolerais tout éperdu !
Ni qu'en un beau transport, affublé d'un cilice,
J'irai de saint Bruno renforcer la milice,
      Dos en arcade et chef tondu !

Non, non. Je creuserais les sciences occultes :
Je m'en irais, la nuit, par des sites incultes ;
      Et là, me raillant du Seigneur,
Je tourbillonnerais dans la magie infâme,
J'évoquerais le Diable... et je vendrais mon âme
      Pour quelques mille ans de bonheur !

Pour arsenal j'aurais l'élémentaire empire :
Le gobelin, le djinn, le dragon, le vampire,
      Viendraient tous me saluer roi.
Je prendrais à l'Enfer ses plus riches phosphores,
Et, métamorphosant mes yeux en météores,
      Partout je darderais l'effroi.

J'enlèverais alors la belle châtelaine
Que, dans un château fort, centre de son domaine,
      Retient l'ire d'un vil jaloux,
Depuis l'heure damnée où, dans la salle basse,
Plus tôt que de coutume arrivant de la chasse,
      Il me surprit à ses genoux.

Aux mers de l'Orient, dans une île embaumée,
Mes sylphes porteraient ma pâle bien-aimée,
      Et lui bâtiraient un séjour
Bien plus miraculeux, bien autrement splendide
Que celui qu'habitaient, dans la molle Atlantide,
      Le roi de féerie et sa cour.

Amour, enthousiasme, étude, poésie !
C'est là qu'en votre extase, océan d'ambroisie,
      Se noieraient nos âmes de feu !
C'est là que je saurais, fort d'un génie étrange,
Dans la création d'un bonheur sans mélange,
      Être plus artiste que Dieu ! ! !...

1830.

NUIT QUATRIÈME
Nécropolis

Sur la terre on est mal : sous la terre on est bien.

PETRUS BOREL.

I

Voici ce qu'un jeune squelette
Me dit les bras croisés, debout, dans son linceul,
Bien avant l'aube violette,
Dans le grand cimetière où je passais tout seul :

II

Fils de la solitude, écoute !
Si le Malheur, sbire cruel,
Sans cesse apparaît dans ta route
Pour t'offrir un lâche duel ;
Si la maladive pensée
Ne voit, dans l'avenir lancée,
Qu'un horizon tendu de noir :
Si, consumé d'un amour sombre,
Ton sang réclame en vain, dans l'ombre,
Le philtre endormeur de l'espoir ;

Si ton mal secret et farouche
De tes frères n'est pas compris ;
Si tu n'aperçois sur leur bouche
Que le sourire du mépris :
Et si, pour assoupir ton âme,
Pour lui verser un doux dictame,
Le Destin, geôlier rigoureux,
Ne t'a pas, dans ton insomnie,
Jeté la lyre du génie,
Hochet des grands cœurs malheureux ;

Va, que la mort soit ton refuge !
À l'exemple du Rédempteur,
Ose à la fois être le juge,
La victime et l'exécuteur.
Qu'importe si des fanatiques
Interdisent les saints portiques
À ton cadavre abandonné ?
Qu'importe si, de mille outrages,
Par l'éloquence des faux sages,
Ton nom vulgaire est couronné ?

III

Sous la tombe muette oh ! comme on dort tranquille !
Sans changer de posture, on peut, dans cet asile,
Des replis du linceul débarrassant sa main,
L'unir aux doigts poudreux du squelette voisin.
Il est doux de sentir des racines vivaces
Coudre à ses ossements leurs nœuds et leurs rosaces,
D'entendre les hurrahs du vent qui courbe et rompt
Les arbustes plantés au-dessus de son front.
C'est un ravissement quand la rosée amie,
Diamantant le sein de la côte endormie,
À travers le velours d'un gazon jeune et doux,
Bien humide et bien froide arrive jusqu'à vous.
Là, silence complet ; *farniente* sans borne.
Plus de rages d'amour ! le cœur stagnant et morne,
Ne se sent plus broyé sous la dent du remords.
— Certes, l'on est heureux dans les villas des morts !

1829.

NUIT SEPTIÈME
Dandysme

Mon ange, à ton piano si tu voulais t'asseoir ?...
                    THÉOPHILE DONDEY.

I

C'est l'heure symphonique où, parmi les ramures,
Roulent du rossignol les tendres fioritures ;
L'heure voluptueuse où le cœur des amants,
Au seuil du rendez-vous, double ses battements.
Des murmures du soir les merveilles suaves
D'un mol enivrement chargent les sens esclaves.
L'atmosphère est sans brume, et, dans ses profondeurs,
Des joyaux de la nuit les magiques ardeurs
Tremblent. D'un bleu foncé l'onde immobile est teinte ;
Les massifs du bocage ont rembruni leur teinte,
Et du jour qui se meurt le reflet langoureux
Semble au front des rochers un turban vaporeux.

II

Assis dans les rameaux d'un chêne opaque et moite,
Aux bords d'un vivier pur dont la nappe miroite,
Je savoure à loisir les sourdes voluptés
Que la nature envoie à mes nerfs enchantés.
Les émanations des feuilles et des tiges
M'enveloppent le corps d'un réseau de vertiges.
Mon œil ensorcelé se baigne avec amour
Dans la moire lunaire au floconneux contour :
Mon cœur se gonfle, s'ouvre, et darde à son cratère,
Mille pensers confus, phosphorescent mystère :
Comme un punch allumé dresse au haut de son bol,
De ses flammes d'azur l'éparpillement fol.
Mais voici qu'à travers la pompe du silence,

Comme pour mieux bercer ma vague somnolence,
De la tour qui surplombe au mur du parc voisin
Jaillit l'arpègement d'un mâle clavecin.
Grâce aux brises du soir qui, dans leur fantaisie,
Ont du boudoir obscur ouvert la jalousie,
Les notes, les accords, mélodieux follets,
À mon oreille émue arrivent bien complets.

III

Et d'abord, c'est le miracle
Des oratorios divins,
Que, dans leur chaste cénacle,
Font ouïr les séraphins.
Puis, c'est la preste cadence
D'un double aviron qui danse
Sur un lac sonore et frais :
C'est la rumeur monotone
D'une rafale d'automne,
Découronnant les forêts.

C'est le déchirement d'un rideau de nuages,
Où la livide main du gnome des orages
Dessine avec la foudre un delta sulfureux :
C'est le roulement sourd des lointaines cascades
Qui s'en vont envahir, après mille saccades,
          Un précipice ténébreux.

C'est le choc de deux armées
Aux prises dans les vallons,
Qui, les chairs bien entamées,
Pourprent de sang les sillons.
Entendez-vous les cymbales,
Le rire strident des balles,
Le rude bond du coursier,
L'obus qui fouille la terre,
Et les coups de cimeterre
Parmi les bustes d'acier ?

C'est le sanglot d'amour, le doux râle qui tombe
De l'arbre où, pour aimer, se blottit la colombe ;
C'est la voix de cristal des champêtres clochers :
C'est l'incantation vague, joyeuse et douce
Des nains du pays vert dégarnissant de mousse
       Les interstices des rochers.

IV

Que ce luxe d'accords, fugace mosaïque,
Improvisation pleine d'entraînement,
Me subjugue, m'étreint, s'allie heureusement
Au luxe de pensers de mon âme hébraïque !
Mon être intérieur me semble en ce moment
Une île orientale aux palais magnifiques,
Où deux grands magiciens, athlètes pacifiques,
Font, sous l'œil d'une fée, assaut d'enchantement.
. . . .
Harmonie, ange d'or ! comme toujours tes nimbes
Savent de mon cerveau rasséréner les limbes !
Harmonie, Harmonie, oh ! quel amour puissant
Pour tes miracles saints fermente dans mon sang !...
— Si jamais la rigueur de mon sort me décide
À chercher un refuge aux bras du suicide,
Mon exaltation d'artiste choisira
Pour le lieu de ma mort l'italique Opéra.
Je m'enfermerai seul dans une loge à grilles ;
Et quand les violons, les hautbois et les strilles,
Au grand contentement de maint dilettante,
Accompagneront l'air du basso-cantante,
L'œil levé hardiment vers les sonores voûtes,
D'un sublime opium j'avalerai cent gouttes ;
Puis je m'endormirai sous les enivrements,
Sous les mille baisers, les mille attouchements
Dont la Musique, almé voluptueuse et chaste,
Sur ma belle agonie épanchera le faste.

1831.

Savinien Lapointe

UNE VOIX D'EN BAS

LES BARRIÈRES
L'après-midi

Un soleil éclatant sur les murs de Paris
Répand du haut des cieux son magique souris,
Vidant les ateliers en habits du dimanche,
La population comme un fleuve s'épanche.

Culottes de velours, casquette, gros souliers,
Veste ronde, voilà nos larges charpentiers ;
Un peu roides de corps, mobiles du visage,
L'œil d'aplomb, la voix rude et le style sauvage ;
Au *Petit Ramponneau* pour prendre leur repas,
Une main dans la poche, ils redoublent le pas ;
Humant avec bonheur le très cher brûle-gueule...
Leurs femmes, disons-le, n'ont pas l'esprit bégueule :
Jupe courte, bas blancs, tablier fin, croix d'or,
Accortes, se riant du chétif mirliflor,
Bien loin de gourmander le bon garçon qui fume,
À l'odeur du tabac leur amour se parfume.

Ouvriers charpentiers, j'aime votre fierté ;
Votre cœur poétique épris de liberté.
J'aime, pardonnez-moi, vos femmes rondelettes
Et sans morgue ; partant, sans nul souci d'aigrettes.
Je les aime surtout lorsque dans le chemin,
Courant au mendiant que le plaisir repousse,

Elles laissent tomber une parole douce
Et le sou du Seigneur dans le creux de sa main.

Serruriers, forgerons, maçons, tailleurs de pierre,
L'artisan du chantier, celui de la carrière,
Sous de verts acacias que les vents font trembler,
Au repas fraternel accourent s'attabler
Pour charmer les ennuis d'une rude semaine,
Quand le septième jour dans ce lieu les ramène.
La table est de sapin, sans doute, mais dessus
Brille un morceau de veau qui baigne dans le jus ;
Mais à l'extrémité de ces planches grossières
Figure un vaste plat de rouges parmentières,
Et Jeannette, l'Hébé du bruyant cabaret,
Apportant broc sur broc d'un petit vin clairet
Par elle baptisé sans dispense du pape,
Sait leur faire oublier l'absence de la nappe ;
Car, fraîche et réjouie, elle répond mieux qu'eux
Aux ris entrecoupés de propos graveleux.

Vous, heureux, qui bâillez dans vos palais de marbre,
Le cœur vide où s'efface un rêve d'amitié,
Vos plaisirs, faux rubis, inspirent la pitié
À ces bons compagnons attablés sous un arbre ;
Leur appétit gaillard mange tout et sans choix ;
Ce dîner, gras pour eux, pour vous serait bien maigre ;
Mais l'amitié, qui fuit la demeure des rois,
Là s'attarde et sourit près d'un pot de vin aigre.

L'artisan des lambris, en habit, linge fin,
Triste représentant du spectre de la faim,
Le plus déshérité du produit de nos treilles,
Exténué, tué par de trop longues veilles,
Avec sa douce femme, avec ses blonds enfants
Tous chétifs, mais proprets, courent à travers champs.
Que de privations durent être subies
Pour ce peu de toilette ; et combien d'insomnies,
De fatigues, de soins, de soucis, de tracas
Eut cette pauvre mère à préparer gants, bas,
Robes et mouchoirs blancs ! en secret que de jeûnes

Pour avoir des colliers bénits aux deux plus jeunes !
Bonnes gens ! puisse Dieu, touché de votre foi,
Vous laisser le petit... qu'il m'a repris à moi !

Le soir, las de fouler gazon, herbe nouvelle,
La famille avec joie aborde une tonnelle
Pleine d'ombrage frais et vert du haut en bas ;
Puis la femme économe acquitte le repas ;
L'homme sourit au vin, l'enfant au confortable,
Et la félicité, qui rend l'espoir aimable,
Leur fait rêver à tous un siècle plus humain.
Hélas ! à ce beau jour quel triste lendemain !

Victor de Laprade

ODES ET POÈMES

LA MORT D'UN CHÊNE

I

Quand l'homme te frappa de sa lâche cognée,
Ô roi qu'hier le mont portait avec orgueil,
Mon âme, au premier coup, retentit indignée,
Et dans la forêt sainte il se fit un grand deuil.

Un murmure éclata sous ses ombres paisibles ;
J'entendis des sanglots et des bruits menaçants ;
Je vis errer des bois les hôtes invisibles,
Pour te défendre, hélas ! contre l'homme impuissants.

Tout un peuple effrayé partit de ton feuillage,
Et mille oiseaux chanteurs, troublés dans leurs amours,
Planèrent sur ton front comme un pâle nuage,
Perçant de cris aigus tes gémissements sourds.

Le flot triste hésita dans l'urne des fontaines ;
Le haut du mont trembla sous les pins chancelants,
Et l'aquilon roula dans les gorges lointaines
L'écho des grands soupirs arrachés à tes flancs.

Ta chute laboura, comme un coup de tonnerre,
Un arpent tout entier sur le sol paternel ;

Et quand son sein meurtri reçut ton corps, la terre
Eut un rugissement terrible et solennel :

Car Cybèle t'aimait, toi l'aîné de ses chênes,
Comme un premier enfant que sa mère a nourri ;
Du plus pur de sa sève elle abreuvait tes veines,
Et son front se levait pour te faire un abri.

Elle entoura tes pieds d'un long tapis de mousse,
Où toujours en avril elle faisait germer
Pervenche et violette à l'odeur fraîche et douce,
Pour qu'on choisît ton ombre et qu'on y vînt aimer.

Toi, sur elle épanchant cette ombre et tes murmures,
Oh ! tu lui payais bien ton tribut filial !
Et chaque automne à flots versait tes feuilles mûres,
Comme un manteau d'hiver, sur le coteau natal.

La terre s'enivrait de ta large harmonie ;
Pour parler dans la brise, elle a créé les bois :
Quand elle veut gémir d'une plainte infinie,
Des chênes et des pins elle emprunte la voix.

Cybèle t'amenait une immense famille ;
Chaque branche portait son nid ou son essaim :
Abeille, oiseaux, reptile, insecte qui fourmille,
Tous avaient la pâture et l'abri dans ton sein.

Ta chute a dispersé tout ce peuple sonore ;
Mille êtres avec toi tombent anéantis ;
À ta place, dans l'air, seuls voltigent encore
Quelques pauvres oiseaux qui cherchent leurs petits.

Tes rameaux ont broyé des troncs déjà robustes ;
Autour de toi la mort a fauché largement.
Tu gis sur un monceau de chênes et d'arbustes ;
J'ai vu tes verts cheveux pâlir en un moment.

Et ton éternité pourtant me semblait sûre !
La terre te gardait des jours multipliés...

La sève afflue encor par l'horrible blessure
Qui dessécha le tronc séparé de ses pieds.

Oh ! ne prodigue plus la sève à ces racines,
Ne verse pas ton sang sur ce fils expiré,
Mère ! garde-le tout pour les plantes voisines :
Le chêne ne boit plus ce breuvage sacré.

Dis adieu, pauvre chêne, au printemps qui t'enivre :
Hier, il t'a paré de feuillages nouveaux ;
Tu ne sentiras plus ce bonheur de revivre :
Adieu, les nids d'amour qui peuplaient tes rameaux !

Adieu, les noirs essaims bourdonnant sur tes branches,
Le frisson de la feuille aux caresses du vent,
Adieu, les frais tapis de mousse et de pervenches
Où le bruit des baisers t'a réjoui souvent !

Ô chêne ! je comprends ta puissante agonie !
Dans sa paix, dans sa force, il est dur de mourir ;
À voir crouler ta tête, au printemps rajeunie,
Je devine, ô géant ! ce que tu dois souffrir.

Ainsi jusqu'à ses pieds l'homme t'a fait descendre ;
Son fer a dépecé les rameaux et le tronc ;
Cet être harmonieux sera fumée et cendre,
Et la terre et le vent se le partageront !

Mais n'est-il rien de toi qui subsiste et qui dure ?
Où s'en vont ces esprits d'écorce recouverts ?
Et n'est-il de vivant que l'immense nature,
Une au fond, mais s'ornant de mille aspects divers ?

Quel qu'il soit, cependant, ma voix bénit ton être
Pour le divin repos qu'à tes pieds j'ai goûté.
Dans un jeune univers, si tu dois y renaître,
Puisses-tu retrouver la force et la beauté !

Car j'ai pour les forêts des amours fraternelles ;
Poète vêtu d'ombre, et dans la paix rêvant,

Je vis avec lenteur, triste et calme, et, comme elles,
Je porte haut ma tête, et chante au moindre vent.

Je crois le bien au fond de tout ce que j'ignore ;
J'espère malgré tout, mais nul bonheur humain :
Comme un chêne immobile, en mon repos sonore,
J'attends le jour de Dieu qui nous luira demain.

En moi de la forêt le calme s'insinue ;
De ses arbres sacrés, dans l'ombre enseveli,
J'apprends la patience aux hommes inconnue,
Et mon cœur apaisé vit d'espoir et d'oubli.

Mais l'homme fait la guerre aux forêts pacifiques ;
L'ombrage sur les monts recule chaque jour ;
Rien ne nous restera des asiles mystiques
Où l'âme va cueillir la pensée et l'amour.

Prends ton vol, ô mon cœur ! la terre n'a plus d'ombres
Et les oiseaux du ciel, les rêves infinis,
Les blanches visions qui cherchent les lieux sombres,
Bientôt n'auront plus d'arbre où déposer leurs nids.

La terre se dépouille et perd ses sanctuaires ;
On chasse des vallons ses hôtes merveilleux.
Les dieux aimaient des bois les temples séculaires,
La hache a fait tomber les chênes et les dieux.

Plus d'autels, plus d'ombrage et de paix abritée,
Plus de rites sacrés sous les grands dômes verts !
Nous léguons à nos fils la terre dévastée ;
Car nos pères nous ont légué des cieux déserts.

II

Ainsi tu gémissais, poète, ami des chênes,
Toi qui gardes encor le culte des vieux jours.
Tu vois l'homme altéré sans ombre et sans fontaines ;
Va ! l'antique Cybèle enfantera toujours !

Lève-toi ! c'est assez pleurer sur ce qui tombe ;
La lyre doit savoir prédire et consoler ;
Quand l'esprit te conduit sur le bord d'une tombe,
De vie et d'avenir c'est pour nous y parler.

Crains-tu de voir tarir la sève universelle,
Parce qu'un chêne est mort et qu'il était géant ?
Ô poète ! âme ardente en qui l'amour ruisselle,
Organe de la vie, as-tu peur du néant ?

Va ! l'œil qui nous réchauffe a plus d'un jour à luire ;
Le grand semeur a bien des graines à semer.
La nature n'est pas lasse encor de produire :
Car, ton cœur le sait bien, Dieu n'est pas las d'aimer.

Tandis que tu gémis sur cet arbre en ruines,
Mille germes là-bas, déposés en secret,
Sous le regard de Dieu, veillent dans ces collines,
Tout prêts à s'élancer en vivante forêt.

Nos fils pourront aimer et rêver sous leurs dômes ;
Le poète adorer la nature et chanter :
Dans l'ombreux labyrinthe où tu vois des fantômes,
Un idéal plus pur viendra les visiter.

Croissez sur nos débris, croissez, forêts nouvelles !
Sur vos jeunes bourgeons nous verserons nos pleurs ;
D'avance je vous vois, plus fortes et plus belles,
Faire un plus doux ombrage à des hôtes meilleurs.

Vous n'abriterez plus de sanglants sacrifices ;
L'âge emporte les dieux ennemis de la paix.
Aux chants, aux jeux sacrés, vos séjours sont propices ;
Votre mousse aux loisirs offre des lits épais.

Ne penche plus ton front sur les choses qui meurent ;
Tourne au levant tes yeux, ton cœur à l'avenir.
Les arbres sont tombés, mais les germes demeurent ;
Tends sur ceux qui naîtront tes bras pour les bénir.

Poète aux longs regards, vois les races futures,
Vois ces bois merveilleux à l'horizon éclos ;
Dans ton sein prophétique écoute les murmures,
Écoute ! au lieu d'un bruit de fer et de sanglots,

Sur des coteaux baignés par des clartés sereines,
Où des peuples joyeux semblent se reposer,
Sous les chênes émus, les hêtres et les frênes,
On dirait qu'on entend un immense baiser.

Louise Ackermann

POÉSIES PHILOSOPHIQUES

LE POSITIVISME

Il s'ouvre par-delà toute science humaine
Un vide dont la Foi fut prompte à s'emparer.
De cet abîme obscur elle a fait son domaine ;
En s'y précipitant elle a cru l'éclairer.
Eh bien ! nous t'expulsons de tes divins royaumes,
Dominatrice ardente, et l'instant est venu :
Tu ne vas plus savoir où loger tes fantômes ;
     Nous fermons l'Inconnu.

Mais ton triomphateur expiera ta défaite.
L'homme déjà se trouble, et, vainqueur éperdu,
Il se sent ruiné par sa propre conquête :
En te dépossédant nous avons tout perdu.
Nous restons sans espoir, sans recours, sans asile,
Tandis qu'obstinément le Désir qu'on exile
Revient errer autour du gouffre défendu.

PASCAL

À Ernest Havet

. . .

DERNIER MOT

Un dernier mot, Pascal ! À ton tour de m'entendre
Pousser aussi ma plainte et mon cri de fureur.
Je vais faire d'horreur frémir ta noble cendre,
Mais du moins j'aurai dit ce que j'ai sur le cœur.

À plaisir sous nos yeux lorsque ta main déroule
Le tableau désolant des humaines douleurs,
Nous montrant qu'en ce monde où tout s'effondre et croule
L'homme lui-même n'est qu'une ruine en pleurs,
Ou lorsque, nous traînant de sommets en abîmes,
Entre deux infinis tu nous tiens suspendus,
Que ta voix, pénétrant en leurs fibres intimes,
Frappe à cris redoublés sur nos cœurs éperdus,
Tu crois que tu n'as plus dans ton ardeur fébrile,
Tant déjà tu nous crois ébranlés, abêtis,
Qu'à dévoiler la Foi, monstrueuse et stérile,
Pour nous voir sur son sein tomber anéantis.
À quoi bon le nier ? dans tes sombres peintures,
Oui, tout est vrai, Pascal, nous le reconnaissons :
Voilà nos désespoirs, nos doutes, nos tortures,
Et devant l'Infini ce sont là nos frissons.
Mais parce qu'ici-bas par des maux incurables,
Jusqu'en nos profondeurs, nous nous sentons atteints,
Et que nous succombons, faibles et misérables,
Sous le poids accablant d'effroyables destins,
Il ne nous resterait, dans l'angoisse où nous sommes,
Qu'à courir embrasser cette Croix que tu tiens ?
Ah ! nous ne pouvons point nous défendre d'être hommes,
Mais nous nous refusons à devenir chrétiens.

Quand de son Golgotha, saignant sous l'auréole,
Ton Christ viendrait à nous, tendant ses bras sacrés,
Et quand il laisserait sa divine parole
Tomber pour les guérir en nos cœurs ulcérés ;
Quand il ferait jaillir devant notre âme avide
Des sources d'espérance et des flots de clarté,
Et qu'il nous montrerait dans son beau ciel splendide
Nos trônes préparés de toute éternité,
Nous nous détournerions du Tentateur céleste
Qui nous offre son sang, mais veut notre raison.
Pour repousser l'échange inégal et funeste
Notre bouche jamais n'aurait assez de Non !
Non à la Croix sinistre et qui fit de son ombre
Une nuit où faillit périr l'esprit humain,
Qui, devant le Progrès se dressant haute et sombre,
Au vrai libérateur a barré le chemin ;
Non à cet instrument d'un infâme supplice
Où nous voyons, auprès du divin Innocent
Et sous les mêmes coups, expirer la Justice ;
Non à notre salut s'il a coûté du sang ;
Puisque l'Amour ne peut nous dérober ce crime,
Tout en l'enveloppant d'un voile séducteur,
Malgré son dévouement, Non ! même à la Victime,
Et Non par-dessus tout au Sacrificateur !
Qu'importe qu'il soit Dieu si son œuvre est impie ?
Quoi ! c'est son propre fils qu'il a crucifié ?
Il pouvait pardonner, mais il veut qu'on expie ;
Il immole, et cela s'appelle avoir pitié !

Pascal, à ce bourreau, toi, tu disais : « Mon Père. »
Son odieux forfait ne t'a point révolté ;
Bien plus, tu l'adorais sous le nom de mystère,
Tant le problème humain t'avait épouvanté.
Lorsque tu te courbais sous la Croix qui t'accable,
Tu ne voulais, hélas ! qu'endormir ton tourment,
Et ce que tu cherchais dans un dogme implacable,
Plus que la vérité, c'était l'apaisement,
Car ta Foi n'était pas la certitude encore ;
Aurais-tu tant gémi si tu n'avais douté ?
Pour avoir reculé devant ce mot : J'ignore,

Dans quel gouffre d'erreurs tu t'es précipité !
Nous, nous restons au bord. Aucune perspective,
Soit Enfer, soit Néant, ne fait pâlir nos fronts,
Et s'il faut accepter ta sombre alternative,
Croire ou désespérer, nous désespérerons.
Aussi bien, jamais heure à ce point triste et morne
Sous le soleil des cieux n'avait encor sonné ;
Jamais l'homme, au milieu de l'univers sans borne,
Ne s'est senti plus seul et plus abandonné.
Déjà son désespoir se transforme en furie ;
Il se traîne au combat sur ses genoux sanglants,
Et se sachant voué d'avance à la tuerie,
Pour s'achever plus vite ouvre ses propres flancs.

Aux applaudissements de la plèbe romaine
Quand le cirque jadis se remplissait de sang,
Au-dessus des horreurs de la douleur humaine,
Le regard découvrait un César tout puissant.
Il était là, trônant dans sa grandeur sereine,
Tout entier au plaisir de regarder souffrir,
Et le gladiateur, en marchant vers l'arène,
Savait qui saluer quand il allait mourir.
Nous, qui saluerons-nous ? à nos luttes brutales
Qui donc préside, armé d'un sinistre pouvoir ?
Ah ! seules, si des Lois aveugles et fatales
Au carnage éternel nous livraient sans nous voir,
D'un geste résigné nous saluerions nos reines.
Enfermé dans un cirque impossible à franchir,
L'on pourrait néanmoins devant ces souveraines,
Tout roseau que l'on est, s'incliner sans fléchir.
Oui, mais si c'est un Dieu, maître et tyran suprême,
Qui nous contemple ainsi nous entre-déchirer,
Ce n'est plus un salut, non ! c'est un anathème
Que nous lui lancerons avant que d'expirer.
Comment ! ne disposer de la Force infinie
Que pour se procurer des spectacles navrants,
Imposer le massacre, infliger l'agonie,
Ne vouloir sous ses yeux que morts et que mourants !
Devant ce spectateur de nos douleurs extrêmes
Notre indignation vaincra toute terreur ;

Nous entrecouperons nos râles de blasphèmes,
Non sans désir secret d'exciter sa fureur.
Qui sait ? nous trouverons peut-être quelque injure
Qui l'irrite à ce point que, d'un bras forcené,
Il arrache des cieux notre planète obscure,
Et brise en mille éclats ce globe infortuné.
Notre audace du moins vous sauverait de naître,
Vous qui dormez encore au fond de l'avenir,
Et nous triompherions d'avoir, en cessant d'être,
Avec l'Humanité forcé Dieu d'en finir.
Ah ! quelle immense joie après tant de souffrance !
À travers les débris, par-dessus les charniers,
Pouvoir enfin jeter ce cri de délivrance :
« Plus d'hommes sous le ciel, nous sommes les derniers ! »

Nice, 1871

Charles Baudelaire

LES FLEURS DU MAL

Spleen et idéal

VI. LES PHARES

Rubens, fleuve d'oubli, jardin de la paresse,
Oreiller de chair fraîche où l'on ne peut aimer,
Mais où la vie afflue et s'agite sans cesse,
Comme l'air dans le ciel et la mer dans la mer ;

Léonard de Vinci, miroir profond et sombre,
Où des anges charmants, avec un doux souris
Tout chargé de mystère, apparaissent à l'ombre
Des glaciers et des pins qui ferment leur pays ;

Rembrandt, triste hôpital tout rempli de murmures,
Et d'un grand crucifix décoré seulement,
Où la prière en pleurs s'exhale des ordures,
Et d'un rayon d'hiver traversé brusquement ;

Michel-Ange, lieu vague où l'on voit des Hercules
Se mêler à des Christs, et se lever tout droits
Des fantômes puissants qui dans les crépuscules
Déchirent leur suaire en étirant leurs doigts ;

Colères de boxeur, impudences de faune,
Toi qui sus ramasser la beauté des goujats,
Grand cœur gonflé d'orgueil, homme débile et jaune,
Puget, mélancolique empereur des forçats ;

Watteau, ce carnaval où bien des cœurs illustres,
Comme des papillons, errent en flamboyant,
Décor frais et légers éclairés par des lustres
Qui versent la folie à ce bal tournoyant ;

Goya, cauchemar plein de choses inconnues,
De fœtus qu'on fait cuire au milieu des sabbats,
De vieilles au miroir et d'enfants toutes nues,
Pour tenter les démons ajustant bien leurs bas ;

Delacroix, lac de sang hanté des mauvais anges,
Ombragé par un bois de sapins toujours vert,
Où, sous un ciel chagrin, des fanfares étranges
Passent, comme un soupir étouffé de Weber ;

Ces malédictions, ces blasphèmes, ces plaintes,
Ces extases, ces cris, ces pleurs, ces *Te Deum*,
Sont un écho redit par mille labyrinthes ;
C'est pour les cœurs mortels un divin opium !

C'est un cri répété par mille sentinelles,
Un ordre renvoyé par mille porte-voix ;
C'est un phare allumé sur mille citadelles,
Un appel de chasseurs perdus dans les grands bois !

Car c'est vraiment, Seigneur, le meilleur témoignage
Que nous puissions donner de notre dignité
Que cet ardent sanglot qui roule d'âge en âge
Et vient mourir au bord de votre éternité !

XVIII. L'IDÉAL

Ce ne seront jamais ces beautés de vignettes,
Produits avariés, nés d'un siècle vaurien,
Ces pieds à brodequins, ces doigts à castagnettes,
Qui sauront satisfaire un cœur comme le mien.

Je laisse à Gavarni, poète des chloroses,
Son troupeau gazouillant de beautés d'hôpital,
Car je ne puis trouver parmi ces pâles roses
Une fleur qui ressemble à mon rouge idéal.

Ce qu'il faut à ce cœur profond comme un abime,
C'est vous, lady Macbeth, âme puissante au crime,
Rêve d'Eschyle éclos au climat des autans ;

Ou bien toi, grande Nuit, fille de Michel-Ange,
Qui tords paisiblement dans une pose étrange
Tes appas façonnés aux bouches des Titans !

XXIII. LA CHEVELURE

Ô toison, moutonnant jusque sur l'encolure !
Ô boucles ! Ô parfum chargé de nonchaloir !
Extase ! Pour peupler ce soir l'alcôve obscure
Des souvenirs dormant dans cette chevelure,
Je la veux agiter dans l'air comme un mouchoir !

La langoureuse Asie et la brûlante Afrique,
Tout un monde lointain, absent, presque défunt,
Vit dans tes profondeurs, forêt aromatique !
Comme d'autres esprits voguent sur la musique,
Le mien, ô mon amour ! nage sur ton parfum.

J'irai là-bas où l'arbre et l'homme, pleins de sève,
Se pâment longuement sous l'ardeur des climats ;
Fortes tresses, soyez la houle qui m'enlève !
Tu contiens, mer d'ébène, un éblouissant rêve
De voiles, de rameurs, de flammes et de mâts :

Un port retentissant où mon âme peut boire
À grands flots le parfum, le son et la couleur ;
Où les vaisseaux, glissant dans l'or et dans la moire,
Ouvrent leurs vastes bras pour embrasser la gloire
D'un ciel pur où frémit l'éternelle chaleur.

Je plongerai ma tête amoureuse d'ivresse
Dans ce noir océan où l'autre est enfermé ;
Et mon esprit subtil que le roulis caresse
Saura vous retrouver, ô féconde paresse !
Infinis bercements du loisir embaumé !

Cheveux bleus, pavillon de ténèbres tendues,
Vous me rendez l'azur du ciel immense et rond ;
Sur les bords duvetés de vos mèches tordues
Je m'enivre ardemment des senteurs confondues
De l'huile de coco, du musc et du goudron.

Longtemps ! toujours ! ma main dans ta crinière lourde
Sèmera le rubis, la perle et le saphir,
Afin qu'à mon désir tu ne sois jamais sourde !
N'es-tu pas l'oasis où je rêve, et la gourde
Où je hume à longs traits le vin du souvenir ?

XXIX. UNE CHAROGNE

Rappelez-vous l'objet que nous vîmes, mon âme,
    Ce beau matin d'été si doux :
Au détour d'un sentier une charogne infâme
    Sur un lit semé de cailloux,

Les jambes en l'air, comme une femme lubrique,
      Brûlante et suant les poisons,
Ouvrait d'une façon nonchalante et cynique
      Son ventre plein d'exhalaisons.

Le soleil rayonnait sur cette pourriture,
      Comme afin de la cuire à point,
Et de rendre au centuple à la grande Nature
      Tout ce qu'ensemble elle avait joint ;

Et le ciel regardait la carcasse superbe
      Comme une fleur s'épanouir.
La puanteur était si forte, que sur l'herbe
      Vous crûtes vous évanouir.

Les mouches bourdonnaient sur ce ventre putride,
      D'où sortaient de noirs bataillons
De larves, qui coulaient comme un épais liquide
      Le long de ces vivants haillons.

Tout cela descendait, montait comme une vague,
      Ou s'élançait en pétillant ;
On eût dit que le corps, enflé d'un souffle vague,
      Vivait en se multipliant.

Et ce monde rendait une étrange musique,
      Comme l'eau courante et le vent,
Ou le grain qu'un vanneur d'un mouvement rhythmique
      Agite et tourne dans son van.

Les formes s'effaçaient et n'étaient plus qu'un rêve,
      Une ébauche lente à venir,
Sur la toile oubliée, et que l'artiste achève
      Seulement par le souvenir.

Derrière les rochers une chienne inquiète
      Nous regardait d'un œil fâché,
Épiant le moment de reprendre au squelette
      Le morceau qu'elle avait lâché.

— Et pourtant vous serez semblable à cette ordure,
            À cette horrible infection,
Étoile de mes yeux, soleil de ma nature,
            Vous, mon ange et ma passion !

Oui ! telle vous serez, ô la reine des grâces,
            Après les derniers sacrements,
Quand vous irez, sous l'herbe et les floraisons grasses.
            Moisir parmi les ossements.

Alors, ô ma beauté ! dites à la vermine
            Qui vous mangera de baisers,
Que j'ai gardé la forme et l'essence divine
            De mes amours décomposés !

XXXVI. LE BALCON

Mère des souvenirs, maîtresse des maîtresses,
Ô toi, tous mes plaisirs ! ô toi, tous mes devoirs !
Tu te rappelleras la beauté des caresses,
La douceur du foyer et le charme des soirs,
Mère des souvenirs, maîtresse des maîtresses !

Les soirs illuminés par l'ardeur du charbon,
Et les soirs au balcon, voilés de vapeurs roses.
Que ton sein m'était doux ! que ton cœur m'était bon !
Nous avons dit souvent d'impérissables choses
Les soirs illuminés par l'ardeur du charbon.

Que les soleils sont beaux dans les chaudes soirées !
Que l'espace est profond ! que le cœur est puissant !
En me penchant vers toi, reine des adorées,
Je croyais respirer le parfum de ton sang.
Que les soleils sont beaux dans les chaudes soirées !

La nuit s'épaississait ainsi qu'une cloison,
Et mes yeux dans le noir devinaient tes prunelles,

Et je buvais ton souffle, ô douceur ! ô poison !
Et tes pieds s'endormaient dans mes mains fraternelles.
La nuit s'épaississait ainsi qu'une cloison.

Je sais l'art d'évoquer les minutes heureuses,
Et revis mon passé blotti dans tes genoux.
Car à quoi bon chercher tes beautés langoureuses
Ailleurs qu'en ton cher corps et qu'en ton cœur si doux ?
Je sais l'art d'évoquer les minutes heureuses !

Ces serments, ces parfums, ces baisers infinis,
Renaîtront-ils d'un gouffre interdit à nos sondes,
Comme montent au ciel les soleils rajeunis
Après s'être lavés au fond des mers profondes ?
— Ô serments ! ô parfums ! ô baisers infinis !

LVI. CHANT D'AUTOMNE

I

Bientôt nous plongerons dans les froides ténèbres ;
Adieu, vive clarté de nos étés trop courts !
J'entends déjà tomber avec des chocs funèbres
Le bois retentissant sur le pavé des cours.

Tout l'hiver va rentrer dans mon être : colère,
Haine, frissons, horreur, labeur dur et forcé,
Et, comme le soleil dans son enfer polaire,
Mon cœur ne sera plus qu'un bloc rouge et glacé.

J'écoute en frémissant chaque bûche qui tombe ;
L'échafaud qu'on bâtit n'a pas d'écho plus sourd.
Mon esprit est pareil à la tour qui succombe
Sous les coups du bélier infatigable et lourd.

Il me semble, bercé par ce choc monotone,
Qu'on cloue en grande hâte un cercueil quelque part.

Pour qui ? — C'était hier l'été ; voici l'automne !
Ce bruit mystérieux sonne comme un départ.

II

J'aime de vos longs yeux la lumière verdâtre,
Douce beauté, mais tout aujourd'hui m'est amer,
Et rien, ni votre amour, ni le boudoir, ni l'âtre,
Ne me vaut le soleil rayonnant sur la mer.

Et pourtant aimez-moi, tendre cœur ! soyez mère
Même pour un ingrat, même pour un méchant ;
Amante ou sœur, soyez la douceur éphémère
D'un glorieux automne ou d'un soleil couchant.

Courte tâche ! La tombe attend ; elle est avide !
Ah ! laissez-moi, mon front posé sur vos genoux,
Goûter, en regrettant l'été blanc et torride,
De l'arrière-saison le rayon jaune et doux !

LXII. MŒSTA ET ERRABUNDA

Dis-moi, ton cœur parfois s'envole-t-il, Agathe,
Loin du noir océan de l'immonde cité,
Vers un autre océan où la splendeur éclate,
Bleu, clair, profond, ainsi que la virginité ?
Dis-moi, ton cœur parfois s'envole-t-il, Agathe ?

La mer, la vaste mer, console nos labeurs !
Quel démon a doté la mer, rauque chanteuse
Qu'accompagne l'immense orgue des vents grondeurs,
De cette fonction sublime de berceuse ?
La mer, la vaste mer, console nos labeurs !

Emporte-moi, wagon ! enlève-moi, frégate !
Loin ! loin ! ici la boue est faite de nos pleurs !

— Est-il vrai que parfois le triste cœur d'Agathe
Dise : Loin des remords, des crimes, des douleurs,
Emporte-moi, wagon, enlève-moi frégate ?

Comme vous êtes loin, paradis parfumé,
Où sous un clair azur tout n'est qu'amour et joie,
Où tout ce que l'on aime est digne d'être aimé,
Où dans la volupté pure le cœur se noie !
Comme vous êtes loin, paradis parfumé !

Mais le vert paradis des amours enfantines,
Les courses, les chansons, les baisers, les bouquets,
Les violons vibrant derrière les collines,
Avec les brocs de vin, le soir, dans les bosquets,
— Mais le vert paradis des amours enfantines,

L'innocent paradis, plein de plaisirs furtifs,
Est-il déjà plus loin que l'Inde et que la Chine ?
Peut-on le rappeler avec des cris plaintifs,
Et l'animer encor d'une voix argentine,
L'innocent paradis plein de plaisirs furtifs ?

LXXV. SPLEEN

Pluviôse, irrité contre la ville entière,
De son urne à grands flots verse un froid ténébreux
Aux pâles habitants du voisin cimetière
Et la mortalité sur les faubourgs brumeux.

Mon chat sur le carreau cherchant une litière
Agite sans repos son corps maigre et galeux ;
L'âme d'un vieux poète erre dans la gouttière
Avec la triste voix d'un fantôme frileux.

Le bourdon se lamente, et la bûche enfumée
Accompagne en fausset la pendule enrhumée,
Cependant qu'en un jeu plein de sales parfums,

Héritage fatal d'une vieille hydropique,
Le beau valet de cœur et la dame de pique
Causent sinistrement de leurs amours défunts.

LXXVI. SPLEEN

J'ai plus de souvenirs que si j'avais mille ans.

Un gros meuble à tiroirs encombré de bilans,
De vers, de billets doux, de procès, de romances,
Avec de lourds cheveux roulés dans des quittances,
Cache moins de secrets que mon triste cerveau.
C'est une pyramide, un immense caveau,
Qui contient plus de morts que la fosse commune.
— Je suis un cimetière abhorré de la lune,
Où comme des remords se traînent de longs vers
Qui s'acharnent toujours sur mes morts les plus chers.
Je suis un vieux boudoir plein de roses fanées,
Où gît tout un fouillis de modes surannées,
Où les pastels plaintifs et les pâles Boucher,
Seuls, respirent l'odeur d'un flacon débouché.

Rien n'égale en longueur les boiteuses journées,
Quand sous les lourds flocons des neigeuses années
L'ennui, fruit de la morne incuriosité,
Prend les proportions de l'immortalité.
— Désormais tu n'es plus, ô matière vivante !
Qu'un granit entouré d'une vague épouvante,
Assoupi dans le fond d'un Saharah brumeux ;
Un vieux sphinx ignoré du monde insoucieux,
Oublié sur la carte, et dont l'humeur farouche
Ne chante qu'aux rayons du soleil qui se couche.

LXXVII. SPLEEN

Je suis comme le roi d'un pays pluvieux,
Riche, mais impuissant, jeune et pourtant très vieux,
Qui, de ses précepteurs méprisant les courbettes,
S'ennuie avec ses chiens comme avec d'autres bêtes.
Rien ne peut l'égayer, ni gibier, ni faucon,
Ni son peuple mourant en face du balcon.
Du bouffon favori la grotesque ballade
Ne distrait plus le front de ce cruel malade ;
Son lit fleurdelisé se transforme en tombeau,
Et les dames d'atour, pour qui tout prince est beau,
Ne savent plus trouver d'impudique toilette
Pour tirer un souris de ce jeune squelette.
Le savant qui lui fait de l'or n'a jamais pu
De son être extirper l'élément corrompu,
Et dans ces bains de sang qui des Romains nous viennent,
Et dont sur leurs vieux jours les puissants se souviennent,
Il n'a su réchauffer ce cadavre hébété
Où coule au lieu de sang l'eau verte du Léthé.

LXXVIII. SPLEEN

Quand le ciel bas et lourd pèse comme un couvercle
Sur l'esprit gémissant en proie aux longs ennuis,
Et que de l'horizon embrassant tout le cercle
Il nous verse un jour noir plus triste que les nuits ;

Quand la terre est changée en un cachot humide,
Où l'Espérance, comme une chauve-souris,
S'en va battant les murs de son aile timide
Et se cognant la tête à des plafonds pourris ;

Quand la pluie étalant ses immenses traînées
D'une vaste prison imite les barreaux,

Et qu'un peuple muet d'infâmes araignées
Vient tendre ses filets au fond de nos cerveaux,

Des cloches tout à coup sautent avec furie
Et lancent vers le ciel un affreux hurlement,
Ainsi que des esprits errants et sans patrie
Qui se mettent à geindre opiniâtrement.

— Et de longs corbillards, sans tambours ni musique,
Défilent lentement dans mon âme ; l'Espoir,
Vaincu, pleure, et l'Angoisse atroce, despotique,
Sur mon crâne incliné plante son drapeau noir.

Tableaux parisiens

LXXXIX. LE CYGNE

À Victor Hugo

I

Andromaque, je pense à vous ! Ce petit fleuve,
Pauvre et triste miroir où jadis resplendit
L'immense majesté de vos douleurs de veuve,
Ce Simoïs menteur qui par vos pleurs grandit,

A fécondé soudain ma mémoire fertile,
Comme je traversais le nouveau Carrousel.
Le vieux Paris n'est plus (la forme d'une ville
Change plus vite, hélas ! que le cœur d'un mortel) ;

Je ne vois qu'en esprit tout ce camp de baraques,
Ces tas de chapiteaux ébauchés et de fûts,

Les herbes, les gros blocs verdis par l'eau des flaques,
Et, brillant aux carreaux, le bric-à-brac confus.

Là s'étalait jadis une ménagerie ;
Là je vis, un matin, à l'heure où sous les cieux
Froids et clairs le Travail s'éveille, où la voirie
Pousse un sombre ouragan dans l'air silencieux,

Un cygne qui s'était évadé de sa cage,
Et, de ses pieds palmés frottant le pavé sec,
Sur le sol raboteux traînait son blanc plumage.
Près d'un ruisseau sans eau la bête ouvrant le bec

Baignait nerveusement ses ailes dans la poudre,
Et disait, le cœur plein de son beau lac natal :
« Eau, quand donc pleuvras-tu ? quand tonneras-tu, foudre ? »
Je vois ce malheureux, mythe étrange et fatal,

Vers le ciel quelquefois, comme l'homme d'Ovide,
Vers le ciel ironique et cruellement bleu,
Sur son cou convulsif tendant sa tête avide,
Comme s'il adressait des reproches à Dieu !

                    I I

Paris change ! mais rien dans ma mélancolie
N'a bougé ! palais neufs, échafaudages, blocs,
Vieux faubourgs, tout pour moi devient allégorie,
Et mes chers souvenirs sont plus lourds que des rocs.

Aussi devant ce Louvre une image m'opprime :
Je pense à mon grand cygne, avec ses gestes fous,
Comme les exilés, ridicule et sublime,
Et rongé d'un désir sans trêve ! et puis à vous,

Andromaque, des bras d'un grand époux tombée,
Vil bétail, sous la main du superbe Pyrrhus,
Auprès d'un tombeau vide en extase courbée ;
Veuve d'Hector, hélas ! et femme d'Hélénus !

Je pense à la négresse, amaigrie et phthisique,
Piétinant dans la boue, et cherchant, l'œil hagard,
Les cocotiers absents de la superbe Afrique
Derrière la muraille immense du brouillard ;

À quiconque a perdu ce qui ne se retrouve
Jamais, jamais ! à ceux qui s'abreuvent de pleurs
Et tètent la Douleur comme une bonne louve !
Aux maigres orphelins séchant comme des fleurs !

Ainsi dans la forêt où mon esprit s'exile
Un vieux Souvenir sonne à plein souffle du cor !
Je pense aux matelots oubliés dans une île,
Aux captifs, aux vaincus !... à bien d'autres encor !

XCIII. À UNE PASSANTE

La rue assourdissante autour de moi hurlait.
Longue, mince, en grand deuil, douleur majestueuse,
Une femme passa, d'une main fastueuse
Soulevant, balançant le feston et l'ourlet ;

Agile et noble, avec sa jambe de statue.
Moi, je buvais, crispé comme un extravagant,
Dans son œil, ciel livide où germe l'ouragan,
La douceur qui fascine et le plaisir qui tue.

Un éclair... puis la nuit ! — Fugitive beauté
Dont le regard m'a fait soudainement renaître,
Ne te verrai-je plus que dans l'éternité ?

Ailleurs, bien loin d'ici ! trop tard ! *jamais* peut-être !
Car j'ignore où tu fuis, tu ne sais où je vais,
Ô toi que j'eusse aimée, ô toi qui le savais !

XCIX

Je n'ai pas oublié, voisine de la ville,
Notre blanche maison, petite mais tranquille ;
Sa Pomone de plâtre et sa vieille Vénus
Dans un bosquet chétif cachant leurs membres nus
Et le soleil, le soir, ruisselant et superbe
Qui, derrière la vitre où se brisait sa gerbe,
Semblait, grand œil ouvert dans le ciel curieux,
Contempler nos dîners longs et silencieux,
Répandant largement ses beaux reflets de cierge
Sur la nappe frugale et les rideaux de serge.

Le Vin

CVI. LE VIN DE L'ASSASSIN

Ma femme est morte, je suis libre !
Je puis donc boire tout mon soûl.
Lorsque je rentrais sans un sou,
Ses cris me déchiraient la fibre.

Autant qu'un roi je suis heureux ;
L'air est pur, le ciel admirable...
Nous avions un été semblable
Lorsque j'en devins amoureux !

L'horrible soif qui me déchire
Aurait besoin pour s'assouvir
D'autant de vin qu'en peut tenir
Son tombeau ; — ce n'est pas peu dire :

Je l'ai jetée au fond d'un puits,
Et j'ai même poussé sur elle
Tous les pavés de la margelle.
— Je l'oublierai si je le puis !

Au nom des serments de tendresse,
Dont rien ne peut nous délier,
Et pour nous réconcilier
Comme au beau temps de notre ivresse,

J'implorai d'elle un rendez-vous,
Le soir, sur une route obscure.
Elle y vint ! — folle créature !
Nous sommes tous plus ou moins fous !

Elle était encore jolie,
Quoique bien fatiguée ! et moi,
Je l'aimais trop ! voilà pourquoi
Je lui dis : Sors de cette vie !

Nul ne peut me comprendre. Un seul
Parmi ces ivrognes stupides
Songea-t-il dans ses nuits morbides
À faire du vin un linceul ?

Cette crapule invulnérable
Comme les machines de fer
Jamais, ni l'été ni l'hiver,
N'a connu l'amour véritable,

Avec ses noirs enchantements,
Son cortège infernal d'alarmes,
Ses fioles de poison, ses larmes,
Ses bruits de chaîne et d'ossements !

— Me voilà libre et solitaire !
Je serai ce soir ivre mort ;
Alors, sans peur et sans remords,
Je me coucherai sur la terre,

Et je dormirai comme un chien !
Le chariot aux lourdes roues
Chargé de pierres et de boues,
Le wagon enragé peut bien

Écraser ma tête coupable
Ou me couper par le milieu,
Je m'en moque comme de Dieu,
Du Diable ou de la Sainte Table !

La Mort

CXXI. LA MORT DES AMANTS

Nous aurons des lits pleins d'odeurs légères,
Des divans profonds comme des tombeaux,
Et d'étranges fleurs sur des étagères,
Écloses pour nous sous des cieux plus beaux.

Usant à l'envi leurs chaleurs dernières,
Nos deux cœurs seront deux vastes flambeaux,
Qui réfléchiront leurs doubles lumières
Dans nos deux esprits, ces miroirs jumeaux.

Un soir fait de rose et de bleu mystique,
Nous échangerons un éclair unique,
Comme un long sanglot, tout chargé d'adieux ;

Et plus tard un Ange, entrouvrant les portes,
Viendra ranimer, fidèle et joyeux,
Les miroirs ternis et les flammes mortes.

LES ÉPAVES

LE COUCHER DU SOLEIL ROMANTIQUE

Que le soleil est beau quand tout frais il se lève,
Comme une explosion nous lançant son bonjour !
— Bienheureux celui-là qui peut avec amour
Saluer son coucher plus glorieux qu'un rêve !

Je me souviens !... J'ai vu tout, fleur, source, sillon,
Se pâmer sous son œil comme un cœur qui palpite...
— Courons vers l'horizon, il est tard, courons vite,
Pour attraper au moins un oblique rayon !

Mais je poursuis en vain le Dieu qui se retire ;
L'irrésistible Nuit établit son empire,
Noire, humide, funeste et pleine de frissons ;

Une odeur de tombeau dans les ténèbres nage,
Et mon pied peureux froisse, au bord du marécage,
Des crapauds imprévus et de froids limaçons.

PETITS POÈMES EN PROSE

V. LA CHAMBRE DOUBLE

Une chambre qui ressemble à une rêverie, une chambre véri-
tablement *spirituelle*, où l'atmosphère stagnante est légèrement
teintée de rose et de bleu.

L'âme y prend un bain de paresse, aromatisé par le regret et le désir. — C'est quelque chose de crépusculaire, de bleuâtre et de rosâtre ; un rêve de volupté pendant une éclipse.

Les meubles ont des formes allongées, prostrées, alanguies. Les meubles ont l'air de rêver ; on les dirait doués d'une vie somnambulique, comme le végétal et le minéral. Les étoffes parlent une langue muette, comme les fleurs, comme les ciels, comme les soleils couchants.

Sur les murs nulle abomination artistique. Relativement au rêve pur, à l'impression non analysée, l'art défini, l'art positif est un blasphème. Ici, tout a la suffisante clarté et la délicieuse obscurité de l'harmonie.

Une senteur infinitésimale du choix le plus exquis, à laquelle se mêle une très légère humidité, nage dans cette atmosphère, où l'esprit sommeillant est bercé par des sensations de serre chaude.

La mousseline pleut abondamment devant les fenêtres et devant le lit ; elle s'épanche en cascades neigeuses. Sur ce lit est couchée l'Idole, la souveraine des rêves. Mais comment est-elle ici ? Qui l'a amenée ? quel pouvoir magique l'a installée sur ce trône de rêverie et de volupté ? Qu'importe ? la voilà ! je la reconnais.

Voilà bien ces yeux dont la flamme traverse le crépuscule ; ces subtiles et terribles *mirettes*, que je reconnais à leur effrayante malice ! Elles attirent, elles subjuguent, elles dévorent le regard de l'imprudent qui les contemple. Je les ai souvent étudiées, ces étoiles noires qui commandent la curiosité et l'admiration.

À quel démon bienveillant dois-je d'être ainsi entouré de mystère, de silence, de paix et de parfums ? Ô béatitude ! ce que nous nommons généralement la vie, même dans son expansion la plus heureuse, n'a rien de commun avec cette vie suprême dont j'ai maintenant connaissance et que je savoure minute par minute, seconde par seconde !

Non ! il n'est plus de minutes, il n'est plus de secondes ! Le temps a disparu ; c'est l'Éternité qui règne, une éternité de délices !

Mais un coup terrible, lourd, a retenti à la porte, et, comme dans les rêves infernaux, il m'a semblé que je recevais un coup de pioche dans l'estomac.

Et puis un Spectre est entré. C'est un huissier qui vient me torturer au nom de la loi ; une infâme concubine qui vient crier misère et ajouter les trivialités de sa vie aux douleurs de la mienne ; ou bien le saute-ruisseau d'un directeur de journal qui réclame la suite du manuscrit.

La chambre paradisiaque, l'idole, la souveraine des rêves, la *Sylphide*, comme disait le grand René, toute cette magie a disparu au coup brutal frappé par le Spectre.

Horreur ! je me souviens ! je me souviens ! Oui ! ce taudis, ce séjour de l'éternel ennui, est bien le mien. Voici les meubles sots, poudreux, écornés ; la cheminée sans flamme et sans braise, souillée de crachats ; les tristes fenêtres où la pluie a tracé des sillons dans la poussière ; les manuscrits, raturés ou incomplets ; l'almanach où le crayon a marqué les dates sinistres !

Et ce parfum d'un autre monde, dont je m'enivrais avec une sensibilité perfectionnée, hélas ! il est remplacé par une fétide odeur de tabac mêlée à je ne sais quelle nauséabonde moisissure. On respire ici maintenant le ranci de la désolation.

Dans ce monde étroit, mais si plein de dégoût, un seul objet connu me sourit : la fiole de laudanum ; une vieille et terrible amie ; comme toutes les amies, hélas ! féconde en caresses et en traîtrises.

Oh ! oui ! le Temps a reparu ; le Temps règne en souverain maintenant ; et avec le hideux vieillard est revenu tout son démoniaque cortège de Souvenirs, de Regrets, de Spasmes, de Peurs, d'Angoisses, de Cauchemars, de Colères et de Névroses.

Je vous assure que les secondes maintenant sont fortement et solennellement accentuées, et chacune, en jaillissant de la pendule, dit : — « Je suis la Vie, l'insupportable, l'implacable Vie ! »

Il n'y a qu'une Seconde dans la vie humaine qui ait mission d'annoncer une bonne nouvelle, la *bonne nouvelle* qui cause à chacun une inexplicable peur.

Oui ! le Temps règne ; il a repris sa brutale dictature. Et il me pousse, comme si j'étais un bœuf, avec son double aiguillon. — « Et hue donc ! bourrique ! Sue donc, esclave ! Vis donc, damné ! »

X. À UNE HEURE DU MATIN

Enfin ! seul ! On n'entend plus que le roulement de quelques fiacres attardés et éreintés. Pendant quelques heures, nous posséderons le silence, sinon le repos. Enfin ! la tyrannie de la face humaine a disparu, et je ne souffrirai plus que par moi-même.

Enfin ! il m'est donc permis de me délasser dans un bain de ténèbres ! D'abord, un double tour à la serrure. Il me semble que ce tour de clef augmentera ma solitude et fortifiera les barricades qui me séparent actuellement du monde.

Horrible vie ! Horrible ville ! Récapitulons la journée : avoir vu plusieurs hommes de lettres, dont l'un m'a demandé si l'on pouvait aller en Russie par voie de terre (il prenait sans doute la Russie pour une île) ; avoir disputé généreusement contre le directeur d'une revue, qui à chaque objection répondait : « — C'est ici le parti des honnêtes gens », ce qui implique que tous les autres journaux sont rédigés par des coquins ; avoir salué une vingtaine de personnes, dont quinze me sont inconnues ; avoir distribué des poignées de main dans la même proportion, et cela sans avoir pris la précaution d'acheter des gants ; être monté pour tuer le temps, pendant une averse, chez une sauteuse qui m'a prié de lui dessiner un costume de *Vénustre* ; avoir fait ma cour à un directeur de théâtre, qui m'a dit en me congédiant : « — Vous feriez peut-être bien de vous adresser à Z... ; c'est le plus lourd, le plus sot et le plus célèbre de tous mes auteurs, avec lui vous pourriez peut-être aboutir à quelque chose. Voyez-le, et puis nous verrons » ; m'être vanté (pourquoi ?) de plusieurs vilaines actions que je n'ai jamais commises, et avoir lâchement nié quelques autres méfaits que j'ai accompli avec joie, délit de fanfaronnade, crime de respect humain ; avoir refusé à un ami un service facile, et donné une recommandation écrite à un parfait drôle ; ouf ! est-ce bien fini ?

Mécontent de tous et mécontent de moi, je voudrais bien me racheter et m'enorgueillir un peu dans le silence et la solitude de la nuit. Âmes de ceux que j'ai aimés, âmes de ceux que j'ai chantés, fortifiez-moi, soutenez-moi, éloignez de moi le mensonge et les vapeurs corruptrices du monde, et vous, Seigneur

mon Dieu ! accordez-moi la grâce de produire quelques beaux
vers qui me prouvent à moi-même que je ne suis pas le dernier
des hommes, que je ne suis pas inférieur à ceux que je mé-
prise !

XVII. UN HÉMISPHÈRE
DANS UNE CHEVELURE

Laisse-moi respirer longtemps, longtemps, l'odeur de tes che-
veux, y plonger tout mon visage, comme un homme altéré dans
l'eau d'une source, et les agiter avec ma main comme un mou-
choir odorant, pour secouer des souvenirs dans l'air.

Si tu pouvais savoir tout ce que je vois ! tout ce que je sens !
tout ce que j'entends dans tes cheveux ! Mon âme voyage sur le
parfum comme l'âme des autres hommes sur la musique.

Tes cheveux contiennent tout un rêve, plein de voilures et de
mâtures ; ils contiennent de grandes mers dont les moussons me
portent vers de charmants climats, où l'espace est plus bleu et
plus profond, où l'atmosphère est parfumée par les fruits, par
les feuilles et par la peau humaine.

Dans l'océan de ta chevelure, j'entrevois un port fourmillant
de chants mélancoliques, d'hommes vigoureux de toutes na-
tions et de navires de toutes formes découpant leurs architectu-
res fines et compliquées sur un ciel immense où se prélasse
l'éternelle chaleur.

Dans les caresses de ta chevelure, je retrouve les langueurs
des longues heures passées sur un divan, dans la chambre d'un
beau navire, bercées par le roulis imperceptible du port, entre
les pots de fleurs et les gargoulettes rafraîchissantes.

Dans l'ardent foyer de ta chevelure, je respire l'odeur du
tabac mêlé à l'opium et au sucre ; dans la nuit de ta chevelure,
je vois resplendir l'infini de l'azur tropical ; sur les rivages duve-
tés de ta chevelure je m'enivre des odeurs combinées du gou-
dron, du musc et de l'huile de coco.

Laisse-moi mordre longtemps tes tresses lourdes et noires.
Quand je mordille tes cheveux élastiques et rebelles, il me sem-
ble que je mange des souvenirs.

XIX. LE JOUJOU DU PAUVRE

Je veux donner l'idée d'un divertissement innocent. Il y a si peu d'amusements qui ne soient pas coupables !

Quand vous sortirez le matin avec l'intention décidée de flâner sur les grandes routes, remplissez vos poches de petites inventions à un sol, — telles que le polichinelle plat mû par un seul fil, les forgerons qui battent l'enclume, le cavalier et son cheval dont la queue est un sifflet, — et le long des cabarets, au pied des arbres, faites-en hommage aux enfants inconnus et pauvres que vous rencontrerez. Vous verrez leurs yeux s'agrandir démesurément. D'abord ils n'oseront pas prendre ; ils douteront de leur bonheur. Puis leurs mains agripperont vivement le cadeau, et ils s'enfuiront comme font les chats qui vont manger loin de vous le morceau que vous leur avez donné, ayant appris à se défier de l'homme.

Sur une route, derrière la grille d'un vaste jardin, au bout duquel apparaissait la blancheur d'un joli château frappé par le soleil, se tenait un enfant beau et frais, habillé de ces vêtements de campagne si pleins de coquetterie.

Le luxe, l'insouciance et le spectacle habituel de la richesse, rendent ces enfants-là si jolis, qu'on les croirait faits d'une autre pâte que les enfants de la médiocrité ou de la pauvreté.

À côté de lui, gisait sur l'herbe un joujou splendide, aussi frais que son maître, verni, doré, vêtu d'une robe pourpre, et couvert de plumets et de verroteries. Mais l'enfant ne s'occupait pas de son joujou préféré, et voici ce qu'il regardait :

De l'autre côté de la grille, sur la route, entre les chardons et les orties, il y avait un autre enfant, sale, chétif, fuligineux, un de ces marmots-parias dont un œil impartial découvrirait la beauté, si, comme l'œil du connaisseur devine une peinture idéale sous un vernis de carrossier, il le nettoyait de la répugnante patine de la misère.

À travers ces barreaux symboliques séparant deux mondes, la grande route et le château, l'enfant pauvre montrait à l'enfant riche son propre joujou, que celui-ci examinait avidement comme un objet rare et inconnu. Or, ce joujou, que le petit souillon agaçait, agitait et secouait dans une boîte grillée, c'était un rat vivant ! Les parents, par économie sans doute, avaient tiré le joujou de la vie elle-même.

Et les deux enfants se riaient l'un à l'autre fraternellement, avec des dents d'une *égale* blancheur.

XLIII. LE GALANT TIREUR

Comme la voiture traversait le bois, il la fit arrêter dans le voisinage d'un tir, disant qu'il lui serait agréable de tirer quelques balles pour *tuer* le Temps. Tuer ce monstre-là, n'est-ce pas l'occupation la plus ordinaire et la plus légitime de chacun ? — Et il offrit galamment la main à sa chère, délicieuse et exécrable femme, à cette mystérieuse femme à laquelle il doit tant de plaisirs, tant de douleurs, et peut-être aussi une grande partie de son génie.

Plusieurs balles frappèrent loin du but proposé ; l'une d'elles s'enfonça même dans le plafond ; et comme la charmante créature riait follement, se moquant de la maladresse de son époux, celui-ci se tourna brusquement vers elle, et lui dit : « Observez cette poupée, là-bas, à droite, qui porte le nez en l'air et qui a la mine si hautaine. Eh bien ! cher ange, *je me figure que c'est vous.* » Et il ferma les yeux et il lâcha la détente. La poupée fut nettement décapitée.

Alors s'inclinant vers sa chère, sa délicieuse, son exécrable femme, son inévitable et impitoyable Muse, et lui baisant respectueusement la main, il ajouta : « Ah ! mon cher ange, combien je vous remercie de mon adresse ! »

XLIV. LA SOUPE ET LES NUAGES

Ma petite folle bien-aimée me donnait à dîner, et par la fenêtre ouverte de la salle à manger je contemplais les mouvantes architectures que Dieu fait avec les vapeurs, les merveilleuses constructions de l'impalpable. Et je me disais, à travers ma contemplation : « — Toutes ces fantasmagories sont presque aussi belles que les yeux de ma belle bien-aimée, la petite folle monstrueuse aux yeux verts. »

Et tout à coup je reçus un violent coup de poing dans le dos, et j'entendis une voix rauque et charmante, une voix hystérique et comme enrouée par l'eau-de-vie, la voix de ma chère petite bien-aimée, qui disait : « — Allez-vous bientôt manger votre soupe, s... b... de marchand de nuages ? »

XLVI. PERTE D'AURÉOLE

« Eh ! quoi ! vous ici ! mon cher ? Vous, dans un mauvais lieu ! vous, le buveur de quintessences ! vous, le mangeur d'ambroisie ! En vérité, il y a là de quoi me surprendre.

— Mon cher, vous connaissez ma terreur des chevaux et des voitures. Tout à l'heure, comme je traversais le boulevard, en grande hâte, et que je sautillais dans la boue, à travers ce chaos mouvant où la mort arrive au galop de tous les côtés à la fois, mon auréole, dans un mouvement brusque, a glissé de ma tête dans la fange du macadam. Je n'ai pas eu le courage de la ramasser. J'ai jugé moins désagréable de perdre mes insignes que de me faire rompre les os. Et puis, me suis-je dit, à quelque chose malheur est bon. Je puis maintenant me promener incognito, faire des actions basses, et me livrer à la crapule, comme les simples mortels. Et me voici, tout semblable à vous, comme vous voyez !

— Vous devriez au moins faire afficher cette auréole, ou la faire réclamer par le commissaire.

— Ma foi ! non. Je me trouve bien ici. Vous seul, vous m'avez reconnu. D'ailleurs la dignité m'ennuie. Ensuite je pense avec joie que quelque mauvais poète la ramassera et s'en coiffera impudemment. Faire un heureux, quelle jouissance ! et surtout un heureux qui me fera rire ! Pensez à X, ou à Z ! Hein ! comme ce sera drôle ! »

FUSÉES

. . .

Le monde va finir. La seule raison pour laquelle il pourrait durer, c'est qu'il existe. Que cette raison est faible, comparée à toutes celles qui annoncent le contraire, particulièrement à celle-ci : qu'est-ce que le monde a désormais à faire sous le ciel ? — Car, en supposant qu'il continuât à exister matériellement, serait-ce une existence digne de ce nom et du dictionnaire historique ? Je ne dis pas que le monde sera réduit aux expédients et au désordre bouffon des républiques du Sud-Amérique, — que peut-être même nous retournerons à l'état sauvage, et que nous irons, à travers les ruines herbues de notre civilisation, chercher notre pâture, un fusil à la main. Non ; — car ce sort et ces aventures supposeraient encore une certaine énergie vitale, écho des premiers âges. Nouvel exemple et nouvelles victimes des inexorables lois morales, nous périrons par où nous avons cru vivre. La mécanique nous aura tellement américanisés, le progrès aura si bien atrophié en nous toute la partie spirituelle, que rien parmi les rêveries sanguinaires, sacrilèges, ou antinaturelles des utopistes ne pourra être comparé à ses résultats positifs. Je demande à tout homme qui pense de me montrer ce qui subsiste de la vie. De la religion, je crois inutile d'en parler et d'en chercher les restes, puisque se donner encore la peine de nier Dieu est le seul scandale en pareilles matières. La propriété avait disparu virtuellement avec la suppression du droit d'aînesse ; mais le temps viendra où l'humanité, comme un ogre vengeur, arrachera leur dernier morceau à ceux qui croiront avoir hérité légitimement des révolutions. Encore, là ne serait pas le mal suprême.

L'imagination humaine peut concevoir, sans trop de peine, des républiques ou autres états communautaires, dignes de quelque gloire, s'ils sont dirigés par des hommes sacrés, par de certains aristocrates. Mais ce n'est pas particulièrement par des institutions politiques que se manifestera la ruine universelle, ou le progrès universel ; car peu m'importe le nom. Ce sera par l'avilissement des cœurs. Ai-je besoin de dire que le peu

qui restera de politique se débattra péniblement dans les étreintes de l'animalité générale, et que les gouvernants seront forcés,
pour se maintenir et pour créer un fantôme d'ordre, de recourir
à des moyens qui feraient frissonner notre humanité actuelle,
pourtant si endurcie ? — Alors, le fils fuira la famille, non pas à
dix-huit ans, mais à douze, émancipé par sa précocité gloutonne ; il la fuira, non pas pour chercher des aventures héroïques,
non pas pour délivrer une beauté prisonnière dans une tour,
non pas pour immortaliser un galetas par de sublimes pensées,
mais pour fonder un commerce, pour s'enrichir, et pour faire
concurrence à son infâme papa, — fondateur et actionnaire
d'un journal qui répandra les lumières et qui ferait considérer
Le Siècle d'alors comme un suppôt de la superstition. — Alors,
les errantes, les déclassées, celles qui ont eu quelques amants, et
qu'on appelle parfois des Anges, en raison et en remerciement
de l'étourderie qui brille, lumière de hasard, dans leur existence
logique comme le mal, — alors celles-là, dis-je, ne seront plus
qu'impitoyable sagesse, sagesse qui condamnera tout, fors l'argent, tout, même *les erreurs des sens !* — Alors, ce qui ressemblera à la vertu, — que dis-je, — tout ce qui ne sera pas l'ardeur
vers Plutus sera réputé un immense ridicule. La justice, si, à
cette époque fortunée, il peut encore exister une justice, fera
interdire les citoyens qui ne sauront pas faire fortune. — Ton
épouse, ô Bourgeois ! ta chaste moitié dont la légitimité fait
pour toi la poésie, introduisant désormais dans la légalité une
infamie irréprochable, gardienne vigilante et amoureuse de ton
coffre-fort, ne sera plus que l'idéal parfait de la femme entretenue. Ta fille, avec une nubilité enfantine, rêvera dans son berceau, qu'elle se vend un million. Et toi-même, ô Bourgeois, —
moins poète encore que tu n'es aujourd'hui, — tu n'y trouveras
rien à redire ; tu ne regretteras rien. Car il y a des choses dans
l'homme, qui se fortifient et prospèrent à mesure que d'autres
se délicatisent et s'amoindrissent, et, grâce au progrès de ces
temps, il ne te restera de tes entrailles que des viscères ! — Ces
temps sont peut-être bien proches ; qui sait même s'ils ne sont
pas venus, et si l'épaississement de notre nature n'est pas le seul
obstacle qui nous empêche d'apprécier le milieu dans lequel
nous respirons !

    Quant à moi qui sens quelquefois en moi le ridicule d'un
prophète, je sais que je n'y trouverai jamais la charité d'un

médecin. Perdu dans ce vilain monde, coudoyé par les foules, je suis comme un homme lassé dont l'œil ne voit en arrière, dans les années profondes, que désabusement et amertume, et devant lui qu'un orage où rien de neuf n'est contenu, ni enseignement, ni douleur. Le soir où cet homme a volé à la destinée quelques heures de plaisir, bercé dans sa digestion, oublieux — autant que possible — du passé, content du présent et résigné à l'avenir, enivré de son sang-froid et de son dandysme, fier de n'être pas aussi bas que ceux qui passent, il se dit en contemplant la fumée de son cigare : Que m'importe où vont ces consciences ?

Je crois que j'ai dérivé dans ce que les gens du métier appellent un hors-d'œuvre. Cependant, je laisserai ces pages, — parce que je veux dater ma colère.

tristesse

Pierre Dupont

CHANTS ET CHANSONS

LES BŒUFS

J'ai deux grands bœufs dans mon étable,
Deux grands bœufs blancs marqués de roux ;
La charrue est en bois d'érable,
L'aiguillon en branche de houx.
C'est par leur soin qu'on voit la plaine
Verte l'hiver, jaune l'été ;
Ils gagnent dans une semaine
Plus d'argent qu'ils n'en ont coûté.

S'il me fallait les vendre,
J'aimerais mieux me pendre ;
J'aime Jeanne ma femme, eh bien ! j'aimerais mieux
La voir mourir, que voir mourir mes bœufs.

Les voyez-vous, les belles bêtes,
Creuser profond et tracer droit,
Bravant la pluie et les tempêtes
Qu'il fasse chaud, qu'il fasse froid.
Lorsque je fais halte pour boire,
Un brouillard sort de leurs naseaux,
Et je vois sur leur corne noire
Se poser les petits oiseaux.

S'il me fallait les vendre,
J'aimerais mieux me pendre ;

J'aime Jeanne ma femme, eh bien ! j'aimerais mieux
   La voir mourir, que voir mourir mes bœufs.

         Ils sont forts comme un pressoir d'huile,
         Ils sont doux comme des moutons ;
         Tous les ans, on vient de la ville
         Les marchander dans nos cantons,
         Pour les mener aux Tuileries,
         Au mardi gras devant le roi,
         Et puis les vendre aux boucheries ;
         Je ne veux pas, ils sont à moi.

            S'il me fallait les vendre,
            J'aimerais mieux me pendre ;
J'aime Jeanne ma femme, eh bien ! j'aimerais mieux
   La voir mourir, que voir mourir mes bœufs.

         Quand notre fille sera grande,
         Si le fils de notre régent
         En mariage la demande,
         Je lui promets tout mon argent ;
         Mais si pour dot il veut qu'on donne
         Les grands bœufs blancs marqués de roux ;
         Ma fille, laissons la couronne
         Et ramenons les bœufs chez nous.

            S'il me fallait les vendre,
            J'aimerais mieux me pendre ;
J'aime Jeanne ma femme, eh bien ! j'aimerais mieux
   La voir mourir, que voir mourir mes bœufs.

                LE TISSERAND

         Des deux pieds battant mon métier,
         Je tisse, et ma navette passe,
         Elle siffle, passe et repasse,
         Et je crois entendre crier
         Une hirondelle dans l'espace.

Au chanvre, quand j'étais petit,
J'allais casser les chènevotes.
Tantôt je dénichais un nid,
Tantôt déchirais mes culottes :
C'était le beau temps du plaisir.
Le ciel depuis en fut avare.
En septembre on faisait rouir
Le chanvre dans la grande mare.

Des deux pieds battant mon métier,
Je tisse, et ma navette passe,
Elle siffle, passe et repasse,
Et je crois entendre crier
Une hirondelle dans l'espace.

Le chanvre aime le plat pays,
Les oiseaux sous sa verte ombrelle
Vont becqueter le chènevis :
Il a fleur mâle et fleur femelle.
De l'une on tire le gros fil
Pour le cordage et la voilure ;
L'autre fournit le plus subtil,
Pour toile fine et pour guipure.

Des deux pieds battant mon métier,
Je tisse, et ma navette passe,
Elle siffle, passe et repasse,
Et je crois entendre crier
Une hirondelle dans l'espace.

Quand l'hiver chasse les oiseaux,
À la veillée on vient en troupe ;
Les filles tournent leurs fuseaux
Et les garçons battent l'étoupe.
Chez un cordier, devenu grand,
J'ai tourné la roue à mon aise,
Et depuis je suis tisserand,
Et le serai tant qu'à Dieu plaise.

Des deux pieds battant mon métier,
Je tisse, et ma navette passe,
Elle siffle, passe et repasse,
Et je crois entendre crier
Une hirondelle dans l'espace.

Tendre une chaîne et l'ajuster
Étampé contre la poitrine,
Nouer ses fils et les compter,
C'est minutieux, j'imagine :
Au fond des caves, le travail
Est plus beau, la toile est moins raide ;
On perd la vue à fin de bail,
Les lunettes sont un remède.

Des deux pieds battant mon métier,
Je tisse, et ma navette passe,
Elle siffle, passe et repasse,
Et je crois entendre crier
Une hirondelle dans l'espace.

Encor, si je tissais en l'air,
Comme fait ma sœur l'araignée,
Sans ma lampe j'y verrais clair ;
Mais bah ! ma vie est résignée,
Il faut des voiles au vaisseau,
Aux morts des linceuls, aux fillettes
Qui me commandent leur trousseau
Des draps de lit et des layettes.

Des deux pieds battant mon métier,
Je tisse, et ma navette passe,
Elle siffle, passe et repasse,
Et je crois entendre crier
Une hirondelle dans l'espace.

La propreté n'a pas de rang ;
Dieu donne le chanvre et l'eau vive.
Faites gagner le tisserand
Et les laveuses de lessive.

Suffit-il pour être content
De bien manger et de bien boire ?
Il faut avoir dans tous les temps
Du linge blanc dans son armoire.

Des deux pieds battant mon métier,
Je tisse, et ma navette passe,
Elle siffle, passe et repassse,
Et je crois entendre crier
Une hirondelle dans l'espace.

LE DAHLIA BLEU

Où donc s'envolent vos semaines,
Pourquoi, soucieux jardiniers,
Ce surcroît de soins et de peines ?
Vos jardins sont des ateliers
Où vous tissez des fleurs humaines.
Ô fleurs divines d'autrefois !
Lis et roses, fuyez aux bois ;
Bluets, pervenches, violettes
Myosotis, vivez seulettes,
      Sous l'œil de Dieu,
Ils rêvent le dahlia bleu,

Qu'il faudrait une main savante
Pour semer à son gré l'azur
Qui des cieux colore la tente,
Se réfléchit dans un flot pur,
Et dans mille fleurs nous enchante !
Toute fleur qui nous laisse voir
Le bleu du ciel dans son miroir,
Bluet, pervenche, violette,
Myosotis, éclôt seulette
      Sous l'œil de Dieu :
Ils rêvent le dahlia bleu.

Autour des walses, des quadrilles,
Des rondes et des jeux du soir,
Où se pressent les jeunes filles,
Rôde un spectre vêtu de noir
Qui censure les plus gentilles.
Vous n'êtes rien, frêles beautés,
Au prix des rêves enchantés
Qui tourbillonnent dans sa tête.
Nulle part il ne voit complète
    L'œuvre de Dieu,
Il rêve le dahlia bleu.

Voyez les rondes les dimanches,
Sous les vieux noyers des hameaux !
Ces enfants ou brunes ou blanches
Sont les myosotis des eaux
Ou les bluets ou les pervenches.
Voyez dans le bal animé
Ces enfants qui n'ont pas aimé,
Pâles comme les violettes,
Peut-être au sein de ces fleurettes,
    Filles de Dieu,
Se cache le dahlia bleu !

NOTE DE L'ÉDITEUR

Il résulte d'une enquête menée par Philarète Chasles (« Statistique littéraire et intellectuelle de la France », *Revue de Paris*, 1829) que les belles-lettres représentent en 1828 24 % de la production imprimée. D'autre part, sur les 5 719 titres publiés au total, 463 relèvent de la poésie. Celle-ci occupe alors le troisième rang, après l'histoire (736) et la religion (708), avant le drame (308), la jurisprudence (267) et le roman (267). Compte même tenu d'une évolution qui sera marquée par l'augmentation rapide du nombre des publications scientifiques et l'inversion du rapport poésie/roman, la poésie constitue, dans la période qui nous occupe, une part importante, et qui peut même passer pour démesurée, de la production des libraires. Son étude appellerait une enquête systématique, à vocation exhaustive et tenant compte aussi bien des conditions institutionnelles que de la réception des œuvres, dont le programme a, du reste, été récemment formulé (Edgard Pich, « Pour la définition de la poésie comme phénomène social au XIXᵉ siècle », *Romantisme*, nᵒ 39, 1983). Il va de soi qu'aucune anthologie, de quelque ampleur que ce soit, ne saurait en tenir lieu.

Je pense toutefois qu'il est possible de justifier un choix autrement qu'en se retranchant derrière les seuls critères du goût et des préférences personnelles. Cela vaut d'abord pour la période retenue : 1800-1872. Par sa manière de compter avec le siècle (« Ce siècle avait deux ans... »), Victor Hugo justifie assez le point de départ. 1872, d'autre part, est l'année de la mort de Théophile Gautier, et du poème que Hugo lui a dédié :

> *Tout penche ; et ce grand siècle avec tous ses rayons*
> *Entre en cette ombre immense où pâles nous fuyons.*

C'est le tournant du siècle, que signale aussi bien le « Toast funèbre » de Mallarmé. Né en 1821, Baudelaire, à cette date, est mort depuis cinq ans. Sa présence ici me paraît s'imposer par réaction, à tout le moins, contre la tendance qui a fini par prévaloir depuis Marcel Raymond (« De Baudelaire au surréalisme... ») et qui consiste à « placer Baudelaire avant Hugo selon une hiérarchie évolutive qui prétend faire de la poésie, à partir de l'époque romantique, une lente montée vers le symbolisme, et de Baudelaire l'initiateur de ce mouvement » (Micheline Rosenfeld, *Études baudelairiennes*, IX, 1981, p. 173). S'il est un peu vain de prétendre réconcilier, dans la paix d'une anthologie, Baudelaire et Victor Hugo, dont le rapport est, à tout point de vue, hautement conflictuel, il n'en serait pas moins dommageable pour l'œuvre de Baudelaire d'oublier qu'elle ne vit, précisément, que de ce conflit.

À l'intérieur de cette parenthèse, ouverte et fermée par l'an premier du siècle et la mort de Gautier, l'ordre de présentation des auteurs (de Mme de Staël à Baudelaire) est strictement chronologique, fondé sur la date de naissance, et pour une même année sur l'ordre alphabétique. Ce principe suffirait à excuser l'absence, par exemple, de Louis Ménard, né en 1822, et de Théodore de Banville, né en 1823, mais dont *Les Cariatides* avaient paru en 1842. C'est aussi que, comme celle de Leconte de Lisle, né en 1818, je considère qu'à des titres divers, leur œuvre échappe à la mouvance romantique.

J'ai ainsi été conduit, tout naturellement, à privilégier les auteurs qui, de près ou de loin, ont appartenu aux grandes « camaraderies » du siècle, ou, comme on dit par commodité, aux différents « Cénacles » qui se succèdent jusque dans les années trente : à l'Arsenal, chez Charles Nodier, à partir de 1824 ; chez Victor Hugo, rue Notre-Dame-des-Champs, à partir de 1828 ; dans le « petit Cénacle » de Jehan Du Seigneur, en 1830-1833 ; impasse du Doyenné, chez Nerval, enfin, en 1835. Autres privilégiés, les chansonniers et satiristes dont la réputation, en leur temps, suffit à justifier la place qui leur revient ici : Stendhal, sous la Restauration, considère Béranger à égalité avec Lamartine ; Balzac voit en Auguste Barbier « le seul poète vraiment poète de [son] époque », auprès de qui, selon lui, Hugo n'aurait eu que « des moments lucides ».

J'ai dû compter aussi avec la spécificité, pour l'époque, de l'écriture poétique. Elle tient, en partie, à ce qu'on y pratique plus volontiers le *fond* que la *vitesse*, et que les longues distances ainsi courues s'accommodent mal de morceaux choisis. C'est pourquoi on a eu le souci de n'offrir, à quelque chose près[1], que des textes intégraux. Ainsi s'explique l'absence de tout extrait d'*Éloa*, de *Jocelyn*, de *La Chute d'un ange*, ou de poèmes comme *Le Satyre* de Victor Hugo. De *La Fin de Satan*, on ne trouvera que le poème *Et nox facta est*, daté sur le manuscrit du « 25 mars 1854 », à la fin de la division VIII : c'est, à cette date, un poème achevé, sinon autonome.

Je tiens aussi à dire que les absents n'ont pas forcément tort. Paix donc aux âmes d'Ulric Guttinguer, Henri de Latouche, Pierre Lebrun, Alexandre Guiraud, Jean Reboul, Amable Tastu, Antoni Deschamps, Édouard Turquety, Antoine Fontaney, Edgar Quinet, Amédée Pommier, Roger de Beauvoir, Élisa Mercœur, Napol le Pyrénéen, Louise Colet, Auguste de Châtillon, Charles Coran, Anaïs Ségalas, Auguste de Belloy, Ferdinand de Gramont, Joséphin Soulary, Auguste Lacaussade, Gustave Nadaud...

On prendra garde enfin que Chateaubriand, Lamartine, Vigny, Hugo écrivent encore, et qu'on imprimait : « poëme », « poëte » avec le *tréma*. Il a fallu satisfaire à l'usage moderne, tel qu'il s'est progressivement imposé.

B. L.

---

1 Les coupures sont indiquées par trois points isolés en tête de ligne. — Une étoile évidée sépare des précédents les poèmes sans titre (exemple p. 77). Les poèmes non recueillis par leur auteur et parus isolément sont introduits par un filet et suivis de leur référence bibliographique (exemple p. 107-108).

INDICATIONS BIBLIOGRAPHIQUES

Les Poètes français. Recueil des chefs-d'œuvre de la poésie française des origines jusqu'à nos jours, avec une notice littéraire sur chaque poète, [...] précédé d'une introduction par M. Sainte-Beuve, publié sous la direction de M. Eugène Crépet. Tome quatrième : *Les Contemporains*, Hachette, 1862 (sept notices sont de Baudelaire, dont cinq sur les plus grands poètes du temps : Hugo, Gautier, Banville, Leconte de Lisle, Marceline Desbordes-Valmore. La notice sur Baudelaire est de Théophile Gautier).

Anthologie des poètes du XIXe siècle (1800-1866), par Georges Pélissier, Delagrave, 1920.

Pierre Brochon, *Béranger et son temps*, Éditions sociales, 1956 ; *Le Pamphlet du pauvre*, Éditions sociales, 1957.

Georges-Emmanuel Clancier, *Panorama de la poésie française. De Chénier à Baudelaire*, Seghers, 1953, 1970.

Jean-Luc Steinmetz, *La France frénétique de 1830*, Phébus, 1977.

Edmond Thomas, *Voix d'en-bas. La Poésie ouvrière du XIXe siècle*, Maspero, 1979.

Théophile Gautier, « Rapport sur les progrès de la poésie », dans : *Rapport sur le progrès des lettres*. Imprimerie impériale, 1868 (*Recueil des rapports sur les progrès des lettres et des sciences en France*, 1867-1870).

Catulle Mendès, *Le Mouvement poétique français de 1867 à 1900*, Rapport à M. le Ministre de l'Instruction publique et des Beaux-Arts, [...] suivi d'un dictionnaire bibliographique et critique [...] de la plupart des poètes français du XIXe siècle, Imprimerie nationale, 1903.

Histoire littéraire de la France, tome IV (1789-1848), sous la direction de Pierre Barbéris et Claude Duchet, 2 vol., Éditions sociales, 1972-1973 ; tome V (1848-1913), sous la direction de Claude Duchet, Éditions sociales, 1977.

Littérature française, 12. Le Romantisme, I (1820-1843), par Max Milner ; II (1843-1869), par Claude Pichois, Arthaud, 1973-1979.

Histoire de la poésie française. La poésie du XIXe siècle. I. Les Romantismes, par Robert Sabatier, Albin Michel, 1977.

Pierre Albouy, *La Création mythologique chez Victor Hugo*, Corti, 1963.

Pierre Barbéris, « Signification de Joseph Delorme en 1830 », *Revue des Sciences humaines*, septembre-octobre 1969.

Jean-Bertrand Barrère, *La Fantaisie de Victor Hugo*, Klincksieck, 1972-1974.

Paul Bénichou, « Sur les premières élégies de Lamartine », *Revue d'histoire littéraire de la France*, 1965, p. 27-46.

  « Jeune-France et Bousingots », *Revue d'histoire littéraire de la France*, 1971, p. 439-462.

  Nerval et la chanson folklorique, Corti, 1971.

  Le Sacre de l'écrivain, Corti, 1973.

Walter Benjamin, *Charles Baudelaire*, traduit par Jean Lacoste, Payot, 1982.

Georges Blin, *Baudelaire*, Gallimard, 1939.

  Le Sadisme de Baudelaire, Corti, 1948.

Léon Cellier, *L'Épopée romantique*, P.U.F., 1954.

Christian Croisille, « Dossier Lamartine », *Romantisme*, 1-2, 1971.

Delille est-il mort ? Clermont-Ferrand, 1967.

Pierre Flottes, *Histoire de la poésie politique et sociale en France (1815-1934)*, La Pensée universelle, 1976.

Jean Gaudon, *Le Temps de la contemplation*, Flammarion, 1969.

François Germain, *L'Imagination d'Alfred de Vigny*, Corti, 1962.

Henri Guillemin, « Notes sur Musset », *Les Temps modernes*, février 1963, p. 1447-1483.

André Jarry, « Vigny 1979 », *Romantisme*, 25-26, 1979.

René Jasinski, *Les Années romantiques de Théophile Gautier*, Vuibert, 1929.

Brian Juden, *Traditions orphiques et tendances mystiques dans le romantisme français*, Klincksieck, 1971.

Robert Kopp et Claude Pichois, *Les Années Baudelaire*, Neuchâtel, La Baconnière, 1969 (*Études baudelairiennes*, I).

Bernard Leuilliot, « Le Chantier Hugo », *Romantisme*, 6, 1973.

Henri Meschonnic, « Essai sur la poétique de Nerval », *Pour la poétique*, III, p. 15-53, Gallimard, 1973.

Octave Nadal, *À mesure haute*, Mercure de France, 1964.

« Poésie et Société », *Romantisme*, 39, 1983.

Georges Poulet, *Trois essais de mythologie romantique*, Corti, 1966.

  Études sur le temps humain, Plon, 1952-1968.

  Les Métamorphoses du cercle, Plon, 1961.

Jean Prévost, *Baudelaire*, Mercure de France, 1953.

Marcel Raymond, *Romantisme et rêverie*, Corti, 1978.

Jean-Pierre Richard, *Études sur le romantisme*, Le Seuil, 1971.

Claude Roy, *Les Soleils du romantisme*, Gallimard, 1974.

Jean Touchard, *La Gloire de Béranger*, Armand Colin, 1968.

Les principaux poètes cités dans l'anthologie sont publiés dans « Poésie/Gallimard » (voir à la fin du volume).

NOTICES

ACKERMANN, *Louise*-Victorine, née Choquet, 1813-1890. « Voltairien de vieille roche », agréé au Tribunal de commerce de la Seine, son père quitte Paris à trente-trois ans pour se retirer à la campagne « avec sa femme, sa bibliothèque et ses trois petites filles » (*Ma vie*). Surnommée l'*Ourson* par ses camarades, elle poursuit ses études à Paris, où elle eut pour professeur Félix Biscarrat, ami de la famille Hugo. Sa passion pour l'étude et la spéculation philosophique la conduit à Berlin, où elle rencontre Paul Ackermann, précepteur des neveux du roi de Prusse. Elle se retire à Nice, après la mort de son mari (1846). Dédicataire de la méditation sur Pascal, Ernest Havet est l'éditeur des *Pensées* (1851).

Contes en vers, 1855, 1861 ; *Contes et poésies*, 1862 ; *Poésies philosophiques*, 1874.

ALTAROCHE, Michel, 1811-1884. Rédacteur du principal journal satirique du temps : *Le Charivari* (1834-1848), commissaire de la République dans le département du Puy-de-Dôme, représentant à la Constituante, non réélu, il ne s'occupa plus, sous l'Empire, que d'entreprises théâtrales et collabora aux livrets de nombreux vaudevilles.

Chansons politiques, 1835, 1838.

ARVERS, Alexis-*Félix*, 1806-1850. « Nos souvenirs ont conservé des pièces charmantes écrites dans la vive et première impression de *Joseph Delorme*. Écoutez, par exemple, ce sonnet d'Arvers, et dites-moi s'il n'est pas dommage que ces choses-là se perdent et disparaissent comme les articles de journaux » (Jules Janin, 1855).

Mes heures perdues, 1833, 1878 (avec une préface de Théodore de Banville).

BALZAC, *Honoré*, dit « de Balzac », 1799-1850. Balzac poète ? Romancier au long cours, avant tout préoccupé de « fixer le mystère de l'histoire » et « l'apparition d'un sens dans le hasard des événements » (Maurice Merleau-Ponty), il remplit avant l'heure, sur la distance qui est la sienne, celle du roman, le programme que proposera Baudelaire au « peintre de la vie moderne » : « dégager de la mode ce qu'elle peut contenir de poétique dans l'historique » (1863). La petite presse des années trente devait fournir à Balzac les modèles formels (« caricature », « croquis » ou « fantaisie ») du poème en prose, « poème populaire moderne », dira Mallarmé, dont la forme brève — celle aussi des « tronçons » du *Spleen de Paris* — permet de « tirer l'éternel du provisoire », anecdote ou « grand fait divers ».

« Caricatures, croquis et fantaisies », éd. Jean A. Ducourneau, *Œuvres complètes*, t. XXVI, Les Bibliophiles de l'Originale, 1976.

BAOUR-LORMIAN, Pierre, 1770-1854. Poète académique et grand pourfendeur de romantiques, il contribua à la diffusion du mythe d'« Ossian » par sa révision, en 1801, de la traduction Letourneur (1777). Publiés en 1760, les *Fragments de poésie ancienne recueillis dans les montagnes d'Écosse*, de James Macpherson, avaient fait l'objet de traductions fragmentaires dès 1761. La fraude fut dénoncée par Samuel Johnson en 1775. On n'en continua pas moins à se montrer sensible à la « couleur » (qu'on dirait aujourd'hui « pré-romantique ») de poèmes somme toute fort conventionnels, mais propre à légitimer tous les efforts de ressourcement archaïsant.

Poésies d'Ossian, 1801 ; *Le Rétablissement du culte*, 1802 ; *Les Fêtes de l'hymen*, 1810 ; *Veillées poétiques et morales*, 1811 ; *L'Atlantide ou le Géant de la montagne bleue*, suivi de *Rustan* et de *Trente-huit songes*, 1812.

BARBIER, Henri-*Auguste*, 1805-1882. Dans ses satires, publiées d'abord dans la *Revue de Paris*, puis réunies sous le titre d'*Ïambes* en souvenir d'André Chénier, il passe aux yeux de Lamartine pour avoir « égalé Pindare en verve et dépassé Juvénal en colère ». Baudelaire ne se fera pas faute de rappeler que « ce qui les fait admirables, c'est le mouvement lyrique qui les anime, et non pas [...] les pensées honnêtes qu'elles sont chargées d'exprimer ». Il retrouve dans son vers la carrure de Boileau dans ses *Satires*. Gautier dirait que c'est un « métrique ». Consacré à plaindre l'Italie opprimée, « Il Pianto » sera d'une couleur comparativement sereine. « Lazare » plaidera la cause du prolétariat anglais et du nationalisme irlandais. « C'est avec Lamartine le seul poète vraiment poète de notre époque ; Hugo n'a que des moments lucides » (Balzac).

Ïambes, 1831 ; *Odes et poèmes*, augmentés d'« Il Pianto » et de « Lazare », 1833 ; *Chants civils et religieux*, 1841 ; *Rimes héroïques*, 1843 ; *Silves*, 1864 ; *Poésies posthumes*, 1884.

BARTHÉLEMY, *Auguste* Marseille, 1796-1867. Passé du légitimisme à l'opposition libérale, il s'associa son compatriote Méry, son « hémistiche vivant », pour publier avec lui des « épîtres-satires » qui ont la carrure des diatribes de Boileau : « Deux improvisateurs en bronze qui ont fait faire à la langue des miracles de prosodie » (Lamartine).

Sidiennes, épîtres-satires sur le XIXe siècle, 1825 ; *Les Jésuites*, épître à M. le président Séguier, 1826 ; *La Corbiéréide*, 1827 ; *La Villéliade*, 1827 ; *Napoléon en Égypte*, 1828, 1835, 1842 ; *Waterloo*, au général Bourmont, 1829 ; *Le Fils de l'Homme, ou Souvenirs de Vienne*, 1829 ; *L'Insurrection*, poème dédié aux Parisiens, 1830 ; *1830*, satire politique, 1830 ; *La Bourse, ou La Prison*, 1830 ; *La Dupinade, ou la Révolution dupée*, 1831 ; *Némésis*, satire hebdomadaire, 27 mars

1831-7 avril 1832 ; *Œuvres (Napoléon en Égypte, Waterloo, Le Fils de l'Homme, Les Douze Journées, Némésis)*, 1838. (Tous ces titres en collaboration avec Joseph Méry.)

BAUDELAIRE, *Charles*-Pierre, 1821-1867. Son père meurt en 1827 ; sa mère se remarie l'année suivante avec le chef de bataillon Aupick, appelé en 1831 à réprimer, à Lyon, la révolte des canuts. Reçu bachelier en 1839, Charles s'inscrit à l'École de Droit. Ses frasques font que le conseil de famille décide de l'envoyer en Inde. Il refuse d'aller plus loin que la Réunion et rentre par le Cap (1841-1842). Il vit à Paris avec Jeanne Duval, une quarteronne. Ce qui lui vaut la dation d'un conseil judiciaire : à vingt-trois ans, Baudelaire est redevenu mineur devant la loi. Il se fait d'abord un nom comme critique d'art (« Le culte des images »...). En février 1848, il prend vigoureusement parti, mais le coup d'État, en le « dépolitiquant », le révèle à lui-même. Entre-temps il a publié, sous le titre « Les Limbes », onze sonnets, présentés comme extraits d'un livre à paraître, destiné, comme naguère *Joseph Delorme*, à retracer « l'histoire des agitations spirituelles de la jeunesse moderne ». Puis ce sont, en 1855, dix-huit poèmes sous le titre : *Les Fleurs du mal*, dont la première édition paraît deux ans plus tard. Procès, condamnation du livre, de son auteur et de son éditeur, interdiction — il va sans dire — de republier les six poèmes condamnés. Baudelaire retrouve alors comme une seconde jeunesse pour préparer la deuxième édition, qui paraît en 1861, augmentée de l'admirable suite des « Tableaux parisiens ». Parallèlement il poursuit sa réflexion esthétique dans une série d'articles (1851-1860), qu'il réunit sous le titre : *Les Paradis artificiels*. En 1863, *Le Figaro* publie « Le Peintre de la vie moderne », essai sur Constantin Guys et véritable art poétique, qui rend compte aussi bien de l'esthétique des *Fleurs du mal* que de l'invention propre aux « poèmes en prose ». Ceux-ci commencent à paraître en 1855. Baudelaire a beaucoup hésité dans le choix du titre : « Poèmes nocturnes », « La Lueur et la Fumée », « Le Promeneur solitaire », « Le Rôdeur parisien », « Petits poèmes lycanthropes », « *Le Spleen de Paris, pour faire pendant aux Fleurs du mal* (en prose) »... La première édition en volume paraîtra, posthume, en 1869, sous le titre : *Petits poèmes en prose*. Frappé d'apoplexie en visitant à Namur l'église Saint-Loup (mars 1866), Baudelaire mourut, à Paris, le 31 août 1867, aphasique. Il avait dressé dans l'essai sur *Théophile Gautier* (1859) l'acte de décès du romantisme. Les articles réunis après sa mort dans *L'Art romantique* en constituent, pour ainsi dire, le « traité », rétrospectif et peut-être nostalgique.

Les Fleurs du mal, 1857, 1861 ; *Les Épaves*, 1866 ; *Petits poèmes en prose*, 1869 (éd. Robert Kopp, 1969) ; *Œuvres complètes*, éd. Claude Pichois, « Bibliothèque de la Pléiade », 1975-1976.

BÉRANGER, Pierre-Jean de, 1780-1857. Béranger assista, âgé de neuf ans, à la prise de la Bastille. Élevé par une tante aubergiste, il entra à quatorze ans dans l'atelier d'un imprimeur. Commis de banque, puis expéditionnaire dans les bureaux de l'Université, il est reçu membre du « Caveau moderne » en 1813. Fort applaudies, ses chansons font une place de plus en plus grande à la satire politique. Son deuxième recueil (1821) lui valut d'être destitué de son poste et condamné, en assises, à trois mois de prison. Le quatrième (1828) le conduisit pour neuf mois à la Force. Il cessa de publier après 1833. Stendhal, sous la

Restauration, le considérait à égalité avec Lamartine et Goethe comme le digne émule d'Horace et de Hafiz. « Béranger fait des odes sublimes quand il ne croit faire que de simples chansons » (Benjamin Constant).

Chansons... 1816-1851 ; *Œuvres complètes*, 1834, 1836, 1847 (Les Introuvables, 1984) ; *Ma biographie*, 1852 ; *Dernières chansons*, 1857 ; *Œuvres complètes*, Garnier, 1876.

BERTRAND, Jacques-Louis-Napoléon dit *Aloysius*, 1807-1841. Il naquit à Ceva, en Piémont (alors département de Montenotte), d'un père lorrain, lieutenant de gendarmerie, et d'une mère italienne, fille du maire de la ville. À la débâcle de l'Empire, sa famille s'établit à Dijon. Il y est reçu, en 1826, à la Société d'Études, où il donne lecture d'une cinquantaine de pièces dont certaines seront reprises dans *Gaspard de la Nuit*. Premier séjour à Paris en 1828-1829. Il fréquente les salons de Victor Hugo, de Charles Nodier et d'Émile Deschamps. Il confie à Sainte-Beuve le manuscrit de *Gaspard*. De retour à Dijon, il participe en 1831 à la fondation du *Patriote de la Côte-d'Or*, où il affiche des sentiments violemment républicains. Il s'installe définitivement à Paris en 1833. « Le pauvre Bertrand mourut à l'hôpital, enlevé par la phtisie qui a dévoré tant de poètes » (Champfleury), sans avoir réussi à publier de son vivant le manuscrit de *Gaspard de la Nuit*.

Gaspard de la Nuit, fantaisies à la manière de Rembrandt et de Callot (avec une préface de Sainte-Beuve), 1842 ; *Le Keepsake fantastique*, éd. Bertrand Guéguan, 1924 ; *La Volupté et pièces diverses*, éd. Cargill Sprietsma, 1926.

BOREL, *Petrus*, pseudonyme de Joseph-Pierre Borel d'Hauterive, 1809-1859. Ce fils d'émigré ruiné par la Révolution se voulut républicain, « comme l'entendrait un loup-cervier » : « mon républicanisme, c'est de la lycanthropie » (*Rhapsodies*, « Novembre 1831 »). Membre du « petit Cénacle », il s'y distingua par une « frénésie » dont témoignent ses « contes immoraux » (*Champavert*, 1833) et *Madame Putiphar* (1839). De 1832 à 1833, il publia, avec Jehan Du Seigneur, *La Liberté, revue des arts*. Il regrettait de ne pouvoir être « caraïbe ». Mourant de faim (c'est la leçon des *Rhapsodies* : « J'ai faim ! »), il devra se contenter, en 1846, d'un poste d'inspecteur de la colonisation en Algérie. À la suite d'un différend avec le sous-préfet de Mostaganem, il fut cassé et se retira dans la maison qu'il avait fait construire : le *Castel de Haute-Pensée*.

Rhapsodies, 1832 ; *Œuvres complètes*, éd. Aristide Marie, 1877, 1922 (Slatkine, 1967).

BRIZEUX, *Auguste*-Pélage, 1806-1858. Né à Lorient, mort à Montpellier, Brizeux est à considérer « comme un Breton venu du Midi et qui y retourne » : sa poésie « ne présente aucun des caractères qu'on est accoutumé à attribuer aux Muses du Nord » (Sainte-Beuve). Ce paradoxe fait tout le charme de son « roman » breton. À *Marie, roman* succèdent, après un voyage en Italie en compagnie d'Auguste Barbier, *Les Ternaires*, d'inspiration à la fois méditerranéenne et celtique, puis *Les Bretons*, en vingt-quatre chants. Brizeux a aussi composé en breton.

Marie, roman, 1831 ; *Marie*, 1836, 1840 ; *Les Ternaires*, 1841 ; *Les Bretons*, 1845 ; *Œuvres complètes*, 1860.

CHATEAUBRIAND, *François-René*, chevalier puis vicomte de, 1768-1848. On peut compter pour rien les premiers vers, « suite de petites idylles sans moutons, et où l'on trouve à peine un berger » *(Tableaux de la nature)*. Mais *Les Martyrs* se donnent à lire (en prose) comme un « poème », habité par le souvenir de Milton. À la poésie de nos langues modernes, réduite à n'être plus que du « raisonnement rimé », Chateaubriand préfère le sublime des « anciennes poésies », du Nord ou d'outre-Atlantique. Exercice de méditation poétique, le « chant » d'Atala appelle la comparaison avec *Le Lac*. René Char compte Chateaubriand au nombre de ses « ascendants » pour avoir su « emplir de ses volontés l'urne de la parole ».

Tableaux de la nature (1784-1790), 1828 ; *Les Tombeaux champêtres*, élégie imitée de Gray par M*** de Saint-Malo..., Londres, 1797 ; *Atala*, 1801 ; *Génie du christianisme...* (avec *René*), 1802 ; *Les Martyrs*, 1809 ; Milton, *Le Paradis perdu*, « traduction nouvelle », 1836.

CHÊNEDOLLÉ, Charles-Julien Lioult de, 1769-1833. Le « Girodet de la poésie » (Sainte-Beuve). Il émigra à l'armée des Princes en 1791, revint en France en 1799, fut rayé de la liste des émigrés en 1802, date à laquelle il rencontra Lucile de Chateaubriand qui rompit avec lui le 9 octobre 1803, à Rennes. « Chênedollé, avec du savoir et du talent, non pas naturel mais appris, était si triste qu'il se surnommait le Corbeau » (Chateaubriand). Il a conforté, dans *Le Génie de l'homme*, la tradition du discours en vers, à sujet didactique, puis celle de la poésie de nature plus « fugitive » au gré des *Études poétiques* qu'il rassembla en 1820. Sainte-Beuve voit en lui un « poète de mots », de l'école des « expressions créées », qui sont à l'opposé des « phrases faites ».

Le Génie de l'homme, 1807 ; *Études poétiques*, 1820.

DEBRAUX, Paul-*Émile*, 1796-1831. Auteur de « Fanfan la Tulipe », il entretint dans les « goguettes », contre la Restauration, le souvenir de l'Empire, en toute lucidité : « Le Français chercha à s'étourdir de ses revers en retraçant le tableau fidèle de vingt-cinq années de combats et de gloire. » Condamné, en 1822, à six mois de prison, il en tira un *Voyage à Sainte-Pélagie* (1823). Il est aussi l'auteur, avec F. Dauphin, d'un *Bréviaire du chansonnier*, dédié à Béranger et « contenant l'histoire, la théorie et la rhétorique de la chanson » (1830).

Les Soupers lyriques, 1819-1823 ; *Les Soirées lyriques*, 1821-1824 ; *Chansons...*, 1821, 1822, 1825, 1826, 1829 ; *Chansons nationales, nouvelles et autres* de P.-É. Debraux, nouvelle édition augmentée d'un grand nombre de chansons inédites, dont une de M. Béranger [...], 1831-1832 ; *Chansons complètes*, 1835-1836.

DELAVIGNE, Jean-François-*Casimir*, 1793-1843. Les *Messéniennes* chantent successivement « les malheurs de la France après 1815 », Lord Byron (1824), les Trois Glorieuses (« La Parisienne », 1830), l'insurrection polonaise (« La Varsovienne », 1832). Son habileté lui valut au théâtre d'immenses succès (*Les Vêpres siciliennes*, 1819 ; *Marino Faliero*, 1829 ; *Les Enfants d'Édouard*, 1833). Théophile Gautier a pu voir en lui le modèle de l'« homme de talent » : « propre, bien rasé, charmant, accessible à tous », capable surtout de « prendre chaque jour la mesure du public et de lui faire des habits à sa taille ».

Dithyrambe sur la naissance du roi de Rome, 1811 ; *Charles XII à Narva*, 1813 ; *La Découverte de la vaccine*, 1815 ; *Messéniennes*, 1818-1840 ; *Poésies diverses*, 1823 ; *Derniers chants*, 1845 ; *Œuvres complètes*, 1846.

DÉSAUGIERS, *Marc-Antoine*, 1772-1827. Son nom est lié à l'histoire du « Caveau moderne » (1806-1845), dont les réunions se tenaient au *Rocher de Cancale* le 20 de chaque mois. On y avait repris les traditions des « caveaux » d'Ancien Régime et des « dîners du Vaudeville » (1796-1801), d'inspiration aristocratique et voltairienne (c'est-à-dire, comme on disait, « épicurienne »). C'est Désaugiers qui, en 1813, présenta Béranger à la société du « Caveau moderne ». « Quand il était au piano, il finissait volontiers, au bout d'un certain temps, par tomber dans la pure romance sentimentale ; mais dans l'habitude, et dès qu'il voyait des visages et des yeux amis, il souriait, il étincelait au premier choc, et la gaieté ne tarissait pas » (Sainte-Beuve).

Chansons et poésies diverses..., 1804-1827.

DESBORDES-VALMORE, *Marceline* (Marceline-Félicité-Josèphe Desbordes, épouse de François-Prosper Lanchantin, dit Valmore), 1786-1859. Fille d'un peintre en armoiries ruiné par la Révolution, Marceline accompagne en Guadeloupe Catherine, sa mère, qui lui fait tenir en chemin, sur les théâtres des villes traversées, des rôles d'enfant ou d'ingénue. À Basse-Terre, Catherine meurt de fièvre jaune. De retour à Douai, Marceline fait ses vrais débuts au théâtre de la ville. Engagée au théâtre des Arts à Rouen, puis à l'Opéra-Comique (grâce à Grétry), elle y tient les emplois de « jeune première, forte seconde ingénuité, seconde et troisième amoureuse d'opéra ». Elle abandonne définitivement le chant pour la comédie en 1806. En 1807 paraissent ses premiers vers, une « romance ». Vers 1809, elle rencontre « Olivier » (Henri de Latouche), de qui elle aura un fils (Marie-Eugène), mort en 1816. En septembre 1817, elle épouse à Bruxelles Prosper Lanchantin, dit Valmore, comédien au théâtre de la Monnaie, qu'elle accompagne à Paris, Lyon (au moment de l'insurrection de 1831), Bordeaux, Rouen et jusqu'en Italie, à Milan. Trois enfants naissent : Hippolyte, Hyacinthe (dite « Ondine ») et Inès, qui meurt avant sa majorité. À son chevet, sa mère compose « Rêve intermittent d'une nuit triste ». Ondine, mariée, perd son unique enfant, âgé de quatre mois avant de mourir en 1853. Marceline voit disparaître sa plus fidèle amie, la musicienne Pauline Duchambge, et meurt à son tour, solitaire, en 1859.

Marie. Élégies et romances, 1819 ; *Élégies et poésies nouvelles*, 1825 ; *Poésies*, 1830 ; *Les Pleurs*, 1833 ; *Pauvres fleurs*, 1839 ; *Contes en vers pour les enfants*, 1839 ; *Bouquets et prières*, 1843 ; *Poésies inédites*, 1860 ; *Œuvres poétiques*, édition complète par Marc Bertrand, 1973.

DESCHAMPS, *Émile*, 1791-1871. « Improvisateur léger quand il était debout, poète pathétique quand il s'asseyait » (Lamartine), Émile Deschamps fait figure de bourgeois dilettante, admirablement doué pour nouer des contacts et ouvrir des perspectives. C'est un artisan et, comme naguère Jean Prévost, un « amateur de poèmes », attentif, quand il traduit, aux problèmes de facture. C'est lui que choisit l'éditeur Schlesinger pour traduire, en 1839, puis en 1841, les « paroles » des lieder de Schubert qu'il édite alors, illustrés par Achille Devéria. La préface des *Études françaises et étrangères* marque, un an après la préface de *Cromwell*, une date importante du débat littéraire.

La Paix conquise, 1812 ; *Le Jeune Moraliste*, 1826 ; *Études françaises et étrangères*, 1828 ; *Poésies*, 1841 ; *Œuvres complètes*, 1872-1874 (Slatkine, 1973).

DOVALLE, *Charles*, 1807-1829. L'œuvre de ce poète de vingt ans, tué en duel d'une balle en plein cœur, servit à Hugo de prétexte pour revendiquer, contre les « banales circonstances » de la vie et de la politique, les droits de l'« intimité » en poésie. Reprise en 1834 dans *Littérature et philosophie mêlées*, la lettre-préface de Victor Hugo au *Sylphe* justifie par avance l'« opportunité » des recueils à venir, l'« entêtement » que met l'art à se rester « fidèle à lui-même » (*Les Feuilles d'automne*, préface, « 24 novembre 1831 »). Nous donnons les deux poèmes du *Sylphe* cités en exemple par Victor Hugo dans sa préface.

Le Sylphe, précédé d'une préface de Victor Hugo, 1830 ; *Poésies*, nouvelle édition, 1868.

DUPONT, *Pierre*, 1821-1870. Il naît à Lyon, « ville du travail et des merveilles industrielles », dans une famille d'artisans. Élevé par un prêtre, il devient apprenti canut, puis employé de banque. Il fit à Provins, chez son grand-père, la connaissance de l'académicien Pierre Lebrun. Celui-ci l'aida à publier son premier recueil, qui fut couronné par l'Académie, où Dupont obtint une place en qualité d'aide aux travaux du Dictionnaire. Il n'en suivit pas moins ce que Baudelaire appelle « sa voie naturelle », et publia, en 1846, *Le Chant des ouvriers* : « La destinée de Dupont était faite. » Condamné à sept ans de transportation en Algérie après le coup d'État, il se réfugia en Italie. Arrêté à son retour en France, il fut libéré après avoir fait acte de soumission au régime. — Par référence à Baudelaire, on peut compter le « dahlia bleu » au nombre des « fleurs de l'impossible » (Georges Blin, *Revue des Sciences humaines*, juillet-septembre 1957, p. 463).

À M. Victor Hugo. Le Siècle, ode, 1843 ; *Les Deux Anges*, 1844 ; *L'Agiotage*, 1845 ; *Le Chant des ouvriers*, 1846 ; *Les Paysans*, chants rustiques, 1849 ; *Le Chant des paysans*, 1849 ; *Chants et chansons* (avec la première notice de Baudelaire), 1851-1854 ; *Chants guerriers*, 1855 ; *Chansons*, 1860.

FAURIEL, *Claude-Charles*, 1772-1844. Secrétaire de Fouché, pour le compte de qui il passe pour avoir instruit le dossier du marquis de Sade, il abandonna sa charge en 1802 pour se consacrer à l'étude générale et comparée des littératures. Il fut au centre d'un réseau d'amitiés cosmopolite (Manzoni, les frères Schlegel, Mme de Staël, Victor Cousin, Stendhal...). Titulaire d'une chaire de « littérature étrangère » à la Sorbonne, il y consacra son enseignement à l'étude de la poésie provençale et des « origines » de la littérature italienne. Ses traductions de *Chants populaires de la Grèce moderne* lui furent, bien sûr, dictées par le philhellénisme de rigueur à l'époque de la guerre d'Indépendance. On peut y voir aussi comme le modèle formel du poème en prose, et l'indice de l'intérêt désormais porté à la chanson populaire. Par sa justesse et sa qualité, le ton est celui de Bertrand et de Nerval.

Chants populaires de la Grèce moderne, 1824-1825 ; *Histoire de la poésie provençale*, 1846 ; *Dante et les origines de la langue et de la littérature italiennes*, 1854.

FORNERET, *Xavier*, 1809-1884. Il a été « inventé » par les surréalistes (*La Révolution surréaliste*, n° 9-10, 1927 ; *Le Minotaure*, n° 10, 1937 ; André Breton, *Anthologie de l'humour noir*, 1950), mais c'est Charles Monselet qui, en 1859, dans *Le Figaro*, attira le premier l'attention sur l'auteur de *L'Homme noir* : « C'était en 1834 ou 1835. L'auteur était un Bourguignon, jeune homme riche, mais dont les habitudes en dehors de la vie bourgeoise et provinciale avaient le privilège d'exciter la défiance de ses compatriotes. [...] *L'Homme noir* ne réussit point. [...] M. Xavier Forneret fit imprimer son drame sous une couverture symbolique : des lettres blanches sur fond noir. Il fit mieux, il adopta le surnom de l'"Homme noir" et il signa ainsi plusieurs volumes. Cette personnalité tranchée, quoique sans angles blessants, a agacé pendant près de vingt ans les habitants de Dijon et ceux de Beaune. » Son œuvre consiste principalement en recueils d'aphorismes qui lui valurent une place de choix dans l'*Anthologie de l'humour noir*.

Et la lune donnait et la rosée tombait, 1836 ; *Rien,* 1836 ; *Vapeurs,* 1838 ; *Sans titre, par un homme noir blanc de visage,* 1838 ; *Encore 1 an de Sans Titre,* 1840 ; *Pièce de pièces, temps perdu,* 1840 ; *Rêves,* 1846 ; *Lignes rimées,* 1853 ; *Broussailles de la pensée,* 1870 ; *Œuvres choisies* (préface d'André Breton), 1952 ; *Sans titre et autres textes,* Thot, 1978.

GALLOIX, *Jacques-Imbert*, 1808-1828. « Il était de Genève et, comme Rousseau, il en avait l'esprit de raisonnement et d'opposition en tout » (Édouard Fournier). Il mourut dans la maison de santé du docteur Dubois, où l'avait conduit Sainte-Beuve, un an jour pour jour après son arrivée à Paris. Il eut pour Hugo valeur de « symbole » : « Il représente à nos yeux une notable portion de la généreuse jeunesse d'à présent. [...] Pas d'issue pour le génie pris dans le cerveau ; pas d'issue pour l'homme pris sous la société » (*L'Europe littéraire*, 1833 ; *Littérature et philosophie mêlées*, 1834). Dans *Saint Ignace et Napoléon*, « dialogue philosophique en prose », les deux personnages mettent en commun leur expérience de « manieurs d'hommes » pour analyser cette préoccupation de ne jamais être dupe de soi-même ni des autres, dont la combinaison avec une « imagination poétique et passionnée » pourrait bien être la marque des grands hommes.

La Nuit de l'escalade, 1825 ; *Saint Ignace et Napoléon,* 1826 ; *Méditations lyriques,* 1826 ; *Poésies,* 1834.

GAUTIER, *Théophile*, 1811-1872. Il convient de prendre au sérieux la dédicace des *Fleurs du Mal* à Théophile Gautier, et le « Tombeau » que lui éleva Victor Hugo, plutot que de s'obstiner à ne voir en lui que le chroniqueur de la bataille d'*Hernani*, l'« homme au gilet rouge ». Il accompagna son siècle, en continuant « *d'un coté* la grande école de la mélancolie, créée par Chateaubriand » ; « *d'un autre côté*, il a introduit dans la poésie un élément nouveau, que j'appellerai la consolation par les arts » (Baudelaire). Il va de soi que l'un des « côtés » n'alla jamais sans l'autre. *Albertus* et *La Comédie de la mort* continuent, en effet, mais sur le mode « goguenard » propre aux contes des *Jeunes-France* (1833), et qui est aussi celui de l'art pour l'art, l'école de la mélancolie. Cependant Gautier se cherchait des modèles du côté des « grotesques » du XVIIe siècle, qu'il réhabilita dans une série d'articles (1834-1836). La préface de *Mademoiselle de Maupin*, en 1835, a valeur de manifeste, mais dont la teneur ne se réduit pas à l'apologie pure et simple de l'art pour l'art. Les *Poésies complètes*, en 1845, font le bilan, fort complexe, de ces premières expériences. Puis ce sont les éditions successives d'*Émaux et camées*, où, par approximations successives, il « fait dire au vers français plus qu'il n'avait dit jusqu'à présent » (Baudelaire). Son œuvre en prose est considérable, une centaine de volumes, nourris de sa collaboration aux journaux (*La Presse*, à compter de 1836, puis *Le Moniteur universel*, sous l'Empire) : contes, d'inspiration « fantastique », romans, critique d'art, récits de voyage (en Espagne — 1840, 1846, 1849, 1864 —, en Italie — 1850 —, en Russie). Il est aussi l'auteur du livret de *Giselle* (pour Carlotta Grisi, 1841), et de l'arlequinade du *Pierrot posthume* (1847). Gérard de Nerval fut son ami.

Poésies, 1830 ; *Albertus*, 1832 ; *La Comédie de la mort*, 1838 ; *Poésies complètes* (avec *España*), 1845 ; *Émaux et camées*, 1852, 1853, 1858, 1863, 1866, 1872 ; *Poésies nouvelles*, 1863, 1866 ; « Rapport sur les progrès de la poésie », 1868 ; *Poésies complètes*, 1875-1876 ; *Poésies complètes*, éd. René Jasinski, 1970.

G U É R I N, *Maurice* de, 1810-1839. Né au château du Cayla, près d'Andillac, dans le Tarn, il perd sa mère à huit ans. Élevé par sa sœur Eugénie, il obtient en 1824 une bourse pour le collège Stanislas, à Paris. Il assiste en 1831 au procès de Lacordaire et de Lamennais, qui lui ouvrent les colonnes de *L'Avenir*. En 1832, il rejoint Lamennais à La Chênaie, où il étudie les langues et s'initie au « système de philosophie catholique ». C'est avec une « secrète horreur » qu'il rentre dans le monde, en 1834, et regagne Paris, où il partage un temps l'appartement de Barbey d'Aurevilly. Il y compose *Le Centaure* et *La Bacchante* (1835-1836), proses poétiques rattachées à la tradition du « poème en prose ». L'inspiration « harmoniste » en remonte aux *Études de la Nature*, de Bernardin de Saint-Pierre. Il retourna pour y mourir de tuberculose au château du Cayla, quelques mois après s'être marié. On doit à George Sand la publication, dans la *Revue des Deux Mondes* du 15 mai 1840, de *Glaucus* et du *Centaure*.

Reliquiæ, 1861 ; *Œuvres complètes*, éd. Bernard d'Harcourt, 1947 ; *Le Cahier vert*, éd. Claude Gély, 1983.

H U G O, *Victor*-Marie, 1802-1885. « C'est le poète de ce temps », a pu dire Mallarmé. Autobiographique de part en part, son œuvre se confond, dans son développement, avec la genèse et l'avènement du moi-Hugo : « Ego Hugo ». Pourtant, le devenir Hugo ne se confond pas avec cette promotion de l'individu qui faisait tout le programme du régime issu des Trois Glorieuses : « Tout homme qui écrit, écrit un livre ; ce livre, c'est lui », mais « c'est sans qu'il s'en mêle, c'est à son insu que se dresse fatalement à côté de lui cette ombre qu'il jette, la figure de l'auteur » (1880). Il n'est pas jusqu'au « retournement » dont témoignerait l'histoire de ses opinions qui n'ait pour effet de garantir en profondeur et contre les variations de l'individu l'autonomie d'un moi sans doute éclaté, mais chaque fois renaissant et toujours à refaire, ou pour mieux dire « en progrès » : « L'esprit de tout écrivain *progressif* doit être comme le platane dont l'écorce se renouvelle à mesure que le tronc grossit » (1834). Sa poésie sera donc « poésie de circonstance », au sens le plus élevé de l'expression, et compte tenu qu'il y a toujours, entre la circonstance et celui qui choisit de l'épouser, convenance profonde, qui précède l'événement et subsiste après coup. Hugo a écrit sa vie avant de la vivre. L'expérience de l'exil ne fut pour lui si décisive que d'avoir été, pour ainsi dire, prévue : Hugo n'a été « voyant » que d'avoir été capable de cette prévoyance. C'est pourquoi l'exil, chez lui, est aussi figure, d'évidence strictement poétique. Le poète est en exil, exilé de la cité, des obligations réglées et des occupations limitées, de ce qui est résultat ou réalité saisissable du pouvoir : hors lieu, hors la loi, hors du « fait accompli ». Tel est le sens de « Veni, vidi, vixi » (*Les Contemplations*, IV, 13), parodie sinistre du mot triomphant de César (« Veni, vidi, vici » : « je suis venu, j'ai vu, j'ai vaincu »), et qu'il faut traduire : « Je suis venu, j'ai vu, je suis mort. » Reste, dans ce « désert où Dieu contre l'homme proteste » (*Châtiments*, VII, 14), face à ce que René Char appelle l'« effondrement des preuves », la parole vengeresse qui dit aussi « le pourtant qui brise l'impossible » (Maurice Blanchot), à la façon dont l'espace, à l'aube, se pénètre de lumière et dont l'ange Liberté, comme l'astre du matin, fait s'évanouir « les mondes lugubres de la nuit ».

Odes et poésies diverses, 1822 ; *Odes*, 1823 ; *Nouvelles Odes*, 1824 ; *Odes et Ballades*, 1826, 1828 ; *Les Orientales*, 1829 ; *Les Feuilles d'automne*, 1831 ; *Les Chants du crépuscule*, 1835 ; *Les Voix intérieures*, 1837 ; *Les Rayons et les Ombres*, 1840 ; *Le Retour de l'Empereur*, 1840 ; *Châtiments*, 1853 ; *Les Contemplations*, 1856 ; *La Légende des Siècles*, première série, 1859 ; *Les Chansons des rues et des bois*, 1865 ; *La Voix de Guernesey*, 1867 ; *Les Châtiments*, 1870 ; *L'Année terrible*, 1872 ; « À Théophile Gautier », 1873 ; *La Libération du territoire*, 1873 ; *La Légende des Siècles*, nouvelle série, 1877 ; *L'Art d'être grand-père*, 1877 ; *Le Pape*, 1878 ; *La Pitié suprême*, 1879 ; *Religions et religion*, 1880 ; *L'Âne*, 1880 (éd. Pierre Albouy, 1966) ; *Les Quatre Vents de l'Esprit*, 1881 ; *La Légende des Siècles*, série complémentaire, 1883 ; *La Fin de Satan*, 1886 (éd. René Journet et Guy Robert, 1979 ; éd. Jean Gaudon et Evelyn Blewer, 1984) ; *Toute la lyre*, 1888 ; *Dieu*, 1891 (éd. René Journet et Guy Robert, 1960-1961) ; *Toute la lyre*, nouvelle série, 1893 ; *Les Années funestes*, 1898 ; *Dernière gerbe*, 1901 ; *Œuvres complètes*, édition dite « de l'Imprimerie nationale », 1901-1952 ; *Œuvres complètes*, éd. Francis Bouvet, 1961-1964 ; *Œuvres poétiques*, éd. Pierre Albouy, « Bibliothèque de la Pléiade », 1964-1974 ; *Œuvres complètes*, « édition chronologique » sous la direction de Jean Massin, 1967-1971 ; *Dieu (Fragments)*, éd. René Journet et Guy Robert, 1969 ; *Poésie*, éd. Bernard Leuilliot, « L'Intégrale », 1972.

LAMARTINE, *Alphonse*-Marie-Louis de, 1790-1869. La longévité de Lamartine rend d'autant plus remarquable la brièveté de sa carrière poétique, dont on peut dire qu'elle s'achève en 1839. À ceux qui l'acclament en 1820 comme le poète de sa génération, Lamartine répond que ce n'est pas comme « littérateur » qu'il veut se faire un nom, et que sa vocation le porte plutôt « aux affaires et plus particulièrement à la diplomatie ». C'est que les lettres ne sont encore, selon le mot de Lamennais, qu'« un amusement un peu plus noble, si l'on veut, que la chasse » : le succès des *Méditations* précède de quelques jours sa nomination de Lamartine comme attaché d'ambassade à Naples. Son ambition poétique le porte de toute façon aux grands desseins : *Les Visions*, conçues à son départ de Naples, en 1821, *Jocelyn* (1831-1836), *La Chute d'un ange* (1836-1838), ces derniers mis à l'Index sitôt parus. Après son passage au pouvoir (24 février-24 juin 1848), Lamartine lance en 1849 l'édition dite « des souscripteurs » (14 volumes jusqu'en mai 1850), où la plupart des poèmes sont accompagnés de « commentaires » écrits spécialement pour cette publication. Puis ce sont, au hasard des journaux et des entreprises de librairie, l'épître *Au comte d'Orsay* (*La Presse*, 10 novembre 1850), « Le Désert » (*Cours familier de littérature*, novembre 1856), « La Vigne et la Maison », (*ibid.*, mars 1857), et, en 1860, le premier volume de la dernière édition collective des *Œuvres*, pour laquelle Lamartine se fit son propre éditeur (41 volumes jusqu'en 1866) : « Ne pouvant pas vendre de la terre, je vends de l'amour-propre » (préface).

   Méditations poétiques, 1820, 1822 ; *La Mort de Socrate*, 1823 ; *Nouvelles Méditations poétiques*, 1823 ; *Le Dernier Chant du pèlerinage d'Harold*, 1825 ; *Chant du sacre*, 1825 ; *Épîtres*, 1825 ; *Harmonies poétiques et religieuses*, 1830 ; *Contre la peine de mort*, 1830 ; *À Némésis*, 1831 ; *Les Révolutions*, 1832 ; *Des destinées de la poésie*, 1834 ; *Jocelyn*, 1836 ; *La Chute d'un ange*, 1838 ; *Recueillements poétiques*, 1839 ; *La Marseillaise de la paix*, 1841 ; *Au comte d'Orsay*, 1850 ; *Nouvelles confidences* (avec trois fragments inédits des *Visions*), 1851 ; « Le Désert », 1856 ; « La Vigne et la Maison », 1857 ; *Poésies inédites*, 1873 ; *Les Visions*, édition en partie inédite par Henri Guillemin, 1936 ; *Œuvres poétiques*, éd. Marius-François Guyard, « Bibliothèque de la Pléiade », 1963.

LAMENNAIS, Hugues-Félicité Robert de, 1782-1854. L'évolution de Lamennais devait le conduire à considérer que Grégoire XVI (et avec lui toute la hiérarchie) avait, en s'alliant contre la Pologne au tsar schismatique de Russie, « divorcé avec le Christ, sauveur du genre humain, pour forniquer avec ses bourreaux ». Les encycliques *Mirari vos* (1832) et *Singulari nos* (1834) condamnent successivement les « excès mennaisiens » de *L'Avenir* et les *Paroles d'un croyant*. « Juif errant de la foi et de la politique » (Lamartine), Lamennais cesse alors de dire la messe et de croire à la divinité du Christ. Sa pensée trouva à se reformuler dans les poèmes en prose d'*Amschapands et Darvands*.

   Essai sur l'indifférence en matière de religion, 1817 ; *Paroles d'un croyant*, 1834 ; *Amschapands et Darvands*, 1843 ; *Une voix de prison*, 1851.

LAPOINTE, *Savinien*, 1812-1893. Cordonnier de son premier état, combattant de 1830, des journées de juin 1832 (« l'épopée rue Saint-Denis... »), c'est en vain qu'il se présenta, en 1848, à la députation. Il finit bonapartiste et employé du gaz. Outre ses chansons, il publia un volume de souvenirs et de documents sur Béranger (*Mémoires de Béranger, souvenirs, confidences, anecdotes, lettres...*, 1857).

   Une voix d'en bas, poésies, précédées d'une préface par M. Eugène Sue, 1844 ; *La Baraque à Polichinelle*, petites scènes de la vie sociale et politique, 1849 ; *Les Échos de la rue*, poésies, 1850 ; *Contes*, précédés d'une lettre adressée à l'auteur par P.-J. de Béranger, 1856 ; *Mes chansons*, 1860 ; *Sedan*, poème, 1873 ; *La Chanson libre*, 1877.

LAPRADE, *Victor* Richard de, 1812-1883. C'est un Lyonnais, qui s'enthousiasma d'abord pour Lamennais et fréquenta Ballanche et Edgar Quinet. Nommé professeur de littérature française à Lyon en 1847, il mena de front études littéraires (sur le sentiment de la nature « avant le christianisme » et « chez les modernes ») et carrière poétique. Il pratiqua l'élégie, la réécriture chrétienne des mythes antiques, la poésie évangélique, l'épopée rustique... Il fut destitué en 1861 pour une satire (*Les Muses d'État*) qui répondait à un article de Sainte-Beuve.

Les Parfums de la Madeleine, 1839 ; *Psyché*, 1841 ; *Odes et poèmes*, 1843 ; *Poèmes évangéliques*, 1852 ; *Les Symphonies*, 1855 ; *Idylles héroïques*, 1858 ; *Les Voix du silence*, 1865 ; *Pernette*, 1869 ; *Œuvres poétiques*, 1878-1882.

LASSAILLY, *Charles*, 1806-1843. Un « prince de la bohême ». Habitué du Cénacle, il fut de toutes les batailles livrées au théâtre par Victor Hugo. En 1839, aux Jardies, Balzac le recueille, réduit à la misère, à charge pour lui qu'il l'aide dans la rédaction de *L'École des ménages*. Réveillé plusieurs fois par nuit par son protecteur, il n'y tient pas et prend la fuite. Soigné, dès l'année suivante, par le docteur Blanche, il sombre dans la folie. Son roman (*Les Roueries de Trialph notre contemporain avant son suicide*, 1832) passe pour un des chefs-d'œuvre de la littérature « frénétique ». L'« Hommage à M. de Lamartine » répond à la « satire aussi injuste qu'amère » de la *Némésis* du 3 juillet 1831 contre Lamartine.

Charles Lassailly a donné des poèmes à *La Psyché*, à *La Tribune romantique* et à l'*Almanach des Muses*.

LEFÈVRE-DEUMIER, *Jules*, 1797-1857. Il trouva son Missolonghi en Pologne, où il fut blessé en combattant dans les rangs des insurgés (1831). Il se maria à son retour, hérita d'une tante millionnaire en souvenir de laquelle il ajouta à son nom celui de Deumier. Il mourut bibliothécaire de l'Élysée et des Tuileries. Il passe pour avoir initié Victor Hugo, en 1820, au spectacle du « meurtre légal », en le conduisant place de Grève pour y voir « couper le poing et la tête » à un parricide.

Méditations d'un proscrit sur la peine de mort (avec « L'Exécution »), 1819 ; *Le Parricide* (1823) ; *Hommage aux mânes d'André Chénier*, 1823 ; *Le Clocher de Saint-Marc*, 1825 ; *Œuvres d'un désœuvré. Les Vespres de l'abbaye du Val*, 1842 (éd. G. Brunet, 1924) ; *Poésies*, 1844 ; *Le Livre du promeneur ou les Mois et les jours*, 1854 ; *Le Couvre-feu*, 1857.

LEMERCIER, *Népomucène*, 1771-1840. Élu en 1810 à l'Académie, il conduit, sous la Restauration, la lutte contre la nouvelle école (« Avec impunité les Hugo font des vers... »). Son *Cours de littérature générale* fait la somme de toutes les attaques portées contre le « romantisme ». C'est pourtant un des artisans de la réforme littéraire au théâtre (*Agamemnon*, 1794). La première représentation, en 1809, de son *Christophe Colomb*, annoncé comme une « pièce shakespearienne », tourna à l'émeute. Son ambition poétique fut quelque peu démesurée. *L'Atlantiade* est un essai de « théogonie newtonienne », en six chants, dont le « discours préparatoire » entend faire la théorie de la poésie « emblématique ». Tout aussi surprenante, *La Panhypocrisiade*, en vingt chants, est la mise en scène d'un « spectacle infernal du XVIe siècle ». Victor Hugo lui succéda à l'Académie française en 1841 et fera l'éloge de son irréductible opposition aux pouvoirs.

Homère. Alexandre, poèmes, 1800 ; *Essais poétiques sur la théorie newtonienne*, 1809 ; *L'Atlantiade*, 1812 ; *La Mérovéide*, 1818 ; *La Panhypocrisiade*, 1819 ; *Moïse*, 1823.

MÉRY, *Joseph*, 1798-1865. Après avoir fondé à Marseille deux journaux d'opposition (*Le Phocéen*, 1820 ; *Le Sémaphore*, 1823), il monte à Paris où il collabore avec son compatriote Barthélemy (voir ce nom) à la publication de *Némésis*. Il se spécialisa, à partir de 1834, dans la composition de livrets d'opéras et collabora à l'adaptation par Gérard de Nerval du *Chariot d'enfant* (1850) et de *L'Imagier de Harlem* (1851). Versificateur habile, « il décore ses *impressions de voyage* des ornements de la métrique et du bel esprit » (Jacques Crépet). Ce fut aussi le spécialiste du roman exotique, d'inspiration hautement fantaisiste.

Les Nuits anglaises, 1853 ; *Les Nuits d'Orient*, 1854.

MILLEVOYE, Charles-Hubert, 1782-1816. Praticien de l'épître, du discours en vers et du poème héroïque, Millevoye ne doit d'avoir survécu, « entre Delille qui finit et Lamartine qui prélude » (Sainte-Beuve), qu'à son recueil d'*Élégies*. La préface fait la théorie d'un genre que Millevoye n'hésite pas à rattacher à la tradition de Marot et de La Fontaine. Mais « La Chute des feuilles » et « Le Poète mourant », si goûtés encore en 1830, relèvent plutôt du genre de la « romance », avec ou sans accompagnement.

Les Plaisirs du poète, 1801 ; *L'Invention poétique*, 1806 ; *La Bataille d'Austerlitz*, 1806 ; *La Peste de Marseille*, 1808 ; *Hermann et Thusnelda*, 1810 ; *Les Embellissements de Paris*, 1811 ; *La Mort de Rotrou*, 1811 ; *Goffin, le héros liégeois*, 1812 ; *Élégies*, 1812 ; *Charlemagne à Pavie*, 1814 ; *Alfred, roi d'Angleterre*, 1816.

MOREAU, *Hégésippe*, 1810-1838. Banville le rapproche de Chatterton, de Gilbert et de Malfilâtre. Enfant naturel, orphelin de bonne heure, il vécut dans la misère et mourut, à vingt-huit ans, à l'hôpital de la Charité. « Trois imitations chez lui sont visibles : celle d'André Chénier dans les ïambes, celle surtout de Barthélemy dans la satire et celle de Béranger dans la chanson » (Sainte-Beuve). Baudelaire n'y voit que « poncifs réunis et voiturés ensemble » : « une cargaison d'omnibus ».

Les 5 et 6 juin 1832, 1832 ; *Le Myosotis*, 1838 ; *Œuvres complètes*, suivies des œuvres choisies de Gilbert et de la biographie des auteurs morts de faim, 1856 ; *Œuvres*, avec une notice de Sainte-Beuve, 1860.

MUSSET, Louis-Charles-*Alfred* de, 1810-1857. « Musset aura été un charmant jeune homme, puis un vieillard » (Flaubert) : son premier recueil de vers le rendit célèbre, à vingt ans ; il passa les seize dernières années de sa vie sans presque rien produire. Entre-temps, c'est l'aventure vénitienne, avec George Sand (1833-1835), et *La Confession d'un enfant du siècle* (1836). Son œuvre majeure (*Lorenzaccio*, 1834) ne fut représenté qu'en 1896, dans une version très allégée et par Sarah Bernhardt. Sa mort passa presque inaperçue. « Soit qu'il éprouvât lui-même cette *fastidiosité* du sublime et du sérieux, soit qu'il comprît que la France demandait une autre musique [...] à ses jeunes poètes, il ne songea pas un seul instant à nous imiter » (Lamartine).

Contes d'Espagne et d'Italie, 1830 ; *Un spectacle dans un fauteuil*, 1833 ; *Poésies* (augmentées de « Poésies diverses »), 1835 ; *Poésies complètes*, 1840 ; *Poésies nouvelles (1840-1849)*, 1850 ; *Premières poésies (1829-1835)* et *Poésies nouvelles (1836-1852)*, 1852 ; *Œuvres posthumes*, 1860, 1867 ; *Œuvres complètes*, 1865-1866 ; *Poésies complètes*, éd. Maurice Allem, « Bibliothèque de la Pléiade », 1933.

NERVAL, *Gérard* de, pseudonyme de Gérard Labrunie, 1808-1855. Du « fol déli-
cieux » à « Nerval nyctalope » : la légende s'est employée à brouiller des pistes
qui conduisent, plus trivialement, à la rue de la Vieille-Lanterne. C'est là qu'à
l'aube glaciale du 26 janvier 1855 on devait trouver Gérard pendu. D'une
œuvre pourtant considérable, on n'a voulu trop souvent connaître que le
recueil de 1854 : *Les Filles du Feu* et *Les Chimères*. Les surréalistes s'approprie-
rent *Aurélia* et *La Pandora*, qui ne se prêtent si bien à la valorisation littéraire
du délire que de n'avoir jamais été éditées qu'en dépit du bon sens. Ce flou
artistique convient mal à « un écrivain d'une honnêteté admirable, d'une haute
intelligence, et *qui fut toujours lucide* ». C'est Baudelaire qui souligne. Lucidité
dont on est en droit de considérer qu'elle appelle en retour une attention scru-
puleuse à l'inscription historique des œuvres. Fils d'un médecin de la Grande
Armée, « enfant du siècle », Nerval en épouse toutes les contradictions, politi-
ques et littéraires : le journalisme et le théâtre, mais aussi les embarras de la
politique constituent l'horizon de ses chimères. Il a voyagé, autant et plus
qu'aucun de ses contemporains, en Ile-de-France comme en Italie (1834), en
Allemagne (1838, 1839-1840, 1854), en Belgique et en Hollande (1840-1844),
en Orient (1843). Quant à cette manière qu'il eut d'aller « sans déranger per-
sonne, [...] délier son âme dans la rue la plus noire qu'il pût trouver », Baudelai-
re la considère comme une marque de discrétion, un signe de mépris, et l'effet
somme toute, jusque dans les « dégoûtantes homélies » dont on crut devoir l'ac-
compagner, d'un « assassinat raffiné ».

   La France guerrière, élégies nationales, 1826, 1827 ; *La Mort de Talma, élégie
nationale*, 1826 ; *Faust* de Goethe, traduction nouvelle, 1828, 1836, 1840 ; *Cou-
ronne poétique de Béranger*, 1828 ; *Nos adieux à la Chambre des députés de l'an
1830, ou Allez-vous-en vieux mandataires*, par le père Gérard, patriote de 1789,
ancien décoré de la prise de la Bastille, couplets, 1831 ; *Petits châteaux de Bohê-
me*, prose et poésie (dont plusieurs *Odelettes*), 1853 ; *Les Filles du feu* (avec la
plupart des *Chimères*), 1854 ; *Œuvres complètes*, nouvelle éd. de Jean Guillaume
et Claude Pichois en cours de publication, « Bibliothèque de la Pléiade »,
1984.

O'NEDDY, *Philothée*, pseudonyme d'Auguste-Marie, dit Théophile Dondey,
1811-1875. Petrus Borel passait pour « montagnard » ; on considérait le jeune
O'Neddy comme « girondin ». Édité à compte d'auteur chez ses cousins, impri-
meurs orientalistes, *Feu et flamme*, en son temps, compta pour rien. Il ne se
trouva que la *Revue encyclopédique* pour en rendre compte. Ce fut pour dénon-
cer « l'immoralité de cet art sans but » et « l'absurdité de cette idôlatrie exclusive
de la forme », en dépit du « fanatisme républicain » affiché dans la préface. La
mort de son père, des suites du choléra, lui laisse à charge, en 1832, l'entretien
de sa mère et de sa sœur. Obligé de prendre un emploi subalterne au ministère
des Finances, il ne publiera plus que quelques articles de critique dramatique (il
y prendra notamment le parti des *Burgraves*, envers et contre tous), et un
roman (*Histoire d'un anneau enchanté*, 1843). Son ancien camarade de collège,
Ernest Havet, éditeur des *Pensées* de Pascal, assura l'édition posthume de ses
Œuvres complètes.

   Feu et flamme, 1833 (éd. Marcel Hervier, 1928) ; *Œuvres complètes*, 1877-
1878 (Slatkine, 1968).

POLONIUS, *Jean*, pseudonyme de Xavier Labensky, 1790-1855. Poète philoso-
phe et diplomate de métier, longtemps attaché à la légation russe à Londres, et
plus tard à la chancellerie de Pétersbourg, il se conquit une place « entre
Auguste Barbier, dont il fut un jour l'émule, et auprès de qui il se soutint
fermement dans sa gravité philosophique, — et Lamartine, dont il fut mieux
que l'élève » (Eugène Crépet) ; « Quelque chose d'assez pareil à ces blancs
soleils du Nord, sitôt que l'été rapide a succédé » (Sainte-Beuve).

Poésies, par Jean Polonius, 1827 ; *Empédocle*, vision poétique suivie d'autres
poésies, 1829 ; *Érostrate*, poème par M. X. Labensky, auteur des poésies pu-
bliées sous le nom de Jean Polonius, 1840.

RABBE, *Alphonse*, 1786-1829. Adjoint au commissaire des guerres en Espagne
sous l'Empire, journaliste d'opposition à Marseille, puis à Paris, sous la Restau-
ration. On lui doit aussi de nombreux ouvrages de compilation historique (*Ré-
sumé de l'histoire d'Espagne* ; *Résumé de l'histoire de Russie*, 1825). Libéral, il
n'en prit pas moins, contre ses propres amis, la défense de Victor Hugo, qui lui
dédia un poème des *Chants du crépuscule* (« Hélas ! que fais-tu donc, ô Rabbe, ô
mon ami, / Sévère historien dans la tombe endormi ! », XVII). Défiguré par une
maladie d'origine syphilitique (« ses paupières, ses narines, ses lèvres étaient
rongées ; plus de barbe et des dents de charbon », *Victor Hugo raconté*...), il
mourut dans la nuit du 31 décembre 1829, d'un excès de laudanum : « L'hom-
me arrivé à un certain degré de souffrance peut sans remords disposer de sa
vie. » Ses amis publièrent, en 1835, l'*Album d'un pessimiste*, « variétés littéraires,
politiques, morales et philosophiques ».

Album d'un pessimiste, 1835 (éd. [partielle] Jules Marsan, 1924).

SAINTE-BEUVE, Charles-Augustin, 1804-1869. Né après la mort de son père,
Sainte-Beuve fut élevé par deux femmes, mère et tante, à Boulogne. Elles l'ac-
compagnent à Paris, où il suit, de 1824 à 1827, les cours de l'École de Médeci-
ne. Il abandonne la médecine pour ne plus rechercher, épicurien conséquent,
que les « profits de l'intelligence » (Jean Prévost). Le *Tableau historique et criti-
que de la poésie française au XVIe siècle* est conçu, en 1828, comme une apologie
rétrospective du romantisme. Les *Œuvres de Pierre de Ronsard* (édition de
1609) qu'il offre la même année à Victor Hugo portent cette dédicace : « Au
plus grand inventeur lyrique que la poésie française ait eu depuis Ronsard, le
très humble commentateur de Ronsard. » Joseph Delorme est son Louis Lam-
bert. Guizot écrivit du livre que c'était « un *Werther* jacobin et carabin ». On ne
manqua pas non plus de souligner la roture du personnage : Joseph comme
Prudhomme et Delorme comme le premier venu. Verlaine jugera le recueil
« admirable », et le placera « infiniment au-dessus des jérémiades lamartinien-
nes ». — La totalité de la correspondance entre Sainte-Beuve et Mme Victor
Hugo fut « incinérée », conformément aux dispositions testamentaires de Sain-
te-Beuve. Celui-ci avait conservé, sous couverture muette, dix-neuf exemplaires
de leur *Livre d'Amour*, sur les cinq cents qui constituèrent le tirage original. —
Il passe pour avoir improvisé sur son lit de mort une leçon sur Ovide, en termi-
nant par ces mots : « On rendra peut-être justice plus tard à mes vers. »

Vie, poésies et pensées de Joseph Delorme, 1829, 1830 (éd. Gérald Antoine,
1957) ; *Les Consolations*, 1830 ; *Pensées d'août*, 1837 ; *Poésies complètes*, 1840 ;
Un dernier rêve, 1840 ; *Livre d'Amour*, 1843 ; *Poésies diverses*, 1845.

SOUMET, *Alexandre*, 1788-1845. La personnalité envahissante de ce Toulousain
peut-être trop habile s'affirma surtout au théâtre. Sa *Clytemnestre* et son *Saül*
devaient ouvrir l'accès de l'Odéon et du Théâtre-Français aux représentants de
la nouvelle école, cependant qu'une tentative de collaboration avec Hugo pour
le drame d'*Amy Robsart* tourna court. Il se signala encore, en 1840, par sa
Divine Epopée qui passe pour avoir exercé quelque influence sur *La Fin de
Satan*. Nous sommes après la fin du monde : des œuvres divines il ne reste que
le Ciel et l'Enfer. Au ciel la belle Sémida regrette la terre et pleure Idaméel.
Jésus lui apprend qu'Idaméel, précipité dans les Enfers, a vaincu Lucifer dont il
usurpe le trône. Jésus sollicite et obtient du Père la mission de racheter les
Enfers. Idaméel lui fait subir une seconde crucifixion (« Nouveau Gethsema-
ni »), mais l'éclair divin du Père consume Lucifer et Idaméel. L'Enfer s'éva-
nouit et Eloïm proclame l'union de Sémida et d'Idaméel. Il ne s'agissait que de
« voir », avec Origène, « le sang théandrique baigner à la fois les régions céles-
tes, terrestres et inférieures » : « La lyre peut chanter tout ce que l'âme rêve. »
— « Tour à tour Svedenborg, Diafoirus, poète au sucre et par-dessus tout cela
Soumet, Soumet, Soumet... » (Imbert Galloix).

L'Incrédulité, 1810 ; *Hymne à la Vierge*, 1811 ; *Les Embellissements de Paris*,
1812 ; *La Découverte de la vaccine*, 1815 ; *Oraison funèbre de Louis XVI*, 1817 ;
La Divine Épopée, 1840.

STAËL-HOLSTEIN, Anne-Louise-*Germaine* Necker, baronne de, 1766-1817.
Fille du ministre de Louis XVI, elle épousa à dix-neuf ans l'ambassadeur de
Suède à la cour de France. Sa chance fut d'avoir été contrainte à l'exil qui fit
d'elle la championne du cosmopolitisme libéral. À défaut d'originalité, elle y
puisa les éléments d'un puissant syncrétisme, lumières et romantisme mêlés.
De son salon de la rue du Bac jusqu'à Coppet (résidence suisse de son père), elle
« mena la conversation française et porta au plus haut degré de perfection l'art
brillant de l'*improvisation* sur quelque sujet que ce fût » (Stendhal). Beaucoup
lui durent en France de n'avoir pas tout ignoré du romantisme allemand, à ne
considérer que sa transcription d'un « songe » de Jean-Paul. Un chapitre
fameux du livre *De l'Allemagne* traite « De la poésie classique et de la poésie
romantique », « en considérant la poésie classique comme celle des Anciens, et
la poésie romantique comme celle qui tient de quelque manière aux traditions
chevaleresques » : « Cette division se rapporte également aux deux ères du mon-
de : celle qui a précédé l'établissement du christianisme, et celle qui l'a sui-
vi. »

De la littérature considérée dans ses rapports avec les institutions sociales, 1800
(éd. Paul Van Tieghem, 1959) ; *De l'Allemagne*, 1810 (édition pilonnée sur l'or-
dre de Napoléon), 1813 (Londres), 1814 (Paris) (éd. Simone Balayé, 1958-
1960).

VIGNY, *Alfred*-Victor, comte de, 1797-1863. Issu d'une famille dont il se plut à
exagérer les titres, nourri dès l'enfance par les récits guerriers de son père, qui
avait pris part à la guerre de Sept ans, élevé dans un collège au milieu de la
rumeur des campagnes napoléoniennes, il entra à dix-sept ans dans la « compa-
gnie rouge » de la Maison du Roi. De 1816 à 1823, il est officier de la garde
royale. Au moment de la guerre d'Espagne, il passe dans la ligne, mais ne fait
pas la campagne. En 1827, il démissionne, constatant qu'il était né trop tard

pour être le héros d'une épopée : « J'ai pris l'épée au moment où la France la remettait dans le fourreau des Bourbons. [...] Mes services n'étaient qu'une longue méprise. J'avais porté dans une vie toute active une nature toute contemplative. » Il épouse à Pau en 1825 Lydia Bunbury. Après la rupture d'une longue et difficile liaison avec Mme Dorval (1837), il se retire dans sa « tour d'ivoire » (l'expression est de Sainte-Beuve), à Paris aussi bien que dans la solitude du Maine-Giraud, près de sa femme malade. Il n'en fut pas moins élu à l'Académie française en 1845, mais subit un double échec électoral comme candidat à la députation dans les Charentes en 1848-1849. Il se flattait, en 1837, d'avoir « devancé en France toutes [les compositions] dans lesquelles une pensée philosophique est mise en scène sous une forme épique ou dramatique ». On prendra garde cependant que, chez lui, « le motif du poème ne procède pas, dans sa forme, d'un dessein logique, mais d'une exigence affective et organique » (Octave Nadal).

Poèmes, 1822 ; *Éloa*, 1824 ; *Poèmes antiques et modernes* (reproduisant l'édition de 1822, amputée d'« Héléna », augmentée, notamment, de « Moïse » et du « Cor »), 1826 ; *Poèmes*, 1829 ; *Poèmes antiques et modernes* (comprenant les œuvres antérieures, plus deux « élévations » : « Paris » et « Les Amants de Montmorency »), 1837 ; *Les Destinées*, 1864 ; *Œuvres complètes*, éd. Fernand Baldensperger, « Bibliothèque de la Pléiade », 1948-1950.

CHRONOLOGIE

1800 Béranger et Nodier ont vingt ans.
      Mme de Staël : *De la littérature...*
      Novalis : *Hymnes à la nuit.*
1801 Paix de Lunéville entre la France et l'Autriche. Concordat.
      Baour-Lormian : *Poésies d'Ossian.* Chateaubriand : *Atala.* Millevoye : *Les Plaisirs du poète.*
1802 Naissance de Victor Hugo.
      Paix d'Amiens entre la France et l'Angleterre.
      Chateaubriand : *Génie du christianisme* (avec *René*). Delille : *L'Homme des champs, ou les Géorgiques françaises.* Baour-Lormian : *Le Rétablissement du culte.*
1803 Rupture de la paix d'Amiens. La France vend la Louisiane.
1804 Napoléon empereur. Promulgation du Code civil.
      Beethoven : symphonie *Eroica.*
      Delille : traduction du *Paradis perdu* (Milton).
1805 Alliance austro-anglaise. Victoire anglaise à Trafalgar. Austerlitz.
1806 Marceline Desbordes-Valmore a vingt ans.
      Blocus continental. Création de l'Université impériale.
      Delille : *L'Imagination.* Millevoye : *L'Invention poétique ; La Bataille d'Austerlitz.*
      Arnim et Brentano : *Das Knabenwunderhorn.*
1807 Naissance d'Aloysius Bertrand.
      Hegel : *Phénoménologie de l'esprit.*
      Chênedollé : *Le Génie de l'homme.*
      Byron : *Hours of Idleness.* Wordsworth : *Poèmes.*
1808 Naissance de Nerval. Chateaubriand a quarante ans.
      Soulèvement de l'Espagne.
      Millevoye : *La Peste de Marseille.* Parny : *Œuvres complètes.*
1809 Wagram. Excommunication de Napoléon.
      Chateaubriand : *Les Martyrs,* « poëme ». Lemercier : *Essais poétiques sur la théorie newtonienne.*
1810 Naissance de Musset. Lamartine a vingt ans.
      Mme de Staël : *De l'Allemagne.* Soumet : *L'Incrédulité.*
1811 Naissance de Gautier.
      Naissance du Roi de Rome. Début de la fabrication du sucre de betterave.

Baour-Lormian : *Veillées poétiques et morales.* Écouchard-Lebrun, dit Lebrun-Pindare : *Œuvres.* Millevoye : *Les Embellissements de Paris.* Soumet : *Hymne à la Vierge.*

1812 Campagne de Russie : la Grande Armée est détruite.
Baour-Lormian : *L'Atlantide.* Émile Deschamps : *La Paix conquise.* Lemercier : *L'Atlantiade.* Millevoye : *Élégies.* Soumet : *Les Embellissements de Paris.*
Byron : *Childe Harold,* I-II.

1813 Byron : *The Giaour.* Shelley : *Queen Mab.*

1814 Abdication de Napoléon. Entrée de Louis XVIII à Paris. Publication de la « Charte octroyée ». Congrès de Vienne.
Stephenson invente la locomotive.
Byron : *Le Corsaire ; Lara.*

1815 Les Cent Jours ; la Terreur blanche.
Delavigne : *La Découverte de la vaccine.* Soumet : *La Découverte de la vaccine.*

1816 Dissolution de la Chambre introuvable.
Béranger : *Chansons.* Millevoye : *Alfred, roi d'Angleterre.*

1817 Mort de Mme de Staël.
Victor Hugo obtient une mention de l'Académie française pour son poème *Sur le bonheur que procure l'étude dans toutes les situations de la vie.*
Soumet : *Oraison funèbre de Louis XVI.*
Byron : *Manfred.* Keats : *Poèmes.*

1818 Delavigne : *Messéniennes* (1818-1840). Lemercier : *La Mérovéide.*
Keats : *Endymion.*

1819 Balzac a vingt ans.
Géricault : *Le Radeau de la Méduse.*
Chénier : *Œuvres complètes,* éditées par Henri de Latouche. Desbordes-Valmore : *Élégies et romances.* Lemercier : *La Panhypocrisiade.*
Byron : *Mazeppa.* Goethe : *Le Divan oriental-occidental.* Keats : *Odes.*

1820 Victor Hugo est nommé « maître ès Jeux floraux ».
Chênedollé : *Études poétiques.* Lamartine : *Méditations poétiques.*
Keats : *Hypérion.* Shelley : *Prométhée délivré.*

1821 Mort de Napoléon. Insurrection grecque. Soulèvement à Turin.
Fresnel : théorie de la lumière.
Weber : *Le Freischutz.*
Béranger : *Chansons.*
Heine : *Poèmes.*

1822 Hugo a vingt ans.
Exécution des Quatre Sergents de La Rochelle. Lois contre la presse. Congrès de Vérone. Proclamation de l'Indépendance grecque. Massacre des habitants de Scio par les Turcs.
Champollion déchiffre les hiéroglyphes. Niepce invente la photographie.
Hugo : *Odes et poésies diverses.* Vigny : *Poèmes.*
Byron : *Caïn.*

1823 Schubert : *La Belle Meunière.*
Delavigne : *Poésies diverses.* Lamartine : *La Mort de Socrate ; Nouvelles Méditations poétiques.* Lefèvre-Deumier : *Le Parricide.*

1824 Sainte-Beuve a vingt ans.

Nodier devient bibliothécaire de l'Arsenal et tiendra bientôt salon tous les dimanches : c'est le premier « Cénacle ».

Charles X succède à Louis XVIII. Chateaubriand, chassé du ministère, passe à l'opposition. L'Académie et monseigneur Frayssinous excommunient le « romantisme ». On tue *La Muse française* malgré les efforts de Vigny et de Hugo pour la sauver. Fondation du *Globe* : jonction du libéralisme politique et du romantisme littéraire.

Saint-Simon : *Catéchisme des industriels.*

Sadi Carnot : *Réflexions sur la puissance motrice du feu.*

Beethoven : *IXᵉ Symphonie.*

Delacroix : *Scènes des massacres de Scio.*

Desbordes-Valmore : *Élégies et poésies nouvelles.* Fauriel : *Chants populaires de la Grèce moderne.* Hugo : *Nouvelles Odes.* Vigny : *Éloa.*

Mort de Byron à Missolonghi.

1825   Loi sur le sacrilège et vote du « milliard des émigrés ». Sacre de Charles X. Manifestation de l'opposition libérale aux obsèques du général Foy. Nicolas Iᵉʳ succède à Alexandre de Russie. Répression des Décembristes.

Barthélemy-Méry : *Sidiennes.* Béranger : *Chansons.* Desbordes-Valmore : *Élégies.* Lamartine : *Le Dernier Chant du pèlerinage d'Harold.* Lefèvre-Deumier : *Le Clocher de Saint-Marc.*

1826   Barthélemy-Méry : *Les Jésuites.* Émile Deschamps : *Le Jeune Moraliste.* Imbert Galloix : *Saint Ignace et Napoléon ; Méditations lyriques.* Hugo : *Odes et Ballades.* Nerval : *Élégies nationales.* Vigny : *Poèmes antiques et modernes.*

Heine : *Reisebilder.*

1827   Vigny a trente ans.

Manifestation aux obsèques du député Manuel. La flotte turque est détruite à Navarin.

Schubert : *Le Voyage d'hiver.*

Barthélemy-Méry : *La Corbiéréide ; La Villéliade.* Désaugiers : *Chansons et poésies diverses.* Jean Polonius : *Poésies.*

Heine : *Livre des chants.*

1828   Nerval a vingt ans.

Rue Notre-Dame-des-Champs, Victor Hugo tient salon : c'est le second « Cénacle ».

Barthélemy-Méry : *Napoléon en Égypte.* Béranger : *Chansons.* Émile Deschamps : *Études françaises et étrangères.* Hugo : *Odes et Ballades,* édition définitive. Nerval : *Couronne poétique de Béranger ; Faust,* « traduction nouvelle ».

1829   Barthélemy-Méry : *Waterloo.* Hugo : *Les Orientales.* Jean Polonius : *Empédocle.* Sainte-Beuve : *Vie, poésies et pensées de Joseph Delorme.*

1830   Musset a vingt ans.

« Bataille » d'*Hernani.*

Les Trois Glorieuses : avènement de Louis-Philippe. Prise d'Alger. Insurrection polonaise.

Berlioz : *Symphonie fantastique.*

Barthélemy-Méry : *L'Insurrection.* Desbordes-Valmore : *Poésies.* Dovalle : *Le Sylphe.* Gautier : *Poésies.* Lamartine : *Harmonies poétiques et religieuses.* Musset : *Contes d'Espagne et d'Italie.* Sainte-Beuve : *Les Consolations.* Leopardi : *Chant nocturne d'un pâtre errant dans les déserts de l'Asie.*

1831   Gautier a vingt ans.
       Le « petit Cénacle » (Petrus Borel, Gautier, Nerval, O'Neddy...) tient ses
       réunions chez le sculpteur Jehan Du Seigneur.
       Sac de Saint-Germain-l'Auxerrois. Révolte des canuts. Échec de l'insur-
       rection polonaise. Révolte des Noirs de la Jamaïque. *Le Globe* devient le
       journal des Saint-Simoniens.
       Delacroix : *La Liberté guidant le peuple.*
       Barbier : *Ïambes.* Barthélemy-Méry : *La Dupinade, ou la Révolution dupée ;
       Némésis* (27 mars 1831-7 avril 1832). Brizeux : *Marie, roman.* Debraux :
       Chansons nationales. Hugo : *Les Feuilles d'automne.* Lamartine : *À Némésis.*
       Vigny : « Paris », « élévation ».
       Leopardi : *Canti.*
1832   Voyage de Lamartine en Orient ; mort à Beyrouth de sa fille Julia.
       Épidémie de choléra. Émeute républicaine à l'occasion des obsèques du
       général Lamarque (l'« épopée rue Saint-Denis » dans *Les Misérables*). L'en-
       cyclique *Mirari vos* condamne le « mennaisisme ».
       Évariste Galois élabore la théorie des groupes avant d'être tué en duel.
       Petrus Borel : *Rhapsodies.* Gautier : *Albertus.* Lassailly : « Hommage à M.
       de Lamartine ».
       Mort de Goethe ; « second » *Faust.*
1833   Arvers : *Mes heures perdues.* Barbier : *Odes et poèmes* (« Il Pianto », « Laza-
       re »). Béranger : *Chansons.* Desbordes-Valmore : *Les Pleurs.* Musset : « Rol-
       la ». O'Neddy : *Feu et flamme.*
1834   Sainte-Beuve a trente ans.
       Massacre de la rue Transnonain.
       Galloix : *Poésies.* Lamartine : *Des destinées de la poésie.*
1835   Nerval s'installe impasse du Doyenné.
       Debraux : *Chansons complètes.* Hugo : *Les Chants du crépuscule.* Musset :
       « La Nuit de mai » ; « La Nuit de décembre ». Rabbe : *Album d'un pessi-
       miste.*
1836   Premier « coup » de Louis Bonaparte (à Strasbourg). Inauguration de l'Arc
       de triomphe de l'Étoile. L'obélisque de Luxor place de la Concorde. Pre-
       mier numéro de *La Presse* (Émile de Girardin).
       Rude : *Le Départ des volontaires en 1792.*
       Chateaubriand : *Le Paradis perdu* (Milton), « traduction nouvelle ». La-
       martine : *Jocelyn.* Musset : « La Nuit d'août ».
1837   Vigny a quarante ans.
       Chemin de fer Paris-Saint-Germain. Prise de Constantine. Couronnement
       de la reine Victoria.
       Hugo : *Les Voix intérieures.* Musset : « La Nuit d'octobre ». Sainte-Beuve :
       Pensées d'août.
1838   Nerval a trente ans.
       Altaroche : *Chansons politiques.* Barthélemy-Méry : *Œuvres.* Forneret :
       Sans titre. Gautier : *La Comédie de la mort.* Lamartine : *La Chute d'un
       ange.* Moreau : *Le Myosotis.*
1839   Desbordes-Valmore : *Pauvres fleurs.* Lamartine : *Recueillements poétiques.*
       Laprade : *Les Parfums de la Madeleine.*
1840   Deuxième « coup » de Louis Bonaparte (à Boulogne). Transfert des cen-
       dres de Napoléon aux Invalides. Loi sur le travail des enfants.
       Proudhon : *Qu'est-ce que la propriété ?*

Schumann : *L'Amour et la vie d'une femme.*
Forneret : *Pièce de pièces.* Hugo : *Les Rayons et les Ombres.* Xavier Labensky (Jean Polonius) : *Érostrate.* Musset : *Poésies complètes.* Sainte-Beuve : *Poésies complètes.* Soumet : *La Divine Épopée.*

1841 Gautier a trente ans. Baudelaire a vingt ans. Mort d'Aloysius Bertrand. Hugo est reçu à l'Académie française.
Liszt : première « année de pèlerinage ».
Barbier : *Chants civils et religieux.* Brizeux : *Les Ternaires.* Émile Deschamps : *Poésies.* Lamartine : *La Marseillaise de la paix.* Laprade : *Psyché.*
Musset : « Le Rhin allemand ».

1842 Hugo a quarante ans.
Aloysius Bertrand : *Gaspard de la Nuit.* Lefèvre-Deumier : *Œuvres d'un désœuvré.*

1843 Mort de Léopoldine Hugo. Voyage de Nerval en Orient.
Barbier : *Rimes héroïques.* Desbordes-Valmore : *Bouquets et prières.* Lamennais : *Amschapands et Dervands.* Laprade : *Odes et poèmes.* Sainte-Beuve : *Livre d'Amour.* Vigny : « La Mort du loup » ; « Le Mont des Oliviers ». Mort de Hölderlin.

1844 Dupont : *Les Deux Anges.* Lapointe : *Une voix d'en bas.* Lefèvre-Deumier : *Poésies.* Nerval : « Le Christ aux Oliviers ». Vigny : « La Maison du Berger ».

1845 Hugo, pair de France, aborde la rédaction des *Misères (Les Misérables).*
Brizeux : *Les Bretons.* Delavigne : *Œuvres complètes.* Gautier : *Poésies complètes.* Nerval : « Pensée antique » (« Vers dorés »).

1846 Leverrier invente la planète Neptune.
Berlioz : *La Damnation de Faust.*
Dupont : *Le Chant des ouvriers.* Forneret : *Rêves.*

1847 Émeutes de la faim. Campagne de banquets réformistes. Le duc de Choiseul-Praslin assassine sa femme. Scandale Teste-Cubières, anciens ministres véreux. L'Académie française met au concours le sujet suivant : « La Découverte de la vapeur ». Lauréat : Amédée Pommier.

1848 Mort de Chateaubriand.
Proclamation de la République, deuxième du nom (24 février). Lamartine devient chef du Gouvernement provisoire. Suffrage universel. Abolition de la peine de mort. En juin, l'armée écrase le soulèvement des ouvriers parisiens. Louis Bonaparte président de la République, préféré à Lamartine et à Cavaignac. Hugo a fait campagne pour lui. Révolutions à Vienne, à Berlin et dans les États italiens.
Marx : *Manifeste communiste.*
Claude Bernard découvre la fonction glycogénique du foie.

1849 La France intervient contre la jeune République romaine. Répression en Europe. Ruée vers l'or en Californie.
Première exposition « préraphaélite » à Londres.
Dupont : *Les Paysans.* Vigny achève « Les Destinées ».

1850 Mort de Balzac.
Loi Falloux (sur la « liberté » de l'enseignement). Lois restreignant le suffrage universel et la liberté de la presse.
Courbet : *Tableau historique d'un enterrement à Ornans.* Daumier : *Ratapoil.*
Lapointe : *Les Échos de la rue.* Musset : *Poésies nouvelles (1840-1849).*

1851   Troisième « coup » (réussi) de Louis Bonaparte (2 décembre). Victor Hugo
        se réfugie en Belgique.
        Première exposition universelle à Londres.
        Verdi : *Rigoletto*.
        Baudelaire : « Les Limbes » (onze sonnets), dans *Le Messager de l'Assem-
        blée*. Dupont : *Chants et chansons*.
        Heine : *Romancero*. Longfellow : *The Golden Legend*.

1852   Rétablissement de l'Empire (2 décembre). Fondation du Crédit foncier (les
        frères Pereire) et du *Bon Marché*.
        Auguste Comte : *Catéchisme positiviste*.
        Gautier : *Émaux et camées*. Laprade : *Poèmes évangéliques*. Musset : *Pre-
        mières poésies (1829-1835)* et *Poésies nouvelles (1836-1852)*.

1853   Wagner : *L'Anneau des Nibelungen* (livret).
        Forneret : *Lignes rimées*. Hugo : *Châtiments*. Nerval : « El Desdichado » ;
        Petits châteaux de Bohême, prose et poésie.

1854   Mort de Lamennais.
        La France et l'Angleterre déclarent la guerre au tsar : campagne de Cri-
        mée. Première filature de coton à Bombay. Dogme de l'Immaculée
        Conception.
        Lefèvre-Deumier : *Le Livre du promeneur*. Nerval : *Les Filles du feu* (avec
        la plupart des *Chimères*). Vigny : « La Bouteille à la mer ».

1855   Mort de Nerval.
        Exposition universelle de Paris.
        Baudelaire : « Les Fleurs du mal » (dix-huit poèmes), dans la *Revue des
        Deux Mondes* ; « Le Crépuscule du soir » et « La Solitude » (en prose),
        dans : *Hommage à C.-F. Denecourt*. Laprade : *Les Symphonies*.
        Robert Browning : *Hommes et femmes*. Longfellow : *Hiawatha*. Whitman :
        Feuilles d'herbe.

1856   Découverte de l'homme de Néanderthal.
        Hugo : *Les Contemplations*. Lamartine : « Le Désert ».

1857   Mort de Musset. Mort de Béranger.
        Invention du papier à pâte de bois.
        L'éditeur Hetzel refuse de publier *Dieu* et *La Fin de Satan*, de Victor
        Hugo.
        Baudelaire : *Les Fleurs du mal* (première édition, condamnée en correc-
        tionnelle) ; six poèmes en prose, sous le titre de « Poèmes nocturnes », dans
        Le Présent. Lamartine : « La Vigne et la Maison ».

1858   Laprade : *Idylles héroïques*.

1859   Mort de Marceline Desbordes-Valmore.
        Amnistie générale, refusée par Victor Hugo à Guernesey. Début du perce-
        ment du canal de Suez.
        Darwin : *L'Origine des espèces*.
        Hugo : *La Légende des Siècles* (première série).

1860   Traité de commerce franco-anglais. Cession par le Piémont de la Savoie et
        de Nice à la France.
        Premier moteur à explosion.
        Desbordes-Valmore : *Poésies inédites*. Dupont : *Chansons*. Lapointe : *Mes
        chansons*. Moreau : *Œuvres*.

1861   Début de la guerre de Sécession. Abolition du servage en Russie (mais les paysans doivent racheter les terres).
        Baudelaire : *Les Fleurs du mal* (deuxième édition, avec les « Tableaux parisiens ») ; neuf poèmes en prose dans la *Revue fantaisiste*. Maurice de Guérin : *Reliquiæ*. Laprade : *Les Muses d'État*.
1862   Victor Hugo a soixante ans, Mallarmé vingt ans.
        Eugène Crépet : *Les Poètes français. IV. Les Contemporains.*
        Hugo : *Les Misérables.*
        Louise Ackermann : *Contes et poésies*. Baudelaire : vingt « Petits poèmes en prose » dans *La Presse*.
1863   Mort de Vigny.
        Salon des Refusés. Ingres : *Le Bain turc.*
        Gautier : *Poésies nouvelles.*
1864   Fondation à Londres de la Première Internationale. Fondation de la Croix-Rouge.
        Offenbach : *La Belle Hélène.*
        Barbier : *Silves*. Vigny : *Les Destinées.*
1865   Fin de la guerre de Sécession. Assassinat de Lincoln.
        Claude Bernard : *Introduction à l'étude de la médecine expérimentale.*
        Wagner : première à Munich de *Tristan.*
        Manet : *Olympia.*
        Hugo : *Les Chansons des rues et des bois*. Laprade : *Les Voix du silence.*
1866   Loi sur l'héritage du droit d'auteur. Fondation de la Ligue de l'enseignement. Sadowa.
        Première livraison du *Parnasse contemporain.*
        Baudelaire : *Les Épaves.*
1867   Mort de Baudelaire.
        Mentana : la France contre Garibaldi (« Les chassepots ont fait merveille... »). Au Mexique : exécution de Maximilien.
        Marx : *Le Capital* (livre I).
1868   Gautier : « Rapport sur les progrès de la poésie ».
        Robert Browning : *L'Anneau et le Livre.*
1869   Mort de Lamartine. Mort de Sainte-Beuve.
        Grèves à La Ricamarie et à Aubin.
        Monet : *La Grenouillère*. Renoir : *La Grenouillère.*
        Baudelaire : *Petits poèmes en prose*. Laprade : *Pernette.*
1870   Dès la chute de l'Empire, Victor Hugo rentre à Paris. Proclamation de la République, troisième du nom (4 septembre). Siège de Paris.
1871   La Commune (18 mars-27 mai).
1872   Mort de Théophile Gautier.
        Hugo : *L'Année terrible* ; « À Théophile Gautier », daté du « 2 novembre 1872. Jour des morts ». En apprenant la mort de Théophile Gautier, Hugo avait noté : « Gautier mort, je suis le seul survivant de ce que l'on a appelé *les hommes de 1830*. » Le poème « À Théophile Gautier » paraîtra en 1873 dans *Le Tombeau de Théophile Gautier* parmi d'autres hommages de poètes alors célèbres comme Heredia, Leconte de Lisle, Coppée, Banville. On y pouvait lire aussi le « Toast funèbre » de Stéphane Mallarmé.

INDEX

POÈTES DE L'ANTHOLOGIE
PUBLIÉS DANS LA MÊME COLLECTION

Charles Baudelaire : *Les Fleurs du Mal*. Édition de Claude Pichois.

Charles Baudelaire : *Petits Poèmes en prose* (*Le Spleen de Paris*). Édition de Robert Kopp.

Aloysius Bertrand : *Gaspard de la Nuit*. Édition de Max Milner.

Marceline Desbordes-Valmore : *Poésies*. Préface et choix d'Yves Bonnefoy.

Théophile Gautier : *Émaux et Camées*, avec en appendice *Albertus*. Édition de Claudine Gothot-Mersch.

Maurice de Guérin : *Poésie* (*Le Centaure, La Bacchante, Le Cahier Vert, Glaucus, Pages sans titre*). Édition de Marc Fumaroli.

Victor Hugo : *Odes et Ballades*. Édition de Pierre Albouy.

Victor Hugo : *Les Orientales. Les Feuilles d'automne*. Édition de Pierre Albouy.

Victor Hugo : *Les Chants du crépuscule. Les Voix intérieures. Les Rayons et les Ombres*. Édition de Pierre Albouy.

Victor Hugo : *Les Châtiments*. Édition de René Journet.

Victor Hugo : *Les Contemplations*. Préface de Léon-Paul Fargue. Édition de Pierre Albouy.

Victor Hugo : *Les Chansons des rues et des bois*. Édition de Jean Gaudon.

Victor Hugo : *La Fin de Satan*. Édition de Jean Gaudon et Evelyn Blewer.

Victor Hugo : *L'Année terrible*. Édition d'Yves Cohin.

Alphonse de Lamartine : *Méditations poétiques. Nouvelles Méditations poétiques*, suivies de poésies diverses. Édition de Marius-François Guyard.

Alfred de Musset : *Premières Poésies. Poésies nouvelles*. Édition de Patrick Berthier.

Gérard de Nerval : *Poésies et Souvenirs*. Édition de Jean Richer.

Alfred de Vigny : *Poèmes antiques et modernes. Les Destinées*. Préface de Marcel Arland. Édition d'André Jarry.

Ce volume,
le cent quatre-vingt-onzième de la collection Poésie
composé par SEP 2000,
a été achevé d'imprimer sur les presses
de l'imprimerie Bussière à Saint-Amand (Cher),
le 10 juillet 1990.
Dépôt légal : juillet 1990.
1er dépôt légal dans la collection : octobre 1984.
Numéro d'imprimeur : 1887.
ISBN 2-07-032258-0./Imprimé en France.